# dtv

Verlassenheit und Selbstentfremdung sind Gefühle, die heute weit verbreitet sind. Psychologisch sind sie verantwortlich für ein gestörtes Selbstwertgefühl, das Leitsymptom der sogenannten narzißtischen Störung ist. Dieses moderne Phänomen dürfte wohl mit dem Verschwinden tragender, allgemein verbindlicher Werte zusammenhängen, wodurch Verunsicherungen deutlicher zutage treten. Die Psychotherapie mißt der Entstehung von Ich-Schwäche in der Kindheit besondere Bedeutung zu und sieht in der Wiederaufnahme des Dialogs mit dem «inneren Kind» den Ansatzpunkt für die Heilung. Erst wenn das bislang stumme Kind im erwachsenen Menschen gehört wird, kann es zu einer Wandlung kommen. Auf Grund ihrer besonderen Einfühlungsgabe und langjährigen Erfahrung als Psychotherapeutin erschließt Kathrin Asper neue Zugänge zu Ursache und Verständnis dieser seelischen Verletzung. Von entscheidender Bedeutung bei diesen Therapien ist für sie die mütterlich-fürsorgliche Haltung, die der väterlich-zielgerichteten vorzuziehen ist. Mit zahlreichen Fallbeispielen, Träumen und Märchen macht die Autorin ihre Thesen anschaulich und verständlich, so daß ihr Werk nicht nur ein Handbuch für Therapeuten, Ärzte, Seelsorger und Pädagogen ist, sondern «es richtet sich auch an unzählige an ihrem Selbstwert zweifelnde Menschen, denen es bei der Lektüre eine Wohltat bedeuten kann, von einer so wissenden Autorin ‹erlauscht› und verstanden zu werden». (Zürichsee Zeitung)

*Kathrin Asper*, geboren am 12. März 1941 in Zürich, studierte Sprachen, Literatur und Pädagogik und promovierte mit einem literarischen Thema. Nach ihrer Heirat ließ sie sich am C. G. Jung-Institut in Zürich zur Psychotherapeutin ausbilden und arbeitet dort, neben ihrer eigenen Praxis, als Lehranalytikerin und Dozentin. Außer zahlreichen Aufsätzen in Zeitschriften und Sammelbänden veröffentlichte sie ‹Von der Kindheit zum Kind in uns› (1988), ‹Schritte im Labyrinth› (1992) und ‹Fenster im Alltag› (1994).

Kathrin Asper

# Verlassenheit und Selbstentfremdung

Neue Zugänge zum therapeutischen Verständnis

Mit 16 Abbildungen

Deutscher Taschenbuch Verlag

Ungekürzte Ausgabe
Mai 1990
8. Auflage September 2001
Deutscher Taschenbuch Verlag GmbH & Co. KG,
München
www.dtv.de
Das Werk ist urheberrechtlich geschützt.
Sämtliche, auch auszugsweise Verwertungen bleiben vorbehalten.
© 1987 Walter-Verlag AG, Olten
ISBN 3-530-02368-X
Umschlagkonzept: Balk & Brumshagen
Umschlagfoto: © photonica/G + J Fotoservice
Gesamtherstellung: Druckerei C. H. Beck, Nördlingen
Gedruckt auf säurefreiem, chlorfrei gebleichtem Papier
Printed in Germany · ISBN 3-423-35018-0

Das Leben ist so kurz, das Glück so selten,
So großes Kleinod, einmal sein statt gelten.

Annette von Droste-Hülshoff, An\*\*\*, Kein Wort

Für H. und M.

# Inhalt

Vorwort .......................................... 11
Einführung ....................................... 15

1. Teil: Verlassenheit
Phänomenologie – Ursachen – Theorie – Symbolik

Verlassenheit .................................... 29
    Verlassenheitssituationen ....................... 29
    Verlassenheit als Kinderschicksal ................ 32
    Die Gefühlsverunsicherung ...................... 37

Verlassenheit in der Mutter-Kind-Beziehung .......... 44
    Verlassenheit in der Hospitalismus- und
        Deprivationsforschung ...................... 45
    Verlassenheit als Frühstörung ................... 50
    Mutter und Kind – ein archetypisches Paar ........ 56

Verlassenheit als narzißtische Störung .............. 63
    Das Wesen der narzißtischen Störung ............. 63
    Das beschattete Selbst .......................... 66
    Beschreibung einiger hervorstechender Charakterzüge . 69
    Bildnerische Darstellung der narzißtischen Problematik 72
    Zur Genese der narzißtischen Problematik aus der
        Sicht der Analytischen Psychologie ............ 74
    Der psychoanalytische Ansatz .................... 84

Narzißmus im symbolischen Bild .................... 93
    Der Mythos des Narzissus ....................... 93
    Narzissus und die narzißtische Störung ............ 95
    Die religiöse Problematik im Spiegel der
        Christopherus-Legende ...................... 101
    Die Psychodynamik des narzißtisch verwundeten
        Menschen im Lichte eines Märchens ........... 106

2. Teil: Selbstentfremdung
Symbolik – Praxis – therapeutischer Umgang

Einführung in Symbolik und Kasuistik .............. 117
    Das Märchen «Die drei Raben» ................. 117
    Fallbeispiel ................................... 121

Die Familiensituation – genetische Gesichtspunkte ..... 124
    Das Märchenbild .............................. 124
    Die Mutter ................................... 127
    Die Frage nach dem Vater ...................... 132

Emotionale Verlassenheit und ihre Folgen ............ 140
    Das Märchenbild .............................. 140
    Fallbeispiel ................................... 141
    Die Verlassenheitsgebärden ..................... 151
    Die Sehnsuchtsgesten .......................... 166
    Das schwankende Selbstwertgefühl .............. 174

Die Annäherung an das Leiden ................... 182
    Das Märchenbild .............................. 182
    Die Ferne vom Leiden ......................... 184
    Spezifische schützende Haltungen .............. 187
    Der negative Animus als Schutzmechanismus ....... 195
    Würdigung der schützenden Haltungen ............ 201

Die therapeutischen Haltungen ................... 208
    Das Märchenbild .............................. 208
    Mutterspezifische und vaterspezifische Haltungen ... 209
    Praktische Beispiele .......................... 213

Themen der Integration des Unbewußten ............ 230
    Das Märchenbild .............................. 230
    Das Kind im Werk C. G. Jungs ................. 233
    Kindheit und Übertragung ..................... 238
    Paradiesesübertragungen und Schattenintegration ... 247
    Fallbeispiel ................................... 257

Umkehr und Wandlung .......................... 264
　　Das Märchenbild ............................. 264
　　Probleme der Introspektion ................... 270
　　Schritte der Selbstwerdung .................. 280
　　Schlußbemerkung ........................... 294


Anmerkungen ................................. 295
Literaturverzeichnis ........................... 313
Personen- und Sachregister ..................... 322
Register der Therapiefälle ...................... 333

# Vorwort

Verlassenheit ist ein Zustand, in dem wir uns als traurig und isoliert erfahren. Verlassenheitserfahrungen ereilen uns bei Trennungen von geliebten Menschen, Dingen und Orten, beim Tod nah- oder fernstehender Menschen. Wir erleben sie aber auch oft dann, wenn kein äußeres Ereignis stattgefunden hat. Es gibt Zeiten und Momente, in denen wir uns von Gott und aller Welt verlassen und verstoßen vorkommen. Ein solches Erleben ist oft mit Depression gekoppelt und läßt sich weitgehend (nicht immer) aus einer bereits früh im Leben angelegten Verlassenheitserfahrung erklären. Dieser Zusammenhang ist indes den meisten Menschen nicht bewußt. Er bedarf der Analyse, die frühe Wunde benötigt zu ihrer Vernarbung der Therapie. Wer frühe Verlassenheit erfahren hat, reagiert auf jede spätere Verlassenheits- und Verlusterfahrung äußerst sensibel und versucht oft, sie durch Leugnung und Anklammerungstendenzen ungeschehen zu machen. Früh erfahrene Verlassenheit führt in vielen Fällen zu einer gewissen Selbstentfremdung. Wer sich nicht unter dem liebenden Blick einer guten Mutter (oder einer anderen Bezugsperson) erleben durfte, dem ist es oft nicht vergönnt, sich im Einklang mit seiner Spontaneität und seinem angestammten Lebensmuster zu entfalten, dem ist es auch nicht gegeben, Autonomie zu entwickeln und ein starkes, seines Selbstwertes bewußtes Ich auszubilden. Wer mit sich selbst entfremdet ist, fühlt sich ein Leben lang ungeliebt, zeigt Tendenz zu depressiven Verstimmungen und muß es geschehen lassen, daß er oft fremdbestimmt wird. Die beschriebenen Schwierigkeiten werden als narzißtische Störung bezeichnet, was Störung der Selbstliebe, des Selbstwertes, bedeutet.

In dem vorliegenden Buch habe ich es unternommen, die Folgen früher Verlassenheit mit ihrer Selbstentfremdung aufzuzeigen und habe dem Buch den Titel «Verlassenheit und Selbstentfremdung» gegeben. Manch ein Leser mag sich vielleicht an diesen negative und traurige Zustände anrührenden Begriffen stören. Warum nicht ein positiver Titel? Deshalb nicht, weil es zu meinen Erfahrungen gehört, daß sogenannte negative Gefühle oft totgeschwiegen werden mit dem Resultat, daß daraus schwerwiegende Charakterverbiegungen, somatische Beschwerden und latent depressive Befindlichkeiten erwachsen. Vaterspezifische Haltungen, die unsere Kultur geprägt haben, machen viele Menschen unbewußt geneigt, stets heroisch nach Rezepten *gegen* diese Erfahrungen und nach Wegen *aus* ihnen zu suchen. Dabei geraten die schmerzlichen Empfindungen oft zu schnell aus dem Blickfeld und man gewöhnt sich daran, Leiden gar nicht einmal mehr wahrzunehmen. Es ist meine Erfahrung und meine Überzeugung zugleich, daß es uns nottut, sogenannte negative und leidvolle Gefühle und Emotionen unheroisch annehmen zu lernen, sie beklagen und mitteilen zu dürfen. Mir scheint, daß wir uns wieder daran gewöhnen sollten, auch mutterspezifische, annehmende Einstellungen unseren seelischen Schmerzen gegenüber einzunehmen, erst dann können sie sich aufhellen und wandeln. Es ist u. a. ein Grundgedanke dieses Buches, daß wir wieder lernen müssen zu fühlen, nicht nur Angenehmes, sondern auch Leid- und Schmerzvolles.

An dieser Stelle möchte ich all jenen danken, die in irgendeiner Weise am Zustandekommen dieses Buches mitgeholfen haben. Es sind dies vor allem meine Analysanden, deren Material ich verwenden durfte. – Mein Mann und unser Sohn haben mein Projekt stets liebevoll und unterstützend begleitet, wofür ich ihnen dankbar bin. – Zu einem ganz besonderen Dank bin ich meiner Freundin und Kollegin, Frau Kirsten Rasmussen, verpflichtet, die das Manuskript sorgfältig las und mit ihrer geduldigen und aufbauenden Kritik viel zum Gelingen beigetragen hat. Dank gebührt auch Dr. Sonja Marjasch, Dr. Peer Hultberg und Dr. Mario Jacoby, die freundschaftlichen Anteil an der Arbeit nahmen und mit denen ich manche Fragen diskutieren durfte.

Frau Hanni Brägger danke ich für die sorgfältige Abschrift des

Manuskripts, sie wies mich auf Unstimmigkeiten hin und wurde nie müde, Texte auch wiederholt abzuschreiben. Schließlich danke ich dem Walter-Verlag und insbesondere meinem Lektor, Dr. Josef Metzinger, für die sorgfältige Lektorierung und Drucklegung des Manuskripts.

Meilen, im August 1986                                    Kathrin Asper

# Einführung

Das zentrale Konzept der Jungschen (Analytischen) Psychologie ist die *Individuation*. Darunter wird ein Selbstwerdungsprozeß verstanden, der den einzelnen zur Realisation größtmöglicher Fülle der in ihm angelegten Möglichkeiten führt. Individuation heißt nicht egoistische Selbstverwirklichung, im Gegenteil, sie verbindet den Menschen mit seiner Tiefenschicht und läßt ihn die Vernetzung mit sozio-kulturellen Bezügen ernst nehmen. Der Prozeß geht einher mit zunehmender Bewußtwerdung über sich, die Welt und die diesbezüglichen Wechselwirkungen. Individuation im klassischen Sinne[1] verstanden, setzt meist spät im Leben ein, dann nämlich, wenn der einzelne seine Anpassung in den Lebenskontext gefunden hat und am Übergang zur sogenannten zweiten Lebenshälfte steht. Bei vielen Menschen stellt sich zu diesem Zeitpunkt das Bedürfnis ein, sich besser verstehen und Sinn und Zweck ihres Daseins vertieft begreifen zu wollen; bisweilen stellt sich auch die Not ein, die aus dem Verstehen-Wollen ein Verstehen-*Müssen* macht.

C. G. Jung, der das Leben als einen ständigen Prozeß auffaßte, der je und je Reifungs- und Anpassungsschritte verlangt, hat die menschliche Psyche unter verschiedenen Aspekten gesehen und entsprechend konzeptualisiert[2]. Aus dieser Sicht ist der einzelne immer *mehr* als sein bewußtes Ich. Sich seiner unbewußten Anteile bewußt zu werden und sie allmählich zu integrieren, bedeutet den Forderungen der Individuation gerecht werden, heißt aber auch, sein Leben final als auf ein immer noch zu Werdendes auszurichten.

Jede Persönlichkeit umfaßt auch ihren *Schatten*. Darunter werden jene unbewußten Anteile verstanden, die in der Regel minderwertig, dunkel und unentwickelt sind. Sie sind meist verdrängt und machen sich daher negativ bemerkbar. Der Schatten ist die notwendige Folgeerscheinung jeder einigermaßen gerichteten Bewußtseinsentwicklung; seine Integration ist eine moralische Leistung und bedeutet Vervollständigung und Vertiefung der Persönlichkeit.

*Anima* und *Animus* sind weitere seelische Funktionskomplexe, deren Bewußtwerdung sich im Laufe der Individuation aufdrängt. Die Anima repräsentiert das Frauenbild im Mann, der Animus das Männerbild in der Frau. Beide entwickeln sich weitgehend nach der Vorlage des entsprechenden Elternteils und sind zunächst unbewußte seelische Anteile. Sie verhalten sich innerseelisch als Intentionen zur Ausbildung weiblicher Eigenschaften im Mann respektive männlicher Fähigkeiten in der Frau. Werden sie dem Bewußtsein angeschlossen und integriert, verleiht die Anima dem Mann Bezogenheit, Gefühlstiefe und Inspiration; der an das Bewußtsein angeschlossene Animus gibt der Frau Kraft, Mut, Objektivität und Geist. Verharren sie jedoch im unbewußten Zustand, können daraus Besessenheiten entstehen. Die Anima verführt zu Reizbarkeit, Launen, Empfindlichkeiten und unrealistischen Glücksbildern, die den Mann von der Welt isolieren. Der Animus hingegen bindet die Frau in unhinterfragte Urteile und Meinungen ein, die Ausdruck eines minderwertigen Geistes sind, der sie vom Leben ausschließt. Animus und Anima in ihrer integrierten Form machen den Mann Eros-bezogener und die Frau Logos-zugewandter; letztlich sind sie Beziehungsfunktionen zur seelischen Innenwelt, indem sie aufnehmen, was aus dem Unbewußten zuströmt und einfällt[3].

Die Beziehung zur Außenwelt schließlich sieht Jung unter dem Aspekt der *Persona*. Sie ist die Funktion, mittels welcher die Beziehungen zum Kollektiv unterhalten werden. Gefährlich wird sie dann, wenn der einzelne sich mit ihr identifiziert und sein Leben nur nach Anpassungsimpulsen ausrichtet. In einem solchen Falle wird die Persona zur Maske, welche die wahre Persönlichkeit verdeckt und am Ausdruck hindert.

Die Gesamtpsyche wird unter dem Aspekt des zentralen Archetyps des *Selbst* gesehen, der Unbewußtes und Bewußtsein umfaßt und Vergangenheit, Gegenwart und Zukunft einschließt. Das Selbst im Sinne der Analytischen Psychologie ist die psycho-biologische Ganzheit, welche die Entwicklung der Lebenszyklen steuert, und ist zugleich Ziel des Individuationsprozesses, insofern sich der einzelne seinen Entfaltungsimpulsen hingibt und sich nicht davor verschließt, sich im Sinne der Ganzheit zu entwickeln. Zu dieser Ganzheit gehört ganz wesentlich der religiöse Bezug, und so versteht Jung das Selbst als Bild Gottes in der Seele und als psychisches Organ zur Wahrnehmung des Göttlichen und Ewigen.

Die Integration der genannten Persönlichkeitsanteile setzt ein einigermaßen starkes und gesundes *Ich* voraus, ein Ich, das sich abgrenzen kann, in sich und der Welt verankert ist und die Konfrontation mit seelischen Intentionen, die bisweilen der bewußten Absicht entgegenstehen, aushalten und leisten kann. Sie erfordert auch die Fähigkeit, sich über die persönlichen Anteile hinaus auf archetypische Gegebenheiten beziehen zu können, beruhen doch die genannten psychischen Funktionskomplexe auf archetypischer Grundlage, das heißt, daß sie in einem ewig menschlichen kollektiven Unbewußten verankert sind, was auch bedeutet, daß die damit verbundenen Emotionen und Bilder eine große Wirkungskraft haben, starke Faszination ausüben und die Gefahr mit sich bringen, das Ich zu überrollen und zu überfluten.

Heute suchen mehr und mehr Menschen mit schwachem Ich therapeutische Hilfe, dazu gehören auch viele Jugendliche und junge Erwachsene. Ihr Ich erscheint zwar auf den ersten Blick stark, doch die Analyse zeigt, daß die Stärke Unflexibilität ist und in starken Abwehren gründet, Ich-Struktur und Ich-Selbst-Verbindung sind defizitär. – Je mehr ich mit der Problematik dieser Menschen bekannt und vertraut wurde, desto mehr wurde mir klar, daß die Bearbeitung ihrer seelischen Gegebenheiten unter den genannten Aspekten des Individuationsprozesses für manche von ihnen zu Beginn ihrer Behandlung nicht ganz angemessen war. Die finale und archetypische Ausrichtung des klassischen Individuationsweges überforderte sie und wurde ihrer Ich-Struktur nicht gerecht. Die Störung gründet tiefer und verlangt modifizierten therapeutischen Umgang. In diesem Sinne bildete mein zunehmendes Innewerden, daß die klassischen Konzepte mit ihrer therapeutischen Intention für manche Menschen, die in meine Praxis kamen, oft nicht angezeigt waren, den *Ausgangspunkt* zu diesem Buch.

Die Aufforderung beispielsweise, den Schatten anzugehen, schien zunächst für manche Menschen therapeutisch unangebracht[4]. Zum einen deshalb, weil keine scharf umrissene Persönlichkeit zu erkennen war, die auch ihren Schatten deutlich aufgezeigt hätte. Zum zweiten schien es mir, daß es Leute gibt, bei denen es nicht indiziert ist, bereits am Anfang einer therapeutischen Behandlung ein moralisches Konzept einzubringen, sind sie doch unbewußt viel zu sehr mit richtenden Urteilen über sich selber beschäftigt. Drittens sind es dieselben Menschen, die zutiefst in ihrem Inneren die Überzeugung haben, ungeliebt und wertlos zu sein. Das Sprechen vom Schatten hätte diese meist unbewußte Grundannahme genährt. Ihr Selbst im Sinne des eigenen Wesens war beschattet und bedurfte zunächst und vor allem des Lichts und der Wärme, um einer späteren Auseinandersetzung mit dem Schatten gewachsen zu sein.

All diese Analysanden, bei denen ich fühlte, daß klassische Interpretationsmodi oft ungeeignet waren, litten an einer ganz bestimmten Störung: an einer *narzißtischen Selbstentfremdungsproblematik*. Sie konnten sich nicht bejahen, kannten wenig Selbstvertrauen, ihr Selbstwertgefühl war schwankend, sie sehnten sich nach Anerkennung und waren geneigt, einen großen Einsatz durch Persona-Anpassungshaltungen zu leisten. Gelangen ihnen diese Anpassungen und bekamen sie die entsprechenden Gratifikationen, so konnten sie meist ganz gut leben, besser: funktionieren. Gelang dies aber nicht, so zeigte sich Wut, oder sie versanken in Resignation und Depression. Diesen Menschen war es nicht vergönnt, in sich geortet zu sein; weder kannten sie sich selber, noch fühlten sie sich. In und mit sich fremd, mußten sie das Leben meistern, was sie meist recht gut taten, doch floß ihnen wenig Befriedigung daraus zu. Sie ermangelten der emotionalen Resonanz und waren unfähig, ihre Leistungen und Erfolge mit Freude aufzunehmen.

In der Zeit, als mir diese Störungen bewußt wurden, geriet ich in Zweifel über meine therapeutischen Mittel, die in den klassischen Bereich eingebunden waren. Das Phänomen begann mich zu interessieren, und ich entwickelte im Laufe der Zeit das Anliegen, diese Menschen zu verstehen und ihnen in der Analyse das Klima zu geben, dessen sie bedurften, um ihre Selbstentfremdung überwachsen zu können. Rückblickend gesehen, waren es verschiedene Bereiche, in denen ich lernen und Erfahrungen sammeln konnte. Davon will ich kurz berichten.

Zunächst lernte ich an mir selber, ich wurde mir meiner narzißtischen Seite mehr und mehr bewußt, litt und lernte an ihr.

In der schönen Literatur, dem Fachgebiet, das ich ursprünglich studierte, stieß ich immer wieder auf narzißtische Phänomene. Ich lernte bei den Dichtern, wie sie damit umgingen, wie sie sie darstellten und welche Bilder sie dafür gefunden hatten. Ich ging vor allem dem Leben und Werk eines Dichters besonders genau nach. Gustave Flaubert[5], der französische Romanautor, litt sehr deutlich an dem, was wir heute eine narzißtische Störung nennen. Sein ganzes Werk, seine Briefe miteinbeschlossen, ist *eine* Darstellung dieser Wunde, eine einzige Verarbeitung derselben. Die Kenntnis dieses Selbst- und Welterlebens schärfte meinen Blick für narzißtische Phänomene und half mir, meine Wahrnehmung zu differenzieren.

In einem hohen Maße weiterführend war die psychologische Lektüre. Es waren vor allem die Schriften des Psychoanalytikers Heinz Kohut, dieses kreativen Autors, der die Befindlichkeiten bei narzißtischer Störung subtil beschreibt, erklärt und schließlich viel Anregung gibt für den therapeutischen Umgang damit.

Bei der Lektüre der Werke Jungs habe ich in bezug auf mein Thema der narzißtischen Störung grob gesehen zwei Beobachtungen gemacht. Zunächst fielen mir die Ähnlichkeiten in den Zielvorstellungen auf. Wenn die heutige psychoanalytische (Freud) Selbstpsychologie die Reifungslinien des Narzißmus und dessen Störungen behandelt, so hat sich nach langer Zeit, während der das psychoanalytische Interesse von der Beschäftigung mit den Objektbeziehungen absorbiert war, ein Thema herausgebildet, das seit jeher zentrales Anliegen der Jungschen Psychologie und ihres Schöpfers war. Zu sich selber finden, Autonomie entwickeln und sinnstiftende Ziele verfolgen sind die wesentlichen Anliegen des Individuationsprozesses. Kohuts diesbezügliche Nähe zu Jung war also nicht zu übersehen. Ideale verfolgen als Ziel der Reifung des Narzißmus und die Ziele des Individuationsprozesses liegen in der Tat sehr nahe beieinander. Mario Jacoby hat dem Vergleich dieser Selbstwerdungskonzepte sein Buch «Individuation und Narzißmus» gewidmet, wobei er vor allem auf die Gemeinsamkeiten und Ähnlichkeiten aufmerksam machte[6].

Neben dieser Übereinstimmung fiel mir immer wieder auf, daß Jung die narzißtische Störung wahrscheinlich gar nicht in dem Ausmaß kennen konnte, wie uns dies heute möglich ist. Zunehmend erschien es mir, daß Jung von Menschen sprach, die ein starkes Ich hatten, die wußten, wer sie waren und die ein gutes Gefühl für sich selber entwickelt hatten. Jung schien mir überwiegend Menschen im Blickwinkel zu haben, die über genügend narzißtische Libido (Selbstliebe) verfügten und es geschafft hatten, sich im Leben einzurichten, und die Sinnfrage zu stellen begannen. Es kommen auch heute noch solche Menschen in unsere Praxen, und die klassischen Konzepte des Individuationsprozesses sind nach wie vor geeignet, diesen Menschen auf ihrer Suche zu helfen und sie zu begleiten. Der narzißtisch gestörte Mensch jedoch kann mit diesen Konzepten allein nicht dort erreicht werden, wo er Hilfe braucht. Wohl arbeitet der in sich gefestigte Mensch, wenn er sich auf den Individuationsweg begibt, im narzißtischen Bereich, davon zu unterscheiden sind jedoch all jene Menschen, und es sind derer immer mehr, die an einer narzißtischen Störung sui generis leiden. Sie sind nicht damit erfaßt, daß man ihnen einen narzißtischen Schatten, das heißt Eitelkeit und Kränkbarkeit, zuschreibt – einen solchen haben wir alle –, sondern sie werden nur dann angemessen verstanden, wenn gesehen wird, daß eine narzißtische Wunde ihre gesamte Persönlichkeit beeinträchtigte und ihr Selbst- und Weltverständnis prägte. Sie weisen eine Psychodynamik auf, die sich grundlegend unterscheidet von dem Menschen mit starkem Ich, den Jung im Auge gehabt hat und der – das ist nicht von der Hand zu weisen – zur Zeit, als Jung seine Beobachtungen machte und seine Werke schrieb, dank eines damals noch in sich gefestigteren kollektiven Wertekanons als heute vermehrt anzutreffen war.

Der narzißtisch verwundete Mensch benötigt es, zunächst Selbstliebe zu entwickeln. Erst auf Grund dieser Voraussetzung ist es ihm möglich, die klassischen Individuationsschritte mit der Integration von Schatten, Anima/Animus und Persona zu gehen. Erst dann werden die Ausrichtung auf das Selbst und sinnerfüllende Ziele möglich.

Auf diesem Hintergrund gesehen ist es das *Anliegen* meines Buches, für den narzißtisch gestörten Menschen innerhalb der Jungschen Psychologie das Wort zu ergreifen und zu versuchen, ihm Rahmen unseres Fachbereiches modifizierten therapeutischen Umgang für diese Frühstörung anzubieten. Dabei geht es ganz wesentlich auch darum, den eher versteckten Äußerungen Jungs nachzugehen, die sich auf Menschen mit dieser Problematik beziehen. Mir scheint es für die Individuation verschiedene Startbedingungen zu geben, und es dünkt mich, die Zeit sei gekommen, die praktischen Ansätze zur Individuation, wie sie von Jung in der Schrift «Die Beziehungen zwischen dem Ich und dem Unbewußten» (GW 7) dargelegt wurden, zu differenzieren. Mein Anliegen ist es, dies für die narzißtische Störung zu tun. Um dies zu tun, zeigten sich mir zunächst zwei Wege. Der eine hätte dahin geführt, von den klassischen Konzepten wie Schatten, Anima/Animus, Persona und Selbst direkt auszugehen und sie in Bezug zur narzißtischen Störung zu setzen. Diesen Weg bin ich nicht gegangen. Vielmehr schien es mir wesentlich zu sein, zunächst den Versuch zu unternehmen, das Phänomen der narzißtischen Selbstentfremdungsproblematik in seiner ganzen Komplexität zu beschreiben, zu erklären und schließlich therapeutische Ansätze vorzuschlagen. Ich tat dies, indem ich von einem Leitsymptom und von der Hauptursache der narzißtischen Störung ausging: von der Verlassenheit. Das heranwachsende Kind ist angewiesen auf emotionale Zuwendung, ermangelt es derselben, ist es emotional verlassen. Tritt eventuell noch eine konkrete Verlassenheitserfahrung hinzu, zum Beispiel durch Tod oder Scheidung der Eltern, hat die werdende Persönlichkeit den entscheidend guten Boden nicht, in dem sich eine optimale Entfaltung vollziehen kann. Eine Folge davon ist die narzißtische Störung mit ihrer Selbstentfremdung.

Ein erster Teil des Buches beschäftigt sich vorwiegend theoretisch mit der *Verlassenheit* im Hinblick auf die narzißtische Störung. Ein zweiter Teil ist der detaillierten Beschreibung der narzißtischen *Selbstentfremdungsproblematik* und deren therapeutischem Umgang gewidmet. Meine Darlegungen gehen vor allem von der praktischen Erfahrung aus, sie ist ein weiterer Bereich, in dem ich lernen konnte. Die Arbeit mit meinen Analysanden brachte mir die wertvollsten und nachhaltigsten Erfahrungen und Einsichten. Ich bin ihnen zu tiefem Dank verpflichtet, einmal dafür, daß sie ihre Erfahrungen und Erlebnisse mit mir teilten und mir so die Grundlage gaben zur Formulierung der Komplexität der narzißtischen Störung. Des weiteren schulde ich all jenen von ihnen meine Dankbarkeit, die mir die Erlaubnis erteilten, von ihren Erfahrungen und ihrem Material in der vorliegenden Arbeit Gebrauch zu machen. Selbstverständlich wurden die entsprechenden Angaben so verändert, daß die Personen nicht mehr erkennbar sind.

Es gibt natürlich letztlich so viele Arten narzißtischer Störungen, wie es davon betroffene Menschen gibt. Von einem weiter entfernten Standpunkt aus allerdings ergeben sich Gemeinsamkeiten und werden allgemeinere Formulierungen möglich. Die in diesem Buch zur Darstellung gelangenden narzißtischen Störungen decken sich mit den Beschreibungen vieler Autoren in dem Sinne, daß sich in allen Fällen, um es einfach auszudrücken, eine Vorder- und Hinterseite, ein der Außenwelt gezeigtes und ein vor ihr verborgenes Gesicht beobachten ließen. Für diese Zweiseitigkeit gibt es viele Namen; in der Analytischen Psychologie nennt man die der Welt gezeigte Seite Persona. Sie hat die Funktion, die wahre Persönlichkeit zu schützen und sie der Umwelt anzupassen. Sie kann sie aber auch an ihrem Ausdruck hindern, was zu Störungen führt unter anderen zur narzißtischen.

Der Schweregrad der narzißtischen Störung wird unterschiedlich beurteilt und reicht am unteren Ende der Skala bis in den von Otto Kernberg beschriebenen «pathologischen Narzißmus»[7]. Meine Darlegungen beziehen sich, mit der Ausnahme des Fallbeispieles auf Seite 257–263, nicht auf den pathologischen Narzißmus, sondern zeichnen in den Grundzügen Struktur und Erleben jener narzißtisch verwundeten Menschen nach, die ihren Paradiesessehnsüchten in typischen Übertragungsformen Ausdruck geben konnten (siehe Paradiesesübertragungen und Schattenintegration, S. 247–257).

Bei der bereits von Neumann beklagten Armut an theoretischen Konzepten in der Analytischen Psychologie[8] stellte sich die große Frage nach einem Standpunkt außerhalb des beobachteten Phänomens. Mein langjähriges und besonderes Interesse für *Märchen* führte mich organisch dazu, von den Märchen in Hinblick auf die narzißtische Problematik zu lernen. Zunächst spielerisch, dann mit wachsender Hartnäckigkeit begann ich auf ganz natürliche Weise, Märchenbilder neben die beobachteten psychischen Phänomene zu halten. Daraus ergaben sich Bildkonzepte für die Vielschichtigkeit des psychischen Geschehens und Ordnungskorrelate für die wahrgenommenen seelischen Prozesse. Ich habe mich dann entschlossen, das Märchen und seine Bilder, vor allem im zweiten Teil meiner Arbeit, zu gebrauchen und den Versuch zu wagen, die Phänomene der narzißtischen Störung damit zu umschreiben. Dabei ging ich von einem kurzen Märchen – «*Die drei Raben*» – aus, welches mir im Kern die narzißtische Problematik, deren Entstehung und Überwindung darzustellen schien. Ausgehend von kurzen Betrachtungen des Märchens ließ ich mich zu in sich geschlossenen Problemkreisen hinführen und versuchte, diese in jeweils eigenen Kapiteln darzustellen. Dabei scheute ich mich nicht, auch Märchenbilder aus anderen Texten einzustreuen, wo es mir nötig erschien. Das Märchen und seine Bildfolgen sind mir auf diese Weise, um es bildlich zu sagen, zum Faden geworden, an dem ich, gleich wie an einer Kette die Steine, die entsprechenden Fragenkomplexe aufreihen konnte.

Ein solches Vorgehen mag manch einem Leser merkwürdig erscheinen, werden dabei doch psychische und psychopathologische Befindlichkeiten und Befunde nicht allein durch Fach-Termini, sondern auch durch Bilder und Symbole konzeptualisiert. Das ist innerhalb der Analytischen Psychologie so ungewohnt nicht, ist es doch gute Jungsche Tradition, mittels Bildern schwierig Sag- und Faßbares auszudrücken. Auf diese Weise versuchte ich, zunächst das Phänomen zu würdigen.

Dieses Vorgehen, das vom konkreten Phänomen zur abstrakten Formulierung fortschreitet, lag mir persönlich am nächsten. Einer späteren Arbeit über das beschattete Selbst bei narzißtischer Verwundung soll es vorbehalten sein, die einzelnen Grundkonzepte der Analytischen Psychologie für diese Frühstörung abzuwandeln und an sie anzupassen.

Der Vorgang meiner Auseinandersetzung mit dem Thema war nicht linear, sondern zirkulär. Ich habe die Phänomene umkreist und ließ mich von ihnen führen. Das erlaubt verschiedene Sichten und Blickwinkel auf die einzelnen Facetten, was bereichernd ist. Es bringt aber auch mit sich, daß an verschiedener Stelle von ungefähr Gleichem die Rede ist. Wiederholungen wurden jedoch nur insofern getilgt, als es sich um echte handelte. Die Passagen, die von ungefähr Gleichem handeln, wurden stehengelassen, einmal, weil sie eine etwas andere Sicht geben, und zum anderen zugunsten der Kohärenz der einzelnen Kapitel, die sich ja auch als in sich geschlossene Beiträge lesen lassen sollen.

Nicht besprochen wird in diesem Buch der Fragenkomplex der Mitgift, die ein Mensch von Haus aus mitbringt, seine Anlagen, seine Möglichkeiten, kurz: der konstitutionelle Faktor. Es ist selbstverständlich, daß dieser Faktor in jeder Therapie maßgeblich beteiligt, ja oft sogar ausschlaggebend ist. Er ist indes nicht meßbar und entzieht sich im großen und ganzen dem Willen, ihn darzustellen. Liest man meine Ausführungen – und das scheint mir für jedes psychologische Buch zu gelten –, so kann der falsche Eindruck entstehen, daß die Psychologen wüßten, wie «machen», sie hätten Leben und Lebensgestaltung in der Hand. Das tun wir nicht. Ich meine aber, es sei unsere Aufgabe, das, was wir erkennen, das, worauf wir einwirken können, so gut wie möglich darzustellen. Dies soll aber immer in dem Bewußtsein gelesen werden, daß Veränderung und Heilung nur zu einem kleinen Teil von uns abhängig sind. Jung beliebte es, dafür den Ausdruck «Deo concedente», wenn es Gott gefällig ist, anzuwenden.

In diesem Buch ist oft die Rede von der Mutter. Das mag den ohnehin schon verunsicherten Frauen und Müttern eine zusätzliche und unnötige Bürde auflasten, und es kann leicht geschehen, daß gesagt oder gedacht wird: die Mutter ist an allem schuld, oder: deine Mutter – dein Schicksal. Damit man bewußt werden kann, müssen wir uns jedoch mit dem Material abgeben, das erlebt worden ist und das in der Nähe ist. An ihm lernen wir, es wollen wir verstehen. Dabei soll aber nie vergessen werden, daß hinter Vater und Mutter der anordnende Faktor des Archetypischen wirkt. «Mutter» ist nicht nur persönliche Mutter, sondern umfaßt weit darüber hinaus unsere anlagemäßigen Muttermöglichkeiten, das Mutterbild in uns drinnen, mutterspezifische Erfahrungen an anderen Menschen als an der persönlichen Mutter. Mütter hatten wir, Mütter suchen wir ein Leben lang, weil in jeder Beziehungsform auch der bergende, mütterliche Zug nebst anderen enthalten ist. «Mutter» suchen wir auch im nicht persönlichen Bereich: in der Natur, in der Kirche, in anderen umfassenden Institutionen, in denen wir uns geborgen fühlen möchten. Sehnsucht nach Mutter wird auch in der Kunst gestillt, in Mutter-Kind-Darstellungen, in religiösen Bildnereien, und auch in der Literatur ist die Rede von dieser einen existentiellen Weise des Menschseins. Es gehört zu den Pionierleistungen Jungs, darauf hingewiesen zu haben, daß die persönlichen Eltern nur *eine* Seite der Wahrheit darstellen. Die andere Seite ist, daß Vater und Mutter archetypische Möglichkeiten, archetypische Bilder sind. Letztlich beruhen das Vater- und Mutterbild, die im einzelnen Menschen konstelliert sind, auf der Verschränkung, die hervorgeht aus der Art, wie das Kind Mutter und Vater auf Grund seiner Anlage erlebt und aus dem Einfluß, den die Eltern auf dieses eine, ganz bestimmte Kind ausüben. Wir tragen solche Bilder in uns, und sie lassen sich nur beschränkt von den persönlichen Eltern ableiten. Mit diesen Bildern und den entsprechenden archetypischen Emotionen haben wir uns als erwachsene Menschen auseinanderzusetzen. Bis wir aber zu einer solch mündigen Auffassung kommen, bis wir unsere Eltern und das von ihnen abgeleitete Geschehen an uns wirklich als unser eigenstes Geschick (und nicht als Fehler der Eltern) begreifen, ist es ein langer Weg, der zunächst über die persönliche Erfahrung führt. Sprechen wir zu schnell von der archetypischen Ebene, so wird das Erleben, Erleiden und Erinnern dessen, was uns zustieß, ausgeklammert, und Jungsche Psychologie wird zu einer Bewußtseinspsychologie, was an ihrem Charakter vorbeigeht.

Ein weiterer Grund dafür, daß in diesem Buch oft von der Mutter die Rede ist, liegt daran, daß die narzißtische Verwundung ihren Ursprung, soweit sich dieser fassen läßt, darin hat, daß das Kind Mangel litt an einem mutterspezifischen, wachstumsfördernden Umgang. Ein solcher ist nicht allein geschlechtsspezifisch zu verstehen und läßt sich auch nicht allein der persönlichen Mutter anlasten; vielmehr zeichnet sich unsere westliche Kultur im Gesamten dadurch aus, daß weiblich-mütterliche Werte zugunsten patriarchaler Vorstellungen und Strebungen in den Hintergrund getreten sind. Es ist ein weiterer Grundgedanke dieses Buches, daß narzißtische Beeinträchtigungen zu ihrer Wandlung ein mutterspezifisches Medium benötigen. Insofern nun aber auch die Tiefenpsychologie sehr starke patriarchale Züge aufweist, ist es von großer Bedeutung, und dies nicht nur im Hinblick auf die narzißtische Wunde, daß sich der Tiefenpsychologe vermehrt auch mutterspezifischen therapeutischen Haltungen gegenüber offen zeigt.

# 1. Teil: Verlassenheit
Phänomenologie – Ursachen – Theorie – Symbolik

## Verlassenheit

Leben heißt Sein im Gefühl ewiger Dauer und Unveränderlichkeit, heißt aber auch Abschied, Wandlung und schmerzlicher Neubeginn. Anfang und Ende, Geburt und Tod bestimmen nicht allein unseren Lebensgang, sondern sind dem Lebensprozeß innewohnende Momente. In jedem erfüllten Sein ohne scheinbares Ende ist bereits der Abschied enthalten, aus dem sich Neues – unter Schmerzen meist – ergeben kann. Jedem Sein in Dunkelheit und Erdenlast wohnt ein Ende inne, das bisweilen in andere Verhältnisse mündet.

### Verlassenheitssituationen

Besser als wir es können, geben die Dichter Zeugnis von den Lebensrhythmen. Ich denke beispielsweise an ein Gedicht Rainer Maria Rilkes, das Lebensübergänge in poetischer Sprache umschreibt[1]:

Ich lebe mein Leben in wachsenden Ringen,
die sich über die Dinge ziehn.
Ich werde den letzten vielleicht nicht vollbringen,
aber versuchen will ich ihn.

Ich kreise um Gott, um den uralten Turm,
und ich kreise jahrtausendelang;
und ich weiß noch nicht: bin ich ein Falke, ein Sturm
oder ein großer Gesang.

Dort, wo ein Ring in den anderen übergeht, erleben wir Verlassenheit, erfahren wir Angst und Bedrängnis, nehmen wir den Tod, der allezeit ins Leben hineinragt, in uns auf. Übergänge – aus welchen inneren und äußeren Gründen sie uns auch immer auferlegt werden – sind kritische Zeiten. In ihnen müssen wir uns im Dasein neu orten, verändert sich unser Selbstbild und haben wir aufzubrechen zu einem neuen Selbstverständnis und bisweilen auch zu veränderten sozialen und beruflichen Kontexten. – Der Blick zurück und die noch nicht willig sich einstellende Sicht nach vorne machen uns zu schaffen.

Wie ein solcher Übergang erlebt, erlitten und schließlich überwachsen wird, hat die 1973 verstorbene Dichterin Marie-Luise Kaschnitz in dem Buch mit dem einprägsamen Titel «Wohin denn ich»[2] in einer von persönlicher Betroffenheit ausgehenden, jedoch für jeden Trauerprozeß exemplarischen Weise nachgezeichnet. Der Verlust ihres Lebensgefährten brachte nicht allein Todessehnsucht, sondern einen zwischen dieser und dem erwachenden Lebenswillen hin und her schwankenden Prozeß innerer Wandlung. Sein Ablauf, an dem die Dichterin den Leser teilnehmen läßt, spielte sich in Isolation und Abhebung vom Leben anderer ab, lenkte den Blick nach innen und erlaubte den Nachvollzug der Verlassenheit.

Lebensübergänge sind narzißtische Krisen und bedeuten, daß wir vorübergehend im Leeren stehen. Altes stimmt nicht mehr, und Neues ist noch nicht gestaltet. Die bisherige Zufuhr an Selbstwertgefühl, die wir durch die Erfüllung des uns zugeschriebenen Umfeldes und der Verfolgung uns wichtig erscheinender Ziele erhalten, ergibt sich nicht mehr von selbst.

Die jung verheiratete Frau sieht sich plötzlich konfrontiert mit einer kleinen Wohnung ohne beruflichen Aktionskreis. Der frisch Pensionierte erlebt das Ende seiner beruflichen Laufbahn wie einen eigenen Tod. Nach Abbruch einer Beziehung erfährt sich der einzelne mit sich selber entfremdet. Ein Wohnsitzwechsel ruft Gefühle des Entwurzeltseins hervor. Die Lebensmitte schließlich wird als kritische Zeit empfunden, weil an dieser Nahtstelle verschiedener Lebensalter der Mensch sich noch einmal wandelt und – im günstigsten Falle – der seelische Reifungsprozeß im Übergang vom Lebensmittag in das Alter und in der Ausrichtung auf das Ende hin vollzogen werden kann.

Die Lebensmitte ist vor allem deshalb eine schwierige und herausfordernde Zeit, weil in der Ausrichtung auf den Tod und das Ende hin sich auch die religiöse Frage stellt. Das Leben, das sich nunmehr vom Tode her erfährt, will nun auch begriffen werden als ein auf überpersönliche, metaphysische Werte ausgerichtetes.

Wer in sich verankert ist und Lebenssicherheit kennt, ortet sich oft in einem vertrauensvollen Gottesverhältnis. Wer in sich keine Basis kennt, dem wird Gottferne zu einem tief einschneidenden Erlebnis. Gott, der sich als verborgener offenbart, fordert eine Glaubenstat selbst noch im Nichts, wobei es um den Glauben geht, «der gelernt hat, auf dem Nichts zu stehen»[3], wie Luther formulierte. Die Erfahrung des verborgenen Gottes geht einher mit tiefer Melancholieerfahrung, die sich vom klinisch endogenen Aspekt der Depression symptomatisch nicht unterscheidet, sich davon jedoch in der Weise abhebt, daß der betroffene Mensch trotz aller Not, Pein und Qual mit offenen Augen durch die Erfahrung hindurchgeht und zäh daran festhält, daß es Gott gibt trotz seiner Abwesenheit und der Dunkelheit, in die er sich hüllt. Es handelt sich in einer solch grauenhaften Erfahrung um den «Mut zum Sein» (Tillich), der in der Gottverlassenheit *die* letzthinnige Möglichkeit an menschlichem Glauben erfordert. Tillich formuliert: «Der Glaube, der den Mut der Verzweiflung möglich macht, ist das Ergriffensein von der Macht des Seins, trotz der überwältigenden Erfahrung des Nichtseins.»[4]

Dem Menschen, der durch eine solche Erfahrung der Gottverlassenheit gehen muß, kann es geschehen, daß ihm die Gnade widerfährt, akzeptieren zu können, daß er akzeptiert ist.[5] Gottverlassenheit ist wohl die tiefste bewußte Verlassenheitserfahrung, ist eine Grenzerfahrung, die nur durch die Gnade heil überstanden werden kann. Von ihr sagt Tillich:

«Die Gnade trifft uns, wenn wir in großer Not und Unruhe sind. Sie trifft uns, wenn wir durch das dunkle Tal eines sinnlosen und leeren Lebens wandern. Sie trifft uns, wenn wir unsere Entfremdung tiefer als gewöhnlich empfinden, weil wir ein anderes Leben verletzt haben. Sie trifft uns, wenn unser Ekel vor unserem eigenen Sein, unserer Gleichgültigkeit, unserer Schwäche, unserer Feindseligkeit, unserem Mangel an Richtung und Gelassenheit uns unerträglich geworden ist. Sie trifft uns, wenn Jahr um Jahr die ersehnte Vollendung unseres Lebens nicht zustande kommt, wenn uns wie vor Jahrzehnten alte Zwänge beherrschen, wenn die Verzweiflung alle Freude und allen Mut zerstört. Manchmal bricht in einem solchen Augenblick ein Lichtstrahl in unsere Dunkelheit, und es ist, als spräche eine Stimme: *Du bist angenommen*, angenommen von dem, der größer ist als du und dessen Namen du nicht kennst. Frage jetzt nicht nach dem Namen; vielleicht wirst du ihn später erfahren. Versuche jetzt nicht, irgend etwas zu tun; vielleicht wirst du später viel tun. Suche nichts; leiste nichts; plane nichts. *Nimm einfach die Tatsache an, daß du angenommen bist!*»[6]

Von Gott verlassen zu sein heißt, sich bar jeder Hoffnung, jedes tragfähigen Grundes und jeder inneren Lebenssicherheit erleben. Eine solche Verlassenheit kann – gnadenhalber – zu dem tiefen Erlebnis führen, daß man trotz allem angenommen ist und daß es in diesem bodenlosen Nichts und dieser nackten Angst ein unfaßbares und unbeschreibbares Etwas gibt, das entgegen aller bisherigen Erfahrung trägt.

## Verlassenheit als Kinderschicksal

Neben all den erwähnten Verlassenheitserfahrungen gilt es noch eine Verlassenheit zu erwähnen: jene des Kindes. Sie ist selten eine bewußt erlebte Verlassenheit, sondern wird erst als solche in späteren Jahren erkannt. Das Kind *ist* verlassen und wird von der Verlassenheit unbarmherzig während seiner Personbildungszeit geformt und gezeichnet.

Verlassenheit ist ein Kinderschicksal, unzählige Jugendbücher und Aufzeichnungen Erwachsener schildern diese Situation. Man denke etwa an das Waisenkind, an das Heimkind, das Verdingkind, das Flüchtlingskind. Das Kind ist Träger eines Geschicks, dessen Grundton Verlassenheit ist. Nicht allein ubiquitär archetypisches Thema – man denke etwa an den ausgesetzten Moses in seinem Körbchen –, ist Verlassenheit vor allem das zentrale Geschick unzähliger Kinder im Krieg. Kinder, die Verlassenheit erleben und erleiden, sind verlassen; damit meine ich, daß sie keinen Umgang mit der Verlassenheit pflegen und sie nicht verarbeiten können, ja, oft dürfen sie diese gar nicht merken. Sie *ist* einfach, und das Kind lebt mit ihr und wird von ihr geformt, und das elende Gefühl wird zum unbewußten Grundtun seines Lebens.

Da man sich in der Regel mit allgemeinen Formulierungen nicht identifizieren kann, will ich einige Beispiele anführen. Ich denke hier zunächst an einen Mann, der sein Leben erfolgreich lebte, der aber ziemlich plötzlich Angstanfälle entwickelte, als seine Frau wieder zu arbeiten begann und dabei auch Menschen kennenlernte, die nicht zum gemeinsamen Bekanntenkreis gehörten. Diese Ängste, deren Hauptinhalt war, von der Frau verlassen zu werden, hatten nun aber eine Geschichte, die nahezu 40 Jahre lang nicht verschwiegen, sondern bekannt war, deren damit verbundene Emotionen aber in einer nie geöffneten Kammer waren und nicht mehr gefühlt werden konnten. Die Geschichte ist rasch erzählt: Uneheliche Geburt, zunächst im Heim aufgewachsen, dann bei Verwandten, dann Aufnahme in die Familie, die inzwischen gegründet worden war, hier, weil der Älteste, angehalten, den Fürsorglichen und Guten zu spielen und es allen recht zu machen. Frühe Heirat und dann jahrelang Ruhe von der Vergangenheit bis zum Beginn der Angstanfälle.

Die Geschichte hätte auch anders verlaufen können. Was aber selten anders verläuft, ist die Tatsache, daß die Gefühle, die damals gespürt wurden, sehr schnell unter Eis fallen und eingefroren werden. Jahre, Jahrzehnte später tauchen sie eventuell wieder auf und verlangen danach, mit dem einstigen Kind und dessen Schicksal verknüpft zu werden. Auch erfordern sie es, mit einem anderen Menschen geteilt zu werden. Geheimgehaltene Gefühle sind ständig in der Gefahr, angerührt zu werden. Oft wird deshalb das Leben unbewußt so eingerichtet, daß sie nie mehr angerührt werden können – war doch die damalige Erfahrung, daß sie niemand ernst nahm. Es ist für den Betroffenen deshalb kaum vorstellbar, daß sie zu einem späteren Zeitpunkt auf einen verständnisvollen Menschen treffen könnten. Dieser Mann hatte sich eingerichtet in eine größtmögliche Anpassung an die Bedürfnisse anderer Menschen, um keine Rückweisung, Trennung und Deprivation mehr erfahren zu müssen. Das nun plötzlich auftauchende Symptom verlangte danach, daß jemand mit ihm zusammen die elenden Kindheits-

erlebnisse einmal einfach teilte, um dadurch für eine andere
Einstellung Platz zu schaffen. Das Symptom zeigte in die Vergangenheit, wies aber auch auf eine andere, zukünftige Entwicklung im Sinne der Individuation hin.

Ich denke beim Thema Verlassenheit und Kindheit auch an die
vielen Menschen, die während des Krieges Eltern, Geschwister,
Angehörige verloren haben. Sei es, daß diese im Krieg fielen, sei
es, daß sie deportiert wurden und in einem Konzentrationslager
starben. Sorgen um das nackte Überleben, Mitleid dieser Kinder mit dem Schicksal des überlebenden Elternteiles oder totales Ausgesetztsein beim Verlust auch noch dieses Elternteils
haben es mit sich gebracht, daß über die damit verbundenen
Gefühle nicht gesprochen wurde. In einer kürzlich erschienenen
Untersuchung der französischen Psychoanalytikerin Claudine
Vegh[7] wird offenbar, daß bei den dreißig Menschen, die sie über
ihre Kriegskindheit interviewte, kein einziger je davon mit irgend jemandem gesprochen hatte. Erst im Interview durch
Claudine Vegh, die übrigens selber ein ähnliches Schicksal erlitten hatte, begannen die einzelnen gute 30 Jahre «danach» davon zu sprechen. – In diesen Zusammenhang gehört auch meine
Analysandin, deren Vater im Kriege fiel, als sie vier Jahre alt
war, darauf folgte der Treck in den Westen, das Lagerleben und
der mühsame Aufbau einer Existenz im westlichen Deutschland. Man schaffte es: das Überleben, die Anpassung und die
Integration in eine neue Gesellschaft, man erwarb sich Ansehen
und Befriedigung in einem Beruf. Erst 35 Jahre später wurde
der Verlust dieses Vaters überhaupt zum Thema, zur Frage,
wurden die damit verbundenen Gefühle erlebt. Damals konnten sie nicht in der ganzen Tragweite gefühlt werden. Die Not
zwang die Mutter zum Überleben, sie appellierte an die Vernunft der Kinder, ihr dabei zu helfen, und äußerte nicht selten:
«Schaut doch einmal, wie schwer ich es mit euch habe in dieser
Zeit.» Es kam den Kindern nicht in den Sinn, ihre elenden
Gefühle überhaupt zu äußern, waren sie doch ganz befangen
vom Mitleid mit der Mutter. Dieses Schweigen über den Verlust
des Vaters und über die schwierigen Zeiten ließ eine verborgene
Kammer in der Seele dieser Frau entstehen, an die lange nicht
gerührt werden durfte.

Was ebenso hierher gehört, ist ein Interview mit der jüdischen Sängerin Susanna Kalisch, das durch das Radio ausgestrahlt worden ist[8]. Susanna kam als junges Mädchen zusammen mit vier Geschwistern und den Eltern nach Auschwitz. Sie allein überlebte, die anderen Angehörigen kamen um. Was sie erlebte, ist radikale, traumatische Verlassenheit. Volle 35 Jahre danach konnte sie beginnen, davon zu sprechen. Da ihre Sprache das Lied ist, sammelte sie Gedichte und Verse anderer Juden in den Lagern. Dann begann sie, diese zu singen und damit aufzutreten. Sie tat dies ihret- und der verstorbenen Leidensgenossen wegen, die, wie sie sagte, «so gerne noch gelebt hätten, aber um ihr Leben gebracht worden waren». Was sie noch hinzufügte war: «Ich konnte es jahrelang nicht tun, ich konnte nicht von dieser Zeit sprechen. Ich hatte es nicht gern, wenn mich jemand danach fragte, ich hatte Angst, die Welt wolle es nicht hören.» Gerade letzteres hört man in der therapeutischen Praxis immer wieder. Es ist da große Angst, niemand wolle von den Traumen und der Verlassenheit etwas hören, und so bleibt das Leiden Jahre und Jahrzehnte lang eingekapselt.

Doch nicht immer ist Verlassenheit so deutlich gekoppelt mit äußeren traumatischen Erfahrungen. Verlassenheit geschieht auch in durchaus intakten Familien. Es kann in diesem Zusammenhang von *emotionaler Verlassenheit* gesprochen werden. Darunter verstehe ich die Verlassenheit des Kindes, das nicht genügend gute Bemutterung erlebt und Mangel leidet an mutterspezifischen, wachstumsfördernden Haltungen. Ein Kind erfährt sich vor allem dann verlassen, wenn seine Gefühle nicht von einem Gegenüber wahrgenommen und empathisch verstanden werden. Auf diese Weise wird es gezwungen, allein mit ihnen zu bleiben, was zu großer Verunsicherung führt.

Ich denke da beispielsweise an eine sehr erfolgreiche Frau, die, zart gebaut, den beiden sportlichen Eltern und ihren konkretfaßbaren, realistischen Werten nicht entsprach. Zu wenig schnell, zu wenig gewandt, blieb sie in sich gekehrt und auf geistige Werte ausgerichtet. Sie ergriff einen intellektuellen Beruf, wurde Sprachlehrerin und brachte es zu Ansehen, das schließlich auch von den Eltern als positiv eingestuft wurde. Was sich in der langen Analyse zeigte, war das Grundgefühl, nicht in Ordnung zu sein. In der Tiefe hallte die Schmach, die sie ihren Eltern durch ihr so anderes Wesen bereitete, nach. Sie sprach nie davon. Als wir darauf stießen, fügte sie bei: «Ich wage es kaum zu sagen, wie ich mich fühle und weshalb, Sie als Analytikerin könnten ja schließlich auch glauben, ich sei nicht in Ordnung!» Diese Frau fühlte sich als Kind emotional verlassen; was sie dachte, empfand und fühlte, konnte von ihren Eltern nicht eingefühlt werden, ja wurde von ihnen mit Mißbilligung gewertet.

Ein weiteres Beispiel emotionaler Verlassenheit – nun in einer Detail-Situation gesehen –, habe ich bei einer Interaktion zwischen Jürg und seiner Mutter beobachten können. Jürg hatte wegen Legasthenie Schwierigkeiten in der Schule. Er war ein intelligentes, kreatives Kind, konnte aber in den schriftlichen Arbeiten im Tempo nicht mit seinen Kameraden mithalten. Eines Tages kam er heulend nach Hause mit einer schlechten Prüfung in der Hand. Die Mutter tröstete ihn sofort und meinte, das sei doch nicht schlimm, er habe noch viele andere Gaben. Diese Mutter war durchaus wohlmeinend, gab Unterstützung und wies auf seine anderen Qualitäten hin. Doch Jürg wurde noch trauriger und heulte heftig, plötzlich nahm er das Prüfungsblatt und zerriß es in großer Wut in viele kleine Fetzen. Seine durchaus wohlmeinende Mutter hatte Jürg in dem Sinne emotional verlassen, als sie nicht bei seiner Scham, seiner Demütigung und seiner Verzweiflung geblieben war und ihn *hinweg*getröstet hatte. Ein Satz wie: «Nicht wahr, das tut weh, zuzusehen, wie andere schnell schreiben können», fiel nicht. Die Nähe zu den sogenannt negativen Emotionen fällt den meisten Menschen schwer, wir gleiten darüber hinweg und geben ein Rezept ab, wie man darüber hinwegkommt, so wie dies Jürgs Mutter tat. Indes: Elende Gefühle wollen auch gesehen werden, wollen arglos ohne allen Heroismus mitgeteilt werden. Zu schnell jedoch sehen wir darüber hinweg und bieten den Kindern ein «Ja, aber» an. Das beginnt beim kleinsten Anlaß, wie wir eben gesehen haben, das zeigt sich auch bei Erfahrungen, die ein Leben prägen können. So wagte eine Analysandin es nicht, davon zu sprechen, wie sehr sie unter dem frühen Tod der Mutter gelitten hätte, zu schnell seien jeweils die Zuhörer vom Thema abgekommen und hätten sie auf ein «Ja aber» verwiesen: «Ja aber, du hattest doch gute Ersatzpersonen, die Stiefmutter, deine Lehrer, den Pfarrer . . .» Zweifellos hatte sie solche, doch ist es nicht legitim, auch seinen Kummer zu erzählen, allein aus dem Bedürfnis heraus, gehört und gesehen zu werden?

Für die emotionale Verlassenheit des Kindes gibt das bekannte Gedicht Goethes «Der Erlkönig»[9] eine treffliche Illustration ab. Es beginnt mit:

Wer reitet so spät durch Nacht und Wind?
Es ist der Vater mit seinem Kind;
Er hat den Knaben wohl in dem Arm,
Er faßt ihn sicher, er hält ihn warm.

Da naht sich der Erlkönig dem Knaben, lockt ihn mit Spielen, – das Kind wird unruhig, ängstigt sich, die Antwort des Vaters jedesmal: «Sei ruhig, bleibe ruhig, mein Kind. / In dürren Blättern säuselt der Wind.» Oder: «Mein Sohn, mein Sohn, ich seh es genau; / es scheinen die alten Weiden so grau.» Der Vater gibt rationale Erklärungen ab, wohlmeinend zwar, doch auf die Ängste des Kindes geht er nicht ein, und am Ende: «In seinen Armen das Kind war tot.»


Die Gefühlsverunsicherung

Emotionale Verlassenheit des Kindes bedeutet eine Gefühlsverunsicherung, die sich bis in das Erwachsenenalter erstreckt und sich dort zu einer mangelhaften Gefühlslizenz erweitert, mit anderen Worten: Man hat sich das Fühlen abgewöhnt und darf die wahren Gefühle nicht mehr wahrnehmen. Die daraus entstandene innere Leere wird durch andere Ausdrucksmöglichkeiten kompensiert, was dem einzelnen erlaubt, wenigstens zu funktionieren. In diesem Sinne kann auf erwachsener Ebene von einem Sich-selber-Verlassen gesprochen werden. Wer nicht mehr geortet ist in der Lebendigkeit seiner Gefühle, tendiert zu starker Kopflastigkeit und paßt sich übermäßig an kollektive Werte an.

Ein walisisches Märchen, «Die Frau aus dem See»[10], macht die unselige Abspaltung der Gefühle deutlich.

Ein junger Mann sieht eine wunderschöne Frau aus einem See aufsteigen, er lockt sie mit Brot zu sich, doch sie kommt nicht. Später und freiwillig steigt sie eines Tages mit einer großen Kuhherde aus dem Wasser auf und bewegt sich zu dem jungen Mann hin. Dieser ist fasziniert von der Frau aus dem See und macht ihr einen Heiratsantrag, den sie mit folgenden Worten erwidert: «Ich werde dich heiraten, (. . .), und ich werde auch bei dir leben. Aber wenn du mich das dritte Mal grundlos schlägst, werde ich dich wieder verlassen.» Nach einigen Auseinandersetzungen mit ihrem Vater sagt dieser zu dem jungen Mann: «Du hast richtig gewählt, (. . .) sei ihr ein guter Ehemann. Ich will dir als Mitgift soviel Schafe, Rinder und Ziegen mitgeben, wie sie zählen kann, ohne dabei Atem holen zu müssen. Aber vergiß nicht die Bedingung, wenn du sie grundlos dreimal schlägst, wird sie zu mir zurückkehren müssen.»
Daraufhin heiraten die Frau aus dem See und der junge Mann, bestellen in der Folge ihren Bauernhof und haben zusammen drei Söhne. Nach sieben Jahren sind sie zu einer Hochzeitsfeier in der Nachbarschaft eingeladen. Ihr wird der Weg lang, sie mag nicht mehr, worauf ihr Mann nach Hause eilt, um Sattel und Saumzeug zu holen, damit sie reiten kann. Inzwischen hatte sie sich aber nicht von der Stelle bewegt, was ihn ärgert, und er gibt ihr einen leichten Schlag auf den Arm. Das war nun der erste «grundlose» Schlag.
Den zweiten «grundlosen» Schlag erhält sie, als das Ehepaar an einer Taufe teilnimmt. «Als nun die Gäste ausgelassen und fröhlich feierten, brach Nelferch (so hieß die Frau aus dem See) plötzlich in Tränen aus.» Ihr Mann findet das unpassend und er stößt sie mit der Hand an, worauf sie sagt: «Ich weine, (. . .), weil dieses arme Wurm so schwach und ausgezehrt ist, daß es nicht lange Freude an dieser Welt haben wird. Es wird bald sterben müssen. Außerdem, gerade hast du mich zum zweiten Mal geschlagen.»
Kurz darauf stirbt das Kind tatsächlich, und das Ehepaar nimmt an der Beerdigung teil. Wie alle traurig sind, bricht die Frau aus dem See in ein schallendes Gelächter aus. Der Mann gibt ihr einen leichten Schlag, den dritten. Sie aber sagt, sie lache, weil das arme Kind nun endlich von seinen Schmerzen erlöst und glücklich sei. Nach diesem dritten Schlag ruft sie all ihr Vieh zusammen, geht zum See zurück und verschwindet in ihm. Ihrem Mann bricht das Herz, er stürzt sich in das kalte Wasser. Die Söhne irren lange Zeit am Ufer herum, Jahre später erscheint ihnen die Mutter: «Sie sagte ihnen, es sei ihre Aufgabe auf Erden, das Elend und die Leiden der Menschen zu lindern. Sie führte sie zu einer Stelle, die noch immer die ‹Schlucht der Ärzte› genannt wird. Dort machte sie die Männer mit der Wirkung der Kräuter bekannt und lehrte sie die Kunst des Heilens. Dank dieser Unterweisung wurden sie die besten Ärzte des Landes.»

Ich fasse dieses einfache Märchen als Illustration der Gefühlsverneinung auf. Die Frau aus dem See äußert richtige und angepaßte Gefühle: sie ermüdet schnell und bringt dies zum Ausdruck, sie weint bei der Taufe und lacht bei der Beerdigung, an sich zu Recht. Sie bringt echte Gefühle zum Ausdruck. Allerdings verhält sie sich unangepaßt an die kollektiven Verhaltensregeln, fällt durch ihre Taktlosigkeit unangenehm auf und erhält so die Schläge ihres Mannes. Von der «natural mind» der Frau her gesehen, sind die Gefühle adäquat. Gehen wir nicht auch oft so wie der Mann des Märchens mit unseren Gefühlen um, verdrängen wir sie nicht, sobald sie unangepaßt sind, um den Zwiespalt mit den kollektiven Forderungen zu umgehen?

Statt die Gefühle im Stand der Wahrnehmung zu belassen, schicken wir sie oft zu rasch ins Unbewußte. Die Verbindung mit ihnen zu bewahren, ist jedoch heilsam; unsere Gefühle – die wir ja nicht gleich ausagieren müssen – sind oft ein innerer Kompaß in Situationen, für uns selber und im Umgang mit anderen Menschen. Sie bringen, wenn wir nur recht hinhören, in einer vielfältigen Facettierung unsere subjektive Wahrnehmung zum Ausdruck und machen einen Großteil unserer Lebendigkeit aus.

Wie sehr wir angewiesen sind auf eine Feinwahrnehmung der Gefühle, zeigt sich besonders deutlich in unserem therapeutischen Beruf. In der Arbeit mit Analysanden sind wir oft einer Palette von intensiven Gefühlen ausgesetzt, die wir ernst nehmen müssen, sagen sie uns doch nebst aller Aussage über uns auch etwas über den jeweiligen Analysanden aus. Diese Gefühle, die wir bezüglich des Analysanden haben, nennen wir Gegenübertragungsreaktionen. Wir stehen also mit unseren Analysanden in einem Feld, wo nicht nur sie über uns, sondern auch wir über sie vielfältige Gefühle und Reaktionen haben. Ganz besonders dann müssen wir unsere Gegenübertragungsgefühle ernst nehmen, wenn wir mit einem Analysanden arbeiten, der seine Fühllizenz verloren hat und nur noch wenig oder keinen Zugang zu den Gefühlen hat. Es sind dann die Gegenübertragungsgefühle, mittels derer wir zu den verschollenen Gefühlen des Analysanden vordringen können.

Ich erinnere mich in diesem Zusammenhang an die fünfzigjährige Frau M., die mich vor einigen Jahren aufsuchte. Sie kam in Analyse ohne klare Motivation, zur Horizonterweiterung und auch als Beigabe zu ihrem sozialen Beruf. Bereits in den ersten Wochen wurde deutlich, daß sie ihre Gefühle verschlossen hielt und vor allem via Anpassung und Rationalität funktionierte. Wir konnten miteinander auf der Basis des Über-sich-Erzählens und Reflektierens arbeiten, aus sicherer Distanz also und nicht an dem Stoff direkt, der sich zwischen uns entwickelte. Da geschah es, daß Frau M. eine schwere Kränkung durch ihren Mann erfuhr: eine zwanzigjährige und bisher gute Ehe bekam einen Sprung. Nach einem anfänglichen, emotionalen Sturm erholte sich Frau M. erstaunlich gut und schnell. Verdächtig schnell, wie sich herausstellen sollte. Sie betonte regelmäßig, wie gut es ihr nun wieder gehe, und im übrigen könne sie die Lage ihres Mannes verstehen. Kurz danach zeigten sich Schlafstörungen und Ängste, die sie tagsüber heimsuchten. Beide Symptome gingen langsam und unmerklich in eine recht schwere Depression über. Diese Beschwerden erlebte sie wie aus heiterem Himmel gefallen. Vorsichtige, tastende Fragen nach der Kränkung und einem möglichen Zusammenhang damit wies sie weit von sich. In der Depression wurde sie auch suizidal, dabei bekam ich zwei Botschaften, die eine: es gehe ihr gut, die andere: sehr verhaltene Selbstmordphantasien. Meine gefühlsmäßige Reaktion darauf war nun sehr durch ein häufiges Mich-Sorgen – «worries», wie der Engländer sagt – durchzogen. Ich mußte in den Zwischenstunden übermäßig oft an die Analysandin denken, was nebst aller Besorgnis auch einen gewissen Ärger in mir auslöste.

Was hier Gestalt annahm, war eine Mutter-Kind-Interaktion. Frau M. erlebte ihre Mutter seit frühester Kindheit als emotional deprivierend, sie hörte nicht auf das Kind, seine Sorgen waren nicht ernstlich genug. Dieses Mutter-Kind-Beziehungsmuster wiederholte sich bei mir. Mit dem «mir geht es gut», der Abwehr der wahren Gefühle, zeigte sie mir ihr angelerntes Verhalten ihrer Mutter gegenüber. Mit kaum bemerkbar vorgebrachten Selbstmordphantasien – so sagte sie mit bedeutsamem Blick, sie wolle schlafen, «für immer», was ewig schlafen hieß – brachte sie mich in Aufregung. In meinem übermäßigen Mich-Sorgen zeigte sich indirekt ihr sehnsüchtiger Wunsch, daß doch endlich einmal jemand sich um sie sorgen sollte. Nicht ich war eigentlich gemeint, sondern die Mutter der Kindheit. Es war also wichtig, daß ich meine Gegenübertragungsgefühle ernst nahm, gaben sie doch Einblick in die Geschichte der Analysandin. Durch das empathische Verstehen vieler solcher Situationen wurde es allmählich möglich, daß Frau M. wieder zu ihrer Affektivität hinfand. Vor allem Gefühle wie Angst, Wut, Ohnmacht und Verlassenheit wurden wieder verfügbar.

Die eben geschilderte Abwehr der Gefühle anläßlich der Kränkung durch ihren Mann entsprach einer generellen Gefühlsverneinung, deren Wurzeln jedoch in der einstigen Mutter-Kind-Verbindung lagen.

Ein weiteres Beispiel der Gefühlsverneinung sei noch angeführt. Frau J. griff mich über eine lange Zeitspanne hinweg immer wieder an. Sie beschimpfte mich und war sehr kreativ in der Formulierung der Urteile über mich. Was mich daran frappierte, war die Tatsache, daß mich ihre Schimpftiraden kühl ließen. Das erstaunte mich, waren mir doch Angriffe gleicher Art von Analysanden nie in dem Maße wie bei ihr gleichgültig gewesen. Auch diese Analysandin war ihren Gefühlen entfremdet, sie waren verschollen, eingefroren. Nach langer Zeit wurde klar, was sich zwischen uns abspielte. Frau J. hatte eine ungemein nörglerische Mutter gehabt, die das Kind ständig nach Strich und Faden kritisierte. Diese ständige, nörglerische Ablehnung ihrer Person durch die Mutter überlebte sie, indem sie innerlich «zu»machte und ihre Gefühle anästhesierte.

Was ich in meiner Gleichgültigkeit erlebte, war nun genau jene Befindlichkeit, die sie als Kind gegenüber ihrer Mutter empfand. In dieser Interaktion war also ich das Kind und sie die nörglerische Mutter. Der Faden zu dieser Geschichte jedoch konnte lediglich durch die Gegenübertragungsgefühle gefunden werden, erst da wurde es möglich, das Heute mit dem Gestern zu verknüpfen und durch diesen Zugang eine erweiterte Wahrnehmungsfähigkeit ihrer Gefühle und ihrer Lebendigkeit zu erreichen.

Wir sind bei der Betrachtung des Sich-selber-Verlassens ausgegangen von dem Märchen «Die Frau aus dem See» und haben anschließend gezeigt, daß dieses Sich-selber-Verlassen auch im Erwachsenenalter vorkommt und daß es sehr oft mit der Kindheitsgeschichte verbunden ist. Verdrängte Gefühle verschwinden nicht einfach, sie gelangen ins Unbewußte, so wie die Frau aus dem See ins Wasser verschwindet. Es ist heilsam, diese Gefühle wieder zu entdecken. Wie die Söhne durch das Kraut, das ihnen die Mutter zeigte, zu berühmten Ärzten wurden, so ist es für unser Wohlbefinden in einem heilenden Sinne ausschlaggebend, wie weit wir mit unserer Affektivität verbunden sind, sie kennen und befragen können.

Wie sehr das Verschwinden der Gefühle auch mit Erziehungsstilen, die kollektiv gängig sind, zusammenhängt, sei hier noch ausgeführt. Man traut sich oft deshalb nicht, zu seinen Gefühlen zu stehen, weil das «Man weiß doch, was man will!» noch nachklingt. Die bunte Facettierung von Gefühlen bedingt, daß man eben nicht immer weiß, was man will. Viele Menschen haben es deshalb aufgegeben, die Vielfalt der Gefühle anzunehmen, weil sie der strengen Über-Ich-Anforderung nach Eindeutigkeit nicht Genüge tun konnten. Auch deshalb sind Gefühle unangenehm, weil man sich doch entscheiden muß. «Entscheid dich und bleib dabei!», ist eine weitere Maxime dieser Erziehung. Und schließlich haben Menschen Angst vor Gefühlen, weil sie unbewußt der Ansicht sind, sie müßten gerade daraufhin handeln. Daß das nicht geht, kann jeder bestätigen, der seine Gefühle voll wahrnimmt. Gefühle müssen nicht immer ausagiert werden, ihre größtmögliche Wahrnehmung ist für uns und andere das Wesentliche. Viele Menschen fühlen lediglich, was von ihnen erwartet wird, sie verwechseln ihre wahren Gefühle mit jenen, die sie meinen, fühlen zu müssen. Sie gewinnen dadurch vielleicht eine Bejahung, doch wird so das «Image» übermäßig gefördert. Das Akzeptiertsein auf Kosten der Wahrnehmung der eigenen Gefühle hat den Erfolg, daß gerade das Gefühl der Verlassenheit durch das Verlassen eigener Gefühle nicht mehr gefühlt werden muß. Wir brauchen in diesem Zusammenhang nur an den immer freundlichen Menschen zu denken, oder an den ausgesprochen lustigen Menschen, der durch manische Abwehrformen sich in seine Runde einzupassen versucht, auch können wir an den guten Helfer denken, dessen innere Verlassenheit durch fürsorgliche Leistungen überspielt wird.

Der Verlust der Gefühle ist recht eigentlich die Neurosenform der heutigen Zeit, wo durch Kopflastigkeit, Rationalität und Objektivität sich allmählich ein Bewußtseinspatriarchat um den Preis weiblicher Werte (nicht geschlechtsspezifisch verstanden) herausgebildet hat. In seiner Schrift «Der philosophische Baum» führt Jung eine gnostische Erzählung über die Sophia an. Diese zeigt, daß das Weibliche, will es seine Werte kennen, sich vom «endgültigen Sieg des Geistes über die Sinnenwelt» trennen muß. Die Gefahr ist, daß es sich in der Finsternis verliert. Von welch hohem Wert dieser Schritt jedoch ist, zeigt der folgende Textauszug: «Das Weibliche dagegen setzt sich, bewogen teils durch einen Akt der Erwägung, teils durch Notwendigkeit (. . .) in Verbindung mit der äußersten Finsternis. Das Leiden, das sie befiel, bestand aus einer Kette von Emotionen, wie Trauer, Furcht, Bestürzung, Verwirrung, Sehnsucht; bald lachte sie, bald weinte sie. Aus diesen ‹Affekten› (. . .) ging die ganze Weltschöpfung hervor.»[11]

Mutatis mutandis gilt dieser Ausschnitt aus der Legende auch für uns: Denn ruht unsere eigene kleine Welt nicht auch auf unseren Emotionen? Sind nicht gerade sie es, welche unsere Lebendigkeit garantieren? Hängt nicht in hohem Maße unsere Hingabe an die mannigfaltigen Aufgaben von ihnen ab, seien sie nun froh oder düster? Es sind gerade die Emotionen, dank derer unsere kleine «Weltschöpfung», das heißt unsere Werke verschiedenster Art, überhaupt geschöpft und gestaltet werden können.

## Verlassenheit in der Mutter-Kind-Beziehung

Es gibt wohl keine andere Zeit im Leben, wo der Mensch in einem so hohen Maße auf Geborgenheit und Wärme angewiesen ist wie in der frühen Kindheit. Das Kleinkind kann gar nicht gedacht werden ohne seine Mutter, ohne eine liebevolle, pflegende und hegende Umgebung. «Mutterseelenallein» sagt der Volksmund und bezeichnet damit einen hohen Grad von Verlassenheit. So wie Mutter und Geborgenheit zusammengehören, so bilden Verlassenheit und fehlende Mutter ein Wortpaar. Für das Kind bedeutet mütterliche Abwesenheit und Mangel an mutterspezifischen Medien ein Ausgesetztsein in Hunger, Angst und Not, besagt im weiteren schwerwiegende Beeinträchtigung und Schädigung seiner seelisch-geistigen und physischen Entwicklung. Mutterentzug, aus welchen Gründen auch immer er geschehe, ist Verlust eines tragenden Seinsgrundes und begreift eine kaum wieder gutzumachende Wunde mit ein. Fehlt einem Kind die Mutter beziehungsweise die konstante Bezugsperson, die nicht nur versorgt, sondern fähig ist, auch taktile und emotionale Zuwendung – Liebe – zu geben, so ist das Kind des für seine Entwicklung und Entfaltung Wesentlichsten beraubt.

Unserer Zeit kommt das Verdienst zu, das Kind und seine Wachstumsbedingungen intensiv untersucht und erforscht zu haben und es immer noch zu tun. Das beginnt beim Ausspruch «das Jahrhundert des Kindes» von Ellen Kay, geht über in die Hospitalismus- und Deprivationsforschung, führt zu ethologischen Untersuchungen und findet hinein in die heute aktuelle Narzißmusdiskussion. Schließlich gehört die seit zirka einem Jahrzehnt modern gewordene «Psychohistorie» des Kindes in diesen Umkreis. Die Psychohistorie betrachtet für einmal nicht die Bild- und Erziehbarkeit des Kindes, sondern versucht auf Grund von Dokumenten das Selbsterleben und das Selbstverständnis des Kindes zu Worte kommen zu lassen. Allzu lange beschäftigte man sich mit Pädagogik und Didaktik, dabei blieben die über die Jahrhunderte dauernden Qualen der Kinder im dunkeln. Die Geschichte der Kindheit – wie sie durch die Aufsehen erregenden Bücher wie zum Beispiel Philippe Ariès' «Geschichte der Kindheit»[1] und «Hört ihr die Kinder weinen» von Lyoyd deMause[2] bekannt geworden ist – begreift sich als *eine* Geschichte der Verlassenheit und Vernachlässigung, deren traurige Variationen «Kindsmord, Vernachlässigung, barbarische Wickelpraktiken, absichtliches Verhungernlassen, Prügel, Isolierung»[3] usw. sind. Diese Geschichte ist tragisch, der Brutalitäten sind Legion. Wie deMause nachgewiesen hat, beginnt sich erst in unserer Zeit neben all den weiterbestehenden traditionellen Erziehungsideologien ein empathisches Eingehen auf die Bedürfnisse des Kindes abzuzeichnen[4].

## Verlassenheit in der Hospitalismus- und Deprivationsforschung

Entscheidende Impulse bekam die Erforschung der Mutter-Kind-Beziehung durch die Hospitalismus- und Deprivationsforschung. Diese Forschungsrichtung gewann vor allem im angelsächsischen Bereich, durch die tragischen Kriegsgeschehnisse bedingt, an Boden und Verbreitung. In ihrem Buch «Heimatlose Kinder» schreiben die beiden Autorinnen, Anna Freud und Dorothy Burlingham, den Lehren des Zweiten Weltkrieges die entscheidenden Impulse für ihre Untersuchungen zu. Es heißt im Vorwort: «Es scheint uns wichtig, in friedlichen Zeiten nicht die Lehren zu vergessen, die uns in Kriegszeiten drastisch vor Augen geführt worden sind. Wir folgen in dieser Einstellung den Chirurgen, die jederzeit ihre Erfahrungen an Kriegsverletzten in die zivile Chirurgie hinübergenommen haben; den Kinderärzten, die den Mangelerkrankungen des Ersten Weltkrieges Entscheidendes über die Ernährungsnotwendigkeiten während der Entwicklungsjahre entnommen haben. Was der Zweite Weltkrieg über die notwendigen Lebensbedingungen für Kleinkinder gezeigt hat, ist in großen Umrissen und in einfachster Form hier niedergelegt.»[5]

Wohl auch im Gefolge des Krieges bekam der Engländer John Bowlby von der Weltgesundheitsorganisation 1948 den Auftrag, das Schicksal der Waisen-, Pflege- und Heimkinder in aller Welt zu untersuchen. 1951 legte er die Ergebnisse seiner Untersuchungen in der Aufsehen erregenden Dokumentation «Maternal Care and Mental Health»[6] vor. Ebenso ist es unzweifelhaft eine Folge der Lehren des Krieges, daß der sechste Leitsatz der «Erklärung der Rechte des Kindes» in der UNO-Vollversammlung vom 20. 9. 1959 wie folgt formuliert wurde: «Das Kind bedarf zur vollen und harmonischen Entwicklung seiner Persönlichkeit der Liebe und des Verständnisses. Es muß möglichst in der Obhut und unter der Verantwortung seiner Eltern, immer aber in einer liebevollen, moralische und materielle Sicherheit bietenden Umgebung aufwachsen. Im zarten Alter darf das Kind nicht von seiner Mutter getrennt werden, außer durch ungewöhnliche Umstände . . .»[7]

Es sind vor allem zwei Forscher zu nennen, die sich um die Erforschung der Mutterentbehrung verdient gemacht haben. Einmal der Kinderarzt und Psychologe *René Spitz* und zum anderen der bereits erwähnte Psychoanalytiker *John Bowlby*. Mit dem ersteren verbindet sich die Hospitalismus-, mit dem letzteren die Deprivationsforschung.

Spitz untersuchte zusammen mit seiner Mitarbeiterin Katherine Wolf Säuglinge in Institutionen und Heimen. Dabei stieß er bei Kindern, die zwischen dem 6. und 8. Monat für drei Monate von der Mutter getrennt waren, auf ein auffallendes Syndrom. Er nannte es die «anaklitische Depression». Sie äußert sich in einem weinerlichen Verhalten des Kindes, das in einem auffallenden Gegensatz zur früheren Fröhlichkeit steht. Das Syndrom verläuft fortschreitend zu einem Zustand, welcher der Depression Erwachsener ganz ähnlich ist. Spitz benannte das Syndrom «anaklitisch» auf Grund von Freuds Feststellung, daß sich die Objektwahl anaklitisch, das heißt im Zusammenhang mit der Bedürfnisbefriedigung, entwickelt. Spitz wählte diesen Terminus, um die Depression des Kleinkindes von jener Erwachsener, deren Gründe anderer Art sind, zu unterscheiden. Die Genesung von der anaklitischen Depression erfolgt in der Regel rasch, wenn das Kind wieder seiner Mutter zugeführt wird, falls vor der Trennung eine genügend gute Beziehung bestanden und die Trennung nicht mehr als 5 Monate gedauert hat[8].

Ein weiteres erschreckendes Ergebnis der Untersuchungen von Spitz ist der Hospitalismus. Hier ist die Mutterentbehrung schwerer und tiefgreifender und bedeutet totaler Entzug affektiver Zufuhr, was einem emotionalen Verhungern gleichkommt. Es stellen sich schwerwiegende, motorische Schädigungen ein, der IQ der Kinder ist weit unter dem Durchschnitt, und eine erschreckend hohe Sterblichkeit ist festzustellen. Der Verfall zeigt sich nicht nur auf der körperlichen Ebene, sondern auch in seelisch-geistiger Hinsicht[9].

Die Untersuchungen von Spitz und die anderer Forscher gehen einher mit den Untersuchungen Marie Meierhofers, die am Zürcher Säuglings- und Kinderheim zwischen 1958 und 1961 ihre entwicklungspsychologischen Studien durchführte. Meierhofer nannte die Folgen von Kontaktmangel und häufigem Alleingelassenwerden des Kleinkindes «Verlassenheitssyndrom». Verschiedene Schweregrade werden beschrieben, und Meierhofer unterscheidet zwischen einem «akuten» und «chronischen» Verlassenheitssyndrom und der «Dystrophia mentalis»:

«*Das akute Verlassenheitssyndrom*, das bei ganz jungen Säuglingen in den Heimen zu beobachten ist, tritt auch beim Familienkinde nach Milieuwechsel oder Trennungserlebnissen auf: das Kind appelliert und protestiert durch verstärktes Schreien und starke psychomotorische Unruhe. Gleichzeitig oder nach einiger Zeit stellen sich Störungen der Nahrungsaufnahme, Appetitlosigkeit, Speien oder Erbrechen ein. Schlafstörungen, verstärktes Lutschen und Anfälligkeit für Infektionskrankheiten sind weitere Symptome der akuten Frustrationssituation. Wenn die Frustrationen andauern und das Kind in diesem akuten Stadium nicht die nötige Zuwendung und Befriedigung bekommt, dann bildet sich allmählich ein *chronisches Verlassenheitssyndrom* aus; das Kind schützt sich gegen den Streß und den Schmerz, welche auf die Länge unerträglich werden und mit dem Leben nicht mehr vereinbar sind, durch Rückzug auf sich selbst. Es beginnt zu resignieren, seine Bedürfnisse auf ein Minimum herabzuschrauben und sich mit Ersatztätigkeiten zu befriedigen. So bleibt es ruhig und passiv, protestiert nur noch gelegentlich, lutscht verstärkt und entwickelt mannigfaltige stereotype Bewegungen . . .» ( . . .) «Die Resignation drosselt das Streben und Begehren des Kindes so, daß es die neu reifenden Bewegungsfunktionen gar nicht auszuprobieren sucht und Mimik und Gestik zu

47

erstarren drohen. Sowohl die motorische wie die manuelle Entwicklung bleiben zurück. Besonders schwer betroffen werden aber die Kommunikationsmittel, insbesondere die Sprache, die einen katastrophalen Tiefstand, bis zur Sprachlosigkeit, im Kleinkindalter erreichen kann. Es entsteht dann das Bild der *Dystrophia mentalis*, das heißt einer allgemeinen seelischen und geistigen Unterentwicklung infolge eines Mangelzustandes.»[10]

Der führende Deprivationsforscher John Bowlby sichtete während Jahren die Ergebnisse von Untersuchungen verschiedener Fachdisziplinen – wie Psychoanalyse, Ethologie, Systemtheorien, Lerntheorie und kognitive Psychologie –, die sich mit Mutter-Kind-Trennungen befaßten, und baute darauf seine Konzepte auf, deren Kern die *Bindungstheorie* ist: «Sie postuliert das Band zwischen Kind und Mutter als Produkt der Aktivität einer Anzahl von Verhaltenssystemen, deren voraussehbares Ziel die Nähe zur Mutter ist.»[11]

Von Geburt an besitzt das Kind ein angeborenes Bindungsverhalten, das sich im Schreien, Saugen, Festhalten, im Lächeln und Schwätzeln und später im Kriechen und Gehen äußert[12]. Bowlby setzt sich mit seiner Bindungstheorie in einen Gegensatz zur klassischen Ansicht der Psychoanalyse, welche das Bindungsvermögen als sekundär aus der Nahrungsbefriedigung entstanden auffaßt. Die Sekundärtriebtheorie ist bei Bowlby durch die Bindungstheorie ersetzt worden. Von allem Anfang an ist der werdende Mensch auf Bindung ausgerichtet, doch erst im zirka 6. Monat ist das Bindungsverhalten etabliert und gut zu beobachten. Es dauert intensiv bis zum zirka 3. Geburtstag an, entwickelt sich bis in die Adoleszenz[13] und bleibt charakteristisch für das gesamte Leben des Menschen. Das Bindungsverhalten des erwachsenen Menschen ist die Reflexion seiner frühen Erfahrungen[14]. Bowlby versteht das Bindungsverhalten als etwas durchaus Menschliches und will es nicht verstanden haben als etwas Regressives und Pathologisches[15]. Im optimalen Falle verhält sich die Mutter zum Bindungsverhalten des Kindes in einem angepaßten Pflegeverhalten; beide bilden ein Paar und empfinden Freude an- und Liebe füreinander. Die Beziehung, die sie unterhalten, ist eine solche:

«(. . .), in der *beide Partner Befriedigung und Genuß* finden. Ein Kind braucht die Gewißheit, für seine Mutter ein Gegenstand der Freude und des Stolzes zu sein; eine Mutter braucht das Erlebnis einer Erweiterung ihrer eigenen Persönlichkeit zum Kind hin: *beide* haben das Bedürfnis, sich intensiv mit dem anderen zu identifizieren. Was eine Mutter für ihr Kind tut, kann nicht durch Routine ersetzt werden; es ist eine lebendige menschliche *Partnerschaft*, durch die es bei beiden Beteiligten zu charakterlichen Veränderungen kommt.»[16]

Durch das Bindungsverhalten an die liebende Mutter geknüpft, erlebt das Kind nicht allein Schutz, sondern auch die notwendige Voraussetzung, sich auf einer «sicheren Basis»[17] des Vertrauens entfalten zu dürfen und ein gesundes Selbstvertrauen aufbauen zu können[18].

Bowlby nennt den Mutterentzug «mütterliche Deprivation», ein solcher wirkt sich nicht allein auf das Bindungsverhalten des Kindes, sondern auf seine gesamte Entwicklung fatal aus. Wiederum gestützt auf ein umfassendes empirisches Material kann Bowlby die Wichtigkeit der Bindung an die Mutter (oder an eine Bindungsfigur) nachweisen. Es zeigt sich bereits beim Kleinkind, daß Trennungen von der Mutter das Kind ängstigen, es traurig stimmen und Ärger auslösen[19]; all das klingt bei der Wiedervereinigung mit der Mutter ab. Bowlby unterscheidet zwei Arten der Deprivation: die *«partielle»* liegt dann vor, wenn dem Kind nicht mit Liebe, sondern mit Ablehnung begegnet wird bei konstanter Präsenz der Mutter (oder Bindungsfigur), absolute oder *«totale»* Deprivation ist verbunden mit Ausfall der Mutter (Tod, Krankheit, Verlassen, Trennung, Einweisung in Institutionen[20]). Die Folgen des Mutterentzuges und Mutterverlusts sind von weitreichender Bedeutung und führen oft zu neurotischen Charakterverbiegungen. Ein in der Kindheit deprivierter Mensch neigt zu Angst- oder Unsicherheitsbindungen, die sich durch eine übermäßige Anklammerung äußern[21]. Oder aber das Kind läßt sich überhaupt nicht mehr auf Bindungen ein und trägt eine künstliche Selbstgenügsamkeit[22] zur Schau. Beide Formen sind Ausdruck einer Deprivation. Menschen mit gestörtem Bindungsverhalten sind außerordentlich trennungssensibel und neigen zu Verlustängsten und pathologischer Verarbeitung von Trauer[23].

Im weiteren haben Untersuchungen ergeben, daß bei Menschen, deren affektive Bindungen in der Kindheit ungenügend waren oder abgebrochen werden mußten, ohne daß ein Ersatz angeboten wurde, Depressionsneigung und Kriminalität signifikant höher sind[24].

Bowlbys Werk ist in einer Trilogie zusammengefaßt, wovon die einzelnen Titel lauten: «Bindung», «Trennung», «Verlust». Verlassenheit in dieser Sicht heißt Beeinträchtigung der Persönlichkeitsentwicklung, insbesondere gestörtes Selbstvertrauen und gestörtes Bindungsverhalten: diese Äußerungen basieren auf mütterlicher Deprivation.


Verlassenheit als Frühstörung

Die frühe Zeit der Mutter-Kind-Beziehung scheint in den Anfängen der Tiefenpsychologie eine relativ unhinterfragte Periode gewesen zu sein. Das Interesse lag beim Ödipus-Komplex, lag bei der Dreierbeziehung und umfaßte ein Ich, das bereits Konflikte verarbeiten und frei wählen konnte. Die frühe Periode, die Zweierbeziehung von Mutter und Kind, wurde als unproblematisch aufgefaßt. Der bekannte Kindertherapeut D. W. Winnicott macht darauf aufmerksam, daß die frühe Zeit von Freud als gut genug betrachtet worden war[25]. Das gleiche kann auch von Jung gesagt werden, der kindliche Probleme als nur von den Eltern abhängig auffaßte und damit indirekt die frühe Zeit des Kindes als geglückt ansieht. So schreibt denn Jung: «Die *kindliche Stufe des Bewußtseins kennt noch keine Probleme*, denn noch hängt nichts vom Subjekt ab, indem das Kind selber noch ganz von den Eltern abhängt. Es ist, wie wenn es noch gar nicht völlig geboren, sondern noch in der seelischen Atmosphäre der Eltern getragen wäre.»[26]

Damals sah man noch zu wenig, in welcher Weise eine ungenügende Mutter-Kind-Dyade verhängnisvoll auf die Ich-Entwicklung einwirken konnte und in welch hohem Maße das Selbstwertgefühl – das arglose Sich-in-Ordnung-Finden – entscheidend von der Beziehung zwischen Mutter und Kind abhängig ist. Ein Zitat aus Winnicotts Werk «Reifungsprozesse und fördernde Umwelt» mag stellvertretend für die Sicht der damaligen Tiefenpsychologie stehen:

«Damals, in den zwanziger Jahren, war *der Ödipuskomplex überall der Kern des Problems.* Die Analyse der Psychoneurosen führte den Analytiker immer wieder zu den Ängsten, die zum Triebleben der *Vier- bis Fünfjährigen* in ihrer Beziehung zu *beiden Eltern* gehörten. Frühere Schwierigkeiten, die ans Licht kamen, wurden in den Analysen als Regressionen auf prägenitale Fixierungspunkte behandelt, aber die Dynamik kam aus dem Konflikt im voll ausgeprägten Ödipuskomplex des Kleinkind- oder späten Kindesalters, d. h. kurz vor dem Ende des Ödipuskomplexes und dem Einsetzen der Latenz. Nun zeigten mir aber unzählige Fallgeschichten, daß die Kinder, die Störungen bekamen, ob psychoneurotischer, psychotischer, psychosomatischer oder antisozialer Art, Schwierigkeiten *in ihrer emotionalen Entwicklung im Säuglingsalter, sogar schon als Babys, aufzuweisen hatten.* Paranoide, überempfindliche Kinder konnten schon in den ersten Wochen oder sogar Tagen des Lebens diese Erscheinungen zeigen. Irgendetwas stimmte irgendwo nicht. Als ich anfing, Kinder psychoanalytisch zu behandeln, konnte ich bestätigen, daß der Ursprung der Psychoneurose im Ödipuskomplex liegt, und doch wußte ich, daß die Schwierigkeiten *früher* anfingen.»[27]

Man ging damals in einer selbstverständlichen Weise bei der Betrachtung psychischer Probleme von einem Ich aus, das als in sich gefestigt angenommen wurde. Erst als man begann, sich vermehrt mit der frühen Säuglingszeit zu befassen und das archetypische Paar Mutter und Kind in den Mittelpunkt der Betrachtung zu stellen, sprach man auch von Frühstörungen und wurde aufmerksam auf die Identitätsfrage und auf den gesamten Fragenkomplex um das Ich und seine Bildung. Mit vielleicht der Ausnahme von Melanie Klein, die konsequent an der streng klassischen Psychoanalyse festhielt und das Umfeld des Babys vergleichsweise wenig in Betracht zog[28], begann eine Reihe namhafter Autoren, das Baby nicht mehr allein, sondern zusammen mit seiner Mutter zu betrachten, und es wurde hervorgehoben, daß es eine «Periode gibt, in der es unmöglich ist, einen Säugling zu beschreiben, ohne die Mutter zu beschreiben», wie Winnicott den Sachverhalt treffend formulierte[29]. Die zentrale Folgeerscheinung einer geglückten Mutter-Kind-Beziehung kann in der einfachen Formel zusammengefaßt werden: So wie ich geliebt werde, kann ich mich und andere lieben.

Anschließend sei nun vom Werk des englischen Kinderanalytikers *D. W. Winnicott* die Rede, und es soll dargestellt werden, welche Bedeutung Verlassenheit in seinem Werk erhält. Winnicott faßt seine Ansichten über die Mutter-Kind-Beziehung im Wort «halten» (holding) zusammen. Eine Mutter, die ihr Kind richtig hält, gibt nicht allein Nahrung, Pflege und Fürsorge, sondern ist für des Kindes emotionale Entwicklung und seine seelisch-geistige Gesundheit von unabdingbarer Bedeutung. «Zum Halten gehört besonders das physische Halten und Tragen des Kindes, das *eine Form der Liebe* ist. Es ist vielleicht die einzige Art, wie eine Mutter dem Säugling ihre Liebe zeigen kann.»[30] Winnicotts Begriff des «Haltens» geht aber weit über die konkrete Bedeutung hinaus und wird in seinem Werk recht eigentlich zum Symbol einer geglückten Mutter-Kind-Beziehung.

Eine Mutter, die im Sinne Winnicotts *«gut genug»* ist («good enough»), bereitet die Basis für eine gesunde Ich-Entwicklung, die es dem Kind ermöglicht, vertrauend und zuversichtlich die «Kontinuität des Seins»[31] zu erfahren, mit seinem Körper vertraut zu werden und ein gutes Selbstwertgefühl aufzubauen, Entwicklungen also, welche Winnicott auf die einfache Form des «ICH BIN»[32] bringt, die auch die Fähigkeit, allein zu sein, umfaßt. Personwerdung nach Winnicott ist abhängig von der Mutter, die im Stadium «primärer Mütterlichkeit»[33], das unmittelbar auf die Schwangerschaft folgt und einige Wochen dauert, die Bedürfnisse des Säuglings empathisch, sozusagen telepathisch wahrnimmt und erfüllt und die willig ist, die winzigen Veränderungen mitzumachen und sich entsprechend anpaßt. «Auf der Grundlage dieser Kontinuität des Seins entwickelt sich das ererbte Potential allmählich zu einem Säuglingsindividuum.»[34]

Von der genügend guten Mutter ist das Fundament einer in jeder Hinsicht bezogenen Existenz abhängig: «Für ein Kind, das sein Leben auf diese Weise begonnen hat, können die Idee des Guten und die Idee von einem zuverlässigen und persönlichen Elternteil oder Gott ganz natürliche Folgerungen sein.»[35] Verlassenheit im Sinne Winnicotts bedeutet Verlassenheit vor aller Bindung und korreliert mit der «Vernichtung des personalen Seins»[36], bedeutet Ich-Schwäche[37] und ein Erleben am «Rande unvorstellbarer Angst[38]. Der Mangel an haltenden Gesten bedeutet für das Kind: Zusammenbrechen – Unaufhörliches Fallen – Keine Beziehung zum Körper haben – Keine Orientierung haben[39].

Die mißglückte Mutter-Kind-Beziehung ist deshalb Wegbereiterin psychotischer Erkrankungen[40] und der Ich-Verbiegungen in Form des *«wahren»* und des *«falschen Selbst»*[41]. Um sozial lebensfähig zu sein, braucht der Mensch Schutz und eine gewisse Verleugnung seines Selbst im Sinne der Anpassung. Paßt sich nun ein Kind zu sehr auf Kosten der persönlichen Lebensweise an, geht es seiner Lebendigkeit verlustig. Ein falsches Selbst verdeckt nicht allein das wahre Selbst, sondern es geschieht auch, daß sich das wahre Selbst nur noch über das falsche ausdrücken kann.

Winnicotts einprägsame Formulierungen sind sehr populär geworden und spielen in der Narzißmusdiskussion eine große Rolle. Mit dem falschen Selbst ist das Kind gezwungen, in zunehmendem Maße sich selber zu verlassen und auf seine spontanen Gesten, seine Motilität, Aggression und den wahren Ausdruck seiner selbst zu verzichten. Verlassenheit in diesem Sinne ist also auch Selbstentfremdung, Entfremdung vom eigenen Wesen.

Der aus Ungarn stammende und später in London arbeitende Psychoanalytiker *Michael Balint* überdenkt in seinem Buch «Therapeutische Aspekte der Regression»[42] Erfahrungen mit Analysanden, bei denen die klassisch-analytische Technik nicht den erwarteten Erfolg gebracht hat und die vor allem dadurch auffielen, daß ihr Ich nicht stark genug war, die «Deutungen des Analytikers als Deutungen zu erleben» und sie «durcharbeiten zu können»[43]. Bei seiner Auseinandersetzung mit diesen Phänomenen wurde sein Interesse in zunehmendem Maße auf eine präödipale Stufe gelenkt, was ihn dazu führte, diese Ebene nicht präödipal zu nennen, sondern ihr eine Bezeichnung sui generis zu geben. Er nannte sie fortan die Ebene der «Grundstörung» («basic fault») und stellt fest, daß sie einfacher und primitiver als die ödipale Ebene ist:

«Die Hauptmerkmale der Ebene der Grundstörung sind, a) daß alle in ihr sich abspielenden Vorgänge zu einer ausschließlichen *Zwei-Personen-Beziehung* gehören – es gibt keine dritte Person; b) daß diese Zwei-Personen-Beziehung sehr eigenartig und *gänzlich verschieden* ist von den wohlbekannten menschlichen Beziehungen auf der ödipalen Stufe; c) daß die auf dieser Ebene wirksame Dynamik *nicht die Form eines Konfliktes* hat, und d) daß die Erwachsenensprache oft unbrauchbar und irreführend ist, wenn sie Vorgänge auf dieser Ebene beschreiben will, da die Worte nicht mehr ihre konventionelle Bedeutung haben.»[44]

Die Störung resultiert aus einem mangelhaften «Zu-einander-Passen»[45] von Mutter und Kind und wird von dem einst Betroffenen als «Grund-Störung»[46] erlebt, als «basic fault». Dabei erfährt sich der Mensch, als ob ihm etwas fehle. Es ist wesentlich, darauf hinzuweisen, daß es sich bei dieser Störung um einen Defekt und nicht um einen Konflikt handelt. Der Betroffene hat das Empfinden, sein Defekt sei deshalb entstanden, weil ihn jemand enttäuschte und vernachlässigte. Damit einher geht große Angst, die sich auch auf den Analytiker erstreckt; dabei fürchtet der Analysand nichts mehr, als auch von ihm enttäuscht zu werden[47].

Die Ursache für eine Grundstörung sieht Balint – abgesehen von den angeborenen Schädigungen des Säuglings, dessen Bedürfnisse unstillbar sind – in einer milieubedingten, unzureichenden Versorgung. Diese kann «mangelhaft, nachlässig, unregelmäßig, grob, starr, sehr inkonsequent, übermäßig stimulierend oder verständnislos und gleichgültig» sein[48]. Über den Versuch einer möglichst objektiven Beschreibung der Mutter-Kind-Beziehung hinaus bedient sich auch Balint der Symbolik, um das Wesen der «innigen Verschränkung»[49] von Mutter und Kind zu beschreiben. Er zieht dafür die Ursubstanzen, wie Wasser und Luft, herbei. Der Säugling ist darauf angewiesen, eine Atmosphäre vorzufinden, die einfach da ist, so wie das Wasser und die Luft. Die Mutter-Kind-Beziehung ist also nach diesem Autor in diesem frühen Stadium der Entwicklung keine Objektbeziehung, sondern eine Teilhabe an Substanzen. Ungebrochen ist diese Teilhabe während der Schwangerschaft, wird aber auch für die erste Zeit und darüber hinaus noch lebensnotwendig:

«Ein schönes Bild dieser harmonischen, einander durchdringenden Verschränkung ist der Fisch im Meer (eines der archaischsten und verbreitetsten Symbole) – es ist sinnlos zu fragen, ob das Wasser in den Kiemen oder im Maul Teil des Meeres oder des Fisches sei, und genau das trifft auf den Fötus und die amniotische Flüssigkeit zu. In der Placenta verschränken sich Fötus und Umwelt-Mutter auf eine so komplizierte und sich gegenseitig durchdringende Weise, daß ihre Histologie und Physiologie zu den gefürchtetsten medizinischen Examensfragen gehören.
Als weiteres Beispiel kann unser Verhältnis zur umgebenden Luft angeführt werden, das nach dem gleichen Muster geprägt ist. Wir brauchen die Luft, können ohne sie gar nicht leben; wir atmen sie ein, entnehmen ihr Elemente und benutzen sie nach unseren Bedürfnissen; dann beladen wir sie mit Stoffen, deren wir uns entledigen wollen, und atmen sie wieder aus – ohne ihr die geringste Aufmerksamkeit zu widmen. Die Luft-Umwelt muß einfach da sein; solange dies der Fall ist, solange wir genügend Luft zum Atmen haben, nehmen wir sie als selbstverständlich hin, sie ist kein Objekt, nichts von uns Getrenntes, wir brauchen und gebrauchen sie. Die Lage ändert sich plötzlich, wenn die Umwelt sich verändert, wenn zum Beispiel dem Erwachsenen die Luftzufuhr abgeschnitten wird. Dann nimmt die scheinbar nicht besetzte Umwelt plötzlich ungeheure Bedeutung an (. . .)
So wie beim Verhältnis vom Fisch zum Wasser ist unsere Beziehung zur Luft ohne scharfe Grenzen. Es ist eine müßige Frage, ob die Luft in unserer Lunge oder in unserem Darm ein Teil unserer selbst ist oder nicht, oder wo man die Grenze zwischen Selbst und dieser Luft ziehen sollte; wir leben mit der Luft in einer fast harmonischen gegenseitigen Durchdringung.»[50]

Die Mutter ist derjenige Partner in der Verschränkung, der sich auf die Forderungen und Bedürfnisse einstellt und auf sie eingeht. Der Säugling seinerseits erlebt sich in einer Verschränkung mit den Substanzen der Mutter. Seine Beziehung zu ihr ist von einem archaischen Bindungsstreben gekennzeichnet. Es herrscht eine primäre Beziehung zur Umwelt, welche Balint im Sinne seiner Theorie, die sich gegen den primären Narzißmus stellt, «primäre Liebe»[51] nennt. Erhält diese innige Interdependenz von Mutter und Kind einen «Riß», so erscheint «die ganze Welt, einschließlich des Selbst, (. . .) zerschmettert zu sein»[52].
Auf Grund der Störungen in der Mutter-Kind-Beziehung kommt Balint zur Nennung zweier Typen von Menschen[53], er unterscheidet den Oknophilen, den sich am Objekt festklammernden Typus, vom Philobaten, dem die Objekte meidenden Typus. Die Enttäuschung am primären Objekt führt den Okno-

philen zu einer ständigen Anklammerungstendenz an die Objekte. Es ist, wie wenn er ständig sich der Sicherheit versichern müßte und daran glaubt, durch die Vermeidung objektfreier Räume Sicherheit zu finden. Anders der Philobat, der sich in freundlichen Weiten wohl fühlt. Er vermeidet die Tücken der Objekte dadurch, daß er sich heroisch auf sich selbst stellt und den Gefahren mutig ins Auge schaut[54]. Im Gegensatz zum Oknophilen ist der Philobat sich selbst genug und scheinbar voller Selbstvertrauen. Beide Formen sind jedoch Abwehrformen, so wehrt der Philobat die Depression ab[55] und der Oknophile sein Heldentum. Beide verhalten sich der Realität gegenüber unangepaßt[56], leugnen ihre Ambivalenz den Objekten gegenüber und können sich nicht befreunden mit der grundsätzlich gegebenen Doppeldeutigkeit der Realität.

Bei der im Kapitel «Verlassenheit als narzißtische Störung» zur Darstellung gelangenden Problematik wird es sich zeigen, daß von zwei Typen narzißtisch gestörter Menschen gesprochen wird: vom depressiven und vom grandiosen Narzißten (S. 65). Mir scheint, daß zwischen dem Oknophilen und dem depressiven Narzißten, beziehungsweise zwischen dem grandiosen und dem Philobaten eine nahe Verwandtschaft besteht.


Mutter und Kind – ein archetypisches Paar

Die Analytische Psychologie hat seit jeher die ewig menschliche – archetypische – Dimension in ihre Betrachtungen einbezogen. Dies in dem Sinne, daß die Wirklichkeit eingebunden ist in menschlich typische Vorlagen, die unser Sein, Werden und Wirken weitgehend bestimmen. Die archetypischen Vorlagen lassen sich in ihrem eindeutigen Aspekt nicht erkennen. Typisches kann nur in der Gebrochenheit durch Menschlich-Personales erscheinen. So ist die Mutter, im Guten wie im Bösen, die «Große Mutter», von der sie Züge zur Darstellung bringt. Zugleich ist sie aber auch die wirkliche Mutter, mit ihren ganz bestimmten Charaktereigenschaften in ihrem sozio-kulturellen Kontext. – Damit sich das Kind in optimaler Weise entfalten kann, ist es notwendig, daß die Mutter durch ihr Verhalten die positive Mütterlichkeit im Kinde konstelliert, auf der sich dann die Einzigartigkeit der Mutter-Kind-Verbindung aufbaut. Mißglückt, aus welchen Gründen auch immer, die Mutter-Kind-Beziehung, so kann aus einer archetypischen Sicht von der Konstellation der negativen Mutter gesprochen werden; kann gesagt werden, daß eine negative archetypische Konfiguration vorliege, an der sowohl das Kind wie die Mutter ihren Anteil haben. Ein gestörter Lebensbeginn ist von archetypischer Warte aus gesehen immer auch Geschick und nicht allein menschliches Versagen, nicht bloß in den Lebensumständen geortet.

Archetypischer Gehalt löst in uns Ergriffenheit und Schrecken aus. Die meisten Menschen sind von der Innigkeit, die zwischen einer Mutter und ihrem Kind fühlbar wird, bewegt. Hungernde, verlassene, behinderte und mißhandelte Kinder hingegen rufen Betroffenheit und tiefes Entsetzen hervor. Diese ergreifenden Wirkungen binden sich in unsere typisch menschlichen Anlagen ein. Wo Archetypisches sich äußert, schwingt bei aller Bemühung um objektive Darstellung die Emotion mit und führt bei der verbalen sowie der bildnerischen Darstellung zu symbolischer Ausdrucksweise.

Bei Winnicott und Balint wurde deutlich, daß sie die Mutter-Kind-Partnerschaft letztlich nur symbolisch angemessen beschreiben konnten. Sprach Winnicott vom «Halten», so Balint von «inniger Verschränkung» im Sinne der «Ursubstanzen». Trotz der Absicht, genaue Wahrnehmungen objektiv wiederzugeben, haben sie sich, um das Wesen der Mutter-Kind-Dyade zu beschreiben, der symbolischen Ausdrucksweise bedient und so dem archetypischen Element Ausdruck gegeben. Mir scheint auch, daß Winnicott dort, wo er von «primärer Mütterlichkeit» spricht, dem Archetypus der Mutter sehr nahe kommt. Mit primärer Mütterlichkeit[57] bezeichnet dieser Autor einen Zustand der Mutter, der am Ende der Schwangerschaft beginnt und die ersten Wochen nach der Geburt noch anhält. Diesen Zustand, der die Mutter befähigt, in nahezu telepathischer Weise auf die Bedürfnisse des Säuglings einzugehen, nennt er eine «normale Krankheit»[58]. Damit bezeichnet er ein vorübergehendes «abaissement mental» der Mutter, wodurch ein «Ein-

57

zelaspekt» der Persönlichkeit die Führung übernimmt. Zu anderen Zeiten würde man das als pathologisch bezeichnen, hier, in der Mutter-Kind-Beziehung, ist es normal. Dieser von Winnicott genannte «Einzelaspekt» ist in der Terminologie der Analytischen Psychologie eine übermäßige Angleichung an den positiven Archetypus der Mutter.

Die archetypisch unterlagerte Bezugsform gestaltet sich nicht allein in der frühen Kindheit (wenngleich hier am deutlichsten), sondern äußert sich auch in vielfältigen anderen Erlebnislagen. Mütterliches, Hegendes und Pflegendes sucht der Mensch, auch ohne zwingend frühgestört sein zu müssen, zeitlebens. Die Erfahrung an der Mutter prägt immer auch, nebst anderen Facetten, jede Beziehungsform, die der erwachsene Mensch eingeht, sei dies nun eine zu sich selber, zum anderen Menschen, zu Dingen, zur Natur, schließlich zu Gott. Die spanische Mystikerin, Theresa von Avila, verglich die Beziehung zu Gott mit dem Mutter-Kind-Verhältnis und meinte, der Mensch sei in Gott so aufgehoben, wie der Säugling an der Mutterbrust[59].

Das Mutter-Kind-Thema äußert sich ubiquitär und seit jeher in Mythus, Religion, Literatur und bildender Kunst, in seinen geglückten wie auch in seinen fatalen Ausprägungen, der Beispiele sind Legion (ich verweise auf Erich Neumanns Werk «Die große Mutter»).

Um einen Hinweis zu geben, wie das archetypische An-und-für-sich-Sein im Persönlich-Menschlichen gebrochen erscheint, erinnere ich an Käthe Kollwitz. Die für ihren Naturalismus bekannte Künstlerin schuf ein Werk, das durchzogen ist von Mutter-Kind-Darstellungen. Es lassen sich ergreifende Darstellungen finden; die dunklen, düsteren Bilder sind jedoch häufiger. In ihnen erscheinen Mütter in Not und im Krieg, werden hungernde, verlassene und frierende, vom Tod bedrohte Kinder gezeigt. Kollwitz zeichnete diese Themen – auch die guten – mit schwarzem Stift in einfacher, unprätentiöser Weise. Ihre Zeichnungen sind eindrücklich, weil sie über das Sichtbare hinaus von den begleitenden archetypischen Emotionen der Not und der Freude Kunde geben.

Käthe Kollwitz war eine begeisternde Mutter, immer und immer wieder schreibt sie in ihrem Tagebuch von der reinen

Freude an den beiden Söhnen. Die andere Seite erlebte sie auch. Ihr Sohn Peter war mit 18 Jahren als Freiwilliger in den Krieg gezogen und fiel ein paar Wochen später, einen Schmerz zurücklassend, den beide Elternteile kaum verwanden. Jahre später, im Zweiten Weltkrieg, wiederholte sich das Geschick an ihrem Enkel Peter, der auch ein Opfer des Krieges wurde. Als bittere Frucht des Verlustes ihres Sohnes schuf die Künstlerin in jahrelanger Arbeit die trauernden Elternfiguren als Mahnmal für den Soldatenfriedhof im belgischen Roggevelde. Aus ihren Tagebüchern geht hervor, daß in dieser Zeit sich auch die Lebenswende bemerkbar machte. Dieses Geschehen verlieh ihr eine andere Einstellung zu sich, ihrem Werk, zum Leben schlechthin. Eine Tagebuchnotiz gibt Kunde von ihrer Aufgabe als Künstlerin:

«Weil sie eine Aufgabe ist, der ich mich nicht entziehen darf. Wie Ihr, meine leiblichen Kinder, meine Aufgaben wart, so auch meine andern Arbeiten. (. . .) Weil dies mein Posten ist, von dem ich nicht runter darf, bis ich mit meinem Pfund bis zu Ende gewuchert habe. Die Verpflichtung hat jeder, der zum Leben bestimmt ist, den in ihn gelegten Plan auszuarbeiten bis zur letzten Zeile. Dann darf er gehen. Dann sterben wohl auch die meisten Menschen. Peter war ‹Saatfrucht, die nicht vermahlen werden soll›.»[60]

Es ist nun sehr bemerkenswert, daß im weiteren Umfeld des Todes des Sohnes und der Lebenswende verschiedene Träume von Kindern vorkommen, welche Kollwitz des Aufzeichnens wert fand. So heißt es zum Beispiel in einer Tagebucheintragung:

«In der Nacht träumte ich wieder, ich hätt ein kleines Kind. Es war viel Quälendes in diesem Traum, aber auf ein Gefühl besinne ich mich: ich hatte das ganz kleine Kindchen auf dem Arm und ich hatte ein Wonnegefühl in der Vorstellung, ich könnte es nun immer im Arm behalten, es würde ein Jahr werden und zwei, und ich brauchte es nicht fortzugeben.»[61]

Diese Kinder, in der Lebensmitte geträumt, können wohl kaum als ein Wunsch nach einem Kind verstanden werden und müssen symbolisch aufgefaßt werden. Nicht nur Krieg, Todeserfahrung und die Umschichtung im Lebensmittag prägten damals das Leben der Künstlerin. Es kamen quälende, erschöpfende und endlich stumm-machende Depressionen hinzu, wovon die Tagebücher wiederholt und ausführlich Zeugnis ablegen. Depressive Erfahrungen können dem Bannkreis der negativen Großen Mutter zugeschrieben werden. Sie verneinen alles Leben, zerstören das Dasein und führen hinein in tödliche Erfahrungen. Um so bemerkenswerter ist das Erscheinen des Kindmotivs in den Träumen, daß also im Unbewußten die Rede ist von Mutterfreuden und von den beglückenden Erlebnissen, die Mutter und Kind teilen können. Die kleinen Kinder in diesen Träumen können als Ausgleich zu bedrückenden Lebenserfahrungen verstanden werden, als Zukunftsmöglichkeiten, die auf eine veränderte Einstellung zum Dasein hinweisen im Sinne eines schöpferischen Neubeginns, den Käthe Kollwitz in der sie jahrelang beschäftigenden Aufgabe, das Grabmal zu gestalten, tatsächlich erfuhr.

Bei Käthe Kollwitz und ihrem Werk zeigt es sich deutlich, daß persönliche Erfahrung, archetypische Emotionen und ebensolche Bilder sich fruchtbar verbanden und jene Gebrochenheit des Archetypischen durch das Individuelle aufzeigen, das allein menschlich genannt werden darf.

Zum Archetypus der negativen Mutter tritt das Motiv des ausgesetzten Kindes[62] hinzu. Das Schicksal vieler Kinder in Mythus, Sage, Legende und Märchen ist ein den Elementen Ausgesetztsein. Solche Kinder sind spätere Helden, sie erfahren wunderbare Hilfe, ihnen ist ein außergewöhnliches Schicksal gewiß, und schließlich werden sie Stifter von Heiligtümern, Begründer und Herrscher von Städten und Staaten. Man denke hier an den Göttervater Zeus. Noch bevor sein alle Kinder schluckender Vater Kronos auch ihn verschlingen wollte, hielt ihm dessen Gattin Rhea einen Stein entgegen und rettete den kleinen Zeus. Sie ließ ihn in einer Berggrotte Kretas aufwachsen.

Im Märchen treten uns ausgesetzte und verlassene Kinder in großer Mannigfaltigkeit entgegen. Ich erinnere zum Beispiel an «Sneewittchen» (KHM 53) und an «Der Teufel mit den drei goldenen Haaren» (KHM 29). Die entsprechende Eingangsszene im letztgenannten Märchen lautet:

Es war einmal eine arme Frau, die gebar ein Söhnlein, und weil es eine Glückshaut um hatte, als es zur Welt kam, so ward ihm geweissagt, es werde im vierzehnten Jahr die Tochter des Königs zur Frau haben. Es trug sich zu, daß der König bald darauf ins Dorf kam, und niemand wußte, daß es der König war, und als er die Leute fragte, was es Neues gäbe, so antworteten sie: «Es ist in diesen Tagen ein Kind mit einer Glückshaut geboren: was so einer unternimmt, das schlägt ihm zum Glück aus. Es ist ihm auch vorausgesagt, in seinem vierzehnten Jahre solle er die Tochter des Königs zur Frau haben.»
Der König, der ein böses Herz hatte und über die Weissagung sich ärgerte, ging zu den Eltern, tat ganz freundlich und sagte: «Ihr armen Leute, überlaßt mir euer Kind, ich will es versorgen.» Anfangs weigerten sie sich, da aber der fremde Mann schweres Gold dafür bot und sie dachten: «Es ist ein Glückskind, es muß doch zu seinem Besten ausschlagen», so willigten sie endlich ein und gaben ihm das Kind.
Der König legte es in eine Schachtel und ritt damit weiter, bis er zu einem tiefen Wasser kam; da warf er die Schachtel hinein und dachte: «Von dem unerwarteten Freier habe ich meiner Tochter geholfen.» Die Schachtel aber ging nicht unter, sondern schwamm wie ein Schiffchen, und es drang auch kein Tröpfchen Wasser hinein. So schwamm sie bis zwei Meilen von des Königs Hauptstadt, wo eine Mühle war, an dessen Wehr sie hängenblieb. Ein Mahlbursche, der glücklicherweise da stand und sie bemerkte, zog sie mit einem Haken heran und meinte große Schätze zu finden, als er sie aber aufmachte, lag ein schöner Knabe darin, der ganz frisch und munter war. Er brachte ihn zu den Müllersleuten, und weil diese keine Kinder hatten, freuten sie sich und sprachen: «Gott hat es uns beschert.» Sie pflegten den Fündling wohl, und er wuchs in allen Tugenden heran.

In der psychotherapeutischen Praxis geschehen die Dinge selten wie im Märchen. Es kommt nicht vor, daß Menschen zu Helden und Städtebegründern werden. So wunderbar das Märchen auch schwierige Lebensanfänge überwindet, ist dies zwar für den Menschen Sehnsucht und Trost, aber nicht Wirklichkeit. Bisweilen allerdings mündet der Weg in schöpferische Aktivität ein, verwandelt sich ein starrer, egozentrischer Mensch in einen toleranten, der weisen Umgang mit den schmerzlichen Folgen der frühen Verlassenheit pflegt. Selbstentfremdung kann sich vermindern. Was im mythologischen Material als begründendes und gründendes Element in Erscheinung tritt, ist auf menschlicher Ebene der Sinn. Auch frühgestörtes Leben kann seinen Sinn finden, ist sinnstiftend und somit das Dasein erfüllend.

Auf archetypischer Ebene bedeutet Verlassenheit am Lebensbeginn eine negative archetypische Konfiguration, die sich nicht allein aus den persönlichen Eltern und dem Milieu ableiten läßt. Sie bedeutet auch immer *Geschick*, nicht allein des Kindes, sondern auch des erwachsenen Menschen, der sich entlang dieser Schwierigkeit entwickeln mußte und muß.

Verlassenheit als narzißtische Störung

Auf den folgenden Seiten wird eine Kurzbeschreibung der narzißtischen Problematik gegeben. Die einzelnen Aspekte erfahren im Verlauf des Buches weitere und genauere Ausführungen
(siehe Querverweise).

## Das Wesen der narzißtischen Störung

Die Ansichten der genannten Autoren – Bowlby, Winnicott,
Balint – über das Wesen der Mutter-Kind-Beziehung haben
deutlich gemacht, daß menschliche Entwicklung und Entfaltung in einem hohen Maße Störungen unterworfen sind, wenn
das Mutter-Kind-Verhältnis mißlingt. Eine der möglichen Folgen ist die heute breit diskutierte *narzißtische Störung*. Narzißmus bedeutet Selbstliebe im Sinne des Bibelwortes «Du sollst
deinen Nächsten lieben wie dich selbst». (Mt. 19,19). Kurz
gefaßt kann die narzißtische Störung als eine Beeinträchtigung
der Selbstliebe verstanden werden, bedingt durch emotionale
Verlassenheit des Kindes.
Zu ihr trägt auch die Verwöhnung bei, geht doch auch sie am
Wesen des Kindes vorbei. Der Mangel an Einfühlung – Empathie – kann sich orten in der Persönlichkeitsstruktur der Mutter, die oft selber ein narzißtisch beeinträchtigtes Kind war.
Ferner kann sie eingebunden sein im Geschick: früher Elterntod, Verlusterfahrungen, Krankheit der Mutter und/oder des
Kindes, Milieuschädigung und Kriegsgeschehnisse. Unglückli-
ches Geschick führt indes nicht eo ipso zu einer narzißtischen
Selbstwertproblematik. Es führt aber dazu, wenn dem Kind
nicht erlaubt wird zu trauern, seine Gefühle über die schwierigen Verhältnisse zu äußern, und ihm nicht im Falle von tiefgrei-
fenden Verlusterfahrungen neue Bezugsmöglichkeiten angebo-

ten werden. Verläßt man ein Kind angesichts solcher Umstände emotional, so wird es gezwungen, Überlebensstrategien auszubilden, die ihm leben helfen (s. S. 140 ff.). So introjiziert es zu früh Soll-Forderungen des patriarchalen Kontexts, was eine negative Animusproblematik begünstigt (s. S. 195 ff.). Ferner hilft sich das Kind einmal dadurch, daß es sich bemüht, angenommen zu werden, indem es den Anforderungen der Umwelt Genüge zu tun, es allen recht zu machen versucht. Dazu bildet es eine relativ feste Schutzfassade aus, welche die Analytische Psychologie als «Persona» bezeichnet.

Diese Persona-Haltungen gehen einher mit einem Ich, das sich verbarrikadiert gegen die einst schmerzlichen Erfahrungen und gegen eine Neuauflage ähnlicher Erfahrungen. Die schmerzlichen Erfahrungen werden abgewehrt und äußern sich in einer bei narzißtisch verwundeten Menschen meist anzutreffenden Kindheitsamnesie (s. S. 157 f.). Der Faden zum einstigen Kind ist gerissen, die Spur zur einstigen Geschichte verloren. Somit fällt ein Großteil der Affektivität unters Eis, was sich in einer deutlichen Fühldefizienz (s. S. 155) des narzißtisch verwundeten Menschen bemerkbar macht. Das bedeutet indes nicht, daß die Sehnsucht, geliebt zu sein, nicht mehr da wäre. Sie bleibt trotz allem erhalten und äußert sich in verschiedenen Formen. Einmal dadurch, daß insgeheim durch perfektionistische Personahaltungen nach Echo und Anerkennung gesucht wird. Die Gier nach Echo und die übermäßige Investition in die Persona, (s. S. 153 f.; 270 ff.); die das «Image» hochhält, zeigen sich deutlich. In einer solchen Haltung schwingen Größenphantasien mit. Daneben läßt sich bei der narzißtisch beeinträchtigten Persönlichkeit eine stete Suche nach idealen Menschen und Verhältnissen beobachten. Sie ist verbunden mit einer ausgeprägten Idealisierungstendenz und einem Kontrollverhalten, wonach das Gegenüber die Erwartungen des narzißtisch verwundeten Menschen vollständig erfüllen muß.

Mythologisch ausgedrückt sucht der Narzißt das Paradies. Die Suche nach Grandiosität, wie das Streben nach Echo auch genannt werden kann, ist jedoch fragil. Kann das Ich sich durch diese Überlebensstrategien Bewunderung «kaufen», geht es gut. Gelingt dies aber nicht, so genügt die kleinste Kränkung, der geringste Anlaß, der subjektiv als Verlassenwerden aufgefaßt wird, um Wut, Angst, Ohnmacht, Groll und Haß hervorzurufen und den narzißtisch Verwundeten bisweilen in die narzißtische Depression (s. S. 160–166) zu stürzen. Suche nach dem Paradies und Depression können als Überlebensstrategie mit der Funktion der Abwehr (s. S. 160 f.) von insbesondere negativen Emotionen aufgefaßt werden.

Das Selbstwertgefühl des Narzißten ist demnach nicht stabil, arglos und selbstverständlich, sondern schwankt (s. S. 174–181). Es schwankt zwischen Grandiosität und Depressivität, wie die beiden Extreme bezeichnet werden. Der Narzißt muß ständig um sein narzißtisches Gleichgewicht kämpfen. Der Kampf ermüdet und läßt dem einzelnen keinen Freiraum, sich seinem Wesen zuzuwenden. Zu früh entwurzelt und ungeborgen, weiß der Narzißt wenig um sein Selbst im Sinne des eigenen Wesens. Er ist vom eigenen Seinsgrund entfernt, hat, wie Neumann sagt, keine gute «Ich-Selbst-Achse» (s. S. 78 f.), sondern erfährt sich in der Tiefe als in der Hölle stehend und deshalb angewiesen auf Überlebensstrategien. Verlassenheit in diesem Sinne bedeutet abgeschnitten sein von den Wurzeln, von der eigenen Natur und ihrem Grundmuster. Wie der sich im Wasser spiegelnde Narzissus des Mythus ist der narzißtisch verwundete Mensch ständig auf der Suche nach sich selber. Grandiosität und Depressivität, himmelhoch-jauchzend – zu Tode betrübt, alles oder nichts sind Umschreibungen für das schwankende Selbstwertgefühl, für den als unsicher erlebten inneren Boden. Zwischen den beiden Extremen läge nun die ganz Palette differenzierter Gefühle, die der narzißtisch verwundete Mensch aber nicht wahrzunehmen wagt. Ja, es ist geradezu kennzeichnend für ihn, daß er seine Gefühle wie nicht wirklich, wie nicht zu sich selber gehörig empfindet (s. S. 155 f.; 238 ff.), dies auf Grund mangelnder Rückversicherung in den Augen der Mutter oder frühen Bezugspersonen.

Auch Depression und Grandiosität müssen neben der Personahaltung als abwehrende Schutzmechanismen verstanden werden. Dabei ist die Grandiosität die Abwehr von Depression, die Depression Abwehr von Grandiosität und beide sind zusammen mit den stark ausgebildeten Personahaltungen Schutz vor der narzißtischen Wunde und der Möglichkeit ihres erneuten Aufbrechens.

Es läßt sich aus dem bisher Gesagten leicht ableiten, daß der Narzißt, in Einklang mit der schlechten Beziehung zu sich selber, Schwierigkeiten hat in der Beziehung zu anderen Menschen. Zu sehr stehen die menschlichen Beziehungen im Zeichen des «Nimm mich an und stoße mich nicht zurück!» und dem «Wehe, wenn du es wagst, mich zurückzustoßen!»

Der Bezug zu Gott schließlich äußert sich im Bild eines rächenden und zürnenden Gottes. Das hat mit Religiosität meist nichts zu tun und muß verstanden werden als eine Hochstilisierung des Mutter- beziehungsweise des Elternkomplexes in eine negative Gottesvorstellung.

Da das heranwachsende Kind Mangel litt an mutterspezifischen, wachstumsfördernden Medien, konnte sich das Selbst im Sinne des eigenen Wesens nicht in genügend starker Weise aktualisieren. Ebenso konnten sich das Ich und das Selbst nicht genügend voneinander abtrennen (s. S. 78), sie erscheinen miteinander vermischt, was sich nicht zuletzt auch auf das Ich negativ auswirkt. Es erscheint oft trotz scheinbarer Stärke als schwach, zu Fragmentierung neigend und offen für Überschwemmungen aus dem Unbewußten.

Der realitätsbezogene Blick auf sich und andere wird durch die narzißtische Problematik verzerrt. Der narzißtisch verwundete Mensch ist auf der stetigen Suche nach Mutter und Mütterlichkeit, was gleichbedeutend ist mit dem Recht zu leben und sich zu entfalten. Anders ausgedrückt, sucht er nach dem Modell der frühen Mutter-Kind-Beziehung Spiegelung und Würdigung seiner selbst und projiziert auf Grund der archetypischen Intention nach Bemutterung die Vorstellung «Mutter» auf andere Menschen.


Das beschattete Selbst

Wird die narzißtische Störung von den Konzepten der Analytischen Psychologie her betrachtet, so kann man von einem beschatteten Selbst sprechen. Da es sich bei der narzißtischen

Selbstentfremdungsproblematik um eine Frühstörung handelt, müssen die an einem festen Ich gewonnenen klassischen Konzepte eine gewisse Anpassung an die Ebene der Frühstörung erfahren.

Wie erwähnt, bedingt emotionale Verlassenheit ein unzureichend aktualisiertes Selbst, ein zu schwaches Hervortreten des Wesens des Kindes. Das Selbst eines derart sich entfremdeten Kindes verharrt also latent im Schatten. Diese Ausgangslage des werdenden Individuums führt zu einem starren, sich gegen frühere schmerzliche Erfahrungen abschließenden Ich. Der Bezug zum einstigen Kind ist abgebrochen, dabei muß daran gedacht werden, daß dieses Kind neben seiner Infantilität doch auch Träger des Selbst ist[1]. Durch eine negative Ich-Entwicklung ist das Kind beschattet. Das Ich des Narzißten ist jedoch nicht nur starr, sondern auf der anderen Seite ein sprödes, zur Fragmentierung neigendes Ich. Fragmentierung bedeutet aber immer auch drohende Überschwemmungsgefahr aus dem Unbewußten, dem Schattenbereich. Eine weitere Beschattung erfährt das Selbst durch die stark ausgebildeten Personahaltungen. Es ist durchaus angemessen von einer Identifikation mit der Persona (Maske) zu sprechen, welche das wahre Wesen in den Schatten stellt. Jung spricht in diesem Zusammenhang von einer «gewaltsamen Trennung vom ursprünglichen Charakter zugunsten einer willkürlichen, der Ambition entsprechenden Persona»[2].

Grandiosität und Idealisierungsstreben imponieren wohl auf den ersten Blick als inflative und die Realität verzerrende Schattenanteile. Es wäre aber unangemessen, sie bei dieser Bezeichnung zu belassen, handelt es sich doch dabei um Abwehren beziehungsweise um Überlebensstrategien, die das Selbst in den Schatten stellen und es nicht hervortreten lassen.

Die heftigen Emotionen, die auf Kränkung und drohende Verlassenheit hier hervortreten, wie Wut, Haß, Neid, Ohnmacht und Trauer, könnten lege artis im klassischen Sinne als Schattenaspekte bezeichnet werden. Es wäre dabei beispielsweise von einem Wutschatten, einem depressiven, ohnmächtigen Schatten die Rede. Ich halte diese per se und nicht genetisch orientierten Bezeichnungen für unangemessen und schädlich. Bei diesen

Emotionen handelt es sich um einst legitime Reaktionen auf eine verständnislose Umwelt. Beim Narzißten tauchen sie zunächst in einer für die erwachsene Persönlichkeit unangemessenen Weise auf, überfluten das Ich und beschatten das Selbst. Ihre Wiedergewinnung, ihre Relativierung und Einordnung in die erwachsene Persönlichkeit ist von größter Bedeutung.

Die narzißtische Depression schließlich muß als Abwehr beziehungsweise Schutz vor den wahren Gefühlen verstanden werden. Diese Gefühle hatten im Leben des Narzißten keine Chance, gesehen zu werden. Sie wurden deshalb durch depressive «Gräue» übertüncht, die den Narzißten vor erneuten traumatischen Erfahrungen schützt. Die Depression ist daher auch eine Facette der Überschattung.

Der narzißtisch beeinträchtigte Mensch erlebt sich leer, öde und wenig animiert. Nur in einem geringen Maße ist ihm das gesteigerte Lebensgefühl, welches eine positive Animus/Anima-Konfiguration geben kann, bekannt. Animus und Anima als Reflexionen früherer Bezugspersonen treten beim Narzißten negativ in Erscheinung, behindern Lebensfreude und Autonomie.

Auf Grund all dieser beschattenden Elemente ist die Introspektion für den narzißtisch verwundeten Menschen kaum möglich (s. S. 270–280). Unverbunden mit seinem ureigensten Wesen, kann er angesichts dunkler und destruktiver Inhalte, die sein Innenleben ausmachen, nicht nach Innen blicken. Dadurch wird die Verbindung zum eigenen Selbst immer wieder aufs neue vereitelt und die Beschattung fortgesetzt. Das Ziel der Wandlung liegt bei narzißtischer Selbstentfremdungsproblematik in einem positiv liebenden Bezug zu sich selber und einer toleranteren Einstellung anderen Personen gegenüber. Recht eigentlich ist es ein Ans-Licht-Treten der bislang verhinderten und beschatteten Möglichkeiten. Man erinnere sich hier an all die Märchenheldinnen, die zum Schluß in leuchtenden Kleidern mit Sonne-, Mond- und Sternenornamenten aus der Demütigung und Dunkelheit hervortreten und sich mit dem Prinzen vermählen. Ein solcher Schluß ist nicht nur ein «Happy-End» im Sinne des Zueinanderfindens, sondern hat tiefere Bedeutung. Der Prinz in diesem Zusammenhang kann als positiver

Animus verstanden werden. Das würde bedeuten, daß mehr Schwung – Animiertheit – in der Persönlichkeit zum Ausdruck kommt, aber auch eine Drosselung des negativen Blickes auf sich selber, picken doch im «Aschenputtel»-Märchen beispielsweise die Tauben den beschattenden Schwestern die Augen aus (KHM 21).

Beschreibung einiger hervorstechender Charakterzüge

Ohne Anspruch auf Vollständigkeit sollen wichtige Wesenszüge des narzißtischen Menschen dargestellt werden.

*Angst vor Verlassenheit*: Drohende Verlassenheit und effektiv eingetretene machen den Narzißten kränkbar, wütend und traurig. Tritt Verlassenheit ein, so faßt er diese als Liebesentzug und Zurückweisung auf. Mit anderen Worten reagiert er dabei mit Wut und/oder trauriger Resignation.

*Gefühlsdefizienz*: Der narzißtisch verwundete Mensch hat oft einen schlechten Zugang zu seinen wahren Gefühlen. Auf Grund des einst mangelnden Gespiegeltwerdens wagt er es nicht, diese wahrzunehmen. Ferner veranlaßt ihn das Gefühl, nicht akzeptiert zu sein, zu einer übermäßigen Anpassung an die Erwartungen anderer, was sich auf seine Gefühlswahrnehmung ebenfalls negativ auswirkt. Es ist, als hätte er für seine eigenen, wahren Gefühle nicht genügend Libido zur Verfügung. Die Einfühlung in andere Menschen kann defizitär sein, kann aber auch überdurchschnittlich gut ausgebildet in Erscheinung treten.

*Grandiosität und Depression:* Der narzißtisch beeinträchtigte Mensch schwelgt bisweilen in grandiosen und stark stimulierenden Phantasien eigener Schönheit, Macht und Größe. Die Depression bei narzißtischen Menschen zeigt sich zunächst in reizloser Öde und Leere. Bei stärkerer Ausbildung geht sie auch einher mit quälenden, masochistischen Vorstellungen. Im Gegensatz zu anderen Depressionsformen kann der Narzißt wenig

Hilfe und Empathie mobilisieren und leidet stumm hinter seiner perfektionistischen Fassade. Nach Battegay[3] ist dieser Zug ein differentialdiagnostisches Kriterium gegenüber anderen Depressionsformen, insbesondere gegen die endogenen Depressionen.

*Gestörte Sexualität:* In vielen Fällen zeigt es sich, daß die Sexualität nicht in einer befriedigenden und erfüllenden Form gelebt werden kann. Es lassen sich Asexualität, Perversionen und schwankendes Zugehörigkeitsempfinden zum eigenen Geschlecht hin aufweisen.

*Mangelndes Symbolverständnis:* Bei narzißtisch gestörten Menschen beobachtet man oft ein schlecht ausgebildetes Symbolverständnis. Das läßt sich am Beispiel «Mutter» aufzeigen: Mutter ist etwas, was zuerst einmal konkret erfahren werden muß. Der narzißtische Mensch ermangelte dessen, aus welchen Gründen auch immer. Die Sehnsucht nach Mutter macht sich deshalb – legitimerweise – in einem ganz konkreten Verständnis bemerkbar und disponiert zur Suche nach realer Befriedigung. Als Symbol, als «as if», ist Mutter dem Narzißten nicht verständlich, was vom Therapeuten empathisches Verständnis erfordert. Der noch ungenügend ausgebildete Sinn für das Symbol zeigt sich jedoch nicht allein beim Thema Mutter, sondern tritt auch in bezug auf andere Menschen, Dinge und Situationen in Erscheinung. In diesem Sinne ist denn auch die symbolisch finale Betrachtungsweise der Analytischen Psychologie im Anfangsstadium einer Behandlung kontraindiziert.

*Unzureichende Wahrnehmung:* Der Narzißt nimmt oft falsch oder verzerrt wahr und sieht die eigene und die fremde Realität durch die Brille des Entweder-Oder beziehungsweise durch Grandiosität und Depression.

*Mangelndes biographisches Bewußtsein:* Narzißtisch beeinträchtigte Menschen erinnern sich kaum an ihre Kindheit. Sie erscheint in ihren Schilderungen als grau und unbelebt. Dieses unzureichende Empfinden für Kontinuität macht sich auch anderswo bemerkbar, zum Beispiel in der Erinnerung an die vorangegangene Analysenstunde.

*Übermäßige Angst:* Narzißtisch verwundete Menschen können von maßloser Angst überflutet werden. Diese Angst ist eine Desintegrationsangst, Angst also vor drohender Fragmentierung ihres Ich. Es handelt sich dabei nicht um eine analysierbare Angst, sondern sie muß als nackte, freiflottierende Angst begriffen und auch beruhigt (!) werden.

*Unproportionierte Wut:* Eine weitere Besonderheit narzißtisch verwundeter Menschen ist die sogenannte narzißtische Wut. Es handelt sich dabei um eine Wut von unproportionierter Wucht; sie hat rächenden Charakter und tritt meist als Reaktion auf Kränkungen auf.

*Unausgewogene Nähe und Ferne:* Der Narzißt hat ein gestörtes Verhältnis zu Nähe und Ferne im mitmenschlichen Bezug. So signalisiert er oft, man solle ihm nicht zu nahe treten und wehrt beispielsweise in der Analyse Interpretationen ganz ab. Das geschieht wohl aus einer richtigen Einschätzung seiner Verwundbarkeit. Auf der anderen Seite zeigt es sich, daß er seinen, meist jedoch einem Mitmenschen, zu nahe tritt, starke Kontrolle ausübt und bestrebt ist, den anderen Menschen nicht von seinen Vorstellungen über ihn abweichen zu lassen.

*Konzentrationsmangel:* Das schwankende Selbstwertgefühl bedingt, daß sich der narzißtisch verwundete Mensch oft schlecht konzentrieren kann und leicht von seinen Vorhaben abgelenkt wird.

*Übermäßige Scham:* Narzißtische Menschen fühlen sich oft beschämt, ja sie versinken in Peinlichkeitsgefühlen in Situationen, wo andere sich darüber hinweglachen.

*Unklare Bedürfnisse:* Viele Narzißten, vor allem mit den in dieser Arbeit besprochenen mit perfektionistischen Personahaltungen, verwehren es sich, Bedürfnisse zu zeigen, Hilfe zu fördern und anzunehmen aus Angst vor der Wiederholung schmerzlicher Kindheitserfahrungen. Andererseits zeigt es sich, daß sie oft maßlose Erwartungen an andere stellen. Man muß ihre Bedürfnisse – nach dem Modell der Mutter-Kind-Beziehung – erraten oder ihnen von den Augen ablesen.

Bildnerische Darstellung der narzißtischen Problematik

Die nachfolgend besprochenen Bilder aus der Analyse von Frau U. zeigen einige Hauptzüge der narzißtischen Störung sehr gut auf.

Frau U. suchte die Therapie auf wegen häuslichen Schwierigkeiten, Depressionen, starken Ängsten und suizidalen Impulsen, die sie allerdings zunächst verschwieg. Zu Beginn der Analyse hielt mich Frau U. auf großem Abstand und ließ mich nicht an sich herankommen. Biographisch hatte diese Seite eine Geschichte. Verschiedene emotionale und konkrete Verlassenheitserfahrungen von zum Teil langer Dauer hatten in Frau U. nie Vertrauen in sich und andere aufkommen lassen. Ein stark ausgeprägtes Mißtrauen erklärte ihre zurückhaltende Art und machte es verständlich, daß sie niemanden an sich herantreten ließ. Sie war das älteste von drei Kindern, die jüngeren Geschwister waren Zwillingsknaben, die allseits wegen ihrem frohen und sonnigen Wesen geliebt wurden. Frau U. fühlte sich schon sehr früh zurückgesetzt, sie verschloß sich der Umwelt und trug ein oft finsteres und trotziges Wesen zur Schau. Dies alles zusammen erweckte in ihr das tiefsitzende und chronische Gefühl, nicht recht, eigenartig und auch böse zu sein.

Auf *Bild 1* zeigt sich Frau U.'s Schutzpanzer sehr deutlich, sie läßt niemanden an sich heran und stellt sich als eine kräftige Person dar. Diese Wahrnehmung von sich selber entsprach nicht der Wirklichkeit, Frau U. war schmal gebaut und sehr zierlich.

Die *Bilder 2a und 2b* weisen ebenfalls auf ihre zwei Seiten hin. Der erste Baum ist fassadenhaft. Früchte und Äste erscheinen aufgesetzt und sind nicht organisch mit der Krone verbunden. Der zweite Baum ist viel natürlicher gemalt, ist groß und stark

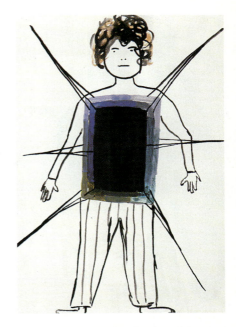

Abbildung 1

Abbildung 2a

Abbildung 2b

Abbildung 3

Abbildung 4

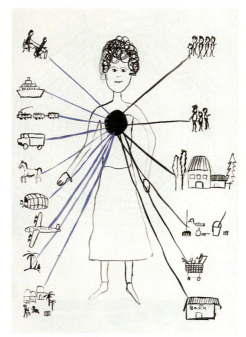

Abbildung 5

Abbildung 6

Abbildung 7

Abbildung 8

Abbildung 9

Abbildung 10

Abbildung 11

Abbildung 12

Abbildung 13

Abbildung 14

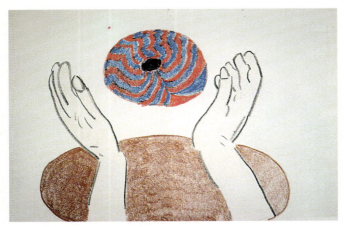

Abbildung 15

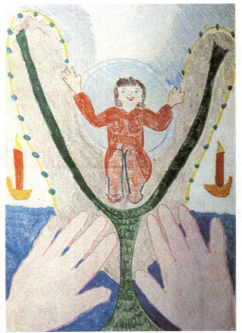

Abbildung 16

und findet kaum Platz auf dem zur Verfügung stehenden Papier. Er weist deutlich auf ihr wahres Wesen hin, das sich allerdings eingequetscht erfuhr und von Größenphantasien begleitet wurde. Der erste Baum ist eine unbewußte Darstellung ihrer Persona-Schutzfassade, die finster und ernst in Bild 1 erscheint, hier relativ fröhlich ist und sich in Wirklichkeit oft auch in manischer Abwehr zeigte.

*Bild 3* ist eine eindrückliche Darstellung ihrer übermächtigen Ängste, die sie, in welcher Situation auch immer, hier beim Tischdecken, überwältigten.

*Bild 4* weist auf Frau U.'s starkes Gefühl hin, Boden zu verlieren. Es lassen sich bei diesem Bild deutlich die Fragmentierungsangst und die Depression erkennen. Sie malte es in einer schweren Krise, die auf Grund einer Rückweisung erfolgte, jedoch bereits lange in ihrem Innern vorbereitet gewesen war und bestimmt wurde durch das Gefühl, unfähig, anders, dumm zu sein.

Ferner zeigte sich die narzißtische Problematik auf *Bild 5*. Frau U. stellte hier ihren inneren Konflikt dar. Auf der einen Seite ist sie durch Hausarbeit, Lebenslast und ungeliebte Arbeiten angebunden, diese machen sie depressiv (rechte Seite im Bild); auf der anderen, linken Seite malt sie ihre stimulierenden und grandiosen Phantasien, die alle sehr stark mit Weggehen und Paradies – der Palmeninsel – zu tun hatten. Man kann hier von einer grandiosen und einer depressiven Seite sprechen, welche die Persönlichkeit in eine ungeheure Spannung versetzen.

*Bild 6* zeigt die Sehnsuchtsstrebungen in Form einer paradiesischen Insel, welche Freiheit, Wärme und Nahrung verspricht und als vollkommen störungsfrei phantasiert wird. Frau U. schwimmt auf die Insel zu, fühlt sich jedoch bedroht von einem schwarzen Oktopus, einem Symbol der verschlingenden Großen Mutter. In dem Maße, wie Wünsche nach Störungsfreiheit hervortraten, in eben dem Maße erlebte sie ihr Inneres als schwarzen Abgrund.

*Bild 7* schließlich zeigt ihre psychische Befindlichkeit auf. Das gesamte Sein erscheint hier überdeckt von und gefangen in einem schwarzen Spinnennetz, ebenfalls ein Symbol der Großen Mutter. Ähnliche Paradieseswünsche erscheinen hier wie bereits in *Bild 6*. Im inneren Kreis zeichnet sie kleine Kinder, die versuchen, sich aus dem Netz zu befreien. Rechts unten gelangt ein Kind beinahe ins Freie und scheint in ein blaues Wasser (oder Himmel?) hinauszuschwimmen. Das Wasser (oder der Himmel) bedeutete zunächst ihre Suizidgedanken: «ewig schlafen» war ihr eine angenehme Vorstellung. Schließlich deutete die Bläue auf eine Lösung via Regression auf die kindliche Stufe hin. Das geschah dann auch in der Folge. Die Regression setzte beinahe mit dem Beginn der Analyse ein, als ob Frau U. nur gewartet hätte, sich fallenlassen zu dürfen. Es war nicht möglich, den regressiven Sog aufzuhalten. Frau U. sprach wenig in den Stunden, konnte sich auch schlecht verbal ausdrücken. Die ausgewählten Bilder waren spontan gemalt worden. Im Erstinterview hatte ich sie gefragt, was sie denn gern tue. Da war nichts, Schweigen und dann: ja, malen, das mache sie noch gerne. Diese Bilder und andere brachte sie dann in die Stunde, was mir erlaubte, mich zu orientieren und auch ihre Suizidimpulse zu erahnen. Die Regression und eine längere Analyse erlaubten es in der Folge, die belastenden Kindheitserlebnisse weitgehend zu verarbeiten, was gesamthaft gesehen zu einer besseren Verankerung ihres Ichs führte.

## Zur Genese der narzißtischen Problematik aus der Sicht der Analytischen Psychologie

Im Rahmen der Analytischen Psychologie hat sich *Erich Neumann* im speziellen mit der Entstehung der narzißtischen Störungen befaßt. Da Neumann einen primären Narzißmus ablehnt, wovon noch die Rede sein wird, spricht er nicht von einer narzißtischen Störung, sondern von einer Störung der Urbeziehung. Die Werke, in denen sich Neuman mit diesem Thema auseinandersetzte, sind der Aufsatz «Narzißmus, Automorphismus und Urbeziehung»[4] und das posthume Werk «Das Kind»[5]. Neumanns Ausführungen über die frühe Mutter-Kind-Beziehung und die sich davon ableitenden Stadien der menschlichen Entwicklung tragen den Charakter einer Schau, einer intuitionssicheren Darstellung, der aber die empirischen Daten noch weitgehend fehlen.

Neumann geht von einem Interaktionsmodell der Mutter-Kind-Beziehung aus und vertrat bereits zur Zeit der Niederschrift des Buches anfangs der fünfziger Jahre die heute unbestrittene Ansicht, daß das Kind von allem Anfang an archaische Bindungsformen zur Verfügung hat. Diese Sicht erlaubte es Neumann nicht mehr, von einem primären Narzißmus auszugehen, wie das die Psychoanalyse tut. Ein Stadium allmächtiger Unabhängigkeit kann nicht angenommen werden[6]. Die Bibliographie, die dem Werk angefügt ist, zeigt, daß Neumann die frühen Arbeiten der Deprivationsforschung bereits in seine damaligen Überlegungen einbezogen hat, und es ist anzunehmen, daß dieser Autor, wäre es ihm vergönnt geblieben, sein Werk weiter zu bearbeiten, in der Ethologie- und der Deprivationsforschung die Ansätze gefunden hätte, die ihm seine Theorie begründet hätten. Das folgende Zitat aus Neumanns Werk «Das Kind» bestärkt diese Vermutung: «Fraglos werden wir in Zukunft noch viel mehr über diese instinkthaften Einschaltphänomene erfahren, welche immer der Ausdruck eines archetypisch bestimmten Bezuges zwischen artgemäß zusammenhängenden Individuen sind.»[7]

Die Analytische Psychologie geht vom Selbst als anordnendem Faktor unserer Entwicklung aus und versteht das Dasein als eine Abfolge von typisch menschlichen, das heißt archetypischen Entwicklungsschritten, die nicht am Ende der Jugend durchschritten sind, sondern das ganze Leben hindurch anhalten[8]. Diese Abfolge wird in der Analytischen Psychologie *Individuation* genannt. Sie ist keine abstrakte Idee, sondern ist in unserer psycho-biologischen Ganzheit verankert. Ihre Stufen, menschlich typisch angelegt, konstellieren sich in der persönlichen Biographie auf eine für jeden Menschen je individuelle Weise. Die wohl am besten erforschte archetypische Konfiguration ist die Mutter-Kind-Beziehung. Der Jungianer *Anthony Stevens* geht in seiner Sicht über die Anfänge des menschlichen Lebens auf Erich Neumann zurück und verbindet, respektive erweitert, Neumanns Ansichten mit den Ergebnissen der Deprivationsforschung, wobei es ihm gelingt, diese durch empirische

Forschung erhärtete Auffassung der frühen Mutter-Kind-Beziehung in das Gesamt der Analytischen Psychologie einzubetten. Es sind vor allem die Ansichten John Bowlbys, dessen Mitarbeiter Stevens lange Jahre war, die er mit der Analytischen Psychologe verbindet[9].

So wie der Same Erde benötigt, um sich zu verwurzeln, keimen und wachsen zu können und das zu werden, was als Information bereits in ihm liegt, braucht das Menschenkind die Mutter und später den Vater[10], um seine psycho-biologische Ganzheit, sein Selbst, entfalten und entwickeln zu können. Im Gegensatz zu den Jungen höherer Säugetiere kommt der Mensch zirka neun Monate zu früh auf die Welt und ist in einem sehr hohen Maße darauf angewiesen, gehegt und gepflegt zu werden und auf eine Mutter zu stoßen, die ihm den notwendigen Nährboden gibt, um seelisch und körperlich wachsen zu können. Diese im Gegensatz zu den höheren Säugetieren extreme Abhängigkeit des Kindes von der Mutter veranlaßte den Naturwissenschaftler Adolf Portmann, von einer post-uterinen Embryonalzeit zu sprechen[11], die ungefähr ein Jahr dauert. Das Menschenkind ist nach der Geburt in einem noch unfertigen Stadium dem Wirken der Mutter Natur entzogen und der persönlichen Mutter anheimgegeben, die Teil eines bestimmten Kulturkanons ist, ihr Wertsystem und ihre eigene Persönlichkeit hat. Menschwerdung ist also teils bloß Werk der Natur, zum andern Teil ist sie geortet in der Kultur. In dieser frühen Zeit nach der Geburt ist die Mutter das «life-support-system»[12] und ihr Dasein ist, wie Neumann es formuliert, «die unbedingte, lebensregulierende und Entwicklung ermöglichende Voraussetzung frühkindlichen Seins»[13]. In dieser frühen Phase sind Mutter und Kind aufeinander angelegt. In der Urbeziehung lebt das Kind in einer vor-ichhaften Bezogenheit auf die Mutter und ist in ihr als einer größeren und umfassenderen Einheit aufgehoben. Es besteht hier kein Innen und kein Außen, Welterfahrung ist synonym mit Muttererfahrung; wie die Mutter in der «primären Mütterlichkeit» nach Winnicotts Formulierung (s. S. 52) ist die personale Mutter intim bezogen auf die Bedürfnisse und die Möglichkeiten des Kindes. Nach einer Formulierung Neumanns gehören hier «hungernder Körper und stillende Brüste»[14] zutiefst zusammen. Die Urbeziehung ist Urgeborgenheit und positive Welterfahrung in dem Maße, wie die Mutter befähigt ist, sich den positiven Aspekten des Mutterarchetypus anzugleichen oder, anders ausgedrückt, in dem Maße, wie sie die Möglichkeit hat, die Facetten des positiven Mutterarchetypus zur Gestaltung zu bringen. Ist ihr dies möglich, so evoziert sie durch ihr Sein die Konstellation des positiven Mutterbildes im Kind und setzt die optimale Entwicklung des Kindes in Gang[15].

Im besten Falle also erfüllt die Mutter die archetypischen Intentionen des Mutterarchetypus und bezieht sich auf die archetypischen Intentionen des Kindes, eine Mutter zu finden, die seine Einzigartigkeit anerkennt, befriedigt und nur schrittweise relativiert, die andererseits eine Umwelt bietet, in der sich das Kind aufgehoben und nur schrittweise frustriert erleben kann. – Eine geglückte Urbeziehung ist von weitreichender Bedeutung für die gesunde Ich-Selbst-Entwicklung des Kindes, sie konstelliert im Kinde seine psycho-biologische Ganzheit, sein Selbst, und ist mit ihren wachstumsfördernden Medien die notwendige Voraussetzung für eine gesunde Ich-Entwicklung.

Es wäre falsch, sich das Wirken der Archetypen «wie eine von selbst funktionierende Organanlage» vorzustellen[16]. Die Archetypen benötigen zu ihrer Evokation die Umwelt, in diesem Sinne gehört der «Weltfaktor» zum Wesen des Archetypus[17], der im optimalen Falle die Bedingung schafft, daß sich die Entwicklung in Gang setzt. So braucht es für die Evokation des Selbst die positive Mutter, damit sich im Kind das positive Mutterbild belebt, das Voraussetzung ist für die weitere Ich-Selbst-Entwicklung beziehungsweise deren Differenzierung[18].

Das Selbst als dirigierendes Zentrum der Persönlichkeitsentwicklung ist in der Analytischen Psychologie vor dem Ich da, das Ich entwickelt sich aus ihm allmählich heraus. Die Mutter-Kind-Beziehung wird als «Urbeziehung» bezeichnet, kennt aber auch die Namen «Dual-Union»[19] und «participation mystique»[20]. Die Interaktion zwischen beiden Partnern geschieht auf oraler, auditiver, taktiler und visueller Basis, deren Hauptcharakteristikum der Eroscharakter ist. Mutter und Kind sind im optimalen Falle durch ein liebendes Aufeinanderbezogensein miteinander verschränkt. Wie Neumann betont, kann von einem primären Narzißmus im Sinne großartiger Unabhängigkeit nicht die Rede sein, von allem Anfang an besitzt das Kind archaische Beziehungsmöglichkeiten[21], die sich mit den Bezogenheitsintentionen der Mutter verknüpfen: «Der *primäre Eroscharakter* in der Urbeziehung, in dem zunächst das Ineinander, danach das Miteinander und Aneinander artgemäß vorgegeben ist, so daß die gesamte Existenz des Kindes von der Erfüllung dieser Eros-Konstellation abhängt, ist deswegen der extremste *Gegensatz zu einem primären ‹Narzißmus›* Freuds und zu jedem Narzißmus überhaupt, den man sich nur denken kann. So einleuchtend die Gründe scheinen, die Freud zur Herausstellung des Gegensatzes Narzißmus-Objektbeziehung geführt haben, die Akzente sind dadurch falsch gesetzt worden, daß die apersonale Bezogenheitskonstellation der Urbeziehung von ihm verkannt wurde.»[22]

Die *geglückte* Urbeziehung aktualisiert nicht allein das Selbst und ist Voraussetzung für die Ich-Entwicklung, sie ist auch verantwortlich dafür, daß sich ein Vertrauen entwickelt, daß sich das Kind und der spätere Erwachsene auf der Basis eines stabilen, inneren Bodens erleben können. Und schließlich ist die Urbeziehung die Voraussetzung für jede spätere Bezogenheit, die Beziehung zu sich selber, zum Du und der Welt und zu Gott: «Die Urbeziehung ist das Erste und die Grundlage aller späteren Angewiesenheiten, Bezogenheiten und Beziehungen überhaupt.»[23] Nur auf Grund der positiven Urbeziehung entwickelt sich eine «Kontinuität des Daseins»[24], bildet sich eine stabile Ich-Selbst-Achse[25] heraus, durch die das Ich im Selbst geortet ist und dessen Anlagen entfalten kann. Stevens[26] gibt folgendes Diagramm für die Ich-Selbst-Entwicklung:

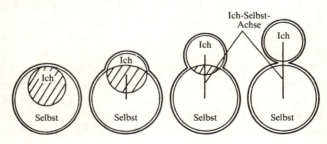

Zunächst existiert das Ich nur als Möglichkeit und ist eine Komponente des Selbst, erst später differenzieren sich Ich und Selbst, und das Ich entwickelt sich aus dem Selbst heraus. Es bildet sich die Ich-Selbst-Achse, die verstanden werden kann als lebensnotwendige Verbindung zur psycho-biologischen Ganzheit, dem Selbst.

Die Einzigartigkeit der Mutter-Kind-Beziehung wird von Neumann wie folgt beschrieben:

«Für die uroborische Situation der Vor-Ich-Zeit aber, in welcher das Ich noch dämmert oder nur inselhaft auftaucht, bestehen die Gegensätze und Spannungsverhältnisse noch nicht. Weil für den Embryo keine Gegensätzlichkeit zwischen Ich-Selbst und mütterlicher Umwelt möglich ist und die Mutter Du und Selbst zugleich ist, herrscht in der postgeburtlichen Frühsituation die ‹Einheitswirklichkeit› des *Paradieses*. Das embryonal-uterine ebenso wie das embryonal-postuterine Geborgensein des Kindes im enthaltenden Runden des mütterlichen Daseins ist damit identisch, daß die Mutter für das Kind Selbst, Du und Welt in einem ist. Die früheste Urbeziehung zur Mutter ist deswegen so einzigartig, weil in ihr – und fast nur in ihr – der Gegensatz zwischen automorpher Selbstentwicklung und Du-Beziehung, der das ganze menschliche Dasein mit Spannung erfüllt, normalerweise nicht existiert. Von der prägenden Erfahrung dieser Phase, die unter anderem für die psychologische Entwicklung des schöpferischen Menschen von entscheidender Bedeutung ist, stammt deswegen eine bleibende *Sehnsucht*, die sich für den erwachsenen Menschen progressiv wie regressiv auswirken kann.»[27]

Mythologisch gesehen kann diese frühe Phase des menschlichen Daseins mit dem Bild des Paradieses verglichen werden, das Kind fügt sich nahtlos mit seinen Bedürfnissen in die Umgebung ein, und die Umgebung ist intim auf diese Bedürfnisse bezogen[28].

Es ist jedoch in der Realität so, daß Mütter und Eltern niemals alle archetypischen Intentionen des Kindes erfüllen können. Auch verhält es sich nicht so, daß die Mutter beziehungsweise der Vater alle Facetten des Mutter- resp. des Vaterarchetypus zur Darstellung bringen können. Schließlich kann es gar nicht sein, daß die Gesamtheit des kindlichen Selbst durch Mutter und Vater evoziert werden kann. Das Zusammenspiel von Mutter und Kind und die Interaktion mit dem Vater bleiben Stückwerk. Der Grad der Abweichung von der optimalen archetypischen Konfiguration macht jedoch den Unterschied zwischen psychischer Gesundheit und Krankheit aus. Es ist in diesem Zusammenhang interessant, sich an Winnicotts Formulierung der «good enough»–Mutter (gut genug–und nicht vollkommen! –) zu erinnern. Die *mißglückte* Mutter-Kind-Dyade drückt sich in einem unzureichenden Zusammenpassen von Mutter und Kind aus. Die Gründe hierfür liegen nicht allein in der Mutter, sondern auch in der Art des Kindes, im Wesen der Umstände und in zeitbedingten Erziehungsstilen des kollektiven Kontextes, in den das Mutter-Kind-Paar eingebettet ist.

Sollen personale Gründe genannt werden, so sind vor allem die Trennung von und der Verlust der Mutter ungünstig. Je länger die Absenz der Mutter ist und je früher ihr Verlust auftritt, desto größer ist die daraus resultierende Störung. Ferner ist die Unempfänglichkeit der Mutter für das kindliche Bindungsstreben hindernd für eine gute Mutter-Kind-Beziehung und schädlich für die weitere Entwicklung des Kindes. Es gibt Mütter, die trotz aller Pflege des Kindes und konstanter Präsenz unempathisch sind und das Kind emotional verlassen. Von weitreichender Konsequenz sind Drohungen, das Kind zu verlassen oder sich umzubringen. Auch das Schuldigmachen des Kindes kann Grund genug für eine Urbeziehungsstörung sein und schließlich gibt es Mütter und auch Väter, die das Kind durch übermäßige Verwöhnung in einer ungesunden Weise von sich abhängig machen und so die Beziehung zum eigenen Selbst stören und die Beziehungsfähigkeit des Kindes zu anderen Menschen hin schädigen. In der Urbeziehungsstörung wird nicht das positive Bild der Mutter in der Psyche des Kindes evoziert, sondern das negative, beispielsweise die lebensverneinende Hexe. Es zeigt sich bei negativem Lebensbeginn die Umkehr der Paradiessituation, die «Hölle», welche Neumann wie folgt beschreibt:

«Die Umkehr der Paradiessituation ist durch die teilweise oder ganze Umkehrung der natürlichen Situation der Urbeziehung charakterisiert. Sie steht im Zeichen des *Hungers*, des *Schmerzes*, der *Leere* und *Kälte*, der *Ohnmacht* und des *völligen Ausgeliefertseins* an die *Einsamkeit*, des *Verlustes jeder Sicherheit* und *Geborgenheit*, sie ist der *Absturz in das Verlassensein* und die *Angst* in einem *bodenloses Nichts*.»[29]

Die mißglückte Urbeziehung führt, allgemein gesprochen, zu Angst, Unsicherheit, Vertrauensverlust, Scheu, zur Unfähigkeit mit der Welt und den Menschen umzugehen; sie schafft Überanhänglichkeit oder Rückzugstendenzen, bedingt auch Unreife, neurotische Symptome, ist begleitet von chronischer Angst, Depressionen, Zwangssymptomen, Phobien und unterdrückter Wut; Phänomene also, die sich in psychiatrischen Syndromen äußern, wie infantile Schizophrenie, Autismus, Kriminalität, Neurosen und narzißtischen Störungen.

Bei der Urbeziehungsstörung entwickelt sich das Ich nicht optimal und ortet sich nicht auf einer Basis des Vertrauens, was zu einer mehr oder weniger starken Selbstentfremdung, zu einer Entfremdung vom psycho-biologischen Potential, dem Selbst, führt. Die Konsequenz besteht jedoch nicht allein in der Selbstentfremdung, sondern auch in einer negativen Ich-Entwicklung. Neumann unterscheidet für die Frühstörung zwei Phasen, eine frühe Phase (1.), in welcher der *Ich-Kern keine «Festigkeit»* erlangt und eine starke Ich-Schwäche vorliegt und wo Überschwemmungs- und Psychosegefährdung eintritt, und (2.) dem *negativierten Ich*, das kohärenter ist:

«Während eine Störung der Urbeziehung in einer *Frühphase*, in welcher das Ich *noch nicht zusammengeschlossen* und zu seiner Eigenstruktur gekommen ist, zu einer Ich-Schwächung führt, welche eine direkte Überschwemmung durch das Unbewußte und eine Auflösung des Bewußtseins ermöglicht, ist das *negativierte Ich* Ausdruck *einer späteren Störung*, in der das *schon zusammengeschlossene Ich* und das bereits systematisierte, um dieses Ich zentrierte Bewußtsein nun reaktiv erstarrt und sich auf allen Fronten verteidigt, verbarrikadiert und abschließt. Diese Abschließungstendenz verstärkt wieder die Situation der Verlassenheit und das Gefühl der Unsicherheit, und so beginnt ein Circulus vitiosus, in dem Ich-Starre, Aggression und Negativismus mit Gefühlen von Verlassenheit, der Minderwertigkeit und des Nicht-Geliebtseins abwechseln und sich wechselseitig verstärken. Hier liegt eine der wesentlichen Grundlagen für sadomasochistische Reaktionen und für die mit ihnen oft verbundene pathologisch-narzißtische Ich-Starre.»[30]

Während die bereits früh eintretende Urbeziehungsstörung zu Psychosegefahr führt, entwickelt sich aus einer späteren Phase der Urbeziehung die narzißtische Problematik. Ist die Störung früh, so entsteht ein «*Not-Ich*», die «Welt-, Du- und Eigenerfahrung» steht im «Zeichen der Not, wenn nicht des Untergangs»[31]. Das Ich der narzißtischen Problematik wird mit dem Ausdruck «*negativiertes Ich*» bezeichnet, dieses Ich ist kohärenter und hat sich reaktiv auf die primäre Verlassenheit gebildet:

> «Erst die *Verlassenheit des negativierten Ich* führt zu einer *Verstärkung seiner Ichhaftigkeit, welche egoistisch, egozentrisch und narzißtisch ist*, weil es sich hier um eine Verstärkung handelt, die *reaktiv* notwendig und verständlich ist, aber ihrer Natur nach pathologisch ist, da für dieses Ich der Kontakt zum Du, zur Welt und zum Selbst gestört und in extremen Fällen fast aufgehoben ist.»[32]

Das negativierte Ich des narzißtisch gestörten Menschen zeichnet sich aus durch starke Abwehrmechanismen[33] und fällt auf durch eine Ich-Starre. Ein Mensch mit dieser Störung hat sich von den negativen Erfahrungen mit ihrer emotional schmerzlichen Gefühlspalette entfernt und ist egoistisch, egozentrisch, narzißtisch geworden. Dadurch daß eine starke Abschließungstendenz vorliegt, werden die inneren Anstöße zu weiterem Wachstum nicht mehr wahrgenommen, und die Innenseite, das Unbewußte, kann sich bisweilen nur mit Gewalt durchsetzen. Es droht Überschwemmung vom Unbewußten her, und dagegen versagen die Abwehrkräfte sehr oft, so gibt es in diesem Krankheitsbild ein typisches Abwechseln von Starre und Chaos (siehe *Abb. 3*). Mir scheint, daß Neumann hier das gleiche, was Winnicott mit dem «wahren» und «falschen» Selbst beschreibt, gesehen hat; zwei Systeme nämlich, die nebeneinander existieren und wovon jedes die Abwehr des anderen ist. Die lebenswichtige Verbindung des Ich zum Selbst, die Ich-Selbst-Achse, ist schlecht ausgebildet und gleicht einem schwachen, fragilen Stamm. Menschen mit negativiertem Ich haben einen relativ festen Ich-Kern ausgebildet und konnten Kompensationen gegen die Verwundung aufbauen. Neumann nennt den Egoismus, die Abschließungstendenz und die Ich-Starre des negativierten Ichs. Er versteht die Entwicklung des narzißtischen Charakters als eine Reaktionsbildung.

Nun ist es aber andererseits nicht etwa so, daß die Sehnsucht nach einer guten Mutter, was synonym ist mit Entwicklung und

Selbstentfaltung, bei den betroffenen Menschen verschwinden würde; es handelt sich dabei um eine bleibende Sehnsucht. Stevens formuliert, daß die archetypischen *Intentionen nach dem Paradies*, das heißt nach einer Mutter, die das Kind in seiner Einzigartigkeit schätzt und sich so verhält, daß sich das Kind bei ihr aufgehoben fühlt, erhalten bleiben. Das in diesen beiden archetypischen Intentionen frustrierte Kind läßt als späterer Erwachsener unbewußt nie davon ab, die Hoffnung auf eine gute Mutter aufzugeben. Der folgende von Stevens angeführte Fall zeigt einerseits die Reaktionen und Kompensationen auf die Verlassenheit und das Weiterbestehen der archetypischen Intentionen nach Paradies.

«Tankred wird von seinem Arzt als unreif beschrieben, trotz seiner beinahe dreißig Jahre. Er leidet an akuten Angstzuständen, Depressionen und hat bereits einige Suizidversuche hinter sich. Seine Mutter ist Alkoholikerin. Sie hatte das gesellschaftliche Leben ihren Mutterpflichten stets vorgezogen, was dazu geführt hat, daß alle ihre Kinder labil sind und neurotische Symptome aufweisen. Ihre Haltung Tankred gegenüber war stets von Ambivalenz gekennzeichnet: manchmal behandelte sie ihn wie einen Schoßhund, manchmal zeigte sie unverhohlen ihre Erleichterung, ihn in den Händen unzuverlässiger Kindermädchen zurückzulassen. Wenn Tankred auf diese Zurückweisungen mit Einnässen, Nahrungsverweigerung, nächtlichen Ängsten und Stereotypien wie rhythmisches Hin- und Herbewegen des Kopfes reagierte, lachte ihn seine Mutter aus, wurde bisweilen auch ärgerlich und machte sich Luft, indem sie sagte, sie wäre froh, wenn er nie geboren worden wäre. Tankreds Vater war Marineoffizier. Freundlich, aber von zurückgezogenem Charakter versuchte er, Familienszenen durch Flucht in die Arbeit möglichst zu umgehen. Obwohl Tankred ihn mochte, konnte der Vater wenig dazu beitragen, die zunehmende Unsicherheit seines Sohnes zu bremsen. Er glänzte vor allem als Sonntags- und Freizeitvater, war aber vor allem dann nie verfügbar, wenn Tankred ihn dringend gebraucht hätte.

In der Therapie war es schwierig, mit ihm in Kontakt zu kommen. Trotz allem entwickelte sich im Laufe der Zeit eine Beziehung zwischen dem Therapeuten und ihm. Von Tankreds Seite aus war die Beziehung deutlich eine Angstbindung. Tankred konnte sich nicht davon überzeugen, daß sein Therapeut ihn mochte. Verschiedentlich hatte er Alpträume, in denen sein Therapeut ihn verabscheute und versuchte, ihn zu töten. Während der Sitzungen geschah es, daß Tankred harmlose Bemerkungen so verstand, als wären Rückweisung und Ablehnung gemeint gewesen. – Manchmal empfand er die therapeutische Beziehung als zu schwierig und zu belastend, er benahm sich dann in der Folge unmöglich und provozierte einen Behandlungsabbruch. Die Analyse zeigte, daß dieses Verhaltensmuster auch außerhalb der Analyse vorkam, vor allem mit Menschen, die für ihn bedeutungsvoll waren.

Tankred wechselte ständig zwischen Liebesbezeugungen, Wünschen nach Geborgenheit und Schutz und Suizidversuchen, inszenierte dramatische Begebenheiten und zeigte feindliche Abneigung. Diese Manifestationen waren gefolgt von Panik und Niedergeschlagenheit, wo er sich wertlos und keiner Liebe würdig empfand.

Hinter all diesem Benehmen verbarg sich eine tiefe Sehnsucht nach einem stabilen, vertrauenswürdigen Menschen, den er bewundern könnte, der freundlich und unterstützend wäre und vor allem auch konstant verfügbar sein würde. Er sehnte sich nach den wachstumsfördernden Medien einer guten Mutter, er wünschte sich einen gütigen, starken Vater, kurz er suchte das, was er in einer wichtigen Periode seines Lebens und seiner Entwicklung nicht bekommen hatte.»[34]

Die nicht befriedigten archetypischen Intentionen zeigten sich bei Tankred deutlich als stets bereites Potential. So wie der in einem anderen Nest geborene Kuckuck, um einen Analogismus Adolf Portmanns zu gebrauchen[35], der seine Artgenossen findet und sich mit ihnen paart, sucht der Mensch mit einer Urbeziehungsstörung den Menschen, der ihm die notwendigen Entfaltungsmöglichkeiten bietet. Im Zentralnervensystem des Kuckucks, so argumentiert Portmann, liegen Strukturen auf Abruf bereit, vorgegebene Verhaltensmuster, die es ermöglichen, die Artgenossen zu finden, obwohl sie vorher nie gesehen worden sind. Entsprechende archetypische Strukturen liegen in dem Menschen, dessen Urbeziehung mißglückte und welche darauf warten, die positive Elternfigur zu finden. Verlassenheit in diesem Sinne ist emotionale Verlassenheit und Nichtaktivierung archetypischer Intentionen, woraus sich die Verbiegungen des narzißtisch verwundeten Menschen ergeben.

Der psychoanalytische Ansatz

*Zum Begriff:* Heute versteht man in der Psychoanalyse unter narzißtischer Problematik eine Selbstwertstörung. Das war indes nicht immer so, Narzißmus hatte in den Anfängen der

Psychoanalyse noch deutlich weitere Bedeutungen. Sie werden von Freud in der grundlegenden Schrift «Zur Einführung des Narzißmus» (1914) genannt. Dabei ist die Gleichsetzung von «Selbstwert» und Narzißmus, die heute die Hauptbedeutung des Begriffes ausmacht, lediglich peripher erwähnt[36]. Freud hatte den Begriff von Paul Näcke übernommen und verstand darunter das Verhalten eines Menschen, der seinen Körper in derselben Weise liebt wie jenen eines Sexualobjekts. So gesehen, bedeutet Narzißmus eine sexuelle Perversion. Der erweiterte Narzißmusbegriff bezeichnet ein entwicklungspsychologisches Stadium der frühen Kindheit, das zwischen Autoerotismus und Objektliebe liegt. Ferner werden mit «narzißtisch» typische Formen der Partnerwahl bezeichnet, wo der gewählte Partner dem eigenen Selbst gleicht. Schließlich begreift Freud den Narzißmus als synonym mit dem «Selbstwert», der libidinösen Besetzung des Selbst. Unter der letztgenannten Bedeutung wurde der Narzißmus zu einem wichtigen metapsychologischen Konzept, welches in der heute heftig diskutierten Selbstpsychologie zentral ist.

Auf Grund der kurz geschilderten Herkunft und Bedeutung des Begriffes wird ersichtlich, weshalb die Selbstwertproblematik mit «Narzißmus» und «narzißtisch» bezeichnet wird. Hervorgegangen aus der Benennung einer sexuellen Perversion, die sich in einer übermäßigen Liebe zum eigenen Körper äußert, bezeichnet Narzißmus heute die Selbstliebe oder deren Störungen ganz allgemein. Dabei wurde der griechische Jüngling, Narzissus, der sich in Selbstverliebtheit im Wasser spiegelt, zum Vorbild genommen.

Tatsächlich erscheint der narzißtisch gestörte Mensch als in sich selber verliebt, egozentrisch und egoistisch. Die Hervorhebung dieses Charakterzuges zur Bezeichnung der narzißtischen Störung ist jedoch irreführend und läßt vergessen, daß das narzißtische Gehabe lediglich Symptom einer tragischen Selbstwertstörung ist. Die Gier nach Echo ist als Versuch eines Menschen zu werten, der sich in der Tiefe nicht annehmen kann und bestrebt ist, durch Kompensation diesen Mangel auszugleichen. Versuche, wie der nachfolgend besprochene von *Germaine Guex*, welche die Problematik vom Leiden her aufrollen, schlugen fehl. Wie mir scheint, scheiterten sie am festen Platz des Narzißmusbegriffes in der Metapsychologie. Die Psychoanalytikerin, Germaine Guex, spricht nicht von einer narzißtischen Störung, sondern von einem *Verlassenheitssyndrom*. Während des Zweiten Weltkrieges und in der Abgeschlossenheit, welche dieser verursachte, dehnte Germaine Guex bereits damals ihre Untersuchungen auf die präödipale Ebene aus. Die Frucht ihrer Arbeit erschien 1950 unter dem Namen «La névrose d'abandon». 1973 erschien eine Neuauflage, diesmal bezeichnet mit «Le syndrome d'abandon». Schließlich wurde 1983 die deutsche Ausgabe mit dem Titel «Das Verlassenheitssyndrom» herausgegeben[37].

Die Wiederauflage nach rund fünfundzwanzig Jahren muß in Zusammenhang mit der Modernität der Ansichten Germaine Guex's gesehen werden und geschah im Zuge der sich verstärkenden Narzißmusdiskussion. Im Vorwort zur deutschen Ausgabe heißt es denn auch, daß Germaine Guex «eine Reihe von Forschungsgebieten» eröffnete, «die wirklich heuristischen Wert haben und die zu den modernsten Arbeiten über die Anfänge der Beziehung, über Prägenitalität und Narzißmus führten»[38]. Nicht nur der Mut, bereits vor Jahrzehnten bekannte Wege zu verlassen, machen diese Arbeit wertvoll. Hinzu kommen Differenziertheit und Schärfe der Beobachtungen, die das Buch für den klinischen Psychologen kostbar machen. Auf weite Strecken wird der Leser an Bowlby, Winnicott, Spitz, Balint, Neumann und Kohut erinnert, die allesamt ihre Untersuchungen zu einem späteren Zeitpunkt an die Öffentlichkeit brachten.

Indem Germaine Guex die Problematik mit Verlassenheit umschreibt, geht sie von der genetischen Wurzel aus, die sie in der emotionalen Verlassenheit und in der Prädisposition des Kindes für die narzißtische Störung sieht. Weitere Begründungen der Bezeichnung können letztlich nur vermutet werden. Mir scheint es allerdings bezeichnend zu sein, daß vor allem weibliche Autoren bei der Beschreibung der narzißtischen Problematik vom Leiden und nicht von einem Symptom ausgehen. So spricht zum Beispiel Alice Miller nicht von narzißtischer Problematik, sondern vom «Drama» des Kindes[39]. Das Drama äußert sich darin, daß sich das Kind auf Grund emotionaler Verlassenheit besonders anstrengen muß, die Erwartungen seiner Eltern antennenhaft zu erahnen, um sie dann um den Preis seiner Autonomie zu erfüllen. Dazu kommt die allgemeine Tatsache, daß Verlassenheit zu den schmerzlichsten Befindlichkeiten gehört und deshalb gerne abgewehrt wird, vielleicht sogar bei der Schöpfung von Bezeichnungen. Es verhält sich damit wohl noch ganz ähnlich wie vor fünfundzwanzig Jahren, als Frieda Fromm-Reichmann ihren engagierten Artikel über «Loneliness» schrieb. Dabei machte sie auf die dürftige Konzeptualisierung der «loneliness» aufmerksam und äußerte den Gedanken, daß sich selbst in der Theoriebildung die Abwehr zeige[40].

Wie geschildert, hat der Narzißmus innerhalb der psychoanalytischen Metapsychologie von allem Anfang seinen festen Platz und bezeichnet, entwicklungspsychologisch gesehen, eine frühe libidinöse Einstellung. Bei optimaler Entwicklung leitet sich das ausgewogene Selbstwertgefühl davon ab. Im Gegensatz zur Objektliebe, die eine vergleichsweise intensive psychoanalytische Erforschung aufzeigt, läßt sich erst seit ungefähr einem Vierteljahrhundert eine ebenso starke Beschäftigung mit jener Libidolinie, welche die narzißtische heißt, feststellen. Heute ist die Diskussion über den Narzißmus zentral geworden, dies vor allem angeregt durch die Schriften Heinz Kohuts und Otto Kernbergs.

*Sigmund Freuds Konzept des Narzißmus:* In seiner Schrift «Zur Einführung des Narzißmus» (1914) bezeichnet Freud mit «narzißtisch» ein entwicklungspsychologisches Übergangsstadium zwischen Autoerotismus und Objektliebe. Es handelt sich dabei um den *«primären» Narzißmus*, eine normale Vorstufe der Objektliebe. Das Besondere dieses Stadiums ist, daß die noch nicht gebündelt erscheinenden autoerotischen Sexualtriebe nun zu einer Einheit zusammengefaßt sind. Sie besetzen das eigene Selbst, bei Freud manchmal auch Ich genannt[41], und machen die eigene Person zum ersten Liebesobjekt. Der weitere Weg dieser Libidolinie führt über die «homosexuelle Objektwahl zur Heterosexualität»[42]. Indes: nicht die gesamte Libido geht auf das Objekt über, ein Teil bleibt als narzißtische Besetzung des eigenen Selbst erhalten. In «Totem und Tabu» schreibt Freud: «Der Mensch bleibt in gewissem Maße narzißtisch, auch nachdem er äußere Objekte für seine Libido gefunden hat.»[43] «Narzißmus ist», wie es in «Zur Einführung des Narzißmus» heißt, «keine Perversion, sondern die libidinöse Ergänzung zum Egoismus des Selbsterhaltungstriebes, von dem jedem Lebewesen mit Recht ein Stück zugeschrieben wird»[44].

Neben dem primären Narzißmus gibt es nach Freud einen *«sekundären» Narzißmus*. Er kommt durch Rückzug der narzißtischen Libido auf frühere Fixierungspunkte zustande und ist nach Freud disponierend für psychische Erkrankungen. So bedingt die sekundäre Rückkehr zum infantilen Autoerotismus die Schizophrenie[45]. Narzißtische Libido, die durch Regression freigeworden ist, führt in der Paranoia zu einer Aufblähung des Ichs und zur Besetzung des eigenen Selbst als dem einzigen Liebesobjekt.

Manchen Psychoanalytikern hat der primäre Narzißmus Mühe bereitet. Als man begann, das Kind nicht mehr allein durch Rückschau von einem erwachsenen Ich her zu begreifen, sondern von direkten Beobachtungen am Kind ausging, war für viele der kindliche Narzißmus als Stadium großartiger Unabhängigkeit nicht mehr einfühlbar. Nach diesen Beobachtungen besitzt das Kind von allem Anfang an ein archaisches Bindungsverhalten. Es gibt deshalb psychoanalytische Autoren, die Objektlibido und narzißtische Libido als gleichzeitig und verschränkt auffassen. Erwähnung verdient in diesem Zusammenhang Balint, der den primären Narzißmus ablehnt und bereits dem Säugling ein Bindungsstreben zuschreibt und es «primäre Liebe»[46] nennt. Den sekundären Narzißmus lehnt Balint indes nicht ab. Er entsteht, wenn das Kind durch Frustration verlassen wird[47]. Erst wenn das Kind in seinen Strebungen nicht angenommen wird und die Mutter mit ihrem Kind keine «harmonische Verschränkung»[48] eingehen kann, zeigen sich jene Phänomene der Großartigkeit und Eigenliebe, die der narzißtischen Störung ihren Namen gaben. Bowlby, von dem ebenfalls bereits die Rede war, begründet seine gesamte Bindungstheorie auf das archaische Bindungsverhalten des Kindes. Der Autor Raymond Battegay schließlich, sieht Objektlibido und narzißtische Libido nicht getrennt, sondern als von allem Anfang an miteinander verbunden an[49]. Bei allen Autoren, die dem Kind ein archaisches Bindungsverhalten zuschreiben[50], zeigt sich explizit oder implizit die Ablehnung des primären Narzißmus, wodurch «narzißtisch» mehr und mehr pathologische Bedeutung bekommen hat.

*Zum Ansatz Heinz Kohuts:* Nachfolgend sei nun kurz die narzißtische Störung im Verständnis Heinz Kohuts dargestellt. Das Werk des 1981 verstorbenen Heinz Kohut ist getragen von der Absicht, den Narzißmus und seine Erscheinungsformen ungebrochen zur psychoanalytischen Metapsychologie in Beziehung zu setzen. Der Beitrag dieses kreativen Autors scheint dort am fruchtbarsten zu sein, wo es um die Beschreibung narzißtischer Phänomene in Übertragung und Gegenübertragung geht und um die Darlegung und Begründung der therapeutischen Haltungen.

Vom narzißtisch verwundeten Menschen sagt Kohut, daß dieser seine Störung nur ungenau beschreiben könne, oft gebe er sekundäre Beschwerden an. In der Folge nennt Kohut einige Leitsymptome wie Arbeitshemmung, perverse Handlungen, Leere und Depression. Das Gefühl, nicht ganz wirklich zu sein, verschwistert sich mit der Freudlosigkeit des narzißtisch verwundeten Menschen. Bei deutlicher und farbiger Symptomatologie lassen sich folgende Merkmale finden: «In solchen Fällen kann der Patient die folgenden Beschwerden und pathologischen Merkmale darbieten: (1.) im sexuellen Bereich: perverse Phantasien, Mangel an sexuellem Interesse; (2.) im sozialen Bereich: Arbeitshemmungen, Unfähigkeit, sinnvolle Beziehungen aufzunehmen und zu erhalten, delinquentes Verhalten; (3.) in den manifesten Charaktermerkmalen: Mangel an Humor, Mangel an Einfühlung für die Gefühle und Bedürfnisse anderer, Mangel an Gefühl für die rechten Proportionen, Neigung zu unkontrollierten Wutausbrüchen, Pseudologie; (4.) im psychosomatischen Bereich: hypochondrische Einengung auf körperliche und seelische Gesundheit, vegetative Störungen in verschiedenen Organsystemen.»[51] Im Gegensatz zu Border-

linepatienten (deren Symptomatik zwischen Neurose und Psychose liegt) und Psychotikern ist das Ich des narzißtisch beeinträchtigten Menschen kohärenter, ebenso die Wahrnehmung der idealisierten, archaischen Selbstobjekte (gemeint sind damit die frühen Bezugspersonen). Nach Kohut ist jedoch das weitaus sicherste Merkmal einer narzißtischen Störung die Herausbildung von ganz bestimmten Übertragungsformen, welche eine er «Spiegelübertragung» und welche andere er die «idealisierende Übertragung» nennt (s. S. 249; Fallbeispiel S. 257–263). Damit sind gleichzeitig die Haupttriebfedern der narzißtischen Störung angesprochen. In der Spiegelübertragung wird das Größenselbst aktiviert und in der idealisierenden Übertragung das idealisierte Selbstobjekt. An beide ist der narzißtisch verwundete Mensch gebunden geblieben: «Zu den negativen Faktoren zählt, daß diese Patienten an archaische Größen-Selbst-Konfigurationen und/oder archaische, überbewertete, narzißtisch besetzte Objekte fixiert geblieben sind.»[52]
Diese Fixierung an die eigene Größe und an ideale Bezugspersonen drängt nun im erwachsenen Leben des Narzißten immer wieder vehement durch und beraubt ihn lebenswichtiger Energien. Somit ist die realistische Anpassung des narzißtisch verwundeten Menschen gestört. Sein Selbst ist nicht genügend narzißtisch besetzt und neigt zur Fragmentierung. Mit anderen Worten erlebt sich der Narzißt in einer gewissen Weise unwirklich und nimmt auch die Welt der Objekte nicht immer kohärent und deutlich getrennt von sich selber wahr. Es liegt also ein Defekt im Selbst vor, insofern als es nicht genügend libidinös besetzt ist.
Unter Selbst versteht Kohut «die Grundlage für unser Gefühl, daß wir ein unabhängiger Mittelpunkt von Antrieben und Wahrnehmungen sind, ein Gefühl, das mit unseren zentralsten Strebungen und Idealen und unserer Erfahrung integriert ist, daß unser Körper und Geist eine Einheit im Raum und ein Kontinuum in der Zeit darstellen.»[53] Das Selbst bei Kohut ist demnach enger gefaßt als jenes der Analytischen Psychologie. Es wäre jedoch falsch, Kohut lediglich auf eine Ich-Psychologie festzulegen. Unter den Narzißmus-Autoren ist es gerade Kohut, der neben dem Kernselbst, wie es oben beschrieben wurde,

noch ein übergreifenderes Selbst kennt, von dem er sagt: «Das Selbst ist (. . .) als Mittelpunkt des psychologischen Universums des Individuums (. . .) in seiner Essenz nicht erkennbar. Wir können mit Introspektion und Empathie nicht das Selbst *per se* erreichen; nur seine introspektiv oder empathisch wahrgenommenen psychischen Manifestationen stehen uns offen.»[54] Um den Defekt im Selbst auszugleichen, verstärkt das Kind seine kompensatorischen Strukturen: das Größenselbst und das idealisierte Selbstobjekt[55]. Während das Größenselbst geleitet ist von der Ansicht «ich bin vollkommen», bedeutet die Idealisierung des Selbstobjektes: «du bist vollkommen, aber ich bin ein Teil von dir»[56].

Die Gründe für eine narzißtische Störung liegen nach Kohut in der traumatischen Enttäuschung durch die Mutter, das Selbstobjekt. Während die optimal frustrierende Mutter dem Kind erlaubt, seine Größen- und Idealisierungsbedürfnisse schrittweise zu relativieren, verhindert die traumatisch frustrierende Mutter diesen Prozeß, was zur erwähnten Fixierung an das Größenselbst und das idealisierte Selbstobjekt führt. Die traumatische Enttäuschung des Kindes ist mit einer emotionalen Verlassenheit des Kindes verbunden. Letztere kann in unempathischen Haltungen der Mutter begründet sein, kann aber auch mit Verlusterfahrungen zusammenhängen, die nicht betrauert und durch neue Bindungen abgelöst worden sind. Die durch traumatische Frustration beigefügte Verwundung des Selbst wird durch kompensatorische Strukturen überdeckt; was verdeckt wird, beschreibt Kohut wie folgt: «Dahinter liegen geringe Selbstachtung und Depression – ein tiefes Gefühl der Verlassenheit, Wertlosigkeit und Zurückweisung, ein ständiger Hunger nach Widerhall, ein Verlangen nach Bestätigung.»[57]

Gelingt es, in der Therapie Größenselbst und idealisiertes Selbstobjekt wieder zu beleben, bedeutet das, daß der narzißtisch verwundete Mensch seiner einst verschütteten Bedürfnisse, einerseits geliebt und bewundert zu werden und andererseits jemanden bewundern und lieben zu können, inne wird. Diese zwei Grundbedürfnisse äußern sich in der Analyse in zwei für den Narzißten typischen Übertragungsformen, die Kohut Spiegelübertragung und idealisierende Übertragung nennt. Der

Analytiker nimmt diese im Sinne eines Nachvollzugs der optimalen Mutter an, versteht sie empathisch und leitet auf diese Weise eine schrittweise Relativierung der überhöhten, aber legitimen Bedürfnisse ein. Dadurch werden neue Strukturen gebildet, und eine reife Form des Narzißmus wird erreicht, die sich nach Kohut in Weisheit und Humor äußert. Kränkungen lösen nun nicht mehr Wut und Depression aus, werden nicht mehr im früheren Sinne abgewehrt, sondern in lockerer Art und Weise verarbeitet.

Verlassenheit im Sinne Kohuts bedeutet traumatische Frustration und Entfremdung vom eigenen Lebensmuster. Daraus ergeben sich bestimmte Abwehrformen, die den Charakter prägen. Im Vergleich zur Analytischen Psychologie läßt sich sagen, daß das Größenselbst und das idealisierte Selbstobjekt im Sinne Kohuts den beiden archetypischen Intentionen, welche die Paradiesessehnsucht bilden, gleichkommen. Es sind die Intention nach Wertschätzung und Größe und jene nach idealen Menschen und Verhältnissen, die absolute Geborgenheit geben.

Da bei Kohut, wie bei anderen psychoanalytischen Autoren, nicht wie in der Analytischen Psychologie das Ich deutlich vom Selbst unterschieden ist, ergibt sich im Hinblick auf die verschiedenen Selbstkonzepte eine gewisse Verwirrung. Grundsätzlich kann das Kernselbst dem Ich gleichgesetzt werden. Der erweiterte Selbstbegriff bei Kohut kommt dem Selbst der Analytischen Psychologie sehr nahe, ohne sich allerdings mit ihm zu decken. Nicht kongruent ist der erweiterte Selbstbegriff Kohuts, wie mir scheint, mit der religiösen Ausgerichtetheit des Selbst, die eine wichtige Facette des Selbst im Verständnis der Analytischen Psychologie bildet. An dieser Stelle sei aufmerksam gemacht auf Jacoby's Arbeit «Individuation und Narzißmus», in welcher der Autor eine detaillierte und differenzierte Darstellung der verschiedenen Selbstkonzepte gibt[58].

# Narzißmus im symbolischen Bild

Psychische Phänomene lassen sich psychopathologisch einordnen, können aus der Sicht verschiedener Neurosenauffassungen begriffen werden, und schließlich geben Bilder aus Mythus und kleinepischen Formen, wie zum Beispiel Märchen, Sage und Legende, symbolische Veranschaulichungen der psychischen Tatsachen ab. In diesem Kapitel sollen die Hauptcharakteristika der narzißtischen Störung anhand von sprachsymbolischen Bildern dargestellt werden. Zeigt uns der Mythus des Narzissus die Egozentrizität und die mangelnde Bindungsfähigkeit des narzißtisch beeinträchtigten Menschen, so die Legende des heiligen Christopherus die religiöse Fragestellung. Das Märchen «Die Prinzessin, die in einen Wurm verwandelt war» schließlich gibt in seinen einfachen Bildern eine gute Illustration für Struktur und Psychodynamik des narzißtisch verwundeten Menschen ab.

## Der Mythos des Narzissus

Die Bezeichnung der narzißtischen Störung geht auf den griechischen Jüngling Narzissus zurück. Dieser war ein schöner Jüngling, der sich in sein eigenes Spiegelbild im Wasser verliebte, vor Sehnsucht danach dahinschwand und schließlich in die gleichnamige Blume verwandelt wurde. Ovid hat die griechische Überlieferung mit der Sage von Echo verbunden und im dritten Buch seiner Metamorphosen[1] dargestellt. Die amüsante Erzählung Ovids läuft wie folgt ab: Cephisus, der Flußgott, zieht Liriope, eine Nymphe, in sein «gewundenes Flußbett» und «dort in den Wassern / eingeschlossen erlitt sie Gewalt, die reizende Nymphe» (Vers Nr. 343). Sie gebar dann in der Folge das Kind Narzissus, «welches schon damals / Liebe verdiente»

(345–6). Gefragt wird nun der Seher Theiresias, ob das Kind ein langes Leben haben werde. «Ja, wenn er sich fremd bleibt!» (348), ist dessen Antwort. Mit 16 Jahren, zwischen Knabe und Jüngling stehend, erregt Narzissus Sehnsucht bei Jünglingen und Mädchen, «doch es beseelte den zärtlichen Körper die sprödeste Härte» (354), Narzissus kann nicht lieben! Echo sieht ihn. Es ist die Echo, die auf den Fluch Junos hin nicht eigene Worte sprechen kann, sondern nur Wiederholungen dessen, was andere sagten (Echolalie). Sie folgt Narzissus, umgarnt ihn, doch ist es ihr nicht vergönnt, ihm ihre Liebe zu sagen. «Ach, sie wollte so oft mit schmeichelnden Reden ihm nahen, / weich liebkosend ihn bitten! Ihr Wesen verweigert's: beginnen / ist ihr verwehrt» (375–377). In einem Moment, wo Narzissus sein «treues Gefolge» (378) verloren hat, nähert sich Echo. Er ruft nach seinen Gefolgsleuten und sagt: «Wir wollen / hier uns vereinigen» (385). Echo glaubt, das beziehe sich auf sie und ruft die gleichen Worte zurück, tritt aus dem Wald hervor und will ihn umarmen, doch er stößt sie zurück, verschmäht sie: «Eher würde ich sterben! Du meinst, dir würd' ich mich schenken?» (391). Echo ist gekränkt und verbirgt sich, doch ihre Liebe wird sie nicht los. «Aber es haftet die Liebe; die Kränkung läßt sie noch wachsen» (395). Im Schmerz verzehrt sie sich, lediglich ihre Stimme und ihre Gebeine bleiben noch übrig. Die Stimme bleibt als Echo erhalten, die Knochen verwandeln sich in Stein, und so lebt sie nun in Wäldern, Auen und Bergen und wirft ihr Echo aus. Die Göttin Nemesis verhängt nun über Narzissus den Fluch, lieben zu müssen, jedoch das Geliebte nie zu besitzen. Narzissus ist dazu verdammt, sein Spiegelbild zu lieben und es niemals fassen zu können, es heißt bei Ovid:

Und von der Hitze, gelockt von dem Quell und der Anmut des Ortes.
Doch wie den Durst er zu stillen begehrt, erwächst ihm ein andrer
Durst: Beim Trinken erblickt er herrliche Schönheit; ergriffen
Liebt er ein körperlos Schemen: was Wasser ist, hält er für Körper.
Reglos staunt er sich an, mit unbeweglichem Antlitz,
Starr, einer Statue gleich, die aus parischem Marmor geformt ist.
Liegend am Boden erschaut er das Doppelgestirn seiner Augen,
Sieht seine Haare – sie hätten Apollo geziert oder Bacchus –,

Sieht die Wangen der Jugend, den Hals, der wie Elfenbein schimmert,
Seinen so zierlichen Mund und die Farbe von Schnee und von Rosen.
Alles bewundert er jetzt, weshalb ihn die andern bewundern:
Sich begehrt er, der Tor, der Liebende ist der Geliebte,
Und der Ersehnte der Sehnende, Zunder zugleich und Entflammter.
Oh, wie küßt' er so oft – vergeblich! – die trügende Quelle,
Tauchte die Arme so oft in das Wasser, den Hals zu umschlingen,
Den er erschaut, und kann sich doch selbst im Gewässer nicht fassen.
Was er ersieht, nicht weiß er's; er sieht's, und es setzt ihn in Flammen,
Und seine Augen betrügt und entzündet der nämliche Irrtum. (414–431)

Eigenes Wesen gebricht ihm (. . .) (435)

Lieben – ich muß es und schauen; doch was ich erschaue und liebe,
Kann ich nicht greifen: den Liebenden hemmt eine mächtige Täuschung.
(446/447)

Ach, ich bin es ja selbst! ich merk es, mein Bild ist mir deutlich!
Liebe zu mir verbrennt mich: ich schüre die Glut, die ich leide. (463)

Mein ist, was ich ersehne; ich möchte mich schenken und kann nicht. (466)

**Narzissus verzehrt sich in seiner Liebe zu sich selber und stirbt dahin:**

Müde entsank ihm das Haupt auf den grünenden Rasen; der Tod schloß
Ihm die Augen, die so die eigene Schönheit bestaunten. (502–503)

Doch auch im Totenreich ist Narzissus nicht erlöst: er muß in der schwarzen Styx weiterhin sein eigenes Bild sehnsüchtig erblicken. Man will ihn begraben, doch sein Körper ist entschwunden und man findet an jenem Ort eine «krokusfarbene Blume, den Kelch von weißen Blättern umschlossen» (509–510): die Narzisse.

Narzissus und die narzißtische Störung

Der Mythus des Narzissus versinnbildlicht, kurz gesagt, die große Selbstbespiegelungstendenz und die damit verbundene Beziehungsproblematik des narzißtisch verwundeten Menschen. Er symbolisiert somit minderwertige Schattenaspekte und leistet dadurch der negativen Beurteilung der Narzißten Vorschub. Das tiefe Leiden narzißtischer Menschen tritt dadurch aus dem Blickfeld heraus.

Die nachfolgende Deutung des Mythus ist keine Gesamtdeutung, sondern beschränkt sich auf die augenfälligen Motive. Andere Autoren – ich denke dabei z. B. an Jacoby, Schwartz und Sartorius[2] – haben bereits Gesamtdeutungen vorgenommen. Es ist ihnen offenbar leicht gefallen, den gesamten Narzissusmythus zu verstehen und ihn auf die narzißtischen Seiten des Menschen anzuwenden. Mir fällt das nicht leicht, gewisse Stellen, so zum Beispiel Narzissus' Verwandlung in die Blume Narzisse, bereiten mir Mühe, sind mir für eine psychologische Sicht schwer verständlich. Über die Jahre habe ich bei mir ein relativ laues Interesse für den Mythus festgestellt, das hat nicht allein damit zu tun, daß der Mythus nicht die gesamte narzißtische Probelmatik abdeckt, sondern ortet sich in meinem Widerstreben, diese an Schattenaspekten festzumachen. Bei narzißtischer Problematik denke ich zuerst und zunächst an die Verlassenheit mit ihren verschiedenen Facetten, an die tragische Selbstentfremdung und nicht an die Selbstbespiegelung und die großartige Unabhängigkeit der betroffenen Personen. Mir persönlich ist es am angenehmsten, von narzißtischer Selbstentfremdungsproblematik zu sprechen, in dieser Bezeichnung fließt die Symptomatik (narzißtisch) mit der tragischen Selbstentfremdung zusammen.

Beim Narzissus-Mythus des Ovid sind drei Dinge augenfällig und wesentlich:

Die Vergewaltigung der Nymphe Liriope durch den Flußgott Cephisus.

Die Liebesunfähigkeit des Narzissus.

Die Unfähigkeit des Narzissus, sich selber anzunehmen und zu lieben.

Was der Mythus besonders deutlich zeigt, ist, übertragen auf einen narzißtisch verwundeten Menschen, die Beziehungsproblematik, jene zu sich selber und jene zum Du hin. Wir sind es gewohnt, mit «Narzißmus» und «narzißtisch» Selbstgefälligkeit und Egozentrizität zu bezeichnen. Narzißmus als tiefenpsychologischer Begriff geht zurück auf den sich im Wasser spiegelnden Jüngling. Beschäftigt man sich jedoch genauer mit dieser Passage des Mythus, so zeigt es sich deutlich, welch tiefes Leiden mit der Selbstbespiegelung verbunden ist. Es ist das Leiden, der eigenen Identität nicht habhaft zu werden, das Übel, sich nicht mit sich selber identisch fühlen zu können. Im Moment, wo Narzissus sich erkennt, spricht er die tragischen Worte: «Mein ist, was ich ersehne; ich möcht mich schenken und kann nicht» (466). Es ist ihm nicht vergönnt, sich arglos und selbstverständlich in seiner Haut zu fühlen.

Sich nicht mit sich selber identisch zu erfahren, kommt im klinischen Sinne der Depersonalisation gleich und bedeutet, bei vollem Bewußtsein sich sich selber gegenüber fremd zu erfahren oder sich von sich selber entfremdet zu fühlen. Depersonalisation ist eine recht häufige Begleiterscheinung bei narzißtisch verwundeten Menschen[3]. Einige Stellen aus der Sterbeszene des Narzissus zeigen den Prozeß der Ich-Auflösung. Bei narzißtisch verwundeten Menschen wird diese als Fragmentierung, verbunden mit Desintegrationsangst, erfahren. Um dem Einhalt zu gebieten, geschieht es nicht selten, daß sie sich intensiv mit ihrem Körper beschäftigen. So erinnere ich mich an eine Analysandin, die sich in solchen Zeiten selber schlug; das gab ihr das dringend notwendige Gefühl, sie selber zu sein und sich spüren zu können[4].

Die folgende Passage aus Ovids Gedicht zeigt Narzissus, wie er sich auf die nackte Brust schlägt, wie sich darauf sein Körper rötet, und wie er dann trotz allem dahinschwindet und stirbt, was das eben beschriebene Geschehen illustriert:

Während er jammerte, streifte er ab das Gewand, und mit Händen,
Welche wie Marmor glänzten, zerschlug er die Brust sich, die nackte.
Da überzog von den Schlägen die Brust sich mit rötlicher Farbe,
So wie die Äpfel es pflegen, die hier noch helle, dort rot sich
Färben, oder den Beeren der Trauben, den bunten, vergleichbar,
Welche, noch unreif, in purpurner Farbe zu schimmern beginnen.
Als er es sah in dem wiederum helle gewordenen Spiegel,
Konnt' er es nicht mehr ertragen: wie gelbliches Wachs in dem leichten
Feuer zerschmilzt, wie Reif in den Morgenstrahlen der Sonne
Rasch vergeht, so zerrann der Knabe, vom Leide der Liebe
Sich verzehrend, allmählich verbrannt von verborgenem Feuer.
Hin ist die Farbe, die weiße, die rote, verschwunden des Lebens

Frische und Kraft: was soeben beim Anblick entzückte, ist nicht mehr;
Fort ist der Leib, der einstmals von Echo so herzlich geliebte. (479–493)

Narzißtisch verwundete Menschen erfahren recht häufig diese
Grenzerfahrung ihres bewußten Ichs. Das führt nicht eo ipso
zum Tode wie im Mythus, noch führt es hinein in eine Psychose.
Die langsame Entleerung verbindet sich jedoch mit einem fast
tödlich erlebten Absinken des Selbstwertgefühles.
Die Selbstbespiegelung im Mythus ist trotz aller Verliebtheit in
sich selber im ganzen Gedicht Ovids tragisch. Immer und immer wieder wird die Qual, sich selber nicht habhaft werden, sich
nicht fassen zu können, betont; oft ist das Sich-Schauen in
hohem Maße peinigend: «Lieben – ich muß es und schauen;
doch was ich erschaue und liebe,/Kann ich nicht greifen: den
Liebenden hemmt eine mächtige Täuschung» (446–447). Sich
nicht mit sich selber identisch zu fühlen, bedeutet auch, keine
Beziehung zu sich selber haben, was denn in der Spiegelszene
zum Ausdruck kommt. Narzissus weiß zunächst eine lange Zeit
nicht, daß er sich sieht und schaut.
Narzissus sieht sich in den Spiegelszenen vor allem schön. Das
Sich-schön-Sehen geht bei narzißtisch verwundeten Menschen
meist mit Macht-Phantasien einher. Wo ist denn die Rede von
Macht bei Narzissus? In der Prophezeiung des Theiresias, Narzissus werde ein langes Leben haben, sofern er sich fremd bleibt,
ist ein Anklang an die Macht eingeschlossen. Wenn sich Narzissus nicht erkennt, scheint er Macht über Leben und Tod zu
erhalten. Anders ausgedrückt, würde ihn die nicht reflektierte
Selbstbespiegelung und Egozentrizität am Leben erhalten.
Der folgende Analysenausschnitt zeigt die Bindungsproblema-
tik eines narzißtisch verwundeten Menschen auf. Herr Z.
konnte sich nur schwerlich auf sich selber beziehen, auch hatte
er Schwierigkeiten, sich selber zu fühlen. So war er angewiesen
auf Kompensationen. Er erträumte sich eine große Karriere,
deren Höhepunkt die Jubelrufe waren, die ihm als Opernsänger
entgegenbranden würden. Auch saß er oft abends am Fenster
und schaute auf die vorbeifahrenden Straßenbahnen hinunter.
Er wähnte sich dabei als der, welcher die Straßenbahnen nach
seinem Belieben stoppen oder fahren lassen konnte. In diesen

Größenphantasien sah er sich nicht allein schön, sondern auch mächtig. Es gab noch andere Phantasien, sie waren schnellwechselnd und zogen an seinem inneren Auge vorbei. Doch wie der sich im Wasser spiegelnde Narzissus litt er darunter, peinigten ihn die wechselnden Phantasien. Sie ließen ihn nicht in Ruhe, in gewissen Momenten wurde er von ihnen gejagt und er empfand dabei das gleiche innere Spannungsgefühl wie in seinen depressiven Momenten. «Ich hätte meinen Kopf an die Wand schlagen wollen, damit das endlich aufhört», sagte er verschiedentlich. Er litt wie Narzissus an der Qual der Selbstbespiegelung.

Es wird meines Erachtens in der Literatur viel zu wenig auf das quälende Element bei Größenphantasien hingewiesen. Sich schön und mächtig sehen, ist nicht eo ipso erhebend, sondern auch in einem hohen Maße peinigend. Herr Z.'s Selbstwertgefühl war fast ständig auf einem Tiefpunkt. Um sich davor etwas schützen zu können, hatte er neben den bereits erwähnten Größenphantasien die Möglichkeit, sich im Spiegel zu sehen, oder mittels des Tonbandes seine Stimme hören zu können. Er hatte die Angewohnheit, morgens mindestens eine halbe Stunde vor dem Spiegel zu stehen, wo er sich «zusammen»-schaute, sich schönsah und sich schließlich den Erfordernissen des Tages gewachsen fühlte. Seine Beziehung zu sich selber war schlecht, die zum Du hin ebenfalls nicht glücklich. Die Beziehungen, die er einging, scheiterten meist an seinen hohen Ansprüchen, an seinen grandiosen Rückzügen, an seiner ungenügenden Durchhaltekraft und vor allem an seinem tiefsitzenden und chronischen Mißtrauen.

Die mangelnde Beziehungsfähigkeit zu einem Du zeigt sich ebenfalls im Narzissus-Mythus. Der schöne Jüngling ist von «sprödester Härte» (354). Obgleich er Sehnsucht und Liebe bei anderen erweckt, kann er nicht lieben, kennt er kein Du. Selbst mit der Nymphe Echo kommt es zu keiner Beziehung; wie Echo sich nähert, ruft er: «( . . .) Fort! mit den Händen und Armen!/ Eher würde ich sterben» (390/1). Echo, Bewunderung ersehnt sich der narzißtisch verwundete Mensch und ist bereit, dafür manchen Kompromiß einzugehen. Im Gedicht Ovids jedoch kann Narzissus nicht einmal Echo lieben. Dies weist auf die tiefliegende Unfähigkeit (nicht im moralischen Sinne gemeint!) narzißtisch beeinträchtigter Menschen hin, echtes Echo, wahre Anerkennung wirklich auch auf emotionaler Ebene anzunehmen. Wohl können sie intellektuell begreifen, daß sie Wertvolles getan haben, doch geht ihnen die innere Resonanz ab, dies auch fühlen zu können.

Doch wie läßt sich eine narzißtische Problematik erklären, ist sie eine «just-so-Story», die, wie Sartorius meint, zu jedem Leben gehört[5], oder lassen sich noch andere Aussagen dazu machen? Eine «just-so-Story» ist die narzißtische Problematik sicher; wir alle haben einen narzißtischen Bereich, sind eitel, kränkbar und verwundbar. Ich würde das als den «narzißtischen Schatten» bezeichnen. Darüber hinaus gibt es aber die einen Charakter verbiegende narzißtische Problematik. Soweit sich genetische Ansätze ergeben, entsteht die Problematik bereits in der frühen Kindheit, durch Mangel an fördernder Umwelt, wofür der Mythus ein archetypisches Bild abgibt. Welche Gründe nennt nun der Mythus für die Herausbildung einer narzißtischen Störung? Des Jünglings Mutter, Liriope, wurde vergewaltigt. Das kann bedeuten, daß männliche Werte über die weiblichen dominieren, was sich im Leben bei narzißtisch verwundeten Menschen ausprägen kann in einer destruktiven Animusproblematik der Mutter, in einem frühen Muttertod, wo das Kind emotional verlassen wurde. Oder es kann sich in einer tatsächlichen Vergewaltigung der Mutter ausformen, wobei es dann der Mutter schwerfällt, die Frucht einer derart brutalen Vereinigung auch wirklich zu lieben.

Ganz allgemein läßt sich sagen, daß bei narzißtischer Problematik die weiblich-sorgenden Haltungen zu wenig an das Kind herangetragen worden sind und daß der erwachsene Narzißt solche Haltungen sich selber gegenüber nicht einzunehmen versteht. Ein negativer Mutterkomplex ist konstelliert und gibt wenig Raum frei, sich selber echt annehmen zu können. Statt dessen muß mit Kompensationen die einst mangelnde Liebe gesucht werden.

Rückblickend läßt sich sagen, daß der Mythus des Narzissus in der Form, die ihm Ovid gegeben hat, herangezogen werden kann, um die tragische Ausgangslage und Beziehungsproblematik der narzißtisch verwundeten Menschen zu erklären. Der Mythus zeigt also ganz wesentliche Facetten der narzißtischen Selbstwertproblematik auf. In ihm allein die Selbstbespiegelung sehen zu wollen und nur diese hervorzuheben, geht meines Erachtens an der Sache vorbei.

## Die religiöse Problematik im Spiegel der Christopherus-Legende

Wie bereits erwähnt, kann die Christopherus-Legende herbeigezogen werden, um die religiöse Problematik des narzißtisch verwundeten Menschen zu illustrieren. Die Legende zeigt uns die Suche nach dem mächtigsten Menschen auf Erden. Dies können wir verstehen als Ausdruck der Sehnsucht des narzißtischen Menschen, einem mächtigen, bewunderungswürdigen Menschen anzugehören und sich als Teil von ihm zu erleben. Dieses typisch narzißtische Streben erfährt im Bild der Christopherus-Legende indes eine entscheidende Wende und mündet ein in ein echt religiöses Erleben.
Die bekanntesten Darstellungen des Heiligen zeigen diesen als große, starke Persönlichkeit mit dem Jesus-Kind auf der Schulter. Er erscheint als Christus-Träger gemäß der latinisierten Form seines Namens: Christo-*ferus* (der, der Christus trägt). Die sogenannte Christusträger-Legende ist jedoch lediglich ein später, aber überaus bekannter Teil der gesamten Legende; ihr voraus geht die Passio, die älteren Datums ist. In dieser Passio erscheint Christopherus als hundsköpfiger Riese[6] mit dem Namen «Reprobus», der Verworfene. Christopherus erleidet die üblichen Martern, die ihm aber nichts anhaben können. Von dieser Passio wurden nun im 13. Jahrhundert die Riesenhaftigkeit, manchmal auch seine Hundsköpfigkeit, sowie der Name Reprobus zum Ausgangspunkt der Christusträger-Legende[7]. Diese sei nun hier nach der Fassung, wie sie in der «Legenda aurea» erscheint, vorgestellt:

Vor seiner Taufe hieß Christopherus Reprobus, der Verworfene. Er war von gewaltiger Größe und furchtbarem Angesicht. Sein Streben war, dem

Mächtigsten zu dienen und so zog er aus, einem solchen Menschen seine Dienste anzubieten. Bald stieß er auf einen König, über dem kein Mächtigerer mehr stand. Mit Freuden nahm ihn dieser auf und ließ ihn an seinem Hofe bleiben. Eines Tages wurde Christopherus gewahr, daß der König sich immer dann, wenn der Teufel namentlich genannt wurde, bekreuzigte. Das machte ihn mißtrauisch, und er drang in den König, ihm zu sagen, weshalb er das tue. Er tue dies, meinte der König, damit ihm der Teufel nicht schade. Christopherus zieht daraus den Schluß, daß es also noch einen Mächtigeren als den König geben müsse und macht sich auf, den Teufel zu suchen. In einer Einöde trifft er auf ihn und folgt ihm fortan als Knecht. Wie sie unterwegs sind, kommen sie an eine Anhöhe, auf der ein Kreuz steht. Der Teufel macht nun einen großen Bogen darum, verläßt die gute Straße und zieht auf einem schlechteren Weg weiter. Wieder wird Christopherus mißtrauisch und heißt den Teufel, ihm Rede und Antwort zu stehen. Dieser muß ihm gestehen, daß er Jesus und das Kreuz fürchte. Enttäuscht, einmal mehr nicht auf den Mächtigsten gestoßen zu sein, zieht Christopherus weiter und kommt zu einem Einsiedler, den er um Unterweisung in christlichen Dingen bittet. Als erstes fordert dieser, daß Christopherus faste und bete. Das allerdings vermag er nicht zu tun. Schließlich entsendet ihn der Einsiedler an einen Fluß. Dort soll er Menschen hinübertragen. Christopherus geht zum Fluß, baut sich da eine Hütte und beginnt, Menschen über den Fluß zu tragen. Eines Tages hört er ein Kind rufen, er folgt der Stimme, findet aber niemand. Das Rufen wiederholt sich, doch erst beim dritten Mal findet Christopherus ein Kind, das über den Fluß gesetzt werden möchte. Er hebt es auf seine Schulter, nimmt seinen Stock und geht ins Wasser. Das Wasser beginnt zu steigen, das Kind wird schwerer und schwerer und erweist sich schließlich als Christus. Die nachfolgende Passage bildet den Abschluß der sogenannten Christopherus-Legende:

«Je weiter er schritt, je höher stieg das Wasser, je schwerer ward ihm das Kind auf seinen Schultern; also daß er in große Angst kam, und fürchtete, er müßte ertrinken. Und da er mit großer Mühe durch den Fluß war geschritten, setzte er das Kind nieder und sprach ‹Du hast mich in große Fährlichkeit bracht, Kind, und bist auf meinen Schultern so schwer gewesen: hätte ich alle diese Welt auf mir gehabt, es wäre nicht schwerer gewesen›. Das Kind antwortete ‹Des sollst du dich nicht verwundern, Christophore; du hast nicht allein alle Welt auf deinen Schultern getragen, sondern auch den, der die Welt erschaffen hat. Denn wisse, ich bin Christus, dein König, dem du mit dieser Arbeit dienst. Und damit du siehst, daß ich die Wahrheit rede, so nimm deinen Stab, wann du wieder hinüber gegangen bist, und stecke ihn neben deiner Hütte in die Erde; so wird er des Morgens blühen und Frucht tragen›. Damit verschwand er vor seinen Augen. Christophorus aber ging hin und pflanzte seinen Stab in die Erde; und da er des Morgens aufstund, trug der Stab Blätter und Früchte als ein Palmenbaum.»[8]

102

Die Legende zeigt in ihren symbolischen Bildern das Hinfinden des Christopherus zu Gott. Als häßlicher, riesenhafter Randständiger und als Verworfener (Reprobus)[9] steht er zunächst für den narzißtisch verwundeten Menschen und sein Gefühl, nicht geliebt, sondern zurückgestoßen zu sein. Der in seiner Selbstliebe verletzte Mensch kann sein Leiden dadurch kompensieren, daß er seine Sehnsucht nach einem mächtigen, bewunderungswürdigen Menschen aktiv umsetzt und danach strebt, einem solchen Menschen ständig anzugehören und ihn zu idealisieren. Dieses typisch narzißtische Streben finden wir bei Christopherus in seiner Suche nach dem mächtigsten Menschen dargestellt.

Das Gottvertrauen steht in einem engen Zusammenhang mit einer positiven Urbeziehung. Bereits Pestalozzi sagte, daß das Band zu Gott durch die Mutterliebe vorgebahnt wird. Es ist die Mutter, die den Weg bereitet, sich von Gott bejaht erfahren zu können: «Ihr sollt Menschen werden, wie eure Natur es will, wie das Göttliche, das Heilige, das in eurer Natur ist, will, daß ihr Menschen werdet!»[10]

Auch im heutigen psychologischen Schrifttum wird sehr oft darauf hingewiesen, daß die ungestörte Mutter-Kind-Beziehung ausschlaggebend für den Bezug eines Menschen zu Gott ist. In seiner ausführlichen Untersuchung von Leben und Werk Martin Luthers[11] macht der Psychologe Erik Erikson auf das düstere Gottesbild aufmerksam, das Luthers Beziehung zu Gott zunächst prägte, sich aber in und durch Luthers Krise in ein gütiges Gottesbild wandelte. Erikson macht deutlich, daß ein Zusammenhang zwischen guter Urbeziehung und dem Gottvertrauen besteht. Die negative Urbeziehung hingegen ist verbunden mit grundsätzlichem Mißtrauen und einem düsteren Gottesbild. – Der Jung-Schüler Erich Neumann sagt in seinem Werk «Das Kind»[12] dasselbe aus. Und selbst der so nüchterne, «matter of fact» schreibende Winnicott sieht diesen Zusammenhang: «Für ein Kind, das sein Leben auf diese Weise (positiv, Anm. d. V.) begonnen hat, können die Idee des Guten und die Idee von einem zuverlässigen und einem persönlichen Elternteil oder *Gott* ganz natürliche Folgerungen sein.»[13]

Wie nun aber ist der Bezug zum Transzendenten bei narzißtisch verwundeten Menschen? Auffallend oft zeigt sich ein dunkles, zürnendes, verfolgendes und rächendes Gottesbild[14]. So wenig es eine echte Mutter-Kind-Beziehung gab, so wenig zeigt sich ein vertrauendes Kindschaftsverhältnis zu Gott. Dieses dunkle Gottesbild ist sehr oft die direkte Weiterführung des negativen Mutterkomplexes, und es muß sorgfältig unterschieden werden zwischen einem Gotteskomplex und einem dunklen Gottesbild, beziehungsweise zwischen dem Gotteskomplex und dem ganz Anderen. Das dunkle Gottesbild wird aber sehr oft abgewehrt und durch die narzißtischen Überlebensstrategien kompensiert. So entsteht in der Folge der Eindruck, es liege kein Gottesbild vor. Der narzißtisch verwundete Mensch erscheint so als egozentrisch und als einer, über dessen Ich-Horizont nichts hinausgeht und sich nichts anderes in metaphysischer wie in menschlicher Hinsicht anschließt.

Das psychologische Organ, durch welches es uns gegeben ist, Gott und Göttliches wahrzunehmen, ist in der Analytischen Psychologie das Selbst. Es ist das Selbst, das als anordnender Faktor unser Sein und Werden bestimmt, es ist aber auch jenes Selbst, das unser beschränktes Ich offenmacht für das Überpersönliche. Der narzißtisch verwundete Mensch ist, einhergehend mit seiner Ich-Starre, paradoxerweise in seinem Ich nicht deutlich unterschieden von seinem Seelenhintergrund, noch ist er es von kollektiven Mächten. Anders ausgedrückt: das Ich ist weder vom Selbst abgehoben, noch ist es vom Du unterschieden. Es gibt keinen Ich-Horizont, an den anderes sich anschließen kann. Blickt der narzißtisch verwundete Mensch nach Innen, so riskiert er die Begegnung mit dunklen, destruktiven Gegebenheiten, oder er erfährt das Unbewußte in einer grandios inflatorischen Weise. Der Sinn für das Erlebnis des Selbst (im Jungschen Sinne) liegt nicht vor. Nathan Schwartz spricht in diesem Zusammenhang von einem «Ego-Self-merger»[15], von einer Verschmelzung zwischen Ich und Selbst.

Im Märchen «Von dem Fischer und syner Fru» (KHM 19) zeigt sich das fatale Aufwärtsstreben der Fischersfrau. Nicht einmal vor Gott macht sie halt, sie will Gott werden (was ihr allerdings nicht gelingt). Ebenso kennt der narzißtisch beeinträchtigte Mensch in seiner tragischen Selbstentfremdung wenige über

das Ich hinausgehende Bezüge – beispielsweise die Dankbarkeit
gegenüber einem Höheren. Bei Christopherus indes erfährt das
Aufwärtsstreben eine entscheidende Wende. Das unbekannte
Kind wird in der Mitte des Flusses plötzlich schwer, erweist sich
als Christus und drückt seinen Träger unter Wasser. Dieses
Geschehen wird als Taufe aufgefaßt, was in einem deutschen
Gedicht besonders schön zum Ausdruck kommt. Es heißt da:

> . . . swaerer denne ein boum
> bist dû, liebez kint, ûf mir!
> Jêsus sprach 'nû hoere schier:
> dû treist himel nû und erde
> und Jêsum, nâch dem stuont dîn gerde' (Begehr)
> mit dem wort druhte ez in under.
> des nam Offero michel (sehr) wunder!
> ez sprach 'Offerus, merke mich,
> wand ich hân getoufet dich.
> dû hieze vor Offerus,
> nû heizest dû Christofferus'.[16]

Diese eben zitierte Stelle nennt Christopherus nicht Reprobus,
sondern «Offerus» im Sinne von: der, der sich darbringt, und ist
ein schönes Beispiel für die Freude des mittelalterlichen Menschen, mit Namen und Etymologien zu spielen. Sieht man sich
noch weiter um, so stößt man auch noch auf andere Bedeutungs-
facetten des Namens Christopherus. So heißt es beispielsweise in
einer lateinischen Fassung von Christopherus «. . . Christum
fers in pectore»[17], was bedeutet: der Christus im Herzen trägt.
Vor allem die bildende Kunst bemächtigte sich dieses Verständnisses und malte Christopherus sehr oft als einen, der Christus
nicht auf der Schulter, sondern über dem Herzen, auf der Herz-
gegend, trägt. Dadurch wird das paulinische Wort «Nicht ich
lebe, sondern Christus lebt in mir» (Gal. 2,20) konkretisiert.
Daimon, göttlicher Funke, imago dei, göttlicher Keim hat man
die sich im Menschen inkarnierende Göttlichkeit genannt, in
der Analytischen Psychologie entspricht diesem zentralen
Aspekt des Menschen das Selbst. Damit ist ein Selbst gemeint,
das über die psycho-biologische Ganzheit hinaus das Wesen des
Menschen als ein auf das Metaphysische ausgerichtetes versteht.

Die Christopherus-Legende zeigt in ihren Bildern die Hinfindung des einst Verworfenen zur innersten Wesenhaftigkeit. Diese Wandlung hat zweifache Bedeutung: zum einen verändert sich das Verhältnis vom Ich zum Selbst, eine Unterscheidung tritt ein, an deren Nahtstelle das von narzißtischen Kompensationen eingeengte Ich des Narzißten sich dem Göttlichen gegenüber öffnet. Zum anderen bedeutet die Hinwendung zum Selbst soviel wie das eigene Wesen zu entfalten, das sich Innewerden des einem zugehörenden Lebensmusters. Dieses Muster ist beim narzißtischen Menschen verschüttet und beschattet; es ist das von allem Anfang an verworfene Wesen. In diesem Sinne ist das Logion «Was ihr einem meiner geringsten Brüder getan habt, das habt ihr mir getan» (Mt. 25,40) zutreffend. Bei narzißtisch beeinträchtigten Menschen ist das geringst Geachtete ihr eigenes Wesen. Individuation heißt für den narzißtischen Menschen, sein Ich soweit zu stärken, daß es sich seinem eigenen Wesen zuwenden kann. Gemäß der Legende geschieht diese Hinwendung nach dem Abschreiten aller Größenbedürfnisse, auch nach der Begegnung mit dem Teufel. Erst nach der Relativierung beider narzißtischer Charakterzüge, der Grandiosität und der Depressivität, der positiven wie der negativen Inflationen, kann menschliche Unvollkommenheit bejaht werden, sich das Ich vom ganz Anderen unterscheiden.

Die Psychodynamik des narzißtisch verwundeten Menschen im Lichte eines Märchens

Unter Psychodynamik wird das seelische Kräftespiel verstanden, das Zueinander, Gegeneinander und Miteinander einzelner seelischer Komponenten. Um dieses Verhältnis bei einem narzißtisch gestörten Menschen im Bild aufzeigen zu können, wähle ich ein in seiner Einfachheit geradezu klassisches Märchen aus, dessen Struktur durch die Zahl drei bestimmt wird. Es handelt sich dabei um ein litauisches Dummlingsmärchen mit dem Titel: *Die Prinzessin, die in einen Wurm verwandelt war*[18]. In diesem Märchen geht es um die Erlösung der in einen Wurm verwunschenen weiblichen Seite, wobei unter Wurm auch Lindwurm verstanden wird. Es handelt sich also um ein Weibliches, das in drachenähnlicher Gestalt erscheint.

Das Märchen beginnt damit, daß ein Vater sein Ende herannahen sieht und nun einem seiner drei Söhne den Hof übergeben sollte. Da er nicht weiß wem, stellt er ihnen Aufgaben. Als erstes sollen die Söhne in die Welt hinaus gehen und ein schönes Tuch nach Hause bringen; wer das schönste bringt, der soll den Hof haben. Die Söhne ziehen aus. Zwei von ihnen verhalten sich klug und angepaßt, verdingen sich und verdienen sich das Geld, um daraus ein schönes Tuch zu kaufen. Der dritte Sohn – Dummling genannt, – geht andere Wege. Im Wald «gafft» er sich, wie es im Text heißt, an irgendetwas fest, bleibt zurück und geht dann allein weiter. Er kommt zu einer Höhle, steigt in diese hinunter und gelangt in wunderbar ausgestattete Räume. In einem erblickt er einen «gewaltigen Wurm», der zusammengerollt auf einem Stuhl liegt. Dieser beginnt sich zu regen und spricht den Dummling zu dessen großem Erschrecken an. Dieser erzählt ihm von seiner Aufgabe. Darauf spricht der Wurm: «Wenn du willst, diene bei mir ein Jahr. Du wirst jeden Tag einmal den Ofen heizen, wirst mich einmal waschen. Zu essen wirst du bekommen, was du nur willst. Wenn das Jahr vorüber ist, werde ich dir ein schönes Tuch geben.»

Halten wir hier einen Moment lang inne und versuchen, die bis hierhin wiedergegebene Geschichte psychologisch fruchtbar zu machen! Dabei verstehe ich die zwei angepaßten Brüder und den Wurm in der Höhle als Wesensseiten des Dummlingshelden. Der Dummling steht für ein Ich, das sich dumm, mit andern unvertraut und minderwertig erlebt. Solche Minderwertigkeitsgefühle liegen der narzißtischen Störung zugrunde und machen die traurige Grundbefindlichkeit eines in seiner Selbstliebe verletzten Menschen aus. Die beiden angepaßten Brüder sind die Personaseiten des Dummlings. Rechnen wir ihm solche Seiten zu, so erscheint er als einer, der durch Personahaltungen und Anpassung funktionieren und vor der Welt sein trauriges inneres Erleben hinter Leistung und Funktionstüchtigkeit verbergen kann. Der narzißtisch verwundete Mensch hat es in der Regel gut gelernt, sich den Erwartungen anderer Menschen zu beugen, sie zu erfüllen und auf diese Weise narzißtische Gratifikation zu ernten, mit anderen Worten, sich angenommen zu machen. Darüber hinaus kann der Dummling als die depressive Seite des narzißtisch verwundeten Menschen verstanden werden. Die beiden Brüder hingegen stehen für die grandiose Seite. Sie fühlen sich über den Dummling erhaben, und durch ihr kluges, leistungsorientiertes und angepaßtes Personaverhalten gelingt es ihnen, gut zu funktionieren, was das Selbstwertgefühl hebt.

Was nun bedeutet der Wurm in der Tiefe? Er steht für das abgespaltene, jedoch reiche Gefühlsleben des narzißtisch versehrten Menschen, der früh lernen mußte, seine wahren Gefühle einzukerkern, sie zu verdrängen. Dies aus zwei Gründen: zum einen deshalb, weil er einer empathischen Bezugsperson ermangelte, die seine Gefühle verstanden und sie ernstgenommen hätte. So geschieht es, daß traurige Gefühle, wie Trauer, Angst, Einsamkeit zum Beispiel, nicht mehr mitgeteilt werden. Zum anderen wurden die sogenannten negativen Gefühlsreaktionen auf traumatische Frustrationen, man denke hier an Wut, Haß, Neid und Ärger, von der Umgebung des narzißtisch verwundeten Kindes weder angenommen noch verstanden. Um nicht Gefahr zu laufen, dafür bestraft zu werden, hat das Kind sich früh daran gewöhnt, auf seine negativen Gefühle zu verzichten. Ihr Ausdruck und dessen Ablehnung hätte das Grundgefühl, nicht in Ordnung zu sein, verstärkt. Wir können also im Wurm ein Bild für die abgespaltene Affektivität des narzißtisch verwundeten Menschen sehen. Die Gefühle sind im Unbewußten; einzig das Gefühl, ein «Dummling» zu sein, ist dem Ich zugänglich.

Ein weiteres soll uns nun beschäftigen! Welche Aussage macht das Märchen über die Entstehung eines solchen Selbsterlebens? Im Märchen ist von einer Mutter nicht die Rede. Wir können also an eine als unempathisch erlebte Mutter denken, die zu früh mit ihrer Animuswelt die Mutter-Kind-Beziehung störte. Wir können aber auch einen frühen Mutterverlust, bei welchem dem Kind keine neuen Beziehungsmöglichkeiten angeboten wurden, als Grund für die Störung herbeiziehen. In jedem Fall wird nicht nur die Beziehungsfähigkeit zur eigenen Seele gestört sein und wie hier zu einer Dissoziation von den weiblichen, gefühlshaften Seiten, dargestellt im Wurm, führen, sondern die Beziehungsmöglichkeiten zum Du hin sind ebenfalls beeinträchtigt.

Ich möchte für das geschilderte narzißtisch gestörte Selbstverständnis und seine Gründe zwei Beispiele anführen. Das erste Beispiel betrifft den mittlerweile klassisch gewordenen Fall, den Helen Deutsch bereits 1937 unter dem Titel «The Absence of Grief»[19] publizierte. Ein junger Mann, der zu ihr in Behandlung kam, wies zunächst keine erkennbaren neurotischen Störungen auf, er hatte jedoch einen hölzernen, gefühlslosen Charakter. Weder unterhielt er Liebesbeziehungen noch pflegte er Freundschaften. Er hatte wenig Interesse, und auf alle Erfahrungen reagierte er gleichermaßen gelangweilt und apathisch. Die Biographie dieses Mannes zeigte auf, daß seine Mutter starb, als er fünf Jahre alt war, und es wurde erzählt, daß er auf ihren Verlust ohne das geringste Gefühl reagiert habe. Auch könne er sich nicht mehr an die Ereignisse erinnern, die vor ihrem Tod lagen. In der Analyse kam zutage, daß er während mehrerer Jahre seiner Kindheit die Tür zu seinem Schlafzimmer offen zu lassen pflegte in der Hoffnung, daß ein großer Hund käme, sehr lieb zu ihm wäre und ihm alle Wünsche erfülle. Damit verbunden war eine lebhafte Kindheitserinnerung an eine Hündin, die ihre Jungen allein und hilflos zurückgelassen hatte, als sie bei deren Geburt gestorben war. Die Trauer und die Sehnsucht nach der Mutter, deutlich verschoben auf die erwähnte Phantasie und auf die Hündin, wurden nicht mehr direkt zum Ausdruck gebracht, was die gesamte Affektivität des jungen Mannes blockierte.

Das zweite Beispiel handelt von Frau R., die nach äußerst strengen Maßstäben erzogen worden war und nicht nur eine als unempathisch erlebte Mutter, sondern auch einen unnahbaren Vater hatte. In ihrer Familie herrschte ein äußerst strenges, christliches Wertsystem, dessen Erfüllung sie als Kind ständig überforderte und zu einer narzißtischen Selbstwertproblematik mit Gefühlsverunsicherungen führte. Auch sie hatte sich im Laufe der Zeit das Fühlen weitgehend abgewöhnt. Ihre Störung konnte sie recht gut durch gute Anpassung, Leistung und eine freundliche Persona kompensieren. In der Therapie ging es darum, den Zugang zu ihren verschollenen Gefühlen freizusetzen und den Dialog mit dem einst verwundeten und deshalb verstummten Kind in ihr wieder aufzunehmen. Es war wichtig, ihre Gefühlsseite zu stärken und ihrer stark männlichen Betonung ein weibliches Selbst gegenüberzusetzen. Die Problematik scheint sich mir in einem Bild, das die Analysandin spontan malte, deutlich darzustellen *(Abb.8)*. Das Bild zeigt ein hilfloses, sich windendes rosa Wesen, mit dem sich die Analysandin identifizierte. Es ist im Griff einer überstarken, männlichen Kraft, die blicklos ins Weite schaut. Erlebnismäßig erfuhr sie diese rigide Unbezogenheit an ihrer eigenen Mutter, die Mühe hatte, auf die Gefühle des Kindes einzugehen und es nur annahm, wenn es lieb und fromm war. Aber auch am Vater erlebte sie Unbezogenheit und überfordernde Wertvorstellung. Die geschilderte frühe Lebenssituation führte zur erwähnten narzißtischen Problematik, mit ihr verbunden war die im Bild deutlich in Erscheinung tretende Unentwickeltheit ihres eigenen Wesens.

Kommen wir zum Märchen zurück und fragen wir uns, wie das durch die Märchenbilder beschriebene, neurotische psychodynamische Kräftespiel gelockert und verwandelt werden kann, damit der Persönlichkeit mehr Animiertheit und Lebendigkeit zur Verfügung stehen. Dazu sei das Märchen zuerst zu Ende erzählt:

Die erste Aufgabe an die Söhne war, ein Tuch nach Hause zu bringen. Der Dummling, der ein Jahr lang den Wurm in der Höhle täglich einmal wusch und wärmte, bringt – wie könnte es im Märchen auch anders sein – das schönste Tuch zurück. Das ist dem Vater nicht genug, und er schickt seine Söhne abermals in die weite Welt hinaus. Diesmal sollen sie sich einen Ring erwerben. Wiederum verdienen sich die Brüder das Geld zum Kauf eines Ringes und wiederum geht der Dummling zum Wurm, den er nun täglich zweimal wäscht und ihm den Ofen zweimal einheizt. Zum Lohn bekommt er einen Ring; es ist der schönste Ring unter den dreien! Doch noch ist der Vater nicht befriedigt! Die dritte Aufgabe besteht darin, das schönste Fräulein nach Hause zu bringen. Nachdem die beiden Brüder ihren gewohnten Weg gegangen sind, kehrt der Dummling wieder beim Wurm ein. Diesmal muß er ihn täglich dreimal waschen und ihm den Ofen dreimal heizen. Am Ende befiehlt der Wurm dem Dummling, ihn ganz sauber zu waschen und ihn in den Ofen zu werfen. Daraufhin soll er so rasch, wie er kann, aus dem Zimmer laufen und sich kein einziges Mal umdrehen. Obwohl ihm vor Schmerz fast das Herz bricht, wirft er den Wurm in den Ofen, verläßt das Zimmer und fällt in Ohnmacht. Als er erwacht, erblickt er das Angesicht eines schönen Fräuleins, das sich über ihn beugt. Es ist der verwandelte und menschlich gewordene Wurm: «Ich bin dein Fräulein, das ich dir zu geben versprochen habe», sagt sie. Der Dummling sprang auf, schaut – alles ist jetzt anders: er selber hat sich in einen schönen Jüngling verwandelt, der Palast ist an die Erdoberfläche gestiegen (. . . und) gehört mit all seinen Gütern und dem ganzen Königreich ihnen beiden.» Nun braucht der Dummling des Vaters Hof nicht mehr. Er und sein Fräulein laden die Brüder mit deren Fräulein ins Königreich ein und reiten auf Pferden dahin. Der Dummling heiratet sein Fräulein, und die Geschichte findet einen guten Ausgang.

Bei der Betrachtung des Geschehens zeigt es sich, daß das neurotisch verbogene Kräftespiel der psychischen Komponenten dadurch geändert wird, daß weibliche Werte – Tuch, Ring und Fräulein – beigebracht und integriert werden müssen. Ferner: In dem Maße, wie es zu einer Beziehung und zur Erlösung des Wurmes kommt, in eben diesem Maße wird auch der Dummling in einen schönen Jüngling verwandelt. Und schließlich ist es bei diesem Wandlungsprozeß wichtig festzustellen, daß die klugen Brüder, welche die angepaßte Persona darstellen, nicht desavouiert werden, sie werden lediglich weniger wichtig. Bei der Behandlung narzißtisch versehrter Persönlichkeiten ist es von außerordentlicher Wichtigkeit, daß die angestammten kompensatorischen Funktionen des Intellekts und der Personaanpassung respektiert werden. Es handelt sich dabei um Überlebensstrategien, die solange wertvoller als die Dummlingsseite sind, bis die narzißtische Wunde überwachsen und die weiblich-gefühlshaften Werte erlöst und in die Persönlichkeit integriert sind. Als letztes sei darauf hingewiesen, daß die durch das Märchen aufgezeigte Wandlung nicht mit vaterspezifischen, sondern mit mutterspezifischen Haltungen erreicht wird: der Wurm wird allein durch das Waschen und Wärmen erlöst. Das sind Handlungen, die weibliche Haltungen voraussetzen. Es ist bei diesem litauischen Märchen besonders eindrucksvoll, daß die weiblichen Werte mittels weiblicher Tätigkeiten angegliedert werden und es nicht, wie man ja auch erwarten könnte, um eine Drachentötung geht. Speziell narzißtisch verwundete Menschen mit ihrem erlebten Defizit an mutterspezifischen, wachstumsfördernden Haltungen benötigen es besonders, daß ihnen in der Therapie empathisch – einfühlend –, begegnet wird.

Die weiblichen Werte, die integriert werden müssen, sind durch das Tuch, den Ring und das Fräulein symbolisiert. Was bedeutet dies genauer? Das Tuch ist aus Fäden gewoben und hat Beziehung zum Schicksalsfaden. Mitunter weist es Muster auf und steht so mit dem Lebensteppich in Verbindung. Ich meine, daß unter dem Tuch die Beziehung zur eigenen Vergangenheit verstanden werden muß. Für den wurzellosen, narzißtisch verwundeten Menschen ist es von großer Bedeutung, daß er seine Kindheitsgeschichte wieder aufgreift, sie verstehen lernt und auch betrauern kann. Für den jungen Mann, dessen Trauer um die Mutter eingefroren war, war es wichtig, die Sehnsucht nach der Mutter wieder zu beleben und im Anschluß daran, seine abgeblockte Affektivität wieder zurückzugewinnen.

Der Ring ist ein Beziehungssymbol. Menschen, die unter gestörten Beziehungen aufwachsen mußten und narzißtisch verwundet sind, haben nicht nur einen schlechten Bezug zu sich selber, sondern auch zu anderen Menschen, dies ganz besonders dann, wenn Verlusterfahrungen ihre frühe Biographie kennzeichneten. Auf Grund solcher Erfahrungen mißtrauen sie anderen Menschen, und jede auch noch so weit entfernte Trennung flößt ihnen Angst ein und hindert sie daran, sich in Beziehungen hineinzugeben. Der Dummling nimmt aber die Beziehung auf und steigert seine Hinwendung zum Wurm.

Die wiederholte und gesteigerte Zuwendung zum Wurm bringt aber nicht allein die Beziehungsfähigkeit zurück, sondern auch die Hingabefähigkeit. Es gelingt in der Folge eine definitive Beziehung zum Wurm beziehungsweise zum aus seiner Gestalt erlösten Fräulein. Indem der Dummling den Wurm in den Ofen werfen muß, ist er gezwungen, der Gefahr ins Auge schauen, ihn auch verlieren zu können. Aus der Sicht des Dummlings bedeutet das Verbrennen einen eventuell totalen Verlust, deshalb fällt er denn auch in Ohnmacht. Dabei macht er allerdings die Erfahrung, daß das geliebte Wesen trotz aller Trennung nicht verloren geht. Was zuerst als Beziehungsfähigkeit im Ringsymbol auftauchte, ist nun Hingabefähigkeit geworden. Diese kann sich in verschiedenen Formen äußern. Zunächst wohl in der Hingabe an einen geliebten Menschen, dann kann aber die Hingabe auch als innerer Bezug zum eigenen Lebensweg, zum eigenen Geschick verstanden werden und auf diese Weise in einer erlösten Anima, die dem eigenen Wesen Belebtheit – Animiertheit – Schwung und Kreativität verleiht, zum Ausdruck kommen.

Das Märchen erwähnt, daß sich der Dummling, nachdem er den Wurm in den Ofen geworfen hat, nicht umwenden darf. Das heißt, er muß zukunftsträchtigen Kräften vertrauen und nach vorne schauen und soll es vermeiden, wieder in die alte, lähmende Komplexbefindlichkeit zu fallen. Menschen mit narzißtischer Verwundung tun sich im allgemeinen schwer, in der Zukunft etwas Positives zu sehen, allzu rasch verebbt der Schwung, allzu schnell versinken sie in pessimistisch-resignative Phantasien. Im Märchen sind es die Pferde, welche die beiden gewandelten Menschen forttragen. Die Kräfte der Progression sind fortan führend und erlauben es, das alte Muster der Bindungsunfähigkeit, der Gefühlsentfremdung, der Minderwertigkeit und der übermächtigen Personaanpassung zu verlassen.

Natürlich ließe sich an diesem Märchen noch manches ausdifferenzieren und neben verschiedene Facetten der narzißtischen Persönlichkeitsstörung halten. Hier interessierte die Psychodynamik jener narzißtischen Problematik, bei der sich eine gute, angepaßte Persona (Brüder) zusammen mit einer Selbstwertproblematik (Dummling) und defizitärem Fühlen (Wurm) zeigt.

2. Teil: Selbstentfremdung
Symbolik – Praxis – therapeutischer Umgang

Einführung in Symbolik und Kasuistik

Das Märchen «Die drei Raben»

Das kurze Märchen, von dem ich ausgehe, um meine Gedanken über die narzißtische Selbstentfremdung darzulegen, ist die Urfassung[1] des bekannten Grimmärchens «Die sieben Raben» (KHM 25) und trägt den Titel «Die drei Raben». In den «Sieben Raben» verflucht bekanntlich der Vater die Kinder, in den «Drei Raben» die Mutter, von einem Vater ist nicht die Rede. Da es sich bei narzißtischer Problematik um eine Frühstörung[2] im Bereich einer Zweierbeziehung, der Mutter-Kind-Beziehung, handelt, ziehe ich es vor, mich an der Urfassung zu orientieren:

**Es war einmal eine Mutter, die hatte drei Söhnlein, die spielten eines Sonntags unter der Kirche Karten. Und als die Predigt vorbei war, kam die Mutter nach Haus gegangen und sah, was sie gethan hatten. Da fluchte sie ihren gottlosen Kindern und alsobald wurden sie drei kohlschwarze Raben und flogen auf und davon.**

**Die drei Brüder hatten aber ein Schwesterchen, das sie von Herzen liebte, und es grämte sich so über ihre Verbannung, daß es keine Ruh mehr hatte und sich endlich aufmachte, sie zu suchen. Nichts nahm es sich mit auf die lange lange Reise, als ein Stühlchen, worauf es sich ruhte, wann es zu müd geworden war, und nichts aß es die ganze Zeit, als wilde Äpfel und Birnen. Es konnte aber die drei Raben immer nicht finden, außer einmal waren sie über seinen Kopf weggeflogen, da hatte einer einen Ring fallen lassen; wie es den aufhob, erkannte ihn das Schwesterchen für den Ring, den es einsmals dem jüngsten Bruder geschenkt hatte.**

**Es ging aber immer fort, so weit, so weit bis es an der Welt Ende kam, und es ging zur Sonne, die war aber gar zu heiß und fraß die kleinen Kinder. Darauf kam es zu dem Mond, der war aber gar zu kalt, und auch bös, und wie ers merkte, sprach er: «Ich rieche, rieche Menschenfleisch.» Da machte es sich geschwind fort und kam zu den Sternen, die waren ihm gut und saßen alle jeder auf Stühlerchen, und der Morgenstern stand auf und gab ihm ein Hinkelbeinchen, «Wenn du das Beinchen nicht hast, kannst du nicht in den**

Glasberg kommen, und in dem Glasberg da sind deine Brüder!» Da nahm es das Hinkelbeinchen, wickelte es wohl in ein Tüchelchen und ging so lange fort, bis es an den Glasberg kam, das Thor war aber verschlossen. Und wie es das Beinchen hervorholen wollte, da hatte es das Beinchen unterwegs verloren. Da wußte es sich gar nicht zu helfen, weil es gar keinen Schlüssel fand, nahm ein Messer und schnitt sich das kleine Fingerchen ab, steckte es in das Thor und schloß glücklich auf. Da kam ein Zwerglein entgegen und sagte: Mein Kind, was suchst du hier? «Ich suche meine Brüder, die drei Raben.» Die Herren Raben sind nicht zu Haus, sprach das Zwerglein, willst du aber hierinnen warten, so tritt ein, und das Zwerglein brachte drei Tellerchen getragen und drei Becherchen, und von jedem Tellerchen aß Schwesterchen ein Bißchen und aus jedem Becherchen trank es ein Schlückchen und in das letzte Becherchen ließ es das Ringlein fallen. Auf einmal hörte es in der Luft ein Geschwirr und ein Geweh, da sagte das Zwerglein: Die Herren Raben kommen heim geflogen. Und die Raben fingen jeder an und sprachen: Wer hat von meinem Tellerchen gegessen? Wer hat aus meinem Becherchen getrunken? Wie der dritte Rab aber seinem Becherchen auf den Grund kam, da fand er den Ring, und sah wohl, daß Schwesterchen angekommen war. Da erkannten sie es am Ring, und da waren sie alle wieder erlöst und gingen fröhlich heim.

Auch bei diesem Märchen fasse ich die vorkommenden Figuren subjektstufig, als Symbol für die Wesensseiten *einer* Person auf. Demnach werden die Brüder im Glasberg als eine Seite der Märchenheldin verstanden. Dieses Märchen scheint mir die bei narzißtischer Problematik zu beobachtende Kluft zwischen einer gut angepaßten Persona und einem depressiven Hintergrund hervorzuheben und einen Weg heraus aufzuzeichnen.
Gute soziale Anpassung von frühester Kindheit an ist nicht eine Wahl des betroffenen Individuums, sondern eine Überlebensstrategie, um mit dem Selbstverlust fertig zu werden. Die beiden Seiten werden im Märchen symbolisiert durch das angepaßte Mädchen (dem es ja gar nicht mehr einmal in den Sinn kam, unartig zu sein und Karten zu spielen wie die Brüder) und durch die Rabenbrüder im Glasberg. Mit anderen Worten: Die Herausbildung einer starken Persona ist gekoppelt mit einer hintergründigen Depression, beide sind Ausdruck der Selbstentfremdung, ja des Selbstverlustes. Ferner finden wir in diesem Märchen Bilder, welche die Genese dieser Problematik schildern, nämlich die Mutter, die ihre Wertvorstellungen rigide anwendet und dadurch kindliche Eigenstrebungen verflucht. Schließlich

gibt das Märchen Bilder ab für den Prozeß, durch den die Selbstentfremdung allmählich überwunden wird. Es ist die Rede von einer Reise ans Ende der Welt, von einem Stühlchen, wilden Früchten, Sonne, Mond und Morgenstern, von einem Hinkelbeinchen, dem kleinen Finger und einem den Glasberg behütenden Zwerg. Es sind dies geheimnisvolle, poetische Bilder, denen aber, wie noch zu zeigen sein wird, gewisse Facetten der Wandlung der narzißtischen Problematik zugeordnet werden können.

Der Schluß des Märchens spricht von der Erlösung der Raben, sie werden menschlich, und das Mädchen und seine Brüder erkennen sich als Verwandte und gehen miteinander heim. Ich verstehe diesen Schluß als ein Zu-sich-selber-Finden, als ein Heimfinden zum verwandten Seelengrund und als Überwindung einer Spaltung. Nebst äußerer Verwandtschaft gibt es so etwas wie eine innere Verwandtschaft, was sich vielleicht am besten mit dem Gefühl umschreiben läßt, sich selber nicht fremd zu sein, verschiedene Seiten von sich selber als zu sich zugehörig zu empfinden. Dieses Zugehörigkeitsempfinden wird von narzißtisch verwundeten Menschen nicht in lebendiger Weise gespürt, sie erfahren sich als mit sich selbst entfremdet und sind weder in sich selber noch in der Welt wirklich geortet und beheimatet. Klagen über Leere und Sinnlosigkeit des Daseins zeigen sich häufig[3], sie können auf der einen Seite ausmünden in Depressionen und auf der anderen Seite abgelöst werden durch kurzfristige Belebungen. Dieses Schwanken der Befindlichkeit, deren Extreme man gerne mit Grandiosität und Depression bezeichnet, wird meist nicht wahrgenommen und tritt erst im Laufe der Analyse deutlicher hervor[4], nach außen hin ist es verdeckt durch die Persona, die jedoch nicht nur verdeckt, sondern auch vor dem Leiden schützt.

Vom narzißtisch verwundeten Menschen geht oft eine eigenartige Fremdheit aus, es ist, als ob er nicht wirklich da wäre. Aussagen, die gemacht werden, haben in dem Sinne etwas Unwirkliches an sich, als sie nicht wirklich beim Angesprochenen anzukommen scheinen. Begleitwörter wie «vielleicht», «scheinbar», «möglicherweise» sind oft anzutreffen, manchmal wird gar die Hand leicht vor den Mund gehalten, als ob das, was aus dem Mund herauskommt, gerade wieder abgedämpft werden müßte. Der Blickkontakt schließlich wird kaum aufgenommen. Innerlich entspricht dieser Fremdheit ein Fremdsein in sich selber, ein Gefühl nicht in vollem Sinne wirklich[5], ja fremd unter den Menschen zu sein.

Das von einer jungen Frau spontan gemalte Bild (*Abb.9*) scheint mir die geschilderte innere und äußere Fremdheit gut darzustellen. Die mit etwas blasseren Farben als die Umgebung gemalte Frau in der Mitte des Bildes stellt sie selber dar, die sie umgebende «Gräue» schildert in bildhafter Weise Fremdheit und Niemandsland und weist auf eine tiefere Selbstentfremdung hin.

In der Narzißmusliteratur spricht man von der Fähigkeit, sich und die Welt mit «narzißtischer Libido» zu besetzen[6], und versteht darunter das Vermögen, sich und die Welt als wirklich zu empfinden und zu sich selber zugehörig erleben zu können. Dem narzißtisch verwundeten Menschen gelingt dies aber nur mangelhaft, und weder er selber noch die umgebende Welt wird bunt und lebendig erlebt, mit Selbstliebe besetzt und als verwandt erfahren.

Das Märchen, das mit der Heimfindung zur Verwandtschaft endet, scheint mir deshalb eine gute Illustration abzugeben für die Belebung der narzißtischen Libido, wie die Psychoanalyse die Selbstliebe nennt. C. G. Jung spricht in seinem Werk kaum von narzißtischer Libido, sondern er nennt sie im Gegensatz zur «exogamen» Libido (Objektlibido in der Psychoanalyse) «endogam» oder «inzestuös»[7]; bisweilen spricht er auch von «Verwandtschaftslibido»[8]. Der Jung-Schüler Erich Neumann bezeichnet die narzißtische Libido als die «wesentliche Vorstufe späterer Selbstentwicklung»[9]. Das Märchen schildert in seinen Schlußbildern die Erreichung dieser Stufe, die Voraussetzung für spätere, lebendige Selbstentwicklung, die bekanntlich nur dann gedeihlich verlaufen kann, wenn der einzelne in sich geortet ist, eingebunden ist in einen Weltkontext und weiß, wer er ist. Alle vorgängigen Passagen des Märchens zeichnen mit ihren Bildern Genese und Wandlung der Selbstentfremdung nach.

Fallbeispiel

Um nun eine konkretere Beschreibung jener narzißtischen Problematik zu geben, die mir bei den nachfolgenden Ausführungen vor Augen steht, greife ich auf den 1964 veröffentlichten Artikel «The Care of Regressed Patients and the Child Archetype»[10] der Jungianerin Frieda Fordham zurück. Diesem Artikel liegen die Erfahrungen mit einer Reihe von Analysanden zugrunde, deren hervorstechendstes Charaktermerkmal in der Ausbildung einer gut angepaßten Persona bestand. Sie werden wie folgt beschrieben:

«Diese Personen erscheinen gut angepaßt und erfolgreich zu sein. Die Motivationen zu einer Analyse sind oft recht vage und unbestimmt, es zeigen sich auch keine klar abgegrenzten Symptome, allerdings ist eine Depressionsneigung nicht zu übersehen. Meist stehen sie in der Lebensmitte und erwecken den Anschein, klassische Individuationsfälle zu sein. Nach meiner Erfahrung hingegen, konnten sie nur dann befriedigend behandelt werden, wenn das gesamte Kindheitsmaterial berücksichtigt wurde, das oft durch die überangepaßte Persona hindurchbrach.»[11]

Die greifbaren genetischen Gründe ortet Fordham in einer unangemessenen Mutter-Kind-Beziehung, wo vor allem emotionale Verlassenheit des Kindes eine große Rolle spielte, was eine zu frühe Entwicklung einer wohlangepaßten Persona auf Kosten der natürlichen Anlagen bewirkte. Ich zitiere weiter aus dem genannten Artikel:

«Jung ist der Ansicht, daß diese Menschen sehr früh von ihrem ursprünglichen Charakter getrennt wurden, was zur Ausbildung einer starken und künstlichen Persona disponiert. Von allem Anfang an mußte es das Ziel der Bezugspersonen gewesen sein, das Kind zu einem angepaßten und lieben Menschen zu erziehen. Das geschah in der Regel mit einem solchen Druck, daß sich das tiefsitzende Gefühl entwickelte, nicht geliebt und nicht gewollt zu sein. Eine Analysandin sagte mir zum Beispiel, daß ihre früheste Erinnerung die sei, ganz genau die Gesichter der Personen um sie herum studiert zu haben, um dann deren Erwartungen gut erfüllen zu können.»[12]

Die Autorin gibt dann ein ausführliches Fallbeispiel, wovon folgende Passage für unseren Zusammenhang wesentlich ist:

«Frau A. bat mich um ein Interview, in der Absicht, über verschiedene Lebensschwierigkeiten zu sprechen. Keine davon war jedoch sehr ernst, sie sorgte sich bloß übermäßig und hatte die Neigung, depressiv zu werden. – Sie war mittleren Alters und ihre Kinder waren bereits erwachsen und ausgeflogen. Ihre Ehe war recht glücklich, und sie führte ein aktives und erfolgreiches Leben. – Für Ängste bestand kein sichtbarer Grund. Sie hatte Schlafstörungen und litt an starkem Herzklopfen, was ihr Arzt mit einem Sedativ behandelte.
Frau A. war eine freundliche, attraktive Frau, sie schien sich wohl zu fühlen und nahm ihre Symptome nicht besonders ernst. Indes wurde es bald deutlich, daß ihre Depression und die Persönlichkeitsstörungen schwerer waren, als von ihr zunächst angenommen. Im Verlauf der Analyse sollte es sich jedoch zeigen, daß sie sich ihrer Symptomatik schon lange bewußt war. In gewissen Momenten geschah es, daß sie sich völlig desorientiert fühlte und sich auf Menschen und Dinge unbezogen fühlte. Ihr freundliches Lächeln wurde bisweilen durch einen Ausdruck von Angst und Verzweiflung abgelöst. All dies wies auf eine gravierende Störung hin, und das wenige an biographischem Material schien dies zu bestätigen.
Ich sagte ihr, daß ich den Eindurck hätte, ihre Störung sei gravierender, als sie annehme, und daß zu deren Behebung eine tiefgreifende Analyse notwendig sei. Nach einigem Hin und Her, Angst- und Protestäußerungen war sie damit einverstanden, sich die Sache mit einer langen Analyse zu überlegen, und meinte, sie wolle dann zu mir kommen.»[13]

Hinter der Unbestimmtheit der Symptomatik und der Wohlangepaßtheit verbirgt sich die Depression als Ausdruck des Selbstverlustes, damit einhergehend zeigen sich Gefühle der Unwirklichkeit und eine auffallend defizitäre Affektivität.

«Beim zweiten Interview erzählte sie mir, daß sie ihr Leben oft als unwirklich empfinde, es sei ihr oft so, als sähe sie sich einen Film an oder als sei eine Glaswand zwischen ihr und dem pulsierenden Leben. Sie sorgte sich auch darüber, daß sie für ihre Kinder kaum Gefühle aufbringen könne, und über ihre Ehe sagte sie, daß sie sie halt einfach gelebt habe und funktioniert habe. Es geschehe ihr auch oft, daß sogar Dinge unreal würden und wie Traumbilder an ihr vorbeizögen.»[14]

Bei der Behandlung ging es darum, die Persönlichkeit in sich selber tiefer zu verankern, ihr zu helfen, vermehrt sich selber sein zu können, sie zu befreien aus der Umklammerung der Persona und die Selbstentfremdung zu vermindern, sie zu dem zu bringen, was ich oben mit «Heimfinden zur inneren Verwandtschaft» im Zusammenhang mit dem Märchen umschrieben habe.

Gestörte Mutter-Kind-Beziehung, Ausbildung einer starken Persona und hintergründige Depression sind neben der Selbstentfremdung die Hauptmerkmale, die Frieda Fordham nennt. Sie entsprechen den Märchenbildern: der verfluchenden Mutter, dem angepaßten Mädchen und den schwarzen Vögeln im Glasberg.

Wie bereits in diesem Kapitel sollen auch in der Folge die Phänomene der narzißtischen Problematik neben das Märchen und seine Bilder gehalten werden. In all den kommenden Kapiteln werde ich in einem Eingangsabschnitt, bezeichnet *«Das Märchenbild»*, von dem Märchen *«Die drei Raben»* ausgehen. Dabei wird die für das jeweilige Kapitel wesentliche Stelle im Hinblick auf die narzißtische Störung fruchtbar gemacht. Die angeschnittenen Problemkreise werden dann in den einzelnen Unterkapiteln erörtert, wobei vor allem die Praxis zu Wort kommen soll.

In diesem Sinne *gebrauche* ich das Märchen und ordne es der in der Praxis beobachteten Komplexität des psychischen Geschehens zu. Dadurch ergeben sich sowohl ein Ordnungskorrelat als auch Bildkonzepte für die psychischen Tatsachen. Dieses Vorgehen unterscheidet sich in der Weise von den klassischen Deutungsansätzen, wie sie uns durch die Arbeiten von C. G. Jung und Marie-Luise von Franz[15] bekannt sind, als das beobachtete psychische Phänomen und nicht das Märchen im Zentrum steht. Es handelt sich deshalb eher um einen Märchen*gebrauch*[16] als um eine Märchen*deutung*. Die klassische Märchendeutung versucht, das Märchen und seine Bilder in eine übergreifende Symbolik einzuordnen. Auf diese Weise werden die kollektiven, archetypischen Grundformen und Prozesse des Seins erhellt. Es sind dies die letztlich unanschaulichen Grundformen, die hinter den psychischen Phänomenen liegen und diese bewirken. Bei meinem Umgang mit dem Märchen geht es nicht so sehr darum, die archetypischen Gesichtspunkte hervorzuheben, sondern um die Beleuchtung bestimmter narzißtischer Phänomene durch das Märchenbild.

Die Familiensituation –
genetische Gesichtspunkte

## Das Märchenbild

Die Eingangsszene des Märchens lautet:

«Es war einmal eine Mutter, die hatte drei Söhnlein, die spielten eines Sonntags unter der Kirche Karten. Und als die Predigt vorbei war, kam die Mutter nach Haus gegangen und sah, was sie gethan hatten. Da fluchte sie ihren gottlosen Kindern, und alsobald wurden sie drei kohlschwarze Raben und flogen auf und davon.»

Die Raben, so erzählt das Märchen weiter, hausen in einem Glasberg. Im Anschluß an die Eingangsszene erfährt der Leser, daß die Brüder noch ein Schwesterchen hatten, das nicht verflucht wurde. Von ihm wird gesagt, daß es sich über den Verlust der Brüder «grämte» und «keine Ruh mehr hatte».
Dieses Märchenbild schildert eine typische Genese der Selbstentfremdung. Es zeigt eine Mutter, welche die Eigenimpulse der Kinder zu früh in drastisch moralisierender Weise unterbindet und damit das Kind emotional verläßt. Dadurch bleibt Kindern in der Regel nichts anderes mehr übrig, als der Familienideologie zu frommen und sich um den Preis des Selbstverlustes anzupassen. Sie werden zu früh aus der Mutter-Kind-Beziehung herausgerissen, werden zu Raben und gehen seelisch ins Exil, was das Märchen als Glasberg, in dem die Raben hausen, darstellt. – Scheinbar nicht verflucht ist die Schwester, die spätere Heldin des Märchens. Sie ist die Trägerin des Geschehens, an ihr vollzieht sich die Erlösung.
Diese Schwester steht für eine Frau, die sich auf Grund einer Versagungserziehung zu stark Forderungen anpaßte, von ihrer Natur entfremdet ist und die in sich, bildlich gesprochen, schwarze Vögel in einem Glasberg herumträgt. Doch was heißt das? Durch Glas sehen wir zwar; wo Glas ist, können wir jedoch

nicht mehr fühlen und empfinden. Glas als Metapher für seelische Befindlichkeit steht für das Unvermögen, sich und die Welt als wirklich und zu sich selber zugehörig zu empfinden. Glas symbolisiert den Verlust an Belebtheit, den Mangel an Animiertheit. In den Umkreis dieser Symbolbedeutung gehört auch das Eis, das im Winter die belebte Oberfläche des Wassers zudeckt. Eis und Glas umschreiben bildhaft den Zustand eines Menschen, der seine Gefühle eingefroren hat, der sie wohl noch sieht, aber nicht mehr erlebt.

Der Rabe hat vielfältige Bedeutung, zwei davon scheinen mir im Kontext dieses Märchens und im Hinblick auf die ihm zugeordnete Selbstwertproblematik wesentlich zu sein, einmal seine Klugheit und zum andern sein Bezug zu Schwärze und Dunkelheit. Als klug, ja sogar weise, erscheint er in der germanischen Mythologie, wo der Göttervater Wotan zwei Raben besitzt, Huginn und Muninn[1], die er in die Welt aussenden kann und die ihm alles Wissenswerte zutragen. Klug sind außerdem die Raben in der bekannten Legende um den Heiligen Meinrad von Einsiedeln[2]. Der am Heiligen verübte Mord wird durch seine Raben aufgedeckt.

Raben und schwarze Vögel ganz allgemein sind bekannte Symbole für Unglück, sie gelten als Todesboten und Künder künftigen Unheils. Vertraut ist uns die Redensart von Pechvögeln und Unglücksraben: man meint damit Menschen, die Unglück haben, Unglück an sich ziehen und unglücklich sind. Damit rückt der Rabe in den Symbolkreis der Schwermut, der Depression, der Lebensverneinung schlechthin, er wird zum bildhaften Ausdruck des Selbstverlustes und seelischen Schmerzes.

Aus der Fülle des Materials greife ich zwei Beispiele heraus und erinnere zunächst an das letzte Bild des Malers Vincent van Gogh, das er kurz vor seinem Freitod malte. Es stellt ein Kornfeld dar, das durch drei Wege geteilt wird, jeder der Wege weist in eine andere Richtung, was auf die Ausweglosigkeit seiner damaligen Situation hindeutet. Über diesem Kornfeld und vor einem bleischwarzen Himmel kreist eine Schar schwarzer Vögel, Ausdruck der seelischen Verdüsterung, die der Künstler auch in Worte faßte: «Es sind endlose weite Kornfelder unter trüben Himmeln, und ich habe mich nicht gescheut,

Traurigkeit und äußerste Einsamkeit auszudrücken zu versuchen.»[3]
Das zeitgenössische Gedicht von Albrecht Goes mit dem Titel «Landschaft der Seele»[4] paßt ebenfalls in diesen Zusammenhang, auch hier erscheint ein schwarzer Vogel als Metapher der Seelenlandschaft, als metaphorischer Aussage über die Stimmung des Herzens.

> Kein Himmel. Nur Gewölk ringsum
> Schwarzblau und wetterschwer.
> Gefahr und Angst. Sag: Angst – wovor?
> Gefahr: Und sprich – woher?
> Rissig der Weg. Das ganze Feld
> Ein golden-goldner Brand.
> Mein Herz, die Hungerkrähe, fährt
> Kreischend über das Land.

Nach diesem kurzen symbolischen Exkurs komme ich zurück auf die oben gestellte Frage, was es bedeute einen Glasberg mit schwarzen Vögeln in sich zu tragen. Eine Frau, die in sich einen Glasberg mit schwarzen Vögeln trägt, ist von ihren Gefühlen und Strebungen, ihrer eigentlichen Natur abgeschnitten, sie lebt eine Rolle, das Sein ist in die Persona investiert, dadurch wirkt sie angepaßt und sozial funktionstüchtig. In der Tiefe aber sind die Raben, ist eine seelische Befindlichkeit, die umschrieben werden kann mit Nichtgeliebt-Sein, isoliert, angeschwärzt und primär schuldig sein. In der Tiefe ist auch Angst, Verunsicherung, ist Depression als Ausdruck des Selbstverlustes, wie Alice Miller die Depression bei narzißtischer Störung auffaßt[5]. Die Märchenheldin scheint diese hintergründige Depression zu ahnen, heißt es doch, daß sie sich «gräme» und «keine Ruh» mehr habe. Einher mit der gelungenen Anpassung nach außen geht auch die Entfaltung des Intellekts, ein unbezogener Intellekt zwar, einer jedoch, der zumindest in unserer Kultur kollektiv durchaus bejaht wird. Darüber hinaus versinnbildlichen die Raben die Verinnerlichung der strengen und traurig machenden Maßstäbe der Mutter als nach innen gerichtete, verbietende Aggressionen, als Ausdruck des Selbsthasses. Die Analytische Psychologie nennt die Bezugsfähigkeit nach innen zu sich selber und zur seelischen Tiefenschicht Animus (bzw. Anima beim Mann)[6] und begreift die Beziehungen nach außen unter dem Terminus Persona[7]. In dieser Form der narzißtischen Störung zeigt sich ein Defizit an positiven Animushaltungen auf der einen Seite und auf der anderen ein Übergewicht an nach außen gerichteten Personahaltungen.

Aus dieser einleitenden Skizzierung der Problematik auf Grund der Märchenbilder ergibt sich nun die Frage nach der typischen Familiensituation bei narzißtischer Problematik.

Die Mutter

Im biographischen Hintergrund narzißtisch versehrter Persönlichkeiten läßt sich oft eine in «pathogener Hinsicht entscheidende Familiensituation»[8] finden, nämlich: eine als unempathisch erlebte Mutter und einen konkret und/oder emotional abwesenden Vater. Wenden wir uns zunächst der Mutter zu.

Dabei sei zunächst darauf hingewiesen, daß die Mutter des Märchens als unter einem patriarchalen Wertkanon stehend geschildert wird. Unmittelbar nach dem Kirchgang geht sie nach Hause und straft ihre Kinder für ihr unrechtes, den kollektiv christlichen Maßstäben nicht entsprechendes Tun. Sie gibt die gehörte Predigt gleich weiter und scheint keinen dieser modulierenden, persönlichen Standpunkte zu kennen. In ihrer Art entspricht sie einer Mutter, in der und durch die kollektive Wertvorstellungen sehr stark wirksam sind. Die Unbedingtheit, mit der die Werte angewendet werden, ist sozusagen der «Vater» der Verfluchung. Der Fluch besteht nicht darin, daß Kinder unartig sind – normale Kinder sind das – er liegt vielmehr darin, daß Eigenimpulse der Kinder zu früh, zu drastisch, zu schnell und ohne Einfühlung beschnitten werden. Dadurch wird dem Kind nicht genügend Raum eingeräumt, die sich in seiner Unartigkeit äußernden wertvollen autonomen Impulse schrittweise zu relativieren. Ein einmaliger Affekt allerdings macht Kinder nicht zu Raben, mangelt es jedoch dem Kind chronisch an mutterspezifischen, verständnisvollen Haltungen, so entsteht Unheil, und Kinder können die tiefliegende Überzeugung entwickeln, nicht geliebt zu sein, und es konstelliert sich, um es im Bilde zu sagen, ein großer Unglücksrabenkomplex. «Primäre Schuldgefühle» entstehen, die gemäß Neumann nach der Formel gebildet werden: «Gutsein heißt von der Mutter geliebt zu werden, du aber bist böse, denn die Mutter liebt dich nicht.»[9] Der Unangemessenheit des mütterlichen Verhaltens zu den kindlichen Eigenstrebungen und dem daraus resultierenden Grundgefühl, ohne Lebensrecht zu sein, kann ein Kind nur dadurch begegnen, daß es sich in die Persona investiert, die Familienideologie erfüllt, seine wahren Gefühle verdrängt – sie sozusagen unter Glas stellt.

Wie im Märchen kommt es auch in der Wirklichkeit oft vor, daß im Hintergrund der narzißtischen Persönlichkeit ein strenges, düsteres, sinnenfeindliches Christentum wirksam ist (siehe Fallbeispiel S. 141 ff.), das jeder Spontaneität und Autonomieentwicklung abhold ist. Solch christlich-puritanische Haltungen gehen davon aus, daß der Natur des Menschen nicht getraut werden kann, daß sie – und dafür sind die drastischsten Strafen gerechtfertigt – gerade gebogen werden muß. Dieser Ansatz durchzieht den christlich geprägten Erziehungsstil des Abendlandes und verschwistert sich mit jenem anderen, der die Anpassung und den Altruismus preist. Dadurch wird im einzelnen die Schuldhaftigkeit konstelliert und die Eigenliebe vergällt. Die Sorge um das eigene Wohl wird als sündhaft und egoistisch gegeißelt. Sucht man nach kollektiven Wurzeln der narzißtischen Problematik, so können sie sich – darauf hat auch Kohut[10] aufmerksam gemacht – in einem solchen, sogenannten christlichen Hintergrund finden lassen. Mütter, welche die Selbstliebe und den Selbstwert ihrer Kinder auf diese Weise schädigen, sind in der Regel durchaus wohlmeinend, doch sind sie unbewußt eingebunden in einen kollektiven Kanon schuldigmachender Werte und sind selber in ihrer Kindheit Opfer davon geworden. Die narzißtische Wunde der Mütter prädisponiert sie, ihre Kinder in ihrem Selbstwertgefühl und Autonomiestreben zu schädigen[11].

Eine gute Schilderung einer derart eingreifenden Mutter und ihrer Bedingtheit durch den herrschenden Wertkanon gibt die kürzlich verstorbene Walliserin Marie Métrailler in ihrer Autobiographie «Die Reise der Seele». Auf die Frage, ob sie ihre Mutter liebte, antwortet Métrailler mit folgenden Worten, wobei sie deutlich auf die Anpassung an kollektive Werte und die grundsätzliche Sündhaftigkeit der menschlichen Natur hinweist.

«Ich fürchtete sie, nie konnte ich sie wahrhaftig lieben. Sie war unversöhnlich. (...) Nun, mit ihrem religiösen Tick fand unsere Mutter es dabei noch unbedingt nötig, das wenige, das wir besaßen, den kleinen Negerlein zu schicken! (...) Wahr ist, meine Mutter wurde im Religionsunterricht, in der Schule, in der Kirche genauso zu Schuldgefühlen gedrängt, wie wir später. War also eine ganz im Tiefsten verängstigte Frau, die in ständiger Furcht vor der Sünde lebte, in der Angst vor den Flammen der Hölle. (...) Mit ihrem religiösen Unbedingtheitswahn machte sie mich kaputt. (...) Für eine Frau, damals, mußt du wissen, war allein die Tatsache, daß sie auf der Welt war, eine Sünde, Evas Tochter, Erbsünde, all dies in zwanzig Jahrhunderten christlicher Zivilisation aufgetürmter Vorurteile, für welche Frauen, darunter meine Mutter, bezahlten.»[12]

Diese Walliserin litt an den durch ihre Mutter an sie weitergegebenen kollektiven Werten. Das Unheil begann aber nicht einfach bei ihrer Mutter, sondern sie schildert ihre Mutter als Opfer dieser Werte, und weist auf die narzißtische Kränkung der Frau in unserer Kultur hin.

Es brauchen aber nicht allein christliche Werte zu sein, die, zu früh und in rigider Form angewendet, Unheil stifteten. Werte, zu höchsten Werten hinaufstilisiert, richten Unheil an und führen dazu, daß sich ein Kind in eine «liebe» und eine «böse» Seite spaltet. Ich erinnere mich in diesem Zusammenhang an eine Frau, deren Kindheit von Werten wie Leistung, Selbständigkeit, Ordnung, Pflichterfüllung, Wahrheit und Reinlichkeit geprägt war, wobei der Fluch nicht die Werte an sich waren, sondern die Absolutheit und Unerbittlichkeit, mit der sie angewendet wurden. Ich zitiere ausführlich aus diesen Aufzeichnungen:

«Vieles war böse, Schuldgefühle wegen etwas Falschem oder Unterlassenem begleiteten mich sehr oft. Kindliche Torheiten, Wutausbrüche oder Streitereien wurden dem lieben Gott im Abendgebet vorgetragen mit der Bitte, das Kind möge doch morgen wieder «lieb» sein.
Wir hatten schon früh Ämter zu übernehmen in Haus, Garten und Laden.

Schon als kleine Knirpse bedienten wir zuverlässig die Leute und waren stolz darauf. Täglich mußte man ein festgelegtes Stücklein stricken oder nähen an der Weihnachtsarbeit für Götti und Gotte (schweiz. für Pate, Patin), die schon im Januar begonnen wurde. Neben den alltäglichen Ämtlein bekam man an freien Nachmittagen jedes eine größere Arbeit zugewiesen; erst nachher durfte man tun, was man wollte. Aber auch dabei gab es Einschränkungen: man durfte nur an Samstagen und Sonntagen lesen. Man durfte nicht tatenlos herumsitzen und sich langweilen; man bekam ansonsten sofort eine Arbeit in die Hand gedrückt.»

Es gab in dem Elternhaus der Schreiberin auch Strafen, sie waren weniger körperlicher denn verbaler Art und richteten sich an die Vernunft des Kindes und sollten Sinn machen, überforderten es jedoch in den meisten Fällen:

«Sie lehnte grundsätzlich Körperstrafen ab, «Tätsch» (schweiz. für Schläge) konnte allenfalls als Alternative zu einer anderen Strafe gewählt werden, als Vergünstigung sozusagen, in einem ersten Straffall.
In schrecklicher Erinnerung habe ich außerdem die Atemnot, wenn die Mutter unter dem Wasserhahn mein Täubelen unterbrechen wollte. Manchmal wurden wir in einem schrägen Dachabteil eingesperrt, wobei der Trick war, daß meistens die Tür gar nicht abgeschlossen war, sondern man mußte «freiwillig» drinnen bleiben.
Gelegentlich schlug sie uns die Köpfe aneinander, wenn wir gestritten hatten. Aber sonst waren die Strafen psychischer Natur. Wenn man ein wüstes Wort gesagt hatte, mußte man es unter Aufsicht eines Geschwisters 500 oder 1000 mal wiederholen. Wenn man zwischenhinein gegessen hatte, gab es Rhizinus-Öl. Wenn man Guezli (schweiz. für Plätzchen) gestohlen hatte, mußte man drei Tage lang ein Tortenstück auf dem Nachttisch ansehen.»

Die Schreiberin erinnert sich, wie sehr ihr Selbstwertgefühl auch dadurch beeinträchtigt wurde, daß die Strafen an die Öffentlichkeit getragen wurden. Sie fühlte sich dabei überfordert, großer Scham und Schande ausgesetzt und sehnte sich nach Verständnis für ihre kleinen Vergehen.

«Öffentlichkeitswert bekamen Strafen wie auf dem Trottoir oder auf der Treppe essen, wenn ich zu spät nach Hause kam. Einmal kam mir auch ein Geschwister auf dem Schulweg mit der Suppe im Milchkessel entgegen, und ich mußte sie auf der Stelle essen. Ganz schlimm waren auch jene Male, als ich im Nachthemd mit dem Kleiderbündel unter dem Arm vor der Haustüre stand und eine «andere Mutter» suchen mußte, weil ich nicht gehorchen wollte oder gelogen hatte, ich hätte die Zähne schon geputzt. Ungehorsam bewirkte sehr oft, daß meine Mutter «sehr traurig» wurde und nicht mehr mit einem reden mochte. Sie schwieg dann ganze oder halbe Tage gegenüber dem betreffenden Kind. An das jammernde «Mueti, säg doch wieder öppis» (schweiz. für sag doch wieder etwas) erinnere ich mich noch lebhaft. Das waren Momente, in denen ich das verzweifelte Gefühl hatte, solches Verschulden würde in diesem Leben nie wieder gut – eine zentnerschwere Last von Verantwortung und Schuld.»

Im Sich-Zurückerinnern wurde ihr bewußt, daß sie bereits damals begann, sich zu verschließen, und ihre wahren Gefühle abspaltete. Ängstlich, sich schuldig fühlend und überfordert, legte sie alles darauf an, die an sie gestellten Erwartungen zu erfüllen, und wagte es kaum mehr, spontan sie selber zu sein. Später entwickelte dieses Kind starke und funktionsfähige Personahaltungen. Die Verinnerlichungen der mütterlichen Forderungen gingen dieser Frau ein Leben lang nach und bewirkten eine konstante Selbstüberforderung, die «zentnerschwere Last von Verantwortung und Schuld» drückte sie nieder. Der Kreislauf von Schuld und Aufhebung derselben durch Leistung konnte erst spät im Leben durchbrochen werden. Die Schreiberin beschließt ihre Aufzeichnungen mit der Schilderung der positiven Einflüsse, die sie von zu Hause mitgenommen hatte. Gerade diese positiven Seiten machen es so schwierig, den unbarmherzigen Einschlag solcher Erziehungsmethoden zu erkennen:

«Mein stabiles Elternhaus hat mir natürlich auch sehr viel Positives mitgegeben, z. B. das Zusammengehörigkeitsgefühl der Familie, das heute noch trägt; auch ein gutes Selbstwertgefühl, «jemand» zu sein, als Erbstück meiner Mutter eine ausgeprägte Vitalität und Spontaneität, die mir viel Sympathie und menschliche Beziehungen einbringt; eine schon beinahe eiserne Gesundheit, die mir wenig Grenzen setzt. Mitgeliefert wurde natürlich auch ein rechtes Maß an Ehrgeiz sowie die Überzeugung, daß eigentlich das meiste machbar sei, vor allem könne man mit einiger Mühe seinen Egoismus und seine aggressiven Gefühle in den Griff bekommen. – Erst jetzt, nach mehr als 20 Jahren erfolgreichem und auch glücklichem Erwachsenenleben, meldeten sich die Rückseiten dieser Begabungen: Ohnmacht und Grenzen, Haß und Gefühle des Betrogenseins, Sehnsucht nach Hilfe und Geborgenheit, Trauer und Verlorensein. Langsam wird aus den Bruchstücken wieder ein Ganzes – hoffe ich und erlebe es auch.»

Auf der Ebene des Kleinkindes zeigen sich die Auswirkungen einer von rigiden Wertvorstellungen konditionierten Mutter oft darin, daß die Kinder nach festgelegtem Plan gefüttert werden und sich eine allzu frühe und strenge Reinlichkeitserziehung in der Biographie aufweisen läßt. In den von Frieda Fordham beschriebenen Fällen narzißtischer Problematik zeigte es sich, daß die Analysanden in ihrer Babyzeit nicht in adäquater Weise emotional versorgt, sondern in den meisten Fällen von Kinderschwestern nach rigiden Vorstellungen gepflegt worden waren[13] (s. Fallbeispiel S. 121 ff.).

## Die Frage nach dem Vater

Im Märchen ist von einem Vater nicht die Rede, wohl aber von patriarchalen Wertvorstellungen, die das Handeln der Mutter bestimmen. Es sei deshalb zunächst von den Vaterqualitäten der Mutter gesprochen. Nebst anderen Formen mütterlichen Verhaltens ist jenes Verhalten, das auffällt durch eigene narzißtische Problematik und männlich forderndes, dominantes Verhalten, sehr oft im Lebenshintergrund narzißtisch gestörter Persönlichkeiten anzutreffen. Die Erosfunktion der Mutter, derer das Kind für sein Wachsen und Werden dringend bedarf, ist in solchen Fällen lädiert, die Mutter wirkt zu sehr und zu früh mit ihren väterlichen Qualitäten, mit ihrer Animuswelt, auf das Kind ein, wonach Dinge erkennbar, machbar und bewältigbar sind. Keine Mutter kommt natürlich aus ohne Forderung, ohne ihre Animuswelt, und Erich Neumann spricht der Mutter-Kind-Beziehung denn auch durchaus diese erzieherische Funktion zu, wenn er schreibt: «Bevor das Kind dem Männlichen entgegentritt, erfährt es das Männliche als unbewußte Seite der Mutter.»[14]
Die männliche Qualität der Mutter erfährt das Kind grundsätzlich als eingreifend, doch fragt es sich, «wie» die Mutter eingreift: zu schnell, zu früh oder haltend-bezogen, denn davon hängt es ab, ob das Kind traumatisch frustriert oder schrittweise den Anforderungen der Umwelt zugeführt wird und sie so annehmen kann. Bei Neumann heißt es dazu:

«Die ‹Große Mutter› tritt mit ihrer Eros-Qualität symbolisch als weiblich-mütterlich auf, dagegen erscheint ihr ‹Eingreifend-Erregendes› als *männlicher Teil* ihrer Ganzheit, als ‹patriarchaler Uroboros› und als Animus. Haltungen des Bewußtseins ebenso wie Inhalte des persönlichen und kollektiven Unbewußten haben an diesen ‹Eingriffen› und ‹Einbrüchen› in das Dasein des Kindes ihren Anteil. Bewußte Auffassungen und Haltungen der Logosseite und der Moral ebenso wie unbewußte Einfälle und wertende Animusse der Mutter teilen sich dem Kind mit und dirigieren es. Da alle diese emotional geladenen Eingriffe, aus welcher Schicht sie auch stammen mögen, mit der *Symbolik des ‹Männlichen›* auftreten, besteht das Problem des Kindes nun darin, ob und in welchem Umfang es imstande ist, sich diesem Eingreifenden und Einbrechenden gegenüber als ‹offen› annehmend oder als ‹verschließend› ablehnend zu erweisen.»[15]

Kohut spricht in diesem Zusammenhang von «optimaler Versagung» und ist der Auffassung, daß es vor allem mangelnde Empathie des Selbstobjektes – damit meint er die Mutter oder die frühe Bezugsperson – sei und nicht so sehr der Ausfall an der Bedürfnisbefriedigung, welche die Selbstentfremdung verursache. Mangelnde Empathie des Selbstobjektes führt er auf die narzißtische Störung desselben zurück:

«Ich glaube, mit anderen Worten, daß Defekte im Selbst hauptsächlich als Folge mangelnder Empathie der Selbstobjekte auftreten – die auf *narzißtische Störungen des Selbstobjekts zurückzuführen ist*; vor allem und, wie ich glaube, häufiger als die Analytiker merken, auf die latente Psychose des Selbstobjekts – und daß selbst ernste, reale Deprivationen (was man als «Trieb- [oder Bedürfnis-]Frustrationen» bezeichnen könnte) psychologisch nicht schädlich sind, wenn die psychologische Umgebung mit einem vollen Spektrum unverzerrter empathischer Reaktionen auf das Kind antwortet.»[16]

Mangelnde Empathie ist mangelnde Mütterlichkeit, ist Defizit an Bezogenheit und kommt dem gleich, was Neumann mit dem unbezogenen Eindringen der Animuswelt der Mutter in die Welt des Kindes umschreibt. Die Folge ist, daß sich das Kind übermäßig anpaßt. In einer solchen ungleichen Interaktion von Mutter und Kind wird das Kind narzißtisch besetzt. Narzißtische Besetzung bedeutet, daß das Kind gebraucht wird, um die Bedürfnisse der Mutter zu befriedigen. Verhält sich nun ein Kind entsprechend der mütterlichen Forderungen, so zieht die

Mutter narzißtische Befriedigung daraus. Es ist ihrem Selbstwertgefühl zuträglich, beispielsweise wegen eines intelligenten und wohlerzogenen Kindes von anderen Menschen bewundert zu werden. Ohne den Terminus «narzißtische Besetzung» zu gebrauchen, gibt Jung gute Beschreibungen für diesen ungünstigen «Gebrauch» des Kindes. Ich zitiere aus den «Schriften über die Entwicklung der Persönlichkeit»:

«Nichts kann ein Kind mehr sich selber entfremden, als die Anstrengungen einer Mutter, sich in ihrem Kinde zu verkörpern, ohne ein einziges Mal in Betracht zu ziehen, daß das Kind nicht bloß ein Anhängsel der Mutter, sondern ein neues individuelles Wesen darstellt, oft mit einem Charakter ausgestattet, der kaum demjenigen der Eltern gleicht und gelegentlich sogar von erschreckender Fremdartigkeit zu sein scheint.»[17]

Die narzißtische Besetzung, gemäß der das Kind nach den Vorstellungen und dem Bilde der Bezugspersonen zu sein hat, führt zur Selbstentfremdung. Diese äußert sich vor allem in einer affektiven Störung: das Kind erfährt seine Gefühle als nicht zu sich selber gehörig, nicht wirklich und erlebt sich nicht als Zentrum seiner Welt. Eine Mutter, die unempathisch reagiert und das Kind narzißtisch besetzt, ist nicht mütterlich-haltend bei den Äußerungen des Kindes, sondern setzt es einem Wert, einer Einsicht, einem Machen aus. Damit das Kind seiner Art und seines Wesens bewußt wird, braucht es die Mutter und die Umwelt in einer mitgehenden Funktion. Verschiedene Autoren umschreiben diese Funktion der Mutter mit der Metapher des *Spiegels*[18]. Ist der Spiegel nicht rein, das heißt psychologisch gesprochen, will die Mutter ein bestimmtes Bild darin sehen, das meist mit ihren Wertvorstellungen zu tun hat, so erfährt sich das Kind als verzerrt wahrgenommen, und sein Selbstbild erscheint als ein ihm Entfremdetes. Ich gebe zunächst zwei Beispiele exemplarischer Art, um die mütterliche Spiegelfunktion und der Abweichungen davon darzustellen.

Ein Kind backt Sandkuchen im Sandhaufen, es springt strahlend zur Mutter und will ihr diese zeigen. Optimalerweise nimmt die Mutter die Gefühle der Freude und des Stolzes auf und spiegelt sie. Tut sie das nicht, aus welchen Gründen auch immer, so weiß das Kind nicht, daß Stolz und Freude wirklich zu ihm gehören, es erfährt eine Gefühlsverunsicherung.

Das andere Beispiel betrifft die sogenannten negativen Äußerungen. Ein Kind fällt hin und zieht sich eine Schramme zu. Es schreit, ist wütend und empfindet Schmerz. Auch es springt zur Mutter. Im günstigen Falle gibt die Mutter dem Kind zu verstehen, daß sie seine Schmerzen und seine Wut begreift. Tut sie das nicht in angemessener Weise und tröstet zu schnell darüber hinweg mit Worten wie beispielsweise, das sei schnell wieder gut, und fügt sie noch zu rasch Einsichten hinzu, beispielsweise, das Kind sei halt zu schnell gesprungen und habe einmal mehr nicht aufgepaßt, so übergeht sie zu schnell die Gefühle des Kindes. Auch dieses Kind wird dadurch in seinen Gefühlen verunsichert und wird sich auf Grund einer Unzahl ähnlicher Situationen später fragen müssen, ob das, was es empfindet, auch wirklich wirklich sei.

Ich gehe nun über zu einem Beispiel aus der Erwachsenenanalyse, das die Gefühlsverunsicherung darstellen soll. Eine Analysandin, Frau D., berichtet in einer Stunde von einem Streit mit einer Kollegin und beginnt diesen Vorfall zu analysieren; auf das, was sie dabei fühlt, geht sie nicht ein, sondern leitet aus dem Ereignis künftige Verhaltensmaßregeln ab. Daran war durchaus nichts zu bemängeln, was sie aber tat, war, daß sie einfach ihre Gefühle überging und diesen nicht den angemessenen Raum einräumte. Dieses Verhalten reflektierte jenes ihrer Mutter und zeigt sich anschaulich in folgender Kindheitserinnerung. Einst kam die heutige Analysandin nach einem Streit mit einer Schulkameradin nach Hause, sie war wütend, traurig und verzweifelt und wollte der Mutter davon erzählen. Hinter dieser die Kellertreppe hinabsteigend, begann sie davon zu berichten, doch die Mutter schnitt ihr den Satz ab mit den Worten, daß man nie einem andern Menschen etwas tun solle, was man selber nicht gern habe, und außerdem sei die ganze Angelegenheit nicht so schlimm, da sei ja nur eine kleine Welt «verrückt» (schweiz. für erzürnt). Indem diese Mutter den Schmerz des Kindes nicht anhörte und überdies das Problem auf eine andere, abstrakte Ebene hob, gab sie ihrer Tochter wenig Möglichkeit, sich ihrer Gefühle innezuwerden. Sie spiegelte sie nicht und griff zu schnell mit Normen ein. Dadurch fühlte sich das Kind emotional verlassen und wurde in seinen Gefühlen verunsichert; überdies war ihm auch die Möglichkeit genommen worden, seine eigenen Lösungen für das Problem zu finden und es übernahm zu schnell die Einsichten und Werte der Mutter.

Adäquates Spiegeln der Mutter erlaubt dem Kind, sich selber im Spiegel zu sehen, inadäquates will die Mutter und ihr Bild im Kind gespiegelt sehen. In ihrer Analyse träumte Frau D. die verzerrende Wahrnehmung ihrer selbst durch die Mutter einst in folgendem sprechenden Bild:

«*Ich kam nach Hause und wollte die Photos von mir und meinen Geschwistern auf dem Radiotischchen betrachten. Zu meinem Schrecken und zu meiner großen Verwunderung war aber auf jeder der Photos Mutter abgebildet und nicht ich und meine Geschwister.*»

Spiegelt sich die Mutter im Kind, dann ist sie im Grunde genommen wichtiger und übt Kontrolle aus, was im «Spieglein, Spieglein an der Wand / wer ist die Schönste im ganzen Land» aus dem Märchen «Sneewittchen» (KHM 53) treffend zum Ausdruck kommt.

Narzißtische Besetzung geht einher mit emotionalem Verlassenwerden und bedeutet ein Überspringen mütterlicher Zuwendungsqualitäten zu Gunsten männlich fordernder Qualitäten. Erich Neumann umschreibt solche Haltungen mit Ausdrücken wie «krampfhafte Sozialisierung» und «verfrühter Kulturierungsprozeß»[19]. Anhand eines weiteren Traumbeispieles von Frau D. möchte ich dieses zu frühe und zu rigide Eingreifen der männlichen Welt in die Sphäre des Kindes illustrieren:

«*Im Garten des Elternhauses unter dem Büro meines Vaters ist eine Eidechse, es ist ihr offenbar wohl, und sie ist an der Sonne. Sie ist hochschwanger. Die Mutter meint der Natur nachhelfen zu müssen und zieht mit aller Kraft auf grausame Art die Jungen aus dem Rachen der Eidechse heraus. Das letzte Junge zerreißt dabei in Stücke. Die Mutterechse geht von den Jungen weg und verwandelt sich in ein Drahtgestell.*»

Die gesamte Kindheit von Frau D. stand im Zeichen mütterlicher Überforderung, die Mutter griff mit ihren prinzipiellen

Forderungen in verhängnisvoller Weise in das natürliche Wachstum ein: da gab es Brustnahrung nach der Uhr, da gab es eine zu frühe und zu genaue Reinlichkeitserziehung, da gab es vor allem eine mit höchsten Idealen – Pflicht, Leistung, Selbständigkeit, Fürsorge – durchsetzte Atmosphäre. Beide Eltern waren Lehrer, und man vertraute auf Lehr- und Lernbarkeit. Das Kind hatte das Leben zu lernen, alles war lernbar, machbar; verdächtig und unbeliebt war der Verlaß auf das eigene Gefühl, auf das Sein und eine organische Entwicklung. Das Traumbild, wonach sich das Muttertier in ein Drahtgestell verwandelt, scheint mir eine sprechende Metapher zu sein für die emotionale Verlassenheit, die Frau D. trotz bester Pflege (man denke in diesem Zusammenhang an die Harlowschen Experimente mit Rhesusaffen und Drahtpuppen[20]) erfuhr. Trotz bester Anpassung und großer Funktionstüchtigkeit im späteren Leben war sie gefühlsverunsichert und trug eine narzißtische Verwundung in sich herum. Ihre Erziehung war zu früh unter patriarchalen Vorzeichen erfolgt, was dazu führte, daß ihr das Leben später auch wie ein «Drahtgestell» vorkam, das man berechnen und so vollständig erfassen kann.

Gehen wir nun dazu über, vom *wirklichen Vater* bei narzißtisch verwundeten Menschen zu sprechen. Einher mit der Betonung männlich-väterlicher Qualitäten bei einer als unempathisch erlebten Mutter geht bei narzißtischer Persönlichkeitsstörung in vielen Fällen der tatsächliche oder emotionale Ausfall des wirklichen Vaters[21]. Das hat verschiedene, die narzißtische Problematik verstärkende Folgen:

Die Absenz des Vaters stört die Mutter-Kind-Beziehung, weil der Vater der Mutter nicht die notwendige Sicherheit in praktischer und psychologischer Hinsicht geben kann, derer sie bedarf, um dem Kind Sicherheit, Konstanz und Vertrauen zu vermitteln[22].

Bei konkret oder emotional fehlendem Vater wird das Kind unbewußt am Schmerz und am Zorn der Mutter teilhaftig und einbezogen in die Trauer der Mutter, was die narzißtische Besetzung fördert und so zum Selbstverlust beiträgt, eine Tatsache, auf die Judith Hubback in einer praxisorientierten Arbeit hingewiesen hat[23].

Schlußendlich erwachsen dem Kind bei fehlendem Vater verschiedene Schwierigkeiten in der Welteroberung. Wie Carvalho in seiner Arbeit «Paternal Deprivation in Relation To Narcissistic Damage»[24] zeigt, ist die Einnahme eines Platzes in der Welt weitgehend vom Vater abhängig. Nach diesem Autor lassen sich jedoch geschlechtsspezifische Unterschiede feststellen, wonach väterliches Defizit sich bei Männern negativer auswirkt als bei Frauen, denen die Welteroberung im beruflichen Bereich trotz narzißtischer Störung besser gelingt.

Der fehlende Vater, konkret abwesend oder emotional im Exil, kann generell gesprochen die unempathische Mutter nicht wettmachen und ist auch in diesem Sinne mitbeteiligt an der Selbstentfremdungsproblematik. Die bereits erwähnte Frau, aus deren Erinnerungen zitiert wurde, beschreibt ihren Vater in der folgenden Weise als emotional abwesend:

«Im allgemeinen habe ich das Gefühl, mein Vater hätte wenig Einfluß auf mich gehabt. Mir wurde in jüngster Zeit schmerzlich bewußt, daß er mich kaum «gesehen» hat. Nicht allen Geschwistern ging es so: meine ältere Schwester hatte ein sehr persönliches Verhältnis zu meinem Vater. In Erziehungsfragen und auch sonst trat er wenig in Erscheinung. Manchmal sagte die Mutter: «Da müssen wir Vati fragen», was mir schon früh als bloße Alibiübung vorkam. Die Mutter hatte das Sagen. Der Vater mußte vor den sechs Kindern eher geschützt werden. Seine häufigen Krankheiten bewiesen sein Schonbedürfnis. Heute würde ich sagen, er hatte die große Gabe, sich vor übermäßigen Ansprüchen in die Krankheit zu flüchten.»

Der fehlende Vater bei narzißtischer Persönlichkeitsstörung verstärkt nach meinen Beobachtungen die narzißtische Problematik vor allem im Bereich des Gefühls der Randständigkeit, des Ausgeschlossenseins, dies besonders dann, wenn sein Fehlen nach außen offenkundig in Erscheinung tritt, durch Scheidung oder frühen Tod bedingt.

Die genetischen Gesichtspunkte bei narzißtischer Persönlichkeitsstörung werden in diesem Märchen durch eine verfluchende Mutter dargestellt. Dem Märchenbild haben wir die unempathische Mutter gegenüber gehalten, die von männlichen Wertvorstellungen beherrscht ist, und die sich im biographischen Hintergrund narzißtisch verwundeter Menschen oft antreffen läßt. Es ist die Mutter, die von ihrem Partner nicht unterstützt wird und in vielen Fällen selber narzißtisch verwundet ist. Es scheint, daß der kollektive patriarchale Kontext, der als Geschick verstanden werden kann, über die persönliche Mutter hinaus mütterlich-empathische Qualitäten stört und daß dies von weitreichender Konsequenz für die Selbstliebe und Selbstwertung des Kindes ist.

Der Gedanke des Geschicks, der das sogenannte «Versagen» mütterlicher und elterlicher Fürsorge überschreitet und relativiert, soll an dieser Stelle lediglich angedeutet sein und durch ein Märchenbild, das der Eingangsszene unseres Märchens verwandt ist, illustriert werden. «Die Rabe», so heißt die entsprechende Erzählung bei Grimm, beginnt wie folgt:

«Es war einmal eine Königin, die hatte ein Töchterchen, das war noch klein und mußte noch auf dem Arm getragen werden. Zu einer Zeit war das Kind unartig, und die Mutter mochte sagen, was sie wollte, es hielt nicht Ruhe. Da ward sie ungeduldig, und weil die Raben so um das Schloß herumflogen, öffnete sie das Fenster und sagte: «Ich wollte, du wärst ein Rabe und flögst fort, so hätt ich Ruhe.» Kaum hatte sie das Wort gesagt, so war das Kind in eine Raben verwandelt und flog von ihrem Arm zum Fenster hinaus.» (KHM 93)

Auch dieses Kind wird zu einem Rabenvogel. Die verfluchende Mutter erscheint in diesem Märchenbild eingebunden in ein dunkles Geschehen, das durch die um ihr Haus, um ihre Persönlichkeit, kreisenden schwarzen Vögel dargestellt wird. Eine Rabenmutter wohl, aber eine solche, die ihrerseits geortet ist in dunklem Geschick.

Auf diesem Hintergrund gesehen können wir im Sinne der Analytischen Psychologie von einer negativen archetypischen Konfiguration sprechen, die Leben anordnet und Geschick bedingt.

## Das Märchenbild

Im Märchen fliegen die verfluchten Brüder als Raben davon. Das Schwesterchen, das sich aufgemacht hat, sie zu suchen, erfährt vom Morgenstern, daß sie in einem Glasberg wohnen:

**«und in dem Glasberg da sind deine Brüder.»**

Wir haben die Raben als Depression, Grundstimmung, nicht in Ordnung zu sein und Introjektion verbietender und strafender Haltungen verstanden.

Das Kind, das sich nicht geliebt erfährt, spaltet sich in eine «gute» und eine «böse» Seite. Die «gute» Seite erscheint als Persona und Anpassung, die «böse» Seite beinhaltet das negative Selbstbild mit Gefühlen wie: «Ich bin böse (weil nicht geliebt), nicht liebenswert, schuldig, traurig, unsicher, leer und habe Angst.» Diese Grundbefindlichkeiten sind Folgen emotionaler Verlassenheit und Ausdruck der narzißtischen Wunde. Dagegen errichtet das Kind Abwehren, damit der Schmerz nicht mehr gefühlt wird und um die Gefahr eines erneuten Aufbrechens zu bannen. Die Abwehren des narzißtisch verwundeten Menschen sind relativ starr, doch auch brüchig. Läßt ihre Wirksamkeit nach, so droht Fragmentierungsgefahr, was dem Gefühl auseinanderzufallen entspricht. In dieser Lage ist das Ich den Einflüssen und drohenden Einbrüchen des Unbewußten relativ ungeschützt ausgesetzt, was Angst verursacht. Mir scheint, das Märchen gebe im Bild des Glases ein gutes Symbol für die Abwehren des narzißtisch versehrten Menschen.

Diese kurze Betrachtung führt hinein in die Frage, wie denn – am konkreten Beispiel dargestellt – die narzißtische Wunde mit ihren schmerzlichen und dunklen Gefühlen erlebt und von

Bildern des Unbewußten dargestellt wird. Dazu werfen wir im nachfolgenden Abschnitt über die Analyse von Frau L. einen Blick hinter das Glas, hinter die Abwehren, und versuchen, die affektive Palette um die narzißtische Wunde anhand der Lebensgeschichte und der Träume darzustellen. Im Sinne Neumanns tritt uns hier die Umkehrung der Paradiesessituation, die Höllenerfahrung[1], entgegen. Die sich daran anschließenden Abschnitte befassen sich im einzelnen mit den verschiedenen Abwehrformen, die dem narzißtisch verwundeten Menschen zur Verfügung stehen. Der letzte Abschnitt schließlich wird dem schwankenden Selbstwertgefühl gewidmet sein.

### Fallbeispiel

Es handelt sich im folgenden um Teilstücke aus der Analyse der bei Behandlungsbeginn 23jährigen Frau L., deren Abwehren brüchig geworden waren und die deshalb bedroht war von den Äußerungen eines dunklen und schmerzlichen Seelenhintergrundes. Sie befand sich in einer Krise, und eine Depression wurde sehr bald nach Analysebeginn manifest, was zu Wiederbelebung früherer Positionen führte. Um im Märchenbild zu sprechen, war das Glas gesprungen, und die dunklen Gefühle hatten freieren Zugang zum Ich und ängstigten dieses.

Frau L. war überzeugt von ihrem eigenen Unwert, die entsprechenden Gefühle und Erfahrungen ließen sich bis in die frühe Kindheit anamnestisch zurückverfolgen, ebenso konnte eine damit verbundene Leistungsproblematik aufgezeigt werden. Lebenslänglich hatte Frau L. versucht, es allen recht zu machen und übergroße Anforderungen an sich gestellt, um Erwartungen erfüllen zu können. Dadurch hatte sie es geschafft zu überleben und hatte auch mit Erfolg eine anspruchsvolle Ausbildung in einem pflegerischen Beruf abgeschlossen. Allgemein geschätzt für ihr Pflichtbewußtsein, wurde sie als umgänglich, freundlich und hilfsbereit erlebt. Sie kam in Analyse, weil sie sich den Anforderungen einer höheren Position subjektiv nicht mehr gewachsen fühlte, zeitweilig an depressiven Verstimmungen litt, vor allem aber wegen starker Angstzustände, die auch

mit körperlichen Symptomen wie Verkrampfung der Nacken-
muskulatur und vorübergehender Unfähigkeit, den Kopf zu
bewegen, einhergingen.

Aus ihrer Lebensgeschichte ergab sich, daß sie sich von allem
Anfang an als zurückgewiesen hatte erfahren müssen. Sie war
das vierte Kind unter sechs Geschwistern und wurde, kurze Zeit
nachdem die Mutter eine Fehlgeburt erlitten hatte, geboren.
Frau L. erlebte ihre Mutter als psychisch und physisch überfordert und erinnerte sich kaum an Situationen, wo sie mütterliche
Zuwendung erfahren hätte. Sie war nicht gewollt, was sie,
soweit sie sich zurückerinnern konnte, wiederholt hatte hören
müssen. Außerdem erfuhr sie die Beziehung ihrer Eltern zueinander als wenig herzlich. Der Vater, introvertiert und chole-
risch, war gefürchtet und tyrannisierte nicht allein die Kinder,
sondern auch die Mutter. Frau L. sowie ihre Geschwister wurden von den Eltern, vor allem aber vom Vater, oft geschlagen.
Die Mutter stand zwischen den Kindern und dem Vater und
konnte, wahrscheinlich selber narzißtisch beeinträchtigt, dem
Kind wohl nicht die notwendige Sicherheit und Geborgenheit
vermitteln. Als Kind empfand Frau L. ihr Leben als unter
einem «Fluch» stehend, wie sie immer wieder betonte. Ihre
tiefen Schuldgefühle wurden noch dadurch verstärkt, daß die
Mutter sie ausersehen hatte, Sünden und Leiden der Familie im
Kloster zu sühnen. Als kleines Kind hatte sie ihr das Verspre-
chen abgeben müssen, dereinst Klosterfrau zu werden und
fühlte sich noch als erwachsene Frau schuldig, diesem Wunsch
nicht entsprochen zu haben. In diesen Zusammenhang gehörten lebhafte Erinnerungen an Gute-Nacht-Geschichten, in denen die Rede von heiligen Kindern war, die dereinst, und erst
dann, im Himmel das Gute erfahren und die der Erde Jammer-
tal annehmen müssen, um sich den Himmel zu verdienen. Diese
Verdienste erschaffe man sich, laut Ausführungen ihrer Mutter,
indem man sich täglich das Grab schaufle, Erwartungen erfülle
und Eigenstrebungen begrabe.

Im folgenden seien einige Träume von Frau L. angeführt. Sie
legten ein inneres Erleben bloß, das Frau L. zuvor lange Jahre
recht erfolgreich abwehren konnte. Selbstverständlich ließe
sich zu diesen Träumen vieles bezüglich Deutung, Übertragung

142

und Verarbeitung sagen, das muß jedoch unterbleiben; an dieser Stelle interessiert vor allem die Gefühlsbefindlichkeit als Ausdruck der narzißtischen Wunde und Folge emotionaler Verlassenheit.

Das Thema der Analyse wurde schon in den beiden Initialträumen offenbar. Mit ihren einprägsamen Bildern sprechen sie von der narzißtischen Verwundung und vermitteln einen diagnostischen Eindruck:

*«Ich bin zu Hause und sehe eine Katze mit vielen Flechten. Sie ist verwundet. Schwarze Vögel haben eine große Wunde aus ihrem Rücken und auch aus dem Rückenmark gepickt. Ich habe großes Mitleid mit der Katze und empfinde sie als mir zugehörig, ich finde, sie müsse zum Arzt, doch meine Geschwister und der Vater halten das nicht für nötig.»*

*«Ich bin in einem Glassarg, andere Leute auch. Ich ersticke fast darin. Die Särge werden auf eine Ambulanz geladen. Der Sauerstoff ist, glaube ich, abgestellt, ich habe nur noch wenig Luft und bin an den Händen gefesselt.»*

Bereits in diesen beiden Anfangsträumen zeigte es sich, daß Frau L. in einer gewissen Weise von Anfang an das Rückgrat gebrochen worden war; sie empfand sich ohne jegliches Lebensrecht, verflucht und ausgestoßen. Die schwarzen Vögel erlebte sie zunächst an ihrer Mutter, dann am Vater durch Handlungen und Äußerungen, die auf ihre Nichtigkeit hinwiesen, erfuhr sie später im seelischen Innenraum als verbietende, angsteinflößende Gedanken und nach innen gerichtete Aggressionen. Ihre Katze war schwerverletzt, sie steht in diesem Traum nicht nur als Symbol weiblicher Instinktnatur, sondern auch für das Nichtgemochtsein der Träumerin. Katzen wurden zu Hause totgeschlagen, wenn sie überzählig oder krank waren; Katzen waren neben allen anderen gepflegten Tieren des elterlichen Bauernbetriebes die Tiere, die man nicht leiden konnte.

Im zweiten Traum taucht das Glassymbol auf, tatsächlich nahm Frau L. sich und die Welt wie durch Glas wahr, fühlte sich nicht zugehörig, nicht belebt. Beide Träume wiesen in ihrer Bildsprache auf ihre prekäre innere Lage hin, sprachen von der tiefen Verletzung und von der lebenslänglichen Wunde.

Der «Fluch», der über ihr lag, war: nicht leben, sich nicht entfalten zu dürfen; sie fühlte sich von sich und ihren Wurzeln entfremdet und tödlichem Erleben preisgegeben, was ein anderer Traum bildhaft darstellte:

*«Ein einengendes Gefühl spüre ich im Rücken. Ich will tief Luft holen, doch gelingt es nicht. Da schaue ich hin: Ein Knochenmann mit riesigen Händen drückt mir jede einzelne Rippe zusammen; wie man meine Mutter ruft, drückt der Knochenmann noch fester zu.»*

Um im Traumbild zu sprechen, war ihr von allem Anfang an die Luft abgeschnitten worden. Der Knochenmann im Traum, ein Symbol des Todes, kann als Bild der negativen archetypischen Konfiguration, die ihren Lebensbeginn anordnete und so ihr Erleben bewirkte, verstanden werden.

Der folgende Traum zeigt Frau L.'s Mutter von ihrem Ehemann dominiert, an ihn wagt sie nicht zu rühren. Hingegen schädigt sie den Lebensbaum Frau L.'s und wird von ihr in masochistischer Weise dabei unterstützt:

*«Meine Mutter will Möbel herstellen, und deshalb fällt sie einen großen Nußbaum, der vor dem Hause steht. Sie wagt es jedoch nicht, den größeren Baum, der dem Vater gehört, zu fällen, sondern macht sich an einen kleineren Baum, der mein Baum ist. Diesem Baum hat man alle Äste bis zum Stamm heruntergesägt und sagt, er habe eh nichts eingebracht. Ich erinnere mich jedoch, daß er einst viele Nüsse trug und in voller Pracht dastand. Traurig helfe ich meiner Mutter, den Baum zu zersägen. Wir sägen das Holz, und ich staune über seine feine Maserung.»*

Der Baum, dessen Äste heruntergesägt wurden, gibt ein gutes Bild ab für das Erleben Frau L.'s, nach dem sie sich weder in sich noch in der Welt verwurzelt und beheimatet fühlte. In welchem Maße sie selber an einem immer wieder verhinderten Wachstum beteiligt ist, zeigt sich im nächsten Traum. Hier schneidet sie selber den Strauch immer wieder zurück und läßt auch gar nichts an sich «stehen». Allem, was in irgendeiner Weise zum Leben hin ausschlug – Gefühle, Hoffnungen, Gedanken und positive Handlungsansätze –, wurde von einer lebensfeindlichen Seite in ihr mit tiefem Mißtrauen begegnet, und abwertende Gedanken verhinderten den Ausdruck. Obwohl sie selber sich immer wieder sabotierte, gab es auch eine wohl schwache, aber lebenszugewandte Seite in ihr, die litt und die Negativität als quälend empfand:

*«Einen riesigen Busch ‹Silberling-Bohnen› habe ich gepflanzt. Er ist wunderbar geworden und trägt unendlich viele Früchte. Doch die Ränder der Bohnen werden bräunlich, was ich verabscheue. Den ganzen Busch schneide ich bis auf wenige Zentimeter zurück. Doch er wächst wieder und trägt wieder Früchte, wieder dasselbe, ich schneide ihn wieder ganz tief zurück. Und wieder beginnen die Bohnen zu wachsen. Meine Mutter (nicht meine leibliche Mutter) begutachtet die Pflanze und meint, die braune Farbe entstehe durch die Reife der Bohnen. Es ist mir noch unklar, ob ich den Strauch wieder schneiden soll, oder ob ich es dieser Mutter glauben soll.»*

Das negative Selbstverständnis korreliert mit tiefsitzenden Schuldgefühlen, dabei handelt es sich nicht um ein adäquates Schuldigsein, sondern um sogenannte primäre Schuldgefühle. Frau L. fühlte sich im Sinne negativer Inflationen stets für alles und jedes schuldig und übernahm dabei viel zuviel Verantwortung. Manche ihrer Träume sprachen dieses Thema an, zum Beispiel:

*«Mit einer großen Anklage gehe ich ins Gerichtsgebäude. Auf Grund meiner mitgebrachten Schriften werde ich frei gesprochen. Jubelnd gehe ich auf die Straße, doch niemand glaubt mir. Im Bus läßt man mich kaum aussteigen. Man versperrt mir den Weg, um mich ins Gefängnis zu bringen.»*

Einsicht und Freispruch wie in diesem Traum helfen meist gar nichts gegen die Schuldgefühle; denn im emotionalen Bereich bleibt das Schuldigsein aufrechterhalten; in einer masochistischen Weise wird daran festgehalten. Die Grundüberzeugung ist, daß es ja gar nicht anders sein kann, als daß man schuldig ist. So reflektiert folgender Traum die masochistische Grundannahme eigener Schuld:

*«Ich spiele mit anderen Menschen am Tisch Karten, ich verliere dabei, was ich gut und richtig finde.»*

Die Überzeugung von der eigenen Schuld geht einher mit der tiefsitzenden Annahme, nichts Gutes komme aus einem heraus.

Alles, was Frau L. tat, dachte, unternahm, war unbewußt begleitet von resignativen und abortiven Gedanken. Sie träumte diese unbewußte Annahme in dem Bild, daß sie Hunde zur Welt bringe, was für sie gleichbedeutend war mit der Überzeugung: aus mir kommt nichts Menschliches heraus, ich führe nicht nur ein Hundeleben, sondern ich gehe auch vor die Hunde in allem, was ich tue und unternehme. Diese tiefverwurzelten Schuldgefühle mußten in der Analyse immer wieder angegangen werden. Fast alle meine Deutungen und Interventionen wurden im Sinne der primären Schuld umgemünzt und führten dazu, daß sich Frau L. auch in der Analyse als ohne Lebensberechtigung erlebte.

Im weiteren gründete die narzißtische Wunde in einer tief empfundenen, beängstigenden Unbehaustheit. In den folgenden Träumen äußert sich diese darin, daß man in den Häusern nicht wohnen kann, entweder steigt das Wasser zu hoch und es droht Überschwemmung, oder der Wind dringt zerstörerisch ein, oder Feuer ist im Begriff auszubrechen. Eine solche Unbehaustheit bedeutet erlebnismäßig Angst, Verunsicherung, Trauer und Schuld.

Im Erleben ihrer narzißtischen Verwundung ist Frau L. von archetypischen Emotionen[2] bedroht und ist in ihrer inneren Unbehaustheit dem Nichts ausgesetzt. In dem folgenden Traum ist das Furchtbare zunächst als drohender Brand erkennbar, wird dann aber durch ein Furchtbares, das nicht erkennbar ist, ersetzt. Der Traum endet mit der Vorstellung einer Kuh, die, würde sie das Übel verschlingen, Erlösung bringen könnte:

*«Hinter dem Kachelofen in der Stube habe ich mich verkrochen. Meine Schwester steht im Gang, Mutter und Vater sind draußen. In diesem Moment muß etwas Furchtbares passiert sein. Ich erwarte, daß sich das Haus in Flammen auflöst. Da nichts geschieht, begleite ich meine Schwester schützend unter meiner Jacke hinaus. Die anderen Geschwister schlafen. Draußen stehen die Eltern, meine Tante und die Nachbarn. Mit Karabinern schießen sie in eine Viehherde und hoffen, dort das Furchtbare zu erledigen, was niemals geschehen kann, das Furchtbare läßt sich nicht erkennen. Mein Vater sagt, das Furchtbare könnte ein Krebs sein, würde es eine Kuh verschlingen, wären wir alle erlöst.»*

Die Kuh, Symbol konstanter Mütterlichkeit par excellence, war in ihrer Kindheit zu wenig konstelliert und konnte deshalb auch nicht innerlich belebt werden als gute Haltung sich selber gegenüber und als Daseinsgefühl des arglosen Seins, des konstanten Selbstwertgefühles.

Als ihre Analytikerin mußte ich auf lange Strecken hin die Rolle der geduldig wiederkäuenden Kuh übernehmen. Äußerungen von mir und anderen Personen, die meist als zerstörerische Kritik aufgenommen wurden, mußten je und je wieder aufgegriffen und so «zubereitet» werden, daß sie sie gefahrlos «schlucken» konnte.

Auch die folgenden Träume sprechen von der Unbehaustheit Frau L.'s: die entfesselten Elemente bedrohen die Wohnstätten. Im seelischen Erleben entsprachen diese Bilder dem Fehlen einer sicheren inneren Basis:

*«Ein Windsturm löst die Bretter vom Dachstock meines Elternhauses weg. Bald ist die nördliche Wand gegen den Weiher fortgetragen. Mein Vater nagelt neue Bretter hin, aber er bricht mitten in der Arbeit zusammen. In schwindelnder Höhe nagle ich neue Bretter zwischen die Balken, für das Fenster lasse ich eine Öffnung frei. Da hebt sich der Dachboden, er spitzt sich gegen die Mitte zu und wird ständig steiler. Er stößt mich regelrecht hinunter. Durch die unvollendete Wand hindurch rutsche ich unter dem Fenster durch. An einem dicken Balken kann ich mich festhalten, aber mein Körper schwebt frei im Windsturm.»*

Dieser Traum gibt ein sprechendes, wenn auch trauriges Bild ab über die Behaustheit von Frau L. Tatsächlich fühlte sie sich zu Hause ungeschützt, erlebte sie keinen häuslichen Frieden und noch weniger Geborgenheit. Als Erwachsene, schon längst von zu Hause weggezogen, ging aber die Unbehaustheit als konstantes Lebensgefühl mit ihr weiter, und es war ihr schmerzlich bewußt, daß sie sich, trotz objektiv guter Umgebung und sicherer Behausung, in keiner Weise sicher und geborgen fühlen konnte. Ist im obigen Traumbild der Wind zerstörerisch, so wütet im folgenden Traum das Feuer in bedrohlicher Weise:

*«Mutters Stimme dringt zu mir: ‹Das Haus brennt.› Ich bin froh, daß zum Fortziehen alles gepackt ist. Mit meiner Schwester jage ich die Treppen hinunter. Unten treffe ich auf meine Eltern. Sie weisen auf ein Haus weiter*

*unten, aus dem die Flammen züngeln. Alle schauen zum Fenster hinaus, bis
ich meinem Vater den rauchenden Keller zeige: unser Haus brennt lichterloh.
Alle fliehen, das Haus brennt nieder, zusammen mit allen Sachen.»*

Entfesseltes Feuer verband sich in Frau L.'s Erinnerung mit
den Wutausbrüchen des Vaters. Aber auch der Brand eigener
Wut wurde als bedrohlich erlebt, weil sie sich der andrängenden
Emotion nicht gewachsen fühlte. – Die entsprechenden Bedrohungen durch die Elemente hatte Frau L. in ihrer Kindheit
nicht erlebt, sie sind über das Verständnis als bedrohende Emotionen, fremde und eigene, auch als Katastrophenängste zu
begreifen. Diese Ängste begleiteten sie oft und sie fühlte sich
durch sie in ihren freien Schritten gehemmt.
Als weiteres bedrohliches Element zeigt sich auch das Wasser,
im Traum erscheint es als Überschwemmungsgefahr:

*«Ich bewohne eine sehr schmale Stube. Vor dem Eingang befindet sich ein
schmaler Steg, unterhalb dessen der breite Fluß vorbeizieht. Das Wasser
steigt und reicht bis zu den Fenstern. Man sagt mir, daß die Wände stark
genug seien, um die Wucht zu ertragen. Stets prüfe ich deren Festigkeit und
bin nicht überzeugt.»*

Die Behausung als Symbol eines sicheren Lebensgefühls, wurde
in den Träumen auch oft von Einbrechern bedroht, die lautlos
ins Haus eindringen konnten, wobei, bezeichnenderweise, die
Fenster des Hauses keine Scheiben aufwiesen. Das Glas wurde
eingangs als Symbol der Abwehr verstanden. Frau L. hatte
einerseits oft kaum Abwehrmöglichkeiten gegen das einbre-
chende Unbewußte, verfügte aber andererseits auch über starke
Abwehrstrukturen. Letztere kamen in ihren Träumen oft im
Motiv der verbarrikadierten Höhlen oder Häuser vor (siehe
Rückzugstendenz, S. 156 f.).
Dieses Nebeneinander von, wie Neumann sagt, «Starre und
Chaos»[3] ist sehr bezeichnend für den narzißtisch verwundeten
Menschen. Die Ich-Starre ist gekennzeichnet durch eine ge-
wisse Brüchigkeit, die der narzißtisch versehrte Mensch als ein
Gefühl des Auseinanderfallens erlebt. In einem solchen Zu-
stand, oft als Desintegrationsangst bezeichnet[4], ist er bedroht
von den Einbrüchen des und Überschwemmungsgefahren

durch das Unbewußte. Im Tageserleben von Frau L. zeigte sich dieses charakteristische Nebeneinander darin, daß ihr beispielsweise Bemerkungen anderer Menschen ungeheuer unter die Haut gingen und sie sich nicht davon abgrenzen konnte. Von der seelischen Innenseite her waren es die Gefühle, die sie, tauchten sie auf, vollständig in Bann zogen. Erleichterung konnte sie in solchen Momenten erlangen, wenn sie sich das Fühlen verbat, rational vorging und sich so eine wohl etwas starre aber dringend benötigte Abwehr aufbauen konnte (siehe auch Verlassenheitsgebärde, S. 155).

In Analogie zur Unbehaustheit berichten die folgenden Träume von der Fremdheit und der Unbehaglichkeit im eigenen Körper. Das arglose sich dem Körper Überlassen-Können, das Spüren, daß trotz aller Not und Pein im Körper der regelmäßige Atem geht, war Frau L. nicht vertraut. Genau so unbehaust wie in den Häusern, so unsicher fühlte sie sich in ihrem Körper, so unendlich stark ging ihr alles «unter die Haut» und löste Reaktionen aus, die bei weitem den Anlaß überstiegen[5]:

*«Es träumte mir, statt eines Mundes eine tiefe, eitrige Wunde zu haben. Ich wollte sie pflegen, was aber nicht zu einer Heilung beitrug.»* – *«Meine Gesichtshaut ist geplatzt, ich betrachte mich im Spiegel und bemerke, wie mein Gesicht als Fratze hinunterhängt, das Blut klebrig hinuntertropft.»*

Der zentrale Körperteil der Selbstrepräsentanz, das Gesicht, ist entstellt; sich selber sehen, sich ganz und in Ordnung sehen, ist Frau L. nicht vergönnt. Es ist eine Erfahrung, die unterlagert ist von der Kindheitserfahrung, in der ihr Wesen nicht entsprechend gespiegelt und so «herausgeliebt» worden war. Der Spiegel, der die Sicht auf sich selber symbolisiert, ist nicht hilfreich das Selbstbild bestätigend, sondern reflektiert schmerzvolle Fragmentierung:

*«Meine Haut zerfällt»*, heißt es in einem weiteren Traum. *«Wo ich berührt werde, entsteht ein Loch, mein Körper ist wie eine große Wunde, es ist, als wäre die Haut weggezogen.»*

Abschließend sei vermerkt, daß die dunklen und überwältigenden Gefühle Frau L. in den Schatten stellten, was dazu führte, daß sie sich als überschattet erlebte. Diese Beschattung war zeitlebens vorhanden gewesen und hatte die Aktualisierung ihres Selbst im Sinne des eigenen Wesens weitgehend vereitelt. Sie fühlte sich deshalb nur in einem vorsichtigen, stillen, freundlichen und angepaßten Verhalten sicher und wohl. Selbstverständlich hatte Frau L. auch Schattenaspekte im klassischen Verständnis, nämlich sogenannte minderwertige Charaktereigenschaften. Doch wer sich von einer solchen Not bedrängt fühlt, kann und darf nicht auf Schattenseiten aufmerksam gemacht werden, denn sie könnten die zur Fragmentierung neigende Ich-Struktur weiter bedrohen und entsprechend schädigend sein. Der Schatten kann erst dann analytisch angegangen werden, wenn die Beschattung abgenommen hat und sich ein Vertrauen in sich selber und die Welt gebildet hat. In diesem Sinne ist ein Kommentar von Aniela Jaffé zu einer Stelle aus Jung's Werk «Antwort auf Hiob», wo er von der «unhygienischen Schwärze des Schattens» spricht, beherzenswert: «Die Dunkelheit des Schattens kann aber nur dann ohne Schaden integriert werden, wenn zuvor schon genügend Licht bewußt geworden ist: das Gefühl des eigenen Wertes darf nicht verloren gehen und die Dunkelheit darf nicht überhand nehmen. Die ‹Inkarnation des Guten› muß vorangegangen sein, damit der Mensch fähig ist, dem Bösen standzuhalten.»[6] Es wird hier mit Nachdruck darauf hingewiesen, daß, wer sich dem Dunklen und Zerstörerischen ausgesetzt erlebt, dringend zunächst der Wärme und des Lichts bedarf. Gutes muß zuerst in der Persönlichkeit verankert werden, bevor die moralische Schattenfrage aufgenommen werden kann.

Mir scheint, daß das «Aschenputtel»-Märchen (KHM 21) die Integration der Negativität sehr schön zum Ausdruck bringt. Die bösen Schwestern, die Aschenputtel «Herzeleid» antun, werden nicht getötet, sondern nehmen in ihrer Potenz im Gleichschritt mit der wachsenden Stärke Aschenputtels ab, die in dem zentralen Symbol des wachsenden Baumes deutlich zum Ausdruck kommt. Am Schluß werden den beiden Schwestern die Augen ausgepickt, was ich als Depotentialisierung der negativen Sicht auf sich selber verstehe. Das zentrale Problem bei narzißtischer Verwundung ist die negative Sicht auf sich selber, von dieser bedarf der narzißtisch verwundete Analysand Erlösung. Zunehmendes Verständnis schenkt dem narzißtisch beeinträchtigten Analysanden die allmähliche Befreiung von quälenden inneren Bedrohungen und vom negativen Selbstverständnis.


## Die Verlassenheitsgebärden

In diesem Abschnitt soll von den *Abwehrformen* die Rede sein. Wenngleich sie individuell geprägt und deshalb verschieden sind, zeigen sich von einem weiter entfernten Standpunkt typische Formen. – Vom Märchenbild ausgehend ist die narzißtische Wunde mit ihren schmerzlichen Gefühlen durch Glas abgeschirmt. Das Glas ist demnach Symbol für die Abwehren, die in der Folge detailliert dargestellt werden sollen.

Eine narzißtisch verwundete Analysandin beschrieb ihre langjährige «Glas-Befindlichkeit» mit folgenden treffenden Worten: «Früher, da war ein Schleier auf all meinen Gefühlen, das weiß ich noch; und da war ich einmal in einem Blumenladen, und das war ein Bild meiner Situation: die Schaufenster wurden mit Wasser gekühlt, das dann so herablief wie ein Tränenschleier. Und genau so kam ich mir vor, ich sah die Dinge wohl, registrierte etc., aber ich war wie hinter Glas und zwischendurch liefen wohl auch Tränen hinunter, aber die konnten das Glas auch nicht durchbrechen, das mich vor den anderen Menschen und vor mir trennte.»

Wohl war diese junge Frau traurig, doch konnte sie ihre Traurigkeit in ihren verschiedenen Ausformungen nicht fassen, sie «lief einfach ab» wie das Wasser an der Fensterscheibe. Die Traurigkeit war auch unsagbar, weder konnte sie mitgeteilt, noch Hilfe mobilisiert werden.

Glas ist fragil, ein Steinwurf genügt, und es zersplittert. Die Erfahrung einer Schwächung des Ichs, einer drohenden Fragmentierung, erlebt der narzißtisch verwundete Mensch immer wieder. Die Verwundung wird dadurch wieder gespürt, und er versucht in der Folge, sie abzuwehren. Ein Steinwurf genügt . . ., eine kritische Bemerkung, ein Fehlverhalten der Be-

151

zugspersonen bezüglich der Fusionswünsche und der Größenansprüche des Narzißten genügen: Das Ich, narzißtisch entleert, wird in seiner Kohärenz bedroht, und das Selbstwertgefühl gerät ins Wanken. Um dieser Bedrohung entgegenzuwirken, verlegte das Kind einst seine *Aufmerksamkeit auf Teile seines Körpers* und fand da Lustbefriedigung. Das hypochondrische Verhalten erwachsener Narzißten, sexuelle Perversionen und Stimulierung von Körperteilen reflektiert die in der Kindheit gefühlte Frustration und das Bestreben, diese im Rahmen des Erträglichen zu halten[7]. Bei Frau L. zeigte es sich, daß sie bei Desintegrationsangst auf Grund von Kränkungen begann, sich die Arme sehr stark zu kratzen, und sie mußte wegen bis aufs Blut zerkratzter Arme auch im Sommer Kleider mit langen Ärmeln tragen.

Herr Z., dessen Wesen nie in genügend guter Weise «herausgeliebt» worden war, der aus einer «broken-home»-Situation schon sehr früh in Heimerziehung gegeben wurde, konnte nie konstante Bindungen eingehen und war narzißtisch gestört. Einst erzählte er, daß er häufig zu spät ins Geschäft komme und deshalb gerügt werde. Bei der Betrachtung dieses Phänomens zeigte es sich, daß Herr Z. morgens jeweils wie zerschlagen aufwachte, Angst hatte, ins Geschäft zu gehen und sich vor neuen Kränkungen fürchtete. Um sich besser zu fühlen, stand er jeweils eine halbe Stunde und länger vor dem Spiegel und schaute sich an, konzentrierte seine ganze Aufmerksamkeit auf seine verschiedenen Gesichtsteile und «sah sie zusammen»; so kämmte er sich verschiedentlich und versuchte dadurch, seine Haare in Einklang mit dem Gesicht zu bringen. Herr Z. tat also etwas, was eine genügend gute Bezugsperson für ihn hätte tun sollen: ihn spiegeln und «zusammen-sehen», um ihm durch viele, kleine ähnliche Situationen hindurch ein selbstverständliches Selbstwertgefühl zu vermitteln. Die morgendliche Bespiegelung half ihm wenigstens für eine (kurze!) Weile, die drohende Fragmentierung zu bannen.

Frau L. und Herr Z. führten in ihrer Abwehr Gebärden aus, die ein Zusammenspiel zwischen dem Schmerz der narzißtischen Wunde und deren Abwehr aufzeigen. Es handelt sich dabei um einen Kompromiß, der leben hilft. Ich möchte dieses Zusammenwirken zwischen dem andrängenden Schmerz und dessen Abwehr *Verlassenheitsgebärde* nennen und auch alle anderen Abwehrformen, von denen in der Folge die Rede sein wird, so bezeichnen. Das Wort «Gebärde» bedeutet u. a. «Benehmen» und gehört zum Verb «gebaren» mit der Bedeutung von «sich benehmen» und «sich verhalten». Im Wort «Gebärde» stecken zwei etymologische Wurzeln, einmal das ahd. «gibāren» = «sich verhalten», «sich aufführen» und das ahd. «beran», das «tragen» bedeutet[8]. Verlassenheitsgebärde in unserem Zusammenhang würde demnach bedeuten, daß sich der Narzißt, indem er sich zur narzißtischen Wunde in einer bestimmten Weise verhält, sie auch trägt, beziehungsweise erträgt. Er verhält sich zu ihr abwehrend und kann so ihren Schmerz ertragen. Die Verlassenheitsgebärden haben ihre Wurzeln in der Kindheit, werden aber ins Erwachsenenalter hinübergenommen und führen die Selbstentfremdung des narzißtischen Menschen fort. Ich gebrauche die Wortbildung «Verlassenheitsgebärde» synonym für Abwehrform und ziehe sie dem letzteren Begriff vor, weil damit auch der emotionale Hintergrund erfaßt wird und dadurch ein einfühlendes Verstehen naheliegt.

*Über-Anpassung* ist eine Verlassenheitsgebärde. Um sie zu beschreiben, gehe ich von einem Bild Frau B.'s (*Abb. 10*) aus, auf dem eine gebeugte Figur ein kleines, schwarzes Kind in einer Tasche trägt. Die nur andeutungsweise gemalten Gelbstriche auf blauem Grund bedeuten nach den Aussagen von Frau B. Blitz und Donner, beziehen sich auf die einst erlittenen elterlichen Maßregelungen, die dazu führten, daß Frau B. sich in sich zurückzog und nach außen hin Anpassungshaltungen annahm, was deutlich in der gebeugten, knienden Figur zum Ausdruck kommt. Um diese Anpassung aufrecht zu erhalten, mußte sie ihre Gefühle einfrieren. Diese Einfrierung versuchte sie durch die blauen Striche darzustellen. Das kleine Bäumchen zwischen Oberschenkel und Bauchpartie scheint mir die unterernährte Eigenständigkeit, den geschwächten Lebensbaum zu symbolisieren. Im Verborgenen war das tiefsitzende Gefühl, sie sei schlecht und ungeliebt, was durch die schwarze Farbe des Kindes in der Tasche unterstrichen wird.

Die Verlassenheitsgebärde der Anpassung beginnt beim narzißtisch verwundeten Menschen bereits in der Kindheit. Es handelt sich dabei um ein «arrangement» mit einer verständnislosen Umwelt. Die psychische Funktion, mittels der Anpassung erfolgt, wird Persona[9] genannt. Ein gewisses Maß an Anpassung hat jeder Mensch nötig, um im Kollektiv funktionieren zu können. Bei narzißtischer Verwundung liegt jedoch ein Übergewicht an Personahaltung um den Preis autonomer Entwicklung vor. Dadurch wird die Persona zur Maske, hinter der sich die wahre Persönlichkeit verbergen kann. Winnicott nimmt eine ähnliche Unterscheidung vor und spricht vom «wahren» und «falschen Selbst».[10] Das falsche Selbst, ist es übermäßig ausgebildet, kommt einer Fassadenhaltung gleich, die nicht der inneren Wahrheit entspricht und dadurch künstlich ist. Die Jungianerin Rushi Ledermann spricht von der Roboter-Persönlichkeit des narzißtischen Menschen und bringt mit dieser starken Bezeichnung auch die durch die Anpassung bedingte Selbstentfremdung deutlich zum Ausdruck[11].

Bei Frau B. und Frau L. zeigte sich die Persona-Verlassenheitsgebärde in dem Bemühen, eine *schattenlose* Existenz zu führen, ja nicht aufzufallen, um nicht die Gefahr früherer Traumen zu laufen. Dieses Gebaren machte beide Frauen sehr beliebt, waren sie doch umgänglich und äußerst flexibel. Frau L. drückte ihre Haltung einmal mit den folgenden Worten aus: «In meiner Schuld bin ich für alle käuflich.» Wie grausam und quälend diese Über-Anpassung innerlich erlebt wurde, macht folgender Traum Frau L.'s deutlich:

*«Um mich der Gesellschaft anzupassen, wird ein Teil meiner Schädeldecke entfernt. Dazu wird der hintere Kopfteil nach vorne gestülpt, was mein Aussehen wesentlich verändert. Ich fühle mich als Affe, doch man sagt, ich sei eine Puppe.»*

Die Anpassung Frau L.'s hatte den Einschlag, sich über sich selber lustig zu machen (der Affe im Traum!) und über schmerzlich Berührendes in einer spaßhaften Art hinwegzugehen. In diesem Sinne konnte von einem «manic defence» gesprochen werden.

Anpassung kann sich auch in einer starken *Identifikation mit kollektiven Werten* äußern, sogenannten Man-Werten.[12] In seiner tiefen Verunsicherung erleichtert es den narzißtisch verwundeten Menschen, sich wie «jedermann» zu verhalten und Meinungen zu übernehmen, denn diese erfordern keinen eigenen Standpunkt. Ein gutes Märchenbeispiel dafür ist «Aschenputtel» (KHM 21). In diesem Märchen kommt die eigene Entwicklung in dem Moment in Gang, wo Aschenputtel zu wünschen beginnt und sich vom Vater einen Zweig erbittet. Dieser Zweig stößt, wie man sich erinnern wird, den Hut vom Kopf des Vaters. Diesen Hut verstehe ich als Symbol kollektiver Werte, die einer vertritt (Jägerhut, Bäckerhaube, Doktorhut). Narzißtisch versehrte Menschen – das Wortspiel sei hier erlaubt – hüten sich unter alten Hüten, die einen Hut wert sind, um nicht die für sie quälende Forderung nach einer eigenständigen Sicht erfüllen zu müssen.

*Der Verzicht auf die eigenen Gefühle* ist eine weitere Verlassenheitsgebärde. Der narzißtisch beeinträchtigte Mensch hat bereits in seiner Kindheit gelernt, Gefühle zu übergehen. Da man aber Gefühle hat und sie *uns* in Form von Emotionen bisweilen haben, machen sie auch unsere Lebendigkeit aus. Dieser Lebendigkeit ist der in seiner Selbstliebe beeinträchtigte Mensch weitgehend verlustig gegangen. Im allgemeinen empfindet er seine Gefühle wie nicht wirklich zu sich gehörig und oft auch als abgestumpft[13]. In der emotionalen Verlassenheit, die seine Kindheit meist kennzeichnete, erfuhr er wenig Spiegelung und ermangelte der Zeugen seiner Gefühlsempfindungen. Doch nicht nur dieses Phänomen führt zu einer Unvertrautheit mit den Gefühlen. Gefühle wurden auch oft zurückgehalten, weil sie, besonders wenn sie sogenannte negative waren, der Familienideologie nicht entsprachen. Es fällt dem narzißtisch verwundeten Menschen deshalb schwer, gefühlsmäßige Zuordnungen zu Menschen, Dingen und Situationen zu machen.

So kommt es nicht von ungefähr, daß er sich trotz eines manchmal reichen Gefühlspotentials, auf das *Funktionieren durch Intellekt und Rationalität* verlegt, was eine weitere Verlassenheitsgebärde ist. Durch dieses Verhalten gelingt es, schmerzliche Befindlichkeiten zu verdrängen, um nicht mehr daran erinnert zu werden. Ihre narzißtische Wunde hatte Frau B. weitgehend mit Anpassung und Intellekt tragen können, hatte aber tiefe Bedürfnisse, gefühlsmäßig engagiert zu sein. Diese Seite lebte sie als Kindergärtnerin, was ihr erlaubte, ihre warmen Gefühle auf ihre kleinen Schüler zu verströmen. Für sich selber konnte sie indes keine Mütterlichkeit aufbringen. Sich selber nicht fühlen zu müssen war eine Überlebensstrategie und dank ihren intellektuellen Gaben möglich. Das lebendige, gefühlsvolle Kind in sich hatte sie nicht allein verborgen, wie *Bild 10* zeigte, sondern durch Rationalisierungen dessen legitimen Ansprüchen ständig zum Schweigen gebracht. Diese Haltung war die direkte Weiterführung des elterlichen Verhaltens ihr gegenüber. In diesem Zusammenhang muß auch ihr eindrücklicher Initialtraum Erwähnung finden:

*Sie hatte ein Kind geboren, legte es dann in eine Schachtel und diese Schachtel wurde in einige weitere Schachteln verpackt. Eines Tages nahm sie das Kind heraus; es war in der Zwischenzeit geschrumpft und nur noch daumengroß. Sie legte es an ihre Brust, stillte es, und das Kind nahm an Kräften zu.*

Im Laufe ihrer Analyse ergaben sich viele Bedeutungen für die Schachteln des Traumes, eine wesentliche war die Schachtel als Denkschema; durch ein Übermaß an mentalen Funktionen wurde die Entfaltung ihrer Spontaneität und Autonomie gehemmt. (Zum weiteren Verlauf ihrer Analyse siehe S. 280–293) Rushi Ledermann[14] vergleicht den narzißtich verwundeten Menschen, der seine Gefühle zugunsten des Intellekts abspalten muß, mit einer russischen Holzpuppe; diese kann man öffnen und entdeckt eine weitere Puppe, die in sich wieder eine zu öffnende Puppe birgt. Hat man alle Puppen geöffnet, so findet man eine ganz kleine Puppe, die das in seiner Entfaltung verhinderte Kind des narzißtischen Menschen symbolisiert. Frau B.'s Traum wies ein ähnliches Motiv auf.

Zu den Verlassenheitsgebärden gehören auch die *Rückzugstendenzen*. Zum bereits früh im Leben einsetzenden Verdrängen von Gefühlen gehört beim narzißtisch verwundeten Menschen eine gewisse Rückzugstendenz im allgemeinen. Gefühle werden nicht wahrgenommen und schon gar nicht mitgeteilt. Das verstärkt, wie mir scheint, das Empfinden, nicht dazuzugehören und unter Menschen randständig zu sein. Diesem Empfinden wird Glauben geschenkt, was dazu führt, daß sich Menschen, die in ihrer Selbstliebe beeinträchtigt sind, von anderen zurückziehen und einen Hang zum Einsiedlertum aufweisen. Der folgende Traum von Frau L. gibt ein gutes Bild dafür ab:

*«In einer alten Gruft bin ich seit langem gefangen. Sie ist mir nicht unangenehm, aber eng. Draußen rufen mir ein paar Stimmen zu, daß ich herauskommen soll. In der Wand ist im Laufe der Zeit ein Loch entstanden. Lange warte ich, bis der Durchgang für mich groß genug ist. Jetzt könnte ich es versuchen, aber ich wage es nicht. Es ist, als würde ich etwas verraten.»*

Der Gedanke an Verrat vom Schluß des Traumes verdient noch einen Hinweis. Ich habe es tatsächlich oft beobachten können, daß viele narzißtische Menschen glauben, Verrat zu üben, wenn es darum geht, ihre Eigenständigkeit zu zeigen und sich unter Menschen mit einer gewissen Offenheit zu bewegen. Auf diesen Freiheiten liegt ein Tabu, das nicht überschritten werden darf. Mir scheint, das habe mit der Grundüberzeugung «ich darf nicht leben» zu tun, an der auf lange Zeit mit einem kaum zu erschütternden Glauben festgehalten wird.

Die erwähnte Überzeugung, nicht leben zu dürfen, kann aus archetypischer Sicht mit der Konstellation eines negativen Mutterbildes in Zusammenhang gebracht werden. Eine solche Erklärung wird von narzißtisch verwundeten Menschen oft mit Erleichterung aufgenommen. Wenn es aber darum geht, den Sitz im Leben dieser archetypischen Bedingtheit aufzuspüren und zu sehen, wie das lebensverneinende Element an den Bezugspersonen der frühen Kindheit erfahren worden ist, stößt man auf eine weitgehende *Kindheitsamnesie*, die für die narzißtische Problematik charakteristisch ist[15]. Der Faden zum einstigen Kind ist gerissen, die Spur verwischt. Fragen wir als Therapeuten nach der Kindheit, so wird zwar meist gewußt, was war, doch fehlt diesen Erinnerungen die affektive Note. Leblos und oft unbeteiligt wird von der Kindheit gesprochen, und bisweilen wird zu verstehen gegeben, daß diese Frage doch wohl zu banal sei. Die Kindheitsamnesie kann ebenfalls als eine Verlassenheitsgebärde verstanden werden. Sie hilft, einstige Schmerzen abzuwehren; abgewehrt werden dabei aber auch die Schuldgefühle, die entstehen könnten, wenn die frühen Bezugspersonen auch in einem kritischen Licht gesehen werden müßten. Die

Kindheitsamnesie wird aber nur ungenügend durch die Abwehr erklärt. An ihrem Zustandekommen ist vor allem der Mangel an Spiegelung beteiligt. Dem Kind, das Mangel litt an ungenügender Spiegelung, wird Erlebtes unwirklich und erlebnismäßige Zuordnung erschwert. Dadurch geschieht es, daß die Kindheit des narzißtisch versehrten Menschen oft keinen Schatz an Erinnerungen darstellt, sondern als graue, ungegliederte Zeitmasse im Gedächtnis mitgetragen wird.

Obwohl narzißtisch verwundete Menschen geneigt sind, von ihren Gefühlen abzusehen, heißt das nicht – darauf wurde bereits hingewiesen –, daß sie keine Gefühle hätten. Im Gegenteil: sie sind starker und heftiger Gefühle durchaus fähig. Als Emotionen sind sie jedoch für das Ich bedrohlich, ja sie können bisweilen die fragilen Ich-Grenzen überrollen und in ihrer ganzen Heftigkeit durchbrechen.

Zu diesen Emotionen gehört auch die sogenannte *narzißtische Wut*, die ich ebenfalls als eine Verlassenheitsgebärde verstehe. Es handelt sich dabei um eine Wut, die bei weitem den Anlaß übersteigt, also maßlos und von Rachegefühlen begleitet ist. Sie hat den Zweck, den Angreifer auszumerzen, und es fehlt jegliche Einfühlung in den von der Wut Verfolgten. Sie unterscheidet sich von den Aggressionen einer reifen Persönlichkeit durch ihren ausgesprochenen Ressentimentcharakter. Sie zeigt sich nach meinen Beobachtungen in drei Formen: Sie kann dem Wütenden relativ unbewußt sein und sich in somatischen Beschwerden, beispielsweise Migräne, äußern. Weiter kann sie sich in rasenden Wutphantasien bemerkbar machen, die aber zurückgehalten werden. Diese beiden Formen findet man bei narzißtischen Persönlichkeiten mit ausgesprochenen Persona-Anpassungen relativ häufig. Schließlich kann sich die narzißtische Wut bei gewissen Persönlichkeiten unverhüllt und ungehindert bereits zu Beginn einer Behandlung zeigen. Das kann eventuell mit einer schwereren Störung mit Borderline-Symptomatik (zwischen Neurose und Psychose) zusammenhängen, worauf Kernberg aufmerksam macht[16].

Wie die Wut in Träumen in Erscheinung tritt, sei anhand von drei Beispielen illustriert:

«*Eine Riesenbombe soll in unserer Scheune untergebracht werden. Ich packe die Bombe aus, stelle sie sorgfältig in eine Ecke, ein Ort, wo sie niemand mehr finden wird.*»

«*Ich trample wie wild auf meinem Sohn herum, der am Boden liegt, ich nehme immer höhere Sätze, es ist wie auf einem Trampolin.*»

«*Ein wütender Stier verfolgt mich, ich versuche zu fliehen, ich stelle mich tot, doch der Stier stößt auf mich ein und rollt mich mit seinen Hörnern auf dem Boden hin und her.*»

Alle drei Träume stammen von Personen, die am Vortag eine Kränkung erfahren hatten. Im ersten Traum wird die Wut stark kontrolliert und versteckt. Die Sicht des zweiten Traumes ist auf das Opfer der Wut gerichtet und zeigt, in welch absolut uneinfühlender Weise auf dem anderen herumgetrampelt wird und in welcher Weise das Ich vergißt, daß es sich um einen Menschen handelt. Dabei kommt der faszinierende Lustcharakter der narzißtischen Wut anschaulich zum Ausdruck. Der dritte Traum weist in seiner Bildhaftigkeit auf die blindwütende Emotion hin, die das Ich übermannt und zu Boden drückt. Dieser Traum zeigt mehr das Binnengeschehen, das Opfer ist in diesem Fall das Ich, das sich nicht abgrenzen kann.

Neumann versteht die narzißtische Wut als Notreaktion eines «lebenswidrig verlassenen Individuums»[17]; Kohut seinerseits bindet sie in die Selbstliebe ein und begreift sie als Kränkung der Grandiosität[18]. Beide Sichten sind wichtig.

In diesem Zusammenhang erinnere ich mich an eine Analysandin, die sehr stark an narzißtischer Wut litt. Die kleinsten Störungen bewirkten einen rasenden Sturm, der sich oft stundenlang nicht legte. Auf aktueller Ebene imponierte der Wutanfall durchaus als Folge einer Majestätsbeleidigung, was die Analysandin auch sehen konnte. Neben diesem Kränkungsaspekt war bei ihr aber immer die Phantasie nach Nähe vorhanden; wütete sie, so war es ihr größter Wunsch, man möge sie umarmen, möge sie nicht verlassen. Geschah dies, so legte sich die Wut. Die Nähephantasien führten zur Erschließung von Kindheitserlebnissen, wo sie verlassen worden war, führten auch zu Erinnerungen an den Umgang mit den eigenen Kindern, die sie – in gleicher Weise wie vormals ihre Mutter sie – stundenlang schreien ließ, um den fahrplanmäßigen Nahrungsplan einzuhalten.

Der Fokus auf das Modell der Verlassenheit führt dazu, die narzißtische Wut als einen Schrei nach Nähe zu begreifen. Die Deprivationsforschung, insbesondere die Sichtung der entsprechenden Untersuchungen durch Bowlby, hat gezeigt, daß die Wut bereits beim kleinsten Kind die Funktion hat, die Bezugsperson in die Nähe zu holen. Wird dieser Wunsch nach Nähe und Kontakt ständig depriviert, entsteht daraus allmählich, wie Bowlby[19] sagt, eine «dysfunktionale» Wut, die über das ursprüngliche Ziel hinausschießt und zwei Signale in sich vereinigt, nämlich: «Komm mir nicht zu nahe, ich hasse dich», und «Komm in die Nähe, ich brauche dich.» In diesem Sinne ist die narzißtische Wut eine Verlassenheitsgebärde, sie drückt die Verlassenheit zwar aus, wehrt sie gleichzeitig aber auch ab. Ich meine, daß die dysfunktionale Wut im Sinne Bowlbys der narzißtischen Wut als Phänomen entspricht. Es handelt sich dabei aber nicht lediglich um eine andere Bezeichnung für die gleiche Sache. Indem nämlich Bowlby die Wut in ein anderes Entstehungsfeld als die Grandiosität und den primären Narzißmus im Sinne der psychoanalytischen Auffassung einbindet, gibt er den Blick frei auf Verlassenheit und Nähe, eröffnet sich uns eine Einfühlung, die neben der in die Grandiosität von großer therapeutischer Wichtigkeit ist.

Als letzte Verlassenheitsgebärde soll uns die *narzißtische Depression* beschäftigen. Frau L. sagte einmal beiläufig in einer Stunde, sie frage sich, ob sie ihre «Pulverfaßstruktur mit einem traurig trüben Anstrich übertüncht» habe. Diese Bemerkung hatte Sinn. In der Tat, Frau L. hatte kein Vertrauen in ihre Gefühle, nahm sie nicht wahr und wehrte sie, so gut es ging, ab; dadurch nahm das Gefühl, sich selbst entfremdet zu sein, ständig zu. In Frau L.'s Seelenhintergrund war eine chronisch *latente* Depression. Soweit sie sich zurückerinnern konnte, hatte sie sich bedrückt, dumpf, traurig und wenig lebendig gefühlt. Die Depression war also in dem Sinne eine Verlassenheitsgebärde, als traurige Gefühle und sie ängstigende Emotionen (insbesondere Wut) abgewehrt wurden und so im Rahmen des Erträglichen gehalten werden konnten.

Es ist interessant zu sehen, daß auch Alice Miller die narzißtische Depression als eine Abwehr gegen die Affektivität und
als Ausdruck des Selbstverlustes versteht[20]. Nach ihrer Auffassung steht die Depression ganz in der Nähe der narzißtischen
Wunde und sie meint, wie mir scheint zu Recht, daß von dem
Moment an, wo die Wunde mit ihren vielfältigen Gefühlen
gespürt werden könne und ein Trauerprozeß über das in «entscheidender Zeit Vermißte» einsetze, sich die Chance der Vernarbung biete[21] (siehe dazu: Depression von Frau B. S. 282 ff.
und Trauerprozeß S. 286 f.).

In diesem Zusammenhang ist es auch wichtig darauf hinzuweisen, daß die Grandiosität ihrerseits als eine Abwehr gegen die
Depression verstanden werden kann. Größenphantasien, Suche und Sucht nach Echo können die depressive Befindlichkeit
in Schach halten. Doch das Gegenteil ist ebenso wahr: Depression kann auch Abwehr von Grandiosität sein. Wie Hultberg[22]
gezeigt hat, werden Größenphantasien nicht nur als stimulierend erlebt, durch ihren bedrängenden Charakter können sie
auch als peinigend erfahren werden (siehe Herr Z. S. 99 u.
S. 260 f.). Dazu kommt, daß sie mit hohen Forderungen verbunden sind. Der Gedanke, diese erfüllen zu müssen, bei gleichzeitigem Empfinden, unfähig dazu zu sein, bewirkt in der Folge
eine Abwehr der Größenphantasien und damit Resignation
und Depression.

Wenden wir uns den *Charakteristika* der narzißtischen Depression zu. Jede Depression weist eine Verminderung des Selbstwertgefühls und das Erlebnis des Versagens auf[23]. Auch zeigt
sich in allen Depressionsformen die Schwierigkeit, die narzißtische Libido auf die Umgebung auszudehnen. Depression an
sich ist also bereits Beeinträchtigung der narzißtischen Libido
und Ausdruck einer Verminderung des Selbstwertgefühls. Was
ist denn für die narzißtische Depression besonders charakteristisch? Nach Freud gründet die Melancholie bekanntlich in
einem Verlust, der unbewußt geworden ist. Dieser Gedanke,
übertragen auf den narzißtisch verwundeten Menschen, bedeutet unbewußt gewordener Mangel an mutterspezifischen Haltungen, was zu einer Schädigung des Selbstwertgefühls führte.
Der unbewußt gewordene Verlust betrifft bei narzißtischen Per-

sönlichkeiten Verlust von Bindung *vor* aller Bindung und Verlust an Selbstwertgefühl, *bevor* es noch entstehen konnte. Germaine Guex (s. S. 85 f.), deren Studie über die Verlassenheit als Vorläufer der Narzißmusdiskussion gewertet werden darf, schreibt denn auch zu Recht, daß es sich «hier nicht um ein verlorenes Selbstwertgefühl, sondern um eines, das noch gar nicht erworben worden war»[24] handelt.

Typisch für die narzißtische Depression sind zunächst einmal *Leere, Öde und Unbelebtheit* schlechthin[25], was oft als Arbeitsunlust, Konzentrationsmangel und langweilige Freudlosigkeit imponiert. Diese Züge zeigen sich nach meiner Erfahrung als depressiver Hintergrund der narzißtischen Persönlichkeit. Dieser Öde hat C. F. Meyer, der selber an Depressionen litt, in dem bekannten Seegedicht «Eingelegte Ruder» künstlerischen Ausdruck gegeben[26]:

Meine eingelegten Ruder triefen,
Tropfen fallen langsam in die Tiefen.
Nichts, das mich verdroß! Nichts, das mich freute!
Niederrinnt ein schmerzenloses Heute!
Unter mir – aus dem Licht verschwunden –
Träumen schon die schönsten meiner Stunden.
Aus der blauen Tiefe ruft das Gestern:
Sind im Licht noch manche meiner Schwestern?

Zwei Beispiele aus der Praxis:
Frau S. zeigte eine starke Pseudovitalität bei einem depressiven Hintergrund[27]. Lange Zeit durfte in der Analyse nicht daran gerührt werden, denn immer dann, wenn ich sie auf ihre Gefühle ansprach, sagte sie mir, sie hätte nicht verstanden. Auch empfand sie, daß eine Art grauer Nebel sich zwischen uns schob, der vergessen machte, was ich sagte. Sie erlebte sich verwirrt, desorientiert und hilflos, fand dann aber bald zurück in ihre muntere Lebhaftigkeit. Was sich hier zeigte, war Teil ihrer Interaktion mit der Mutter. Ihre Mutter war in dem Sinne eine emotional verlassene Mutter, als sie ihrer Tochter immer und immer wieder sagte: «Mutti muß man alles sagen, es gibt nichts, was Mutti nicht wissen darf.» Um sich mit dieser eindringenden, das Wesen des Kindes aber außer acht lassenden

Mutter zu arrangieren, mußte Frau S. als Kind, wie sie sagte, «ablöschen». Weiter gründete dieser zunächst unverständliche, graue Nebel zwischen uns in der Tatsache, daß ihre Mutter stets recht hatte, auch dann noch, wenn sie offensichtlich im Unrecht war. So erzählte das Kind einst strahlend, aus der Schule kommend, 1 mal 1 sei 1, die Mutter jedoch behauptete, das Resultat sei 0. Das Kind suchte den Vater auf, der ihm die Richtigkeit seiner Aussage bestätigte. Triumphierend ging das Kind nach Hause und erzählte der Mutter davon, die aber nur mit einem leichten Achselzucken sagte: «Ja nu.» Auf diese Weise hatte Frau S. gelernt, ihren Gefühlen und Gedanken wenig zu trauen und die heutige Leere und Öde wurde wettgemacht durch ein überaktives Leisten, um sich wirklich fühlen zu können.

Herr C., der seine Mutter als ständig überfordernd erlebte, fiel sehr oft in Resignation, depressive Öde und in ein freudloses Funktionieren. Diese Befindlichkeit hatte ihre Wurzel in der Interaktion zwischen ihm und seiner Mutter, war dadurch gekennzeichnet, daß Herr C. als Kind sich den mütterlichen Überforderungen nur teilweise entziehen konnte. Ihren Forderungen nicht nachzukommen, bedeutete Strafe, Angst und Schuld, so arrangierte er sich mit der Mutter dadurch, daß er schlecht und recht die Forderungen erfüllte, innerlich aber ins Exil ging und nur in einer funktionierenden, resignativen Weise die Aufgaben erfüllte. Von allem Anfang an sah die Mutter in dem einzigen Sohn den Erben des Geschäfts und versuchte in unbewußter Weise, das Kind zu einem verantwortungsbewußten kleinen Erwachsenen zu formen. Als dann der Vater plötzlich starb – Herr C. war damals zehn Jahre alt –, geriet er immer mehr in die Rolle des kleinen Erwachsenen. Ohne Geschwister, fast ausschließlich von Erwachsenen umgeben, war er der Last der Verantwortung als späterer Geschäftsinhaber ohnmächtig preisgegeben. In seinem Inneren nahmen Gefühle der Schuld und des Ungenügens mehr und mehr überhand; er mühte sich, erfuhr aber stets wieder neu, daß er nicht genügte. Dazu kam, daß, je älter er wurde, er sich mehr und mehr inne ward, daß seine Neigungen anderer Natur als geschäftliche waren, doch sah er keine Möglichkeit, diese verfolgen zu können. Später allerdings gelang es ihm doch, sich äußerlich von der Mutter zu distanzieren und in seinen Studien den Weg einzuschlagen, der seinen Talenten zu entsprechen schien. – Was blieb, war eine hintergründige Depression, waren Gefühle von Leere und Öde und eine häufig resignative Befindlichkeit. «Ich bringe doch nichts fertig, es lohnt sich eh alles nicht», waren immer wiederkehrende Gedankeninhalte. Vieles, was er unternahm, schien ihm innerlich wieder zu entgleiten, und er empfand sich dabei als einer, der zu dem, was er beabsichtigt, gar nicht berechtigt ist. In diesem Sinne wirkte seine Mutter in ihm nach, war ein Mutterbild konstelliert, das ihn nicht wirklich lebendig sein ließ.

Gehören Leere und Öde zu den charakteristischen Erscheinungsformen der narzißtischen Depression im Sinne einer chronisch *latenten* Befindlichkeit, die dann und wann durch kurzfristige Belebungen unterbrochen wird, so ist die *manifest* narzißtische Depression dadurch charakterisiert, daß die Betroffenen ihre Depression *bagatellisieren* und meinen, sie machten sich und anderen etwas vor, wenn sie klagen. Battegay, der die narzißtische Depression als nosologische Einheit auffaßt, sagt von der narzißtisch verwundeten, depressiven Persönlichkeit: «Die narzißtisch Gestörten sind niemals in der Lage, ihre Umgebung so zur Hilfe zu mobilisieren wie die rein endogen Depressiven . . .»[28] – «Selbst wenn sie an ihrer Selbststörung schwer leiden, sind narzißtisch Gestörte etwa zu erklären geneigt, daß ihre Klagen vielleicht doch nicht ernsthafter Natur seien . . .»[29]

Wunderli führt im weiteren das Kriterium an, daß der narzißtisch Depressive nach außen kaum auffalle[30], was gut einfühlbar ist, mußten die narzißtisch Gestörten sich doch bereits als Kind der Umgebung anpassen und haben mit der Zeit eine so gute Tarnung gefunden, daß sie bisweilen diese Tarnung als ihre wahre Persönlichkeit empfinden.

Battegay, der fließende Übergänge zur endogenen Depression hin annimmt[31], ist der Ansicht, daß die narzißtische Depression nur schwerlich von der endogenen zu unterscheiden sei, meint aber, gerade die Bagatellisierungstendenz sei ein *differentialdiagnostisch* wichtiges Kriterium. Bekunde der endogen Depressive eine große Ansprüchlichkeit und die Fähigkeit, die Umgebung zur Hilfe zu veranlassen, so zeige der narzißtisch verwundete Mensch *Mutlosigkeit* und ein stummes Leiden. In der

Gegenübertragung macht sich diese Befindlichkeit dadurch bemerkbar, daß der Therapeut auch von dieser Mut- und Hilflosigkeit erfaßt wird, was differentialdiagnostisch wahrzunehmen ebenfalls wichtig ist.

Die genannte Mutlosigkeit kommt sehr gut in einem Bild von Frau B. zum Ausdruck. Sie malte das Bild in einer Phase tiefer Depression und stellte sich gesichtslos und ohne Hände und Füße dar (*Abb. 11*). Damit brachte sie ihr Gefühl, nur noch eine Hülle zu sein, zur Darstellung. Auf der linken Seite der Figur sind rote Girlanden zu erkennen. Sie stellen nach Aussage von Frau B. Stacheldraht dar. In dieser depressiven Zeit war sehr viel Leben von masochistischer Selbstquälerei absorbiert. Die Handlosigkeit ist nach meinen Beobachtungen charakteristisch für bildnerische Selbstdarstellungen des narzißtisch Depressiven, der sich in seinem Zustand so fühlt, als könnte er nichts mehr in und an die Hand nehmen.

Die narzißtische Depression wäre ungenügend beschrieben, wenn nicht noch auf die ausgesprochen starke *masochistische Grübelsucht* hingewiesen würde. Diese Grübelsucht ist bei narzißtischen Depressionen durch sogenannte negative Inflationen gekennzeichnet. Das bedeutet, daß sich der Betroffene für alles und jedes schuldig fühlt und durch Schuld inflationiert (aufgeblasen) ist. Er fühlt sich nicht allein für Unterlassungen in Gegenwart und Vergangenheit schuldig, sondern ist auch der tiefen Überzeugung, schuldig an der Depression zu sein. So schrieb eine Frau in ihr Tagebuch: «In meiner Depression denke ich in einem fort, in einem fort immer daran, daß doch etwas falsch ist, daß ich deshalb depressiv bin, weil in meiner Seele eine Stelle ist, die ich nicht kenne. Dann leide ich unter einer großen Anzahl Verdächtigungen über mich, – doch liegt nicht hinter diesen Verdächtigungen ein Puristenideal, eine grandiose Inflation?» Wie in der Tagebuchnotiz von der Schreiberin richtig gesehen, ist die Kehrseite dieser masochistischen Schuldinflation die grandiose Inflation, wonach man ohne Fehl und Tadel – vollkommen – zu sein hat. Der narzißtisch versehrte Mensch fordert von anderen nie diese puristische Integrität, die er von sich in selbstquälerischer Weise verlangt.

Das Schattenkonzept der Analytischen Psychologie, wonach

der Schatten das moralisch Inferiore ist, mißbraucht der psychologisch gebildete Narzißt, um sich grüblerisch und haarspalterisch Schattenanteile vor Augen zu führen, wobei er unbewußt die Ansicht vertritt, er müsse ohne Schatten sein. Ebenso wird das Neurosenkonzept der Analytischen Psychologie, das besagt, die Neurose sei eine Dissoziation von anderen Seiten der Persönlichkeit, dahingehend falsch verstanden, daß der narzißtisch Verwundete in seiner Depression unablässig daran herumgrübelt, welche Seite bei ihm wohl abgespalten sei, um einen Grund für die Depression zu finden. Dabei bemerkt er unseligerweise gerade nicht, daß es empathische, selbstbejahende Haltungen sind, die verloren gegangen sind. Außerdem ging die Bejahung seines unvollkommenen So-Seins verloren, ein So-Sein, das er wegen der Beschattung durch Inflationen negativer und positiver Art nach dem Raster «alles oder nichts» gerade nicht annehmen kann. Negative und positive Inflationen beschatten sein Wesen, und er kann sich tragischerweise nicht annehmen, weil er unbewußt glaubt, ohne Fehl und Tadel sein zu müssen.

Die Sehnsuchtsgesten

Wer sich verlassen fühlt, sehnt sich nach Aufhebung dieses Zustandes. Wer als Kind emotionale Verlassenheit erlebte, hat diesen Schmerz eingekerkert und sich durch Anpassung und andere Verlassenheitsgebärden arrangiert. Der Bezug zu den schmerzlichen Gefühlen des einstigen Kindes ist unbewußt geworden, die Sehnsucht nach Bejahung jedoch ist eingeflossen in das Verhalten des narzißtisch verwundeten Menschen und prägt dieses. Außerdem begleitet ihn die Sehnsucht in Form von vielfältigen Phantasien, die sein Innenleben bisweilen ganz ausfüllen.
In unserem Märchen wird die Sehnsucht nach Bejahung erst am Schluß erfüllt, wo sie eingebunden in den größeren Zusammenhang des Heim- und zu sich selber Findens erscheint. Bis dahin ist es ein weiter Weg. – Der narzißtisch versehrte Mensch sucht die Bejahung erst anderswo. Da er sich in der Tiefe ungeliebt

und verlassen erlebt und diese Befindlichkeiten mit einem Mangel an fördernder Umwelt zusammenhängen, kann er gar nicht anders, als die Bejahung von *anderen* Menschen zu ersehnen. – Diese Ausrichtung führt indes zu Enttäuschungen. Was für das Kind Bedingung seiner Entwicklung ist, nämlich eine zugewandte Mutter, mit der es in innigem Bezug steht, die konstant gegenwärtig ist, Bedürfnisse erfüllt und diese selbst dann stillt, wenn es sie noch nicht zu äußern fähig ist, gibt es für den erwachsenen Menschen nicht mehr. Ebenso läßt sich im Erwachsenenalter kein anderer Mensch finden, der einen so unbedingt liebt und würdigt wie eine Mutter. Und schließlich lehrt die rauhe Wirklichkeit, daß es keinen Ersatz gibt für eine Mutter, die man geliebt hätte, weil sie einen liebte und auf die man hätte stolz sein können. Die Sehnsucht danach ist jedoch nicht aufgehoben, sie wird zur unbewußten Triebfeder von Paradiesesphantasien und prägt das Verhalten des narzißtisch verwundeten Menschen in charakteristischer Weise.

Bevor ich den Gedanken der Sehnsuchtsäußerungen, die das Phantasieleben und das Gehabe der narzißtischen Persönlichkeit kennzeichnen, weiter ausführe, möchte ich ein Märchenbild anführen, das die Sehnsucht versinnbildlicht: Es handelt sich um das bei Grimm abgedruckte kurze Märchen «Das eigensinnige Kind» (KHM 117):

«Es war einmal ein Kind eigensinnig und tat nicht, was seine Mutter haben wollte. Darum hatte der liebe Gott kein Wohlgefallen an ihm und ließ es krank werden, und kein Arzt konnte ihm helfen, und in kurzem lag es auf dem Totenbettchen. Als es nun ins Grab versenkt und Erde über es hingedeckt war, so kam auf einmal sein Ärmchen wieder hervor und reichte in die Höhe, und wenn sie es hineinlegten und frische Erde darüber taten, so half das nicht, und das Ärmchen kam immer wieder heraus. Da mußte die Mutter selbst zum Grabe gehen und mit der Rute aufs Ärmchen schlagen, und wie sie das getan hatte, zog es sich hinein, und das Kind hatte nun erst Ruhe unter der Erde.»

Das Märchen schildert in eindrücklicher Weise das von Gott und den Menschen Verlassensein. Das Kind ist unartig, wird zur Strafe krank, wobei es heißt, dies sei von Gott verfügt; darauf stirbt es, und an allem ist sein Eigensinn schuld. Es handelt sich um eine grauenhafte Erfahrung, grauenhaft auch

167

deshalb, weil sie von keiner einfühlenden Mutter moduliert und gemildert wird. Eigen-Sinn – autonomes Streben des Kindes – wird gegeißelt und zu strafbarem Eigensinn, auf dem Todesstrafe steht.

Anders als im Märchen stirbt das reale Kind nicht, wenn seine Eigenimpulse beschränkt werden, es zwängt sich lediglich in eine Rolle hinein, paßt sich an, und seine wahre Persönlichkeit gerät ins Verborgene[32]. Winnicott spricht von der «*Geste*»[33] des Kindes; sie bedeutet Spontaneität, Selbstausdruck und das Verlangen nach einem Gegenüber, das diese Geste würdigt und willkommen heißt, was der Selbstliebe förderlich ist. In Analogie zu diesem Märchen kann gesagt werden, daß der in seiner Selbstliebe verletzte Mensch sein Leben lang den Arm ausstreckt, um endlich das zu bekommen, was einst mangelte. Es ist eine Geste der Sehnsucht nach Mutter und Bemutterung, eine Geste aber auch, die immer wieder, weil erwachsene Welt nicht Kinderwelt ist, «geschlagen» wird, das heißt, nur Enttäuschung, Kränkung, Wut und Depression einbringt, sich aber bei einer noch so geringen Hoffnung auf Erfüllung wieder zu regen beginnt. In dieser Geste liegt Abwehr der narzißtischen Wunde miteinbeschlossen. Es handelt sich dabei um eine Abwehr zum Zweck der Kompensation erlittenen Mangels.

Als Gegenstück zur Verlassenheitsgebärde schlage ich vor, das kompensatorische Streben, das in der Sehnsucht nach Mutter im weitesten Sinne steckt, als *Sehnsuchtsgeste* zu bezeichnen. Im Verb «gestikulieren», das auf das lat. «gesticulari» zurückgeht und «heftige Gebärden machen» bedeutet, steckt etwas vermehrt Aktives als im Wort «Gebärde», das gebraucht wurde, um die Abwehrformen als Verlassenheitsgebärden zu kennzeichnen. Ist die Verlassenheitsgebärde als ein gerade noch Überleben zu verstehen, so die Sehnsuchtsgeste als eine kompensatorisch aktive Suche nach besseren Möglichkeiten[34].

Die Personahaltungen des narzißtisch verwundeten Menschen weisen oft ausgeprägt perfektionistische Züge[35] auf, die zu entsprechenden Handlungen führen. Das sind zweifellos Werte; für den narzißtisch verwundeten Menschen liegen Wert und Sinn jedoch darin, daß mit guten Leistungen und entsprechender Anpassung Anerkennung und Spiegelung gefunden wird, was ihm erlaubt, sich als einheitlich zu erleben und in einem gewissen Sinne geliebt zu erfahren. Durch solche Züge reflektiert die hochorganisierte Persona zwei Dinge: das Defizit der Kindheit und das Streben, dieses durch Anerkennung ungeschehen zu machen.

Eine Analysandin, Frau D., von der bereits die Rede war, beschrieb die Sehnsuchtsgeste ihrer Anpassung und benutzte dafür die Erinnerung an ihre Mutter, die stets eine gerade Haltung von ihr forderte, auch in symbolischer Weise. Der gerade Rücken, die Anpassung schlechthin, war ihr auch in einem übertragenen Sinne zur zweiten Natur geworden:

«Setz dich doch gerade hin!» sagte meine Mutter und gab mir einen leichten Puff. Das waren ihre «Berührungen», «ihre Zärtlichkeiten», ihre Aufmerksamkeiten. Ja, sie war aufmerksam, sie sah etwas, was ihr nicht paßte, das nicht so sein sollte, sondern so, wie es ihrer Idealvorstellung gemäß hätte sein sollen: gerade und aufrecht. Ist sie etwa aufrecht gesessen? Ich glaube nicht, ich aber, als ihre Tochter, sollte, da sie für sich auch nicht gern einen krummen Rücken gehabt hätte. Aber gerade so kann ja kein Rücken gerade werden, bei jedem Puff krümmt er sich immer mehr. *So* war der Dialog mit meiner Mutter und mir. Und ich hatte ständig ein schlechtes Gewissen, daß ich mich nicht gerade setzen konnte, daß ich mir zu wenig Mühe gab, den mütterlichen Anforderungen gerecht zu werden, daß ich diesen Rücken halt einfach immer wieder vergaß und sein ließ, wie er gerade eben «saß» beim Sitzen oder «stand» beim Stehen, daß ich mich immer erwischen ließ mit krummem Rücken. Muß man sich nicht nachher, wenn man dieses schlechte Gewissen nicht mehr erträgt, *eben umso tausendmal mehr anstrengen*, und doch wenigstens «immer versuchen», ob man es nicht doch «lernen» könnte, daß der Rücken endlich gerade wäre und *die Mutter einmal liebevoll darüber streicheln könnte*. Aber eigentlich denke ich heute, daß die Mutter einfach den «krummen Rücken» streicheln müßte, dann würde er nämlich von selber gerade wachsen.»

In der Phase der Durcharbeitung ihrer Beziehung zur Mutter und deren Forderungen wurde es Frau D. schmerzlich bewußt, in welcher Weise sie sich ein Leben lang überfordert hatte, um endlich einmal Anerkennung und Bejahung zu bekommen. Anerkennung und Lob erhielt sie zwar für ihre guten Leistungen, doch wonach ihre Geste tendierte, wonach sie verzweifelt den Arm ausstreckte, nämlich nach Geliebtsein, das bekam sie dadurch gerade nicht.

Die Sehnsucht äußert sich jedoch nicht allein in dem Wunsch, gespiegelt und geliebt zu sein, sie hat auch noch eine andere Seite, die sich darin zeigt, daß *die Nähe bewunderungswürdiger Menschen gesucht* wird, denen man angehören kann. Der narzißtisch verwundete Mensch hat ein tiefes Bedürfnis, sich zu anderen Menschen dazugehörig zu empfinden, und reagiert sehr fein beim geringsten Anzeichen, übergangen zu werden. In den Momenten, wo er es erlebt, nicht mehr mit anderen gleichzuschwingen, empfindet er sein Selbstgefühl nicht mehr als selbstverständlich. Er spürt Orientierungslosigkeit und eine gewisse Entfremdung. Um ein solches Erleben nicht aufkommen zu lassen, erbringt er große Anstrengungen der An- und Einpassung. Kommen solche Momente aber gleichwohl auf, so beginnt er, um sein Erleben im Rahmen des Erträglichen zu halten, Kontrolle auszuüben und sich, manchmal auch auf unangenehme Art, einzubringen. In diesem Verhalten ist die Sehnsucht verborgen, sich mit der Umwelt in einer «participation», ja einer Fusion erleben zu können.

Daher sind im Umkreis narzißtischer Persönlichkeiten oft Menschen anzutreffen, die tief bewundert werden und an deren Glanz partizipiert wird. Wenn es auf der einen Seite so etwas wie den *«Glanz im Auge der Mutter»* gibt, eine Metapher, mit der Kohut die empathische Reaktion der Mutter auf ihr Kind umschreibt, so scheint es mir auch das Gegenstück zu geben: den *«Glanz im Auge des Kindes»* als Ausdruck für seinen Stolz und seine Freude über eine Mutter, die es bewundern und lieben kann und der es zugehört. Es handelt sich dabei sowohl um die Sehnsucht, einem anderen Menschen ganz anzugehören als auch darum, sich ihm hinzugeben und ihn zu lieben.

Anhand einer Vignette aus der Analyse von Frau S. läßt sich dieser Wunsch nach «Glanz im Auge des Kindes» ablesen. In einer Analysestunde kam Frau S. auf einen Vortrag zu sprechen, den ich ein paar Tage zuvor gehalten hatte. Sie war besonders daran interessiert, ob die Angelegenheit auch im größten Saal der Stadt abgehalten und ob genügend geklatscht worden sei; schließlich wollte sie auch wissen, welches Kleid ich getragen hatte. Ihre Fragen kreisten um die Phantasie, sie sei auch zugegen gewesen und ich hätte nach dem Vortrag Zeit gehabt, mit ihr zu sprechen, hätte sie teilhaben lassen am Erfolg und ihr Aufmerksamkeit gewidmet. Die Fragen und Phantasien drehten sich um eine zu bewundernde Figur und waren Ausdruck einer Geste nach Bewunderung und dem tiefen Bedürfnis ihres inneren Kindes, mit Glanz im Auge auf eine andere Person reagieren zu können. In der Biographie von Frau S. zeigte es sich, daß ihr Verhältnis zur Mutter in dem Sinne gestört war, daß sie sie nicht bewundern konnte, was auch dadurch verstärkt wurde, daß sie die Haltung des Vaters gegenüber der Mutter so auffaßte, als schäme er sich ihrer.

Ich gehe nun dazu über, die Sehnsuchtsgesten an einigen *Beispielen aus dem Alltag* zu schildern. Sie sollen zeigen, in welcher Weise die weitgehend unerfüllte Sehnsucht des einstigen Kindes den hochentwickelten Haltungen der erwachsenen Persönlichkeit beigemischt ist. Auch an diesen Beispielen lassen sich die beiden Pole der Sehnsucht ablesen: geliebt werden und lieben können, angenommen sein und dazugehören. Das sind Grundbedürfnisse des Menschen. Da diese beim narzißtisch verwundeten Menschen zu wenig gestillt wurden, macht sich der Mangel in einer gewissen Übersteigerung bemerkbar. Geliebt und angenommen zu sein geht dabei leicht in eine Forderung nach *Spiegelung der Grandiosität* über, und das Bedürfnis zu lieben und dazuzugehören, äußert sich in drängenden *Idealisierungen*. So erinnere ich mich an eine Kollegin – ich kannte sie vor Jahren –, die immer dann, wenn sie sich übergangen fühlte, mit schlecht verhohlenem Ärger reagierte und in der Folge eine manipulative Freundlichkeit vermischt mit manipulativer Rechthaberei an den Tag legte. Sie begann ihre Umgebung zu kritisieren und zu kontrollieren, nörgelte und stellte Forderungen. Meist führte dies dazu, daß man sich aufgefordert fühlte, Dinge für sie zu tun, die man nicht unbedingt hätte tun wollen und müssen. Für die Kollegin bedeutete die Manipulation eine Wiederherstellung der Kontrolle über die Umwelt, die sie unbewußt als Mutter auffaßte und die sie zu spiegeln hatte. Im Anschluß an solche Ereignisse war diese Frau wieder die solide und angepaßte Kollegin, mit der sich gut zusammenarbeiten ließ. – Was in solchen Situationen zum Durchbruch kam, ausgelöst durch die Angst, übergangen zu werden, war die Sehnsucht nach Spiegelung, Würdigung und Geliebtwerden. Vermeintliche Verlassenheit hatte ihre narzißtische Wunde an die Oberfläche gehoben und machte sich in der Sehnsuchtsgeste unangenehm fordernd bemerkbar. Als Gegenüber fühlte man sich ausgenützt, kontrolliert und hielt auf Distanz.

Das weitere Beispiel schildert die bekannte Tatsache, daß es narzißtische Menschen gibt, die ihre Umwelt zu ihrer Bewunderung dringend brauchen. Ich denke dabei an Einladungen, bei denen man als Bewunderer des Hauses, der Mahlzeit und der Einrichtung zu fungieren hat und dies in einer so ausschließlichen Weise, daß man als Gast nur in der Rolle des Bewunderers und nicht als Gegenüber wahrgenommen wird. In dieser Rolle erfährt man sich als ausgelöscht; nach eigenen Belangen wird nicht gefragt. Nach solchen Besuchen fühlt man sich eigenartig entleert, und es wird einem klar, daß man übermäßig viel Energie in Bewunderungshaltungen investiert hat.

Die beiden nachfolgenden Vignetten zeigen, daß narzißtische Persönlichkeiten oft die eigene Erlebnisweise ungenau wahrnehmen, um den Zustand der Harmonie mit einem anderen Menschen aufrechtzuerhalten. So hatte sich einst ein Analysand ein Tonbandgerät gekauft und empfand große Freude darüber. Abends, im Dabeisein seiner Frau, bastelte er daran herum und machte Tonbandaufnahmen von Radiosendungen. Da sagte seine Frau ganz freundlich, sie gehe ins andere Zimmer, sie könne da besser lesen. Er sofort: «Nein, nein, geh nicht, ich wollte eh aufhören.» Die Frau blieb also, er unterließ das Aufnehmen, doch immer dann, wenn sie hinausging, machte er sich wieder am Tonbandgerät zu schaffen. Im Anschluß daran wurde er sich bewußt, wie sehr er zugunsten der Harmonie und des Angenommenseins falsche Wahrnehmungen machte: er überging seine Neigung und ertrug es auch nicht, seine Frau durch seine Eigenbewegung zu verletzen. Zugunsten des Angenommenseins wurde hier die eigene und die umgebende Realität überspielt.

Die Frau, von der nun die Rede ist, traf nach Büroschluß eine Kollegin. Gewohnt, mit ihr jeweils gemeinsam nach Hause zu fahren, war sie arg enttäuscht, die Kollegin in ein Gespräch mit einem Mann vertieft zu sehen. Sie war sich sofort klar, daß sie

172

nun nicht damit würde rechnen können, mit ihr nach Hause zu fahren. Trotzdem mischte sie sich in das Gespräch ein und schlug den beiden vor, gemeinsam Kaffee zu trinken, was sie ausschlugen. Daraufhin empfand sie tiefe Verlassenheitsgefühle und Neid, wehrte diese aber durch Wut und grandiosen Rückzug ab. Im Nachhinein wurde ihr klar, was geschehen war: Zunächst hatte sie richtig wahrgenommen, daß die beiden so intensiv in ein Gespräch absorbiert waren, daß sie wohl nicht gestört werden wollten. Das bedeutete für sie indes die Gefahr, nicht dazuzugehören. Um dieses Gefühl zu umgehen, mischte sie sich ein und gab somit einer Sehnsuchtsgeste nach. Die Absage der beiden rief dann die narzißtische Wunde hervor, und sie empfand Verlassenheit, die sie kaum in Schranken halten konnte.

Die Sehnsucht äußert sich jedoch nicht allein in Handlungen, sondern prägt auch sehr stark das *Phantasieleben*. Man beobachtet bei narzißtisch verwundeten Menschen sehr häufig die Phantasie, im Zentrum zu stehen und bewundert zu werden; ebenso häufig zeigt sich die Phantasie, mit einem anderen Menschen in harmonischer Zweisamkeit Tage reinsten Glücks zu erleben, das durch keinerlei Störungen beeinträchtigt wird. Diese Phantasien werden bis ins Detail ausgestaltet, und das entsprechende Erleben fühlt sich bisweilen derart wirklich an, daß die Realität zugunsten dieser Tagträume von Grandiosität und Idealität zurücktritt. Obwohl die Träumereien als beinahe wirklich erlebt werden, haftet ihnen eine spezifische Unbewußtheit an, dazu kommt, daß sie von der realistischen Seite des Ichs abgewehrt werden. Es ist das realistische Ich, das sich ihrer bewußt ist, das phantasierende Ich ist sich ihrer nicht bewußt und geht in ihnen auf. Es existieren so zwei Erlebnisweisen nebeneinander, und das in einer Weise, als ob sie voneinander nichts wüßten. Die erwähnten Phantasien sind ebenfalls als Sehnsuchtsgesten zu begreifen und drücken die Suche nach Geliebtwerden und lieben zu können in einer übersteigerten Weise aus.

Im Sinne Heinz Kohuts lassen sich die Sehnsuchtsgesten als Ausdruck der Fixierung narzißtisch verwundeter Menschen an das Größenselbst und an idealisierte Selbstobjekte[36] verstehen.

Die Fixierung an diese archaische Konfiguration bleibt nun auch im Erwachsenenalter bestehen, wobei auf der einen Seite das Größenselbst Echo und Anerkennung erstrebt und auf der anderen Seite idealisierte Selbstobjekte gesucht werden (s. S. 89 ff.).

Im Sinne der Analytischen Psychologie kann hier von der Sehnsucht nach dem Paradies gesprochen werden, wie Mario Jacoby diese Konstellation in seinem gleichnamigen Buch umschreibt[37]. Dabei wird das Paradies verstanden als ein Zustand, in dem Bedürfnisse uneingeschränkt befriedigt wurden und wo inniges Hineinpassen in die umgebende Umwelt erfahren werden kann. Die Verhaftung an das Urbild des Paradieses ist verbunden mit zwei archetypischen Intentionen: der Intention, geliebt und bewundert zu werden, und jener, einem idealen Menschen anzugehören. Den Paradiesesintentionen entsprechen auf der Erlebnisebene die Sehnsüchte und die Sehnsuchtsgesten. Diese decken sich mit den von Heinz Kohut beschriebenen Strebungen, im Größenselbst bewundert zu werden und idealisierten Selbstobjekten anzugehören (s. S. 79; 83 f.).

## Das schwankende Selbstwertgefühl

Verlassenheitsgebärden und Sehnsuchtsgesten bilden einen Gegensatz. Die Verlassenheitsgebärden stehen dem dunklen Aspekt der Psyche nahe. Die Sehnsuchtsgesten, die auf den Wünschen, geliebt zu werden und lieben zu können, basieren, äußern sich im Streben nach Spiegelung eigener Größe und nach idealen Menschen und Verhältnissen. Alice Miller bezeichnet die entsprechenden Befindlichkeiten, in welche die Verlassenheitsgebärden und die Sehnsuchtsgesten eingebunden sind, mit *Depression und Grandiosität*[38]. Wer durch brillante Virtuosität die narzißtische Wunde mit ihren entsprechenden Gefühlen abwehren kann, gilt als grandios. Vielen narzißtisch verwundeten Menschen gelingt dies indes nicht oder nicht mehr, sie können als depressive Narzißten bezeichnet werden, was aber nicht bedeutet, daß nicht auch in ihrer Psyche Größenphantasien zu finden sind, so wie beim Grandiosen auch ein depressiver Hintergrund besteht.

In Märchen wird das Grandiose beispielsweise durch die Frau des Fischers im Märchen «Von dem Fischer und syner Fru» (KHM 19) dargestellt, die nicht ruht, bis sie die soziale Leiter emporgestiegen ist. Ihr Größenwahn wird erst in dem Moment gebrochen, wo ihr Streben, Gott zu werden, vereitelt wird und sie wieder in der Beschränkung des «Pißpott» landet. Varianten dieses Märchens zeigen indes, daß es nicht immer die Frau ist, die nach Höherem strebt, das gleiche Verhalten findet sich auch durch männliche Figuren dargestellt, wie eine Untersuchung von Heinz Rölleke gezeigt hat[39]. Der depressive Narzißt andererseits wird sich wohl sehr gut in Aschenputtel- und Aschenhockerfiguren[40] dargestellt sehen und kann die Gefühle der Zurückweisung in diesen Märchengestalten verkörpert finden. Grandiosität und Depression kommen jedoch oft nebeneinander beim gleichen Menschen vor. Sinnbild dafür ist unser Rabenmärchen, wo das Grandiose durch die schattenlose Existenz der Schwester verkörpert wird und das Depressive durch die Raben im Glasberg. Sehr deutlich zeigen sich die beiden Seiten im «Aschenputtel»-Märchen (KHM 21) der Grimmschen Fassung, wo das depressive Element in Aschenputtel zum Ausdruck kommt und das grandiose durch die beiden eitlen und hoffärtigen Schwestern dargestellt wird. Ebenso findet sich das Miteinander der beiden Befindlichkeiten in den unzähligen Zweimädchenmärchen, von welchen «Frau Holle» (KHM 24) gut bekannt ist. Goldmarie und Pechmarie können als die depressive und die grandiose Seite des Narzißten verstanden werden. Im übrigen geben diese Zweimädchenmärchen eine gute Anregung für den therapeutischen Umgang mit der narzißtischen Problematik. In immer gleicher Abfolge geht in diesen Märchen das geplagte und geschundene Mädchen in die Unterwelt, um von seiner Depressivität erlöst zu werden. Es wird dort erhöht und wird, wie in «Frau Holle», zur Goldmarie. Erst dann geht das eingebildete, grandiose Mädchen in die Unterwelt, um sich des Schattens inne zu werden. Diese Reihenfolge, angewendet auf die therapeutische Situation, macht deutlich, daß es sich bei narzißtisch verwundeten Analysanden empfiehlt, zunächst und vor allem die depressive Seite anzugehen. Das kann selbstverständlich nicht in chronologischer Reihenfolge geschehen, es bedeutet lediglich, daß es günstig ist, wenn der Therapeut seinen Fokus und seine Empathie auf die verlassen-depressive Seite im Analysanden richtet.

Das Nebeneinander von Depression und Grandiosität macht sich bei einem narzißtisch beeinträchtigten Menschen als ein *schwankendes Selbstwertgefühl* bemerkbar, wovon «himmelhoch jauchzend – zu Tode betrübt» die beiden Extreme umschreiben. Narzißtisch verwundete Menschen kennen kein stabiles und argloses Selbstwertgefühl, dieses schwankt und ist nicht Ausdruck einer selbstverständlich in sich gefestigten Identität der Persönlichkeit.

Die nachfolgenden Träume von Frau L. schildern in ihren Bildern das innere Hin und Her der Befindlichkeit. In allen drei Träumen muß das Traum-Ich mit Betrübnis erfahren, daß freudig Begonnenes sich scheinbar grundlos in sein Gegenteil verkehrt!

*Jungen Mädchen stecke ich Blumen ins Haar, doch wie sie sich umdrehen, «verwelken» die Mädchen. Die frischen Blumen sehen auf den ergrauten, struppigen Köpfen albern aus.*
*Meiner Schwester backe ich einen Kuchen. Mit einem großen Bild zusammen verpacke ich ihn. Mit Schnur will ich das Paket umwickeln, doch dieses wird immer größer, so daß es die Post nicht mehr annehmen wird.*
*Ich stelle Blumentöpfe in den Regen auf die Terrasse. Doch sie stürzen mir aus den Händen hinunter auf die Straße, dort landen sie rettungslos zerbrochen.*

Bei der Verarbeitung des schwankenden Selbstwertgefühls sucht der Narzißt die Ursachen entweder bei sich oder bei anderen, je nachdem, ob er depressiv oder grandios verarbeitet. Beide Sichten gehen an der Realität vorbei und verzerren diese. Die Selbstanklage ist beim narzißtischen Menschen sehr gesteigert, und er ist in intensiver Weise geneigt, auch den entferntesten Grund zur Erklärung herbeizuziehen. Diese depressive Verarbeitung ortet sich in primären Schuldgefühlen. Mit anderen Worten übernimmt der Narzißt in solchen Fällen zuviel Verantwortung, dies deshalb, weil er in der Tiefe seiner Seele überzeugt ist, daß sich alles einmal fürchterlich rächen wird. In der Therapie ist es deshalb wesentlich, den Analysanden immer und immer wieder zu helfen, primäre Schuldgefühle von angemessenen Schuldgefühlen zu unterscheiden. Der nachfolgende Traum von Frau S. zeigt sehr deutlich, wie ein kleiner Anlaß subjektiv als gewaltige Katastrophe erlebt wird:

*Ich stieß mit meinem Wagen, das heißt mit der Stoßstange, leicht an ein anderes Auto an. Dieses Auto, welches parkiert war, setzte sich daraufhin in Bewegung. Ich sah, wie es über eine große, leere Kreuzung hinwegrollte und dann eine Straße hinunterfuhr. Ich wußte nicht recht, was tun, und hoffte, es würde von selbst zum Stillstand kommen. Es war aber trotzdem unheimlich, und als ich die Straße hinunterging, sah ich auch schon von weitem, daß sich ein katastrophaler Unfall ereignet hatte, ich sah eine dichte Menschenmenge und Rauch, der daraus aufstieg. Mir war fürchterlich zu Mute, ich wußte, ich war schuld, ich war feige gewesen, und ich würde nun vor Gericht kommen. Es war nicht auszudenken. Vielleicht aber auch hatte es niemand gesehen. Aber auch dann würde ich unter meinem Gewissen zu leiden haben, und wahrscheinlich würde es trotzdem ans Licht kommen. Dann war Krieg, und die Eroberer kamen ins Haus, und wir mußten uns mit erhobenen Armen ergeben. Würden sie uns quälen oder nicht?*

Etwas, was jedem Menschen passieren kann, nämlich die Stoßstange eines anderen Autos zu touchieren, weitet sich hier zu einer Katastrophe aus und nimmt schlußendlich die Dimension eines Krieges an. Genauso ist es bei dieser Problematik. Zwar geht es nicht ohne Schattenwurf, für den Narzißten mit seinen perfekten Haltungen bedeutet das aber Schuld und Katastrophe. Er weiß grundsätzlich nicht, daß andere Menschen, bildhaft gesprochen, eine Pufferzone haben und einiges ertragen können. So war es auch bei Frau S., der kleinste Anlaß genügte, um bei ihr ein Katastrophengefühl auszulösen. In ihrer Kindheit genügte der minimalste Schatten, um eine Kollision mit der Mutter hervorzurufen. Der Zorn der Mutter dauerte tagelang, dann sprach sie auch nicht mehr mit dem Kind, und erst, wenn es sich entschuldigt hatte, wurde der Bann des Schweigens gebrochen.

Bei grandioser Verarbeitung kann der Narzißt die depressive Seite abwehren, doch die Sicht auf die Realität ist ebenso verzerrt wie bei der depressiven Verarbeitung. So konnte Frau S.

verschiedentlich frustrierende Begebenheiten durch einen grandiosen Rückzug und ein überhebliches Betragen übergehen und so den Fehler bei den andern belassen. In einem Traum trat diese Seite ihrer Persönlichkeit als eine makellos weiß gekleidete Frau in Erscheinung. Diese stand inmitten einer Menge von Menschen, blickte aber darüber hinweg und nahm mit niemand Kontakt auf.

Da Narzißten das schwankende Selbstwertgefühl zunächst nicht als Problematik an sich begreifen, sind sie geneigt, Gründe anderswo zu suchen. Ich bin der Meinung, daß die vielen Wechsel oder Neuanfänge, die sich bei narzißtischen Persönlichkeiten in ihrem Lebenslauf finden lassen, mit dem schwankenden Selbstwertgefühl zu tun haben. In seiner gedrückten Stimmung sucht der Narzißt oft nach einem anderen Lebenskontext – einem Berufswechsel, einem neuen Partner beispielsweise. Auftauchende Paradiesesphantasien begünstigen den Wechsel, und der Narzißt bricht unvermittelt die Brücken nach hinten ab und fühlt sich im Neuen zunächst wohl. Bald aber taucht das bekannte Unbehagen wieder auf, und er beginnt wieder, nach neuen Horizonten aufzubrechen.

Der heute dreißigjährige Herr W. stellte bei dem Rückblick auf sein Leben einige berufliche Neuanfänge fest und meinte, er habe stets nach etwas Neuem gesucht, kaum habe er es aber gehabt, sei Mißbehagen aufgetaucht, was zu einem erneuten Aufbruch geführt habe. Heute allerdings könne er nicht umhin zu sehen, daß er eigentlich erreicht habe, was er sich beruflich wie privat gewünscht habe, da sei eigentlich kein Haar in der Suppe, und trotzdem sei ihm nicht wohl. Er klagte, daß er sich oft kraftlos und resigniert fühle, sich schlecht konzentrieren könne und verschiedentlich in gereizter Stimmung sei. Kurz: es sei zu wenig Leben in ihm und um ihn herum. Für diese Befindlichkeiten suchte er nun nach Gründen, und er fand eine stattliche Anzahl, die ihm das Unbehagen psychologisch erklärlich machten. So war er unter anderem der Ansicht, er müsse seine Anima integrieren, außerdem sei seine minderwertige Fühlfunktion zu erweitern.

Es war sicher nicht falsch, was Herr W. sah und was er zu ändern oder zu integrieren für wesentlich hielt. Agiert der Analytiker jedoch mit diesen ständig wechselnden Sichten mit, so kann es geschehen, daß die narzißtische Problematik mit dem schwankenden Selbstwertgefühl übersehen wird und sich trotz bester Veränderungsabsichten im Bereich der narzißtischen Problematik nichts ändert. Lebensschwung und Belebtheit bleiben weiterhin unerreichbar. Als ich ihn darauf aufmerksam machte, daß seine verschiedenen Berufswechsel und die ständig wechselnden Sichten auf sich selber eventuell mit dem schwankenden Selbstwertgefühl zu tun haben könnten, war er erleichtert. Es zeigte sich in der Folge, daß er stets auf Veränderung ausgerichtet gewesen und insgeheim einer Paradiesesphantasie aufgesessen war. Im weiteren scheine es ihm, fügte er hinzu, daß er aus dieser neuen Sicht heraus vielleicht auch einmal daran denken könne, sein und bleiben zu können, was er eben sei, mit all seinen Ungereimtheiten.

Grandiose und depressive Befindlichkeiten verzerren die Wahrnehmung der eigenen Wirklichkeit und stellen das normale So-Sein *in den Schatten*. Während im grandiosen Gehabe mehr vorgegeben wird, als man ist, wird in der Depressivität das eigene Sein ungebührlich angeschwärzt und dadurch verkleinert. Beide Befindlichkeiten sind sehr oft von stark emotional gefärbten Phantasien begleitet, die bei narzißtischer Problematik am liebsten ins Leben umgesetzt werden möchten. Ihr Hauptkennzeichen ist Eindeutigkeit, ihr Effekt ist es, das aktuelle Sein zu beschatten. Bevor ich den Gedanken weiter verfolge, möchte ich ein Beispiel geben:

Frau S. erzählte in einer Analysestunde vom Besuch bei einer Bekannten, da sei alles so schön, so teuer, so perfekt bis ins Badezimmer, das ganz mit Spiegeln ausgekleidet sei, und wo sich Crèmetöpfchen zwischen wunderbar gepflegten Grünpflanzen aufreihen würden. Tief beeindruckt von diesem Besuch konnte sie sich tagelang nicht von den Luxusphantasien nach einem entsprechenden Lebensstil befreien. Diese Phantasien stellten sie völlig in den Schatten und machten sie traurig. Als sie merkte, daß sie keinen guten Faden an sich mehr gelten ließ, hatte sie für kurze Zeit Ruhe, doch nicht für lange. Flugs schloß sich eine andere Phantasie an. Sie malte sich aus, sie wäre Asketin, das sei die richtige Lebenseinstellung, da sei alles geordnet, alles stimme dann, und es sei doch richtig, das Geld den Armen zu geben. Doch auch da merkte sie bald einmal, daß sie sich daneben völlig auslöschte.

Solche Extremphantasien sind gewissermaßen *Suchbilder nach der eigenen Identität*. In ihnen äußert sich das verzweifelte Suchen nach sich selber, eine Suche, die leider stets am eigenen So-Sein vorbeiführt. Die Faszination ist deshalb so stark, weil sich der narzißtisch Verwundete in diesen Bildern als eindeutig erfährt. «Ich und die Welt wären dann in Ordnung», sagte einst ein Analysand. Es handelt sich bei diesen Suchbildern um Paradiesesphantasien, wobei das Paradies verstanden wird als ein Zustand größter Störungsfreiheit und innigen Hineinpassens des Individuums in die umgebende Welt. Letztlich gründen diese Phantasien auf der Sehnsucht nach einer Mutter, die einen liebt und die man lieben kann. In der grandiosen Phantasie wird man bewundert, weil man die Welt so schön gestaltet hat (Luxusdame), in der depressiven erhält man Widerhall, weil Ideale demütig erfüllt werden (Asketin).

Die Suchbilder nehmen den narzißtisch versehrten Menschen in Beschlag und führen ihn weg von den Konflikten und Uneindeutigkeiten des normalen Alltagsleben. Im Zusammenhang mit dem angeführten Beispiel möchte ich noch auf den im Umfeld davon geträumten Traum hinweisen:

*Frau S. träumte von zwei gegensätzlichen Frauentypen, von einer Cliché-Luxusdame und einer ausgeflippten Hippiefrau. Am Schluß des Traumes sah sie ein Kreuz, an dem eine leblose Stoffpuppe hing.*

Diese letzte Szene machte ihr im Traum keinen Eindruck, sie nahm sie nur schemen- und schattenhaft wahr. Wie im Wachen tauchen auch im Traum Extremphantasien auf, die Cliché-Luxusdame und die Hippiefrau. Das nur undeutlich wahrgenommene Kreuz mit der Stoffpuppe faßten wir als Sinnbild für ihre eigene Realität auf. So war es nämlich auch in Wirklichkeit: das eigene Sein erschien aufgrund von Extremphantasien so leblos wie die Puppe und war ihr ein ungeliebtes Kreuz. Das Menschsein zwischen den Gegensätzen, die eigenen Undeutigkeiten waren unattraktiv und bisweilen auch zu banal.

Nun ist es bei narzißtischen Persönlichkeiten aber häufig so, daß das eigene Sein durchaus in Ordnung ist. In vielen Fällen machen sie ihre Sache recht bis sehr recht, was sie gedanklich wohl wissen, jedoch emotional nicht nachvollziehen können.

Die eigenen Leistungen bedeuten ihnen wenig, und die diesbezügliche Selbstwerterhöhung ist von kurzer Dauer, weil die emotionale Ortung fehlt, um Befriedigung, Stolz und Freude am Erfolg auch wirklich fühlen zu können.

Bei der Behandlung geht es deshalb vor allem darum, die Selbstwahrnehmung zu stärken, das eigene Sein zu spiegeln, die Gefühle erleben zu lassen, Interesse zu haben für die Alltagssituation und für den gesamten Lebensstil, kurz: die subjektiv als Schattendasein empfundene Wirklichkeit des Analysanden durch Wärme und Anteilnahme ans Licht zu heben.

Bei diesen Suchbildern und den entsprechenden grandiosen wie depressiven Befindlichkeiten geht es *nicht* darum, sie als Komplemente zur bewußten Haltung, als ungelebte Schattenanteile, die integriert werden müssen, zu begreifen; Frau S. zollte beispielsweise dem Asketentum und dem Luxus in genügend guter Weise ihren Tribut. Grandiosität und Depressivität sind keine Schattenkomponenten, sondern Befindlichkeiten mit entsprechenden Suchbildern, die das normale Sein in den Schatten stellen. Der Ansatz des Aushaltens der Gegensätze eignet sich jedoch gut, die Extrembefindlichkeiten mit ihren Phantasieinhalten anzugehen, geht es doch darum, das Ich zu stärken und dem narzißtisch verwundeten Analysanden, der von den Gegensätzen «verschaukelt» wird, zu helfen, seine Eigentlichkeit anzunehmen und die Uneindeutigkeiten, die den Stoff, das Kreuz des Lebens, ausmachen, auszuhalten.

Die Annäherung an das Leiden

## Das Märchenbild

Kehren wir zu unserem Märchen zurück. Nach der Verfluchungsszene heißt es:

**Die drei Brüder hatten aber ein Schwesterchen, das sie von Herzen liebte, und es grämte sich so über ihre Verbannung, daß es keine Ruh mehr hatte und sich endlich aufmachte, sie zu suchen. Nichts nahm es mit sich auf die lange Reise als ein Stühlchen, worauf es sich ruhte, wann es müd geworden war, und nichts aß es die ganze Zeit als wilde Äpfel und Birnen. Es konnte aber die drei Raben immer nicht finden, außer einmal waren sie über seinen Kopf hinweggeflogen, da hatte einer einen Ring fallen lassen; wie es den aufhob, erkannte ihn das Schwesterchen für den Ring, den es einsmals dem jüngsten Bruder geschenkt hatte.**

Die Heldin merkt also, daß etwas nicht stimmt, sie macht sich auf den Weg, die Brüder zu suchen, nimmt auf die lange Reise ein Stühlchen mit und ernährt sich unterwegs von wilden Früchten. Psychologisch gesprochen kommt die Wandlung in Gang.

Die erste Begegnung mit den Raben macht sie, als ein Rabe einen Ring fallen läßt, den sie als den Ring erkennt, den sie dem jüngsten Bruder einst schenkte. Es stellt sich also ein erster Kontakt her, die Raben kommen in die Nähe. Analog zum Näherkommen der Raben gibt es in der Behandlung narzißtisch verwundeter Persönlichkeiten ein allmähliches Näherkommen der Verwundung, und es stellt sich ein Bezug zum Leiden her, was das Märchen mit dem Ringsymbol ausdrückt. – Abgesehen davon, daß generell gesagt werden kann, das Leiden komme in die Nähe, erlaubt dieses Märchenbild noch eine spezifischere Aussage. Bekanntlich sagt man, jemand rede über den Kopf hinweg. Das bedeutet, daß man nicht ernst genommen wird. In diesem Sinne können die fliegenden Raben als Animusmeinungen, die an der Person der Heldin vorbeigehen, aufgefaßt werden. Zu ihnen stellt sich nun ein Kontakt her. Wer sich bezogen zu seinen Animusmeinungen verhalten kann, hat die Chance, daß sie sich vom Generellen ins Individuelle wandeln.

Nach dieser ersten Wegstrecke führt die Reise weiter «bis an der Welt Ende». Es gibt also im Märchen ein erstes Wegstück bis zur Begegnung mit den Raben. Bis hierher wird zwar gesucht, aber noch nicht gefunden: auch wird ausgehalten, daß noch nichts gefunden ist und sich noch keine Lösung abzeichnet. Die weitere Wegstrecke nach der Begegnung mit den Raben ist geleitet vom Wissen, daß sie irgendwo noch zu finden sind.

In der Arbeit mit narzißtisch verwundeten Menschen stelle ich immer wieder fest, daß es eine lange Zeit braucht, bis das Leiden in die Nähe kommt, bis es angesprochen werden kann, bis der Analysand selber sich darüber äußern kann. Bis dahin haben wir es mit der Suche nach etwas Unbekanntem zu tun und begegnen wir schützenden Haltungen gegen das Leiden.

Im Märchen ist ferner die Rede von einem Stühlchen, das die Heldin auf die Reise mitnimmt, um darauf zu ruhen. Außerdem spricht das Märchen von wilden Früchten, die als Nahrung dienen. – Der narzißtisch versehrte Mensch kann gerade eines nicht: nämlich ruhen, sich sammeln, sich setzen. In ständiger Gehhaltung befangen, um es allen recht zu machen, kann er sich die Möglichkeiten des Sitzens im übertragenen Sinne wenig erlauben. In der Analyse ist es denn auch so, daß es anfänglich schwer fällt, den Analysanden zu Sammlung und Introspektion zu bewegen. Es geht deshalb zu Beginn der Analyse darum, ihm allmählich die «Sitz»-Möglichkeiten zugänglich und vertraut zu machen, was auch bedeutet, die Widerstände empathisch zu begreifen. – Die wilden Früchte kann man in diesem Zusammenhang so verstehen, daß der Analysand, am Anfang der Analyse in vielen schützenden Haltungen befangen, die Analyse in einem noch wenig für ihn nährenden Maße erfährt.

Auch das Bild der langen Reise läßt sich auf die Analyse übertragen. In diesem Sinne werden von nun an vermehrt die Probleme, die sich während der Behandlung narzißtisch verwundeter Persönlichkeiten zeigen, zur Sprache kommen.

Die Märchenbilder führen uns zunächst in die Fragen des Analysebeginns hinein, wo, wie der nächste Abschnitt zeigen wird, von einer gewissen Ferne vom Leiden gesprochen werden kann. Ferne vom Leiden bedeutet in der therapeutischen Situation auch Widerstand gegen die Deutungen des vom Analysanden produzierten unbewußten Materials. Wurden in den Verlassenheitsgebärden und in den Sehnsuchtsgesten die Abwehren und Kompensationen des in seiner Selbstliebe verletzten Menschen sichtbar, so wird es nun darum gehen, die Widerstandsformen darzustellen. Es soll aber nicht lediglich bei der Beschreibung bleiben, sondern es wird auch darum gehen, den Widerstand als Schutzmechanismus zu begreifen.


Die Ferne vom Leiden

In der Schrift «Psychologie der Übertragung» spricht Jung vom Beginn der Analyse und vertritt die Auffassung, daß es oft sehr lange dauert, bis das Unbewußte in die Nähe kommt. Er nennt diese Phase das *Stadium des rapprochements*[1]. – In dem erwähnten Fallbeispiel von Frieda Fordham (S. 121 ff.) sprach die Analysandin von verschiedenen aktuellen Problemen, die sich aber nicht als Ursache der Problematik herausstellen sollten. Frau Fordham sagte ihr, die Störungen würden tiefer liegen, worauf sich die Analysandin für eine längere Analyse entschied. Sie sah ihre Verwundung – Fordham spricht von Depression, Gefühlen der Unwirklichkeit und defizitärem Fühlen – offenbar sehr schnell ein.

Nach meiner Erfahrung mit narzißtisch beeinträchtigten Analysanden dauert es in der Regel recht lange, bis die Betroffenen einen Bezug zu ihren Symptomen bzw. ihrem Leiden herstellen können. Vor diesem Zeitpunkt werden die Ursachen der Problematik in Partnerproblemen, somatischen Beschwerden, beruflichen Schwierigkeiten usw. gesucht. Dabei argumentiert den Analysand, daß, wäre er dieser Bürden ledig, es ihm auch besser gehen würde. Ich meine, diese Argumentationen seien vom Analytiker besonders im Anfangsstadium der Analyse zu tolerieren. Die in der Tiefe liegenden Ängste, die im Grunde genommen Desintegrationsängste sind, erscheinen so auf einer anderen Ebene, sind verbalisierbar und gebunden, was das Ich des Analysanden entlastet. Würde der Analytiker die Ich-bedrohenden Ängste zu früh aktiv freilegen, könnte sich daraus eine ernste Gefahr für den Analysanden ergeben. Sein Ich wäre dann dem Andrängen überwältigender Emotionen ausgesetzt und das zu einem Zeitpunkt, wo noch zu wenig verläßliche Erfahrungen mit dem Analytiker gemacht worden sind. Indem der Analytiker das Festhalten des Analysanden nach greifbaren Ursachen toleriert, wirkt er der Fragmentierung entgegen und verhält sich Ich-stützend. Heinz Kohut meint, es gehe zunächst nicht so sehr darum, das Unbewußte bewußt zu machen, sondern den Fragmentierungstendenzen des Ichs Einhalt zu gebieten[2].

Das nachfolgende *Fallbeispiel* zeigt eine recht lange Phase des «rapprochements». Erst nach etwa zwei Jahren Analyse konnte die Analysandin die schützenden Haltungen soweit lockern, daß sie sich ihrem Leiden nähern, es mit mir teilen und in der Übertragung nochmals erfahren konnte.

Die heute fünfzigjährige Frau S. suchte die Analyse aus verschiedenen Gründen auf. Zum einen hatte sie den Plan, dereinst selber therapeutisch tätig zu werden, zum andern schilderte sie eine Problematik mit dem Ehemann und schließlich motivierten sie verschiedene psychosomatische Beschwerden – unter anderem Migräne – zu einer Analyse.

Äußerlich gesehen war Frau S. gut angepaßt. Sie hatte mühelos Schulen und berufliche Ausbildung absolviert und war vor und teilweise während ihrer Ehe beruflich tätig gewesen. Sie führte trotz aller Klagen eine recht stabile Ehe, hatte vier Kinder großgezogen und stand zu ihnen in einem guten Verhältnis. Frau S. war psychologisch interessiert und betätigte sich in verschiedenen sozialen Funktionen an ihrem Wohnort. Ihre narzißtische Problematik äußerte sich in ihren Personahaltungen, die Schutz- bzw. Abwehrfunktionen hatten und durchwirkt waren von perfektionistischen Strebungen und Ansprüchen. Ihre Gebundenheit an das Urbild des Paradieses zeigte sich vor allem in der Beziehung zu ihrem Mann. Hier wurden ihre Empfindlichkeit, Fragilität, Kränkbarkeit, Wut und Ansprüchlichkeit in vollem Ausmaß sichtbar. Das verwundete Kind in ihr erfuhr den Mann als die einst nicht empathisch erlebte Mutter und erwartete von ihm hingebungsvolle Fürsorge, Pflege und vollumfängliche Beachtung. Natürlich konnte er dies alles nicht geben, was Frau S. jeweils für Stunden in Verzweiflung, Anklage und narzißtische Wut stürzte. Waren diese neuralgischen Punkte wieder überwunden – sie traten vor allem an Wochenenden auf –, war sie wieder die solide, angepaßte und bezogene Ehefrau.

Um ihre narzißtische Verwundung in einem erträglichen Rahmen zu halten, war es für Frau S. wichtig, stets das «Image» zu wahren. Durch mancherlei Aktivitäten, die sie perfekt erfüllte, konnte sie sich genügend narzißtische Zufuhr sichern, um seelisch überleben zu können. Die hintergründige Depression war indes weit weg. Ebenso bestand bezüglich ihrer Kindheit und den damaligen seelischen Schmerzen eine weitgehende emotionale Amnesie. Frau S. hatte den Bezug zu ihrer Kindheit verloren. In unbewußter Weise äußerte sich jedoch das einstige Kind in der verzweifelten Suche nach Paradies in den geschilderten Wochenendkrisen zwischen ihr und ihrem Mann.

Was sich da abspielte, hätte sich eigentlich an mir – in der Übertragung – abspielen sollen. Doch für die Zeit von ungefähr zwei Jahren brauchte sie mich als Gesprächspartnerin, mit der sie die ehelichen Schwierigkeiten und die psychosomatischen Beschwerden erörterte. Sie suchte Hilfe zur Selbsthilfe. Ich war wichtig, sie zu spiegeln und über ihre Alltagsaktivitäten ins Bild gesetzt zu werden. Das alles war verständlich und ich nahm die lange Phase des «rapprochments» an als Ausdruck eines wohl richtigen Gefühls über ihre Verwundbarkeit. Es brauchte diese lange Zeit, um Vertrauen zu fassen, ein' Arbeitsbündnis zu schließen und allmählich die Paradieseswünsche in die Analyse zu bringen, den Mann durch mich zu ersetzen und die Sehnsüchte und deren Frustrationen zusammen mit mir zu erleben. Erst nach diesen zwei Jahren war es soweit, daß sie mich als genügend verläßliche Übertragungsfigur annehmen und benutzen konnte. Von diesem Zeitpunkt an nahm sie das Leiden wirklich in der Tiefe an, und die Energie wurde nicht mehr allein in Schutzhaltungen investiert. Sie konnte ihre Perfektionsansprüche relativieren, was dazu führte, daß sie liebevoller mit sich selber umging. Sie fühlte sich weniger verantwortlich für alles und jedes und akzeptierte ihre Migräneanfälle als ein wirkliches Leiden und nicht mehr lediglich als eine selbstverschuldete Behinderung. Sie kam auch zum erstenmal mit Kopfschmerzen in die Analysestunde und erlaubte sich die Phantasie, gehegt, gepflegt und verwöhnt zu werden. Meine Teilhabe am Leiden wurde zugelassen, sie sprach nicht mehr «darüber» als von etwas, was sich außerhalb der Analyse abspielte, sondern bezog mich in der Stunde selber mit ein.

Um im Märchenbild zu sprechen, waren die Raben in die Nähe gekommen. Der eben beschriebene Wandlungsschritt leitete eine lange Periode des Durcharbeitens ein und führte schließlich zu einer Stabilisierung des Selbstwertgefühls und einer tieferen Verankerung ihrer Persönlichkeit in einem übergreifenden Seinsgrund.

Ein Selbsttraum leitete die genannte Periode ein. *Frau S. träumte, sie befände sich mit ihrem Mann auf einer Bergwanderung. Der Weg führte durch einen dichten Wald. Plötzlich tat sich eine Lichtung auf und ein wunderschöner, klarer Bergsee lag vor ihnen. In seiner Mitte war fließendes Wasser und bildete einen kleinen Wasserfall.* In diesem archetypisch überhöhten Bild gestalteten sich bereits damals die neuen Möglichkeiten: Tiefe, Lebendigkeit und Bezug zur Natur. Im Traum führte der Weg durch dichten Wald; in Analogie dazu ging es in der Analyse darum, das Dickicht des Übertragungsgeschehens zu bearbeiten. (Wie sich die entsprechenden Übertragungen bei narzißtisch verwundeten Menschen ausformen, wird im Kapitel «Themen der Integration des Unbewußten», S. 230–263, dargestellt werden.)

Spezifische schützende Haltungen

Vor allem in der Phase des «rapprochements», doch auch im gesamten Verlauf einer Analyse begegnet der Analytiker dem

*Widerstand* des Analysanden gegen seine Deutungen. Die in den beiden nachfolgenden Kapiteln zur Darstellung gelangenden Verhaltensweisen des Analysanden imponieren wohl als Widerstand, sind aber als lebensrettende, *schützende Haltungen* zu begreifen. Auf sie kann der Analysand erst dann verzichten, wenn er mit dem Analytiker eine Reihe verläßlicher Erfahrungen gemacht hat, die es ihm erlauben, sich weniger zu schützen und sowohl sein Unbewußtes als auch den Analytiker in die Nähe kommen zu lassen.

Spielt der Widerstandsbegriff in der Psychoanalyse eine vergleichsweise große Rolle und kann die psychoanalytische Kur (Freuds) der Widerstandsanalyse gleichgesetzt werden[3], so geht die Ansicht der Analytischen Psychologie dahin, die Widerstände als *«Schutzmechanismen»*[4] zu verstehen und auch zu respektieren. Auf Grund einer von der Psychoanalyse sich unterscheidenden Auffassung des Unbewußten kann der Widerstandsbegriff in der Analytischen Psychologie gar nicht in der Schärfe wie in der Psychoanalyse aufgefaßt werden. Wilke, der sich mit dem Widerstandskonzept der Analytischen Psychologie auseinandersetzte, plädiert dafür, auf den Widerstandsbegriff zu verzichten und meint: «Ein Unbewußtes, das eine *prospektive Funktion* hat und dessen Relation zum Bewußtsein *kompensatorisch* verstanden wird, das also nicht nur im Gegensatz zum Ich steht und auch nicht durch eine Zensur vom Ego abgesperrt ist, muß eigentlich auf seiten des Ego weniger Ablehnung und ‹Widerstand› erzeugen, als sich aus dem Persönlichkeitsmodell der Psychoanalyse ableiten läßt.»[5]

Es wird in der Folge nicht vom Widerstand die Rede sein, sondern von Schutzmechanismen und schützenden Haltungen. Gerade bei narzißtisch verwundeten Analysanden können diese nicht ernst genug genommen werden und müssen als Ausdruck einer *richtigen Einschätzung der eigenen Verwundbarkeit* aufgefaßt und respektiert werden.

Der Einstieg in die Analyse bei narzißtisch beeinträchtigten Persönlichkeiten ist oft dadurch erschwert, daß in vielen Fällen ein ausgeprägtes *Mißtrauen* vorliegt, das sich oft hinter kühler Distanz verbirgt. Mit diesem Mißtrauen verbunden sind große *Heilserwartungen*. Es handelt sich dabei einerseits

188

um die Reflexion der einst traumatischen Geschehnisse und der begreiflichen Angst vor Wiederholung. Andererseits zeigt sich die Sehnsucht, es möge doch wenigstens *einmal* anders sein, der Analytiker sei endlich die Figur, die das Recht zu leben garantiere. Ist der Analysand realitätsbezogen, hinterfragt er diese Einstellungen zu Recht und wird sie eventuell von vornherein nicht offen mit ins Spiel bringen. Die entsprechenden Befindlichkeiten wirken dann im Verborgenen, was besonders hohe Anforderungen an die Empathie des Analytikers stellt.

Angesichts des mit hohen Erwartungen verbundenen Mißtrauens wird der Analytiker in der Übertragung zweigesichtig wahrgenommen: als ideal und bereit zur Annahme der Sehnsuchtsgeste der einst frustrierten archetypischen Intention und destruktiv auf Grund gehabter traumatischer Erfahrung an den früheren Bezugspersonen. Diese Doppelfüßigkeit des Erlebens macht es dem Analysanden schwierig, zu Beginn der Analyse, wo noch kein verläßliches Arbeitsbündnis vorliegt, überhaupt zu den Sitzungen zu erscheinen. Er fühlt sich einem Wechselbad widersprüchlicher Empfindungen über den Analytiker ausgesetzt.

Da der narzißtisch verwundete Analysand in einem emotionalen Vakuum aufgewachsen ist, ist er es nicht gewohnt, Empfindungen, die sich auf eine andere Person beziehen, wahr- und ernst zu nehmen. Solche Empfindungen sind in seiner Kindheit nie ernstgenommen worden, und so sind sie in dem Sinne unbewußt, daß sie auf Grund einer stillschweigenden Übereinkunft mit sich selber und mit früheren Bezugspersonen nicht wahrgenommen werden beziehungsweise nicht wahrgenommen worden sind. – Es ist meiner Erfahrung nach wesentlich, daß der Analytiker auf diese wechselhaften Empfindungen anspricht und so dem Analysanden hilft, sie zu verstehen. Die bei narzißtisch beeinträchtigten Persönlichkeiten oft zu beobachtende Tatsache verschiedener vorgängiger Therapieabbrüche scheint mir zu einem Gutteil mit dieser Schwierigkeit des Analysanden, sich trotz widersprüchlicher Gefühle in einer Analyse einzurichten, zusammenzuhängen. Nach meinem Dafürhalten soll der Analytiker die strenge Regel der Abstinenz in solchen Fällen durchbrechen und den Analysanden von sich aus, bei sich bietender Gelegenheit auf diese Gefühle ansprechen.

Frau L., von der bereits die Rede war, träumte ganz zu Beginn der Analyse in verschiedenen Träumen von ihrem Mißtrauen und ihren hohen Erwartungen an die Analytikerin. Ich möchte zwei Beispiele davon anführen, es handelt sich um *Übertragungsträume*, in denen eine Frauenfigur mit guten und bösen Zügen vorkommt. Die gute Seite spiegelt die Sehnsucht nach einer solchen Identifikationsfigur wider, die negative die tatsächlich gehabte Erfahrung an ihrer Mutter. Das Mutterbild in der Psyche der Analysandin war gespalten; überwiegend war die destruktive Seite erlebt worden und hatte so das negative Bild in ihr konstelliert. Die positive Seite wurde in der eigenen Biographie zu wenig erlebt, blieb aber archetypische Intention, vor deren Absolutheit begreiflicherweise Angst empfunden wurde. Der erste Traum lautet wie folgt:

*«Ich befinde mich in einem lila Zimmer, so wie hier (gemeint ist mein Konsultationszimmer). In der Ecke steht eine wunderschöne Frau in lila, so wie ich sein möchte, dann bin ich es auch. Doch da bekomme ich Angst und fliehe. Ich gehe zur Tür hinaus, die Frau kommt an mir vorbei, wutentbrannt, mit blutigen Falten im Gesicht.»*

Ohne auf Details des Traumes einzugehen, zeigt sich hier deutlich, daß die Sehnsucht nach Verschmelzung mit der schönen Frau sich in das Gegenteil verkehrt, die Träumerin empfindet Angst und wird von der Figur verfolgt. Annäherung verursacht Angst, bedeutet Mißtrauen und Furcht vor der Wiederholung negativer Erfahrungen.

Der nächste Traum lautet:

*«Meine Analytikerin wohnt im Restaurant «Sonne». Eigentlich sollte ich das Haus längst kennen, aber ich finde es lange Zeit nicht. Jemand gibt mir die Adresse. Auf der Veranda sitzt sie dann, im ersten Stock, schaut mich wütend an, dabei ist ihr Gesicht kreideweiß.»*

Auch hier, im Moment der Annäherung, beim Aufsuchen des Sonne und Wärme (Assoziationen der Träumerin) versprechenden Hauses und seiner Bewohnerin, wandelt sich das Geschehen: sie trifft auf eine böse, negative Figur.

Der Analysebeginn bei Frau L. war von starken Ängsten gekennzeichnet, es lag ein ausgesprochenes Mißtrauen vor. Damit verbunden waren hohe Erwartungen. Sie idealisierte mich und empfand mich nicht als Mensch ihresgleichen. Es war wichtig, diese Ängste und Erwartungen wahrzunehmen, darauf einzugehen, sie anzusprechen, denn von sich aus brachte sie sie nicht in die Stunde. Der ganz konkrete Weg zu meinem Haus und von der Haustüre ins Wartezimmer war von Ängsten gesäumt. So wußte sie nicht, ob es richtig sei zu läuten, hatte Angst, die Toilette zu benützen, befürchtete, das Handtuch falsch zu falten. Geplagt von Ängsten suchte sie das Wartezimmer auf, ob sie wohl die Türe nicht zu laut geöffnet habe, ob sie wohl nicht zu viel Lärm mache. Im Wartezimmer wähnte sie sich von einer geheimen Kamera überwacht und fürchtete, der Film würde mir ihre Fehler klar aufzeichnen. In der Stunde war sie von der Angst gepeinigt, ich könnte sie ganz konkret am Kragen packen und vor die Türe stellen. Selbstverständlich konnten zu Beginn der Analyse diese Ängste noch nicht in Zusammenhang mit der Kindheitsgeschichte gebracht werden – diese war zu weit weg –, es war aber wichtig, mit der Analysandin zusammen diese Empfindungen auf der Aktualebene wahrzunehmen und zu besprechen. – Prognostisch positiv war die Fähigkeit Frau L's., beide Seiten – die negative und die positive – an mir, das heißt in *einer* Person, zu erleben und die damit verbundene Spannung auszuhalten. Es gibt Analysanden, denen das nicht gelingt und wo sich nur eine Seite in der Übertragung erfüllt, die andere Seite sich in einer Nebenübertragung konstelliert, wo also außerhalb der Analyse eine Figur die andere Seite der Übertragung trägt. Diese Art Spaltung ist viel schwieriger anzugehen, sie wird von verschiedenen Autoren als Borderline-Symptom aufgefaßt[6].

Ein weiteres Moment, das sich besonders bei Analysebeginn bemerkbar macht, ist die Tendenz des Analysanden, den Analytiker und seine therapeutischen Bemühungen *außer Kraft zu setzen*. Autoren wie beispielsweise Ledermann und Schwartz[7] weisen auf die starke Barriere hin, welche narzißtische Persön-

191

lichkeiten gegenüber jeder Annäherung von außen aufbauen. Ledermann sagt in diesem Zusammenhang, daß solche Analysanden ihr vorkommen wie Träger eines Plakates, auf dem groß «Keep Out» geschrieben stehen würde. Die Angst vor dem Eindringen des Analytikers wird oft daran sichtbar, daß narzißtisch gestörte Analysanden den Analytiker dazu verführen, über Tagesereignisse, weltanschauliche Fragen oder über seine therapeutischen Methoden zu sprechen. So erlebte ich es einst mit einem Analysanden in den ersten Stunden, daß er sich ausbreitete über seine Fälle, die er behandelte, und mich einlud, meine Ratschläge abzugeben. Auch interessierte er sich sehr für meine Methoden, und schließlich wollte er meine Ansichten über Kollegen, die an unserem Institut eine Dozententätigkeit ausübten, wissen. Sich selber brachte er nicht ins Spiel, und es war deutlich, daß er zu seiner Orientierung möglichst viel von mir wissen mußte. Damit signalisierte er mir ganz deutlich sein «Keep Out». Indirekt kam dadurch seine Angst vor jedem analytischen Zugriff zum Ausdruck. Ich erachtete es in diesen frühen Stunden der Analyse nicht für angemessen, diese Situation analytisch anzugehen, und gab ihm so gut als möglich Auskunft. Erst zu einem späteren Zeitpunkt, als mir noch andere Informationen sein «Keep Out» zu bestätigen schienen, hielt ich es für angebracht, diese Verhaltensmuster zu beleuchten.

Ich glaube, daß es bei narzißtisch verwundeten Analysanden wichtig ist, sie bei der Stange zu halten und ihnen zu helfen, sich in der Analyse einzurichten und auch zu bleiben. Es gibt nun aber Analytiker, die das nicht für nötig halten und die größtmögliche Abstinenz des Analytikers fordern. Nach meiner Auffassung versteckt sich dahinter ein narzißtisches Problem des Analytikers, er empfindet Scheu, sich so wichtig zu nehmen und den Analysanden anzuhalten, in der Analyse zu bleiben.

In der Phase des «rapprochements» kommt es bisweilen vor, daß Analysanden nach einer kurzen Zeit positiver Übertragung in eine stark *negative Übertragung* fallen und dann in der Folge *zäh an dieser festhalten*. Die negative Übertragung bei narzißtisch beeinträchtigten Analysanden kann aus verschiedenen Gründen als schützende Haltung verstanden werden. So können Wut und Aggression vor lauernder Leere und Depression bewahren. Ferner darf nicht vergessen werden, daß das Selbstwertgefühl bei narzißtischen Menschen schwankend ist und zwischen dem depressiven und dem grandiosen Pol hin- und herpendelt. Die Möglichkeit, den Analytiker gern zu haben und von ihm anerkannt und geschätzt zu werden, kann beim Analysanden eine gefährliche Überstimulierung, auf welche Hultberg[8] aufmerksam machte, auslösen. Es können Beziehungsphantasien auftauchen, die sehr stark ideal gefärbt sind. An sich sind solche Phantasien zwar schön, doch das fragile Ich des Narzißten wird dadurch in unangenehmer Weise bedrängt und verliert den Boden. Bezogenheit und Nähe, die das ganze Leben über vergeblich gesucht wurden, rücken nun plötzlich in den Bereich des Möglichen, was begreiflicherweise ängstigt, so daß der Analysand darauf mit Panik und Rückzug antwortet und an der negativen Übertragung festhält. Es ist für ihn einfacher, den Analytiker im Sinne einer Neuauflage früherer negativer Beziehungsmuster zu erleben, statt sich auf die gefährliche, unbekannte Bezogenheit einzulassen.

Lieben und Geliebtwerden erfährt in den Studien des Schizophrenieforschers Searles noch eine weitere Differenzierung. Searles macht darauf aufmerksam, daß bei vielen Menschen eine große Angst besteht, ihre Liebe werde nicht angenommen und stoße sozusagen ins Leere[9]. Es ist die Angst, sich voll Liebe zu fühlen, bei gleichzeitigem Empfinden, es sei niemand da, der diese Liebe auch willkommen heiße und annehme. Die Vorstellung, mit der eigenen Liebe nicht anzukommen, ist ebenso erschreckend wie die Vorstellung, der andere könnte einen lieben, könnte einen der Liebe würdig empfinden. Auf lange Zeit hin ziehen es deshalb die narzißtisch beeinträchtigten Analysanden vor, an der negativen Übertragung festzuhalten. Sie schützt sie vor der Angst, in Leere und Depression zu fallen, bewahrt vor der Wiederholung traumatischer Ereignisse und schirmt vor der Angst, zu lieben und geliebt zu werden, ab.

In diesem Zusammenhang sei von Frau A. und ihren Übertragungen gesprochen. Der Analysebeginn war gekennzeichnet von einem deutlichen Schwanken zwischen positiver und negativer Übertragung. In vielen Fällen nahm Frau A. meine Deutungen nicht an, blockierte und verweigerte sie. Sie signalisierte dieses «Keep Out» mit der stereotyp wiederholten Aussage: «Ich verstehe Sie nicht.» Da war dann jeweils nichts zu machen, der Selbstschutz, der sich darin äußerte, war zu respektieren. Ich war bedrohlich für sie, und es widerstrebte ihr, sich mit mir einzulassen. Sie griff mich auch bisweilen an, zeigte unverhohlene Aggression und verführte mich zu fruchtlosen Argumentierereien. Hinter all dem stand ihre Depression, die so früh in der Analyse nicht angegangen werden konnte. Die Übertragungssituation konnte sich indes auch ändern und streckenweise positiv werden. Sie ließ mich in die Nähe kommen und heischte nach emotionaler Korrektur, was ich ihr auf Grund meiner damaligen unzureichenden Erfahrung mit narzißtischen Störungen in einem zu hohen Maße gab. Diese positiven Bewertungen ihrer Person führten zu Überstimulierungen mit idealen Beziehungsphantasien. – Am Ende einer meiner Ferienabwesenheiten schrieb mir Frau A., sie könne nicht mehr in die Analyse kommen. In den darauf folgenden Sitzungen wurde diese Absicht besprochen. Dabei zeigte es sich, daß meine emotionalen Korrekturen eine Flut stimulierender Gedanken und Phantasien ausgelöst hatten, was sie stark ängstigte. Sie könnte liebenswert sein, war eine Angst. Die andere war die Vorstellung, mich zu schätzen. Sehr unangenehm war auch die Vorstellung, sie könnte mit ihrer Sympathie nicht ankommen, würde sie sozusagen ins Leere hineinsetzen.

Wohl hatten wir vorübergehend den Schleier der negativen Übertragung gelüftet und sie als Schutzmechanismus verstehen gelernt, weg war sie indes nicht, sie hielt an und wurde toleriert. Sie signalisierte, daß sich die Analysandin noch nicht vorstellen konnte, sich einen anderen Menschen nähern zu können, ohne subjektiv davon überzeugt zu sein, sie werde erneut traumatisch frustriert und verwundet.

Die negative Übertragung hatte ihren Sinn, hatte eine Funktion, sie bewahrte Frau A. vor dem unangenehmen Schwanken zwischen Grandiosität und Depression und erlaubte es ihr, die dahinterliegenden schmerzlichen Gefühle im Rahmen des Erträglichen zu halten. Im Laufe der sieben Jahre dauernden Analyse flossen die Beziehungsphantasien in den therapeutischen Prozeß ein, konnten da erlebt und durchgearbeitet werden. Dabei ging es um eine schrittweise Relativierung des überhöhten Strebens nach einem paradiesartigen Zusammenklingen mit einem anderen Menschen. Dieses Streben war bei ihr in der Mutter-Kind-Beziehung nicht optimal gestillt worden und war deshalb noch an die archetypische Intention nach Paradies gebunden. Wo Archetypisches anklingt, wird menschliches Maß überstiegen; das archetypische Element erfordert die Brechung durch menschlich-personales Erleben. Bei Frau A. machten die überhöhten Vorstellungen allmählich echter Bezogenheit zu sich und zu anderen Platz (vgl. dazu Paradiesesübertragungen und Schattenintegration, S. 247 ff.).

Der negative Animus als Schutzmechanismus

Unter Animus verstand Jung das unbewußte Männerbild in der Psyche der Frau. Es bildet das Gegenstück zur unbewußten, weiblichen Seite – der Anima – beim Mann[10].
Ein positiver Animus verleiht der Frau Schwung, Tatkraft, Inspiriertheit und Reflexionsvermögen. Negativ äußert sich der Animus in einem Zuviel an kollektiven patriarchalen Werten, die das weibliche Selbst der Frau im Ausdruck hemmen. Die narzißtische Kränkung, welche die Frau in einer patriarchal geprägten Kultur seit Jahrhunderten erfahren hat, setzt sich durch den Animus in der Seele der einzelnen Frau fort. In bezug auf den Mann kann gesagt werden, daß auch er zu stark von patriarchalen Vorstellungen bestimmt sein kann und sein Wesen an Animiertheit und Gefühlsdifferenzierung Mangel leidet, wenn seine Anima sich nicht äußern kann. Es ist deshalb durchaus auch angezeigt, von einer Animusproblematik des Mannes zu sprechen[11].
Von einem genetischen Gesichtspunkt aus ist beim narzißtisch verwundeten Menschen anzunehmen, daß das zu frühe Einbrechen patriarchaler Werte in die frühe Mutter-Kind-Beziehung zu einer stark ausgeprägten negativen Animusproblematik führt. Das heroische Element, das patriarchalen Forderungen anhaftet, bringt es mit sich, daß Schmerz und Leiden nicht

genügend gewürdigt werden und zugunsten von Tapferkeit beispielsweise verdrängt werden müssen. Das zur Anpassung neigende narzißtische Kind introjiziert in der Folge die patriarchalen Forderungen, lernt es, an seinen seelischen Schmerzen vorbeizusehen, und der erwachsene Narzißt führt diese Haltung in
der Regel ungebrochen weiter. Anpassung schützt und hilft
überleben, in diesem Sinne ist der negative Animus eine Abwehrform und kann als eine Verlassenheitsgebärde bezeichnet
werden. Die Tendenz, Man-Werte zu übernehmen, und die
Neigung zu Intellekt und Rationalität, die als Verlassenheitsgebärden verstanden wurden (S. 154 f.), können durchaus auch
als Facetten des Animus aufgefaßt werden.
Ich reihe indes die Besprechung des Animus erst hier unter die
Schutzmechanismen im Sinne des Widerstands ein, weil es mir
scheint, daß der Animus in der Analyse sowohl männlicher wie
weiblicher Analysanden mit narzißtischer Störung als patriarchaler Überbau der Persönlichkeit eine große Rolle spielt und
immer dann widerstehend-schützend in Aktion tritt, wenn sich
der Analysand bedroht fühlt.
Im einzelnen zeigt sich der negative Animus in richtenden Urteilen, kollektiven Meinungen und Soll-Forderungen. Das sind
an sich Werte, sie haben jedoch eine negative Auswirkung auf
die Psyche und die Umgebung, wenn sie nicht moduliert werden
durch gefühlsmäßige, individuelle und situative Gesichtspunkte. Fehlt diese Modulation, so tritt das individuell Wesen-
hafte zu stark in den Hintergrund, und das Bewußtsein äußert
sich allein patriarchal und dadurch einseitig.
Gerade dem narzißtisch verwundeten Menschen fällt es schwer,
generelle Meinungen und Urteile zu relativieren, ist er es doch
nicht gewohnt, seine Gefühle ernst zu nehmen und seinen
Standpunkt einzubringen. – Der negative Animus zeigt sich
sehr oft in Urteilen wie beispielsweise diesem: «Ich bin und
kann nichts.» In projizierter Form kann das Urteil auf einen
anderen Menschen fallen und ganz und gar nichts Gutes an ihm
lassen. Solche Urteile werden meist unhinterfragt geglaubt; ja,
sie werden in der Regel gar nicht bewußt wahrgenommen. Es
bedeutet deshalb bereits einen ersten Schritt in der Bewußt-
seinsdifferenzierung, sich dieser Urteile bewußt zu werden.

Werden sie erst einmal bewußt, erhält das Ich auch die Möglichkeit, etwas dazu zu sagen und das generelle Urteil in die subjektive und momentane Situation einzuordnen. – In der Analyse zeigt sich das Animusurteil darin, daß zäh an der negativen Übertragung festgehalten wird und empathischen Reaktionen des Analytikers Ablehnung entgegenkommt, wodurch damit verbundene positive Deutungen beim Analysanden gar nicht ankommen können. Außerdem wird der Analytiker oft zu Diskussionen verführt, die darauf angelegt sind, Beurteilungen und generelle Kritik auszusprechen.

Es haftet dem Animus oft etwas Gehässiges und Starres an; mit diesen Qualitäten indes signalisiert der Analysand dem Analytiker seine Bedrohung und hält so einen lebensnotwendigen Schutzmechanismus aufrecht.

Zu den ganz typischen Äußerungsformen des Animus gehören auch Mitteilungen wie die, daß die Analyse doch nichts helfe. Auch zeigt sich das Bestreben, dem Analytiker soviel Material wie möglich zuzuschieben, in der unbewußten Annahme, er habe dann eines Tages etwas damit «gemacht» und halte eine Ein-für-allemal-Lösung bereit. Dahinter steckt das patriarchal geprägte Arzt-Patient-Modell, wonach die kranke Stelle hingehalten und ein Rezept erwartet wird. Auch das ist ein Ausdruck des Schutzes, des Widerstands. Der Analysand kann es sich ganz einfach noch nicht erlauben, sich selber einzubringen. Auch fällt es ihm aufgrund der patriarchalen Animusvoraussetzung schwer, das, was in ihm vorgeht, ernst zu nehmen, zu würdigen und schließlich mitzuteilen. Er hält weite Teile seines Seelenlebens in einem Reservat zurück, dessen Grenzen gehässig verteidigt werden aus Angst, man könne hier destruktiv einbrechen.

Ich halte es für ungünstig, die negativen Animusäußerungen allein *per se* und unhinterfragt als Seite einer Persönlichkeit aufzufassen. Es scheint mir nötig zu sein, den sich im Animus äußernden patriarchalen Überbau mit dem einstigen familiären Umfeld in Beziehung zu bringen und seinen Sitz im Leben auszumachen. Auch erachte ich es für wesentlich, den Animus als Schutzmechanismus vor der latenten Depression und den Gefühlen der narzißtischen Wunde zu begreifen. Fehlt das Bemühen, ihn auch ursächlich zu verstehen, kann es bei einer bloßen Symptombekämpfung eben dieses Animus bleiben, und eine bis zur Erschöpfung führende konstante Auseinandersetzung mit der Negativität erfolgt, ohne daß eine emotionale Neuorientierung stattfindet.

Der narzißtisch verwundete Analysand kann die Destruktivität eines negativen Animus erst dann verstehen, wenn die dahinter liegende Depression ins Bewußtsein getreten ist und er sich deren Zusammenhang mit der Kindheit innegeworden ist. Eine solche Bewußtwerdung bringt indes die Begegnung mit schmerzlichen und dunklen Gefühlen mit sich. Die Fähigkeit, diese wieder zu erleben, setzt eine gewisse *Ich-Stärke* und das *Gefühl des eigenen Wertes* voraus. Eine weitere, wichtige Voraussetzung ist das *Vertrauen* in den Analytiker: Erst wenn sich der Analysand vorstellen kann, daß der Analytiker empathisch und vor allem anders als die früheren Bezugspersonen auf sein Leiden reagiert, kann er es wagen, die schmerzlichen Gefühle mitzuteilen. Ich-Stärke, Selbstwertgefühl und Vertrauen in den Analytiker sind zu Beginn einer Analyse nur rudimentär vorhanden, es ist deshalb nur zu begreiflich, wenn der narzißtisch verwundete Analysand es auf weite Strecken hin vorzieht, den negativen Animusurteilen zu glauben und sich durch sie auszudrücken, statt sich auf seine schmerzlichen Gefühle einzulassen und sie mitzuteilen. Die sich im Animus äußernden Schutzmechanismen haben ihren Wert vor allem auch darin, daß sie helfen, die Kohärenz der Persönlichkeit zu erhalten, die durch andrängende Gefühle bedroht werden könnte.

Ich möchte anschließend ein *weiterführendes Märchenbild* nennen, das deutlich macht, daß der negative Animus solange im seelischen Haushalt sein Unwesen treibt, bis das Ich an Stärke zugenommen hat, das Gefühl des eigenen Wertes konstelliert ist und der Schmerz ausgehalten werden kann.

Ich denke in diesem Zusammenhang an die Blaubart- oder Mädchenmörder-Märchen, von denen zum Beispiel die bei Grimm aufgezeichnete Version «Fitchers Vogel» gut bekannt ist. Der negative Animus tritt hier in der Gestalt eines Räubers auf. Es gelingt diesem, nacheinander drei Schwestern zu seiner Braut zu machen und sie in sein Revier zu locken. Dort übergibt er dann der jeweiligen Braut alle seine Schlüssel, verbietet ihr aber bei Todesstrafe, eine bestimmte Kammer aufzuschließen. Gleichzeitig vertraut er ihr ein Ei an, das sie gut verwahren soll. Was dann geschieht, zeigt die folgende Passage aus dem Märchen, die, nebenbei bemerkt, zu den grausigsten Märchenszenen, die es gibt, gehört:

«Das Ei verwahre mir sorgfältig und trag es lieber beständig bei dir, denn ginge es verloren, so würde ein großes Unglück daraus entstehen.» Sie nahm die Schlüssel und das Ei und versprach, alles wohl auszurichten. Als er fort war, ging sie in dem Haus herum von unten bis oben und besah alles, die Stuben glänzten von Silber und Gold, und sie meinte, sie hätte noch nie so große Pracht gesehen. Endlich kam sie auch zu der verbotenen Tür, sie wollte vorübergehen, aber die Neugierde ließ ihr keine Ruhe. Sie besah den Schlüssel, der sah aus wie ein anderer. Sie steckte ihn ein und drehte ein wenig, da sprang die Türe auf. Aber was erblickte sie, als sie hineintrat? Ein großes blutiges Becken stand in der Mitte, und darin lagen tote, zerhauene Menschen, daneben stand ein Holzblock, und ein blinkendes Beil lag darauf. Sie erschrak so sehr, daß das Ei, das sie in der Hand hielt, hineinplumpste. Sie holte es wieder heraus und wischte das Blut ab, aber vergeblich, es kam den Augenblick wieder zum Vorschein; sie wischte und schabte, aber sie konnte es nicht herunterkriegen.
Nicht lange, so kam der Mann von der Reise zurück, und das erste, was er forderte, war der Schlüssel und das Ei. Sie reichte es ihm hin, aber sie zitterte dabei, und er sah gleich an den roten Flecken, daß sie in der Blutkammer gewesen war. «Bist du gegen meinen Willen in die Kammer gegangen», sprach er, «so sollst du gegen deinen Willen wieder hinein. Dein Leben ist zu Ende.» Er warf sie nieder, schleifte sie an den Haaren hin, schlug ihr das Haupt auf dem Blocke ab und zerhackte sie, daß ihr Blut auf dem Boden dahinfloß. Dann warf er sie zu den übrigen ins Becken. (KHM 46)

Erst die dritte Braut – wir können sagen: der dritte Versuch – kann das Ei sichern und in die verbotene Kammer gehen, ohne zerstückelt zu werden. Dort erschüttert sie der Anblick der Zerstörung nicht bis in den Kern – ist doch das Ei verwahrt! Es gelingt ihr, die Schwestern zusammenzusetzen und zu neuem Leben zu erwecken. Sie hat nun Macht über den Räuber, der schließlich von den Brüdern und Verwandten der Märchenheldin übermannt wird und – in dieser Version – zusammen mit seinem ganzen Hab und Gut ein Raub der Flammen wird.

Der Umgang mit dem negativen Animus gelingt erst, wenn eine gewisse Ich-Stärke erreicht ist. Sie wird im Märchen durch den Entschluß der Heldin, das Ei nicht in die Kammer zu nehmen, dargestellt. In der Kammer sieht sie das Blutbad, das der Räuber angerichtet hat. Zu merken, wie sehr ein negativer Animus zerstückelt und bis aufs Blut quälend sein kann, erfordert ein Ich, das schmerzliche Gefühle aushält. Ferner erfordert die Überwindung des negativen Animus das Bewußtsein des eigenen Wertes, symbolisiert im Ei, das die menschlichen Möglichkeiten im Keim versinnbildlicht. Erst aufgrund dieser Gaben kann der negative Animus überführt werden, kann überhaupt eingesehen werden, in welchem Maße er destruktiv ist. Bei narzißtisch beeinträchtigten Menschen mit einer solchen Animusproblematik muß immer zuerst das Ich gestärkt, soll immer vorgängig zu anderen Integrationsschritten das Gefühl des eigenen Wertes vertieft werden.

Ich-Stärke und Selbstwertgefühl hängen vom positiven Mutterbild ab; bevor dieses nicht in der Seele konstelliert ist, erfolgt keine Wandlung des negativen Animus, höchstens eine Symptombekämpfung. Es ist in diesem Zusammenhang interessant, auf das zweite Mädchenmörder-Märchen mit dem Titel «Der Räuberbräutigam» der Grimmschen Sammlung hinzuweisen. Die Wandlung in diesem Märchen ist entscheidend abhängig von einer guten Alten, die dem Räuber den Haushalt besorgt. Als die erste Braut zum Räuber kommt, erzählt das Märchen:

«Ach, du armes Kind», antwortete die Alte, «wo bist du hingeraten! Du bist in einer Mördergrube. Du meinst, du wärst eine Braut, die bald Hochzeit macht, aber du wirst die Hochzeit mit dem Tode halten. Siehst du, da hab ich einen großen Kessel mit Wasser aufsetzen müssen, wenn sie dich in ihrer Gewalt haben, so zerhacken sie dich ohne Barmherzigkeit, kochen dich und essen dich, denn es sind Menschenfresser. Wenn ich nicht Mitleiden mit dir habe und dich rette, so bist du verloren.» (KMH 40)

Und so ist es mutatis mutandis mit allen narzißtisch gestörten Menschen: liegt nicht Mitleiden – Empathie – mit sich selber vor, was ein Ausdruck des positiven Mutterarchetypus ist, so ist bei der Wandlung der narzißtischen Problematik noch nichts gewonnen. Der negative Animus nimmt in seiner Effektivität nur in dem Maße ab, wie die Mütterlichkeit zu sich selber zunimmt. Die Konstellation des positiven Mutterarchetypus bedeutet aber auch: sich selber fühlen, das Leiden annehmen können, was für den narzißtisch versehrten Analysanden auf lange Zeit hin nicht möglich ist.

## Würdigung der schützenden Haltungen

Die dargestellten schützenden Haltungen müssen auf genetischem Hintergrund gewürdigt werden. So gesehen, bedeuten sie eine Reflexion des Ringens des Kindes mit einer verständnislosen, das heißt emotional verlassenden Umgebung und sind Ausdruck der richtigen Einschätzung der Verwundbarkeit des Analysanden. Das Widerstandkonzept, wie es Jung im Sinne von Schutzmechanismen entworfen hat, kann deshalb nicht ernst genug genommen werden. Im Aufsatz «Ziele der Psychotherapie» und in der Schrift «Psychologie der Übertragung» äußert sich Jung sehr deutlich über den Widerstand. Er respektiert ihn und empfindet ihn als Wegweiser bei der Behandlung. Da sich Jung als Begleiter seiner Patienten verstand, war er in den meisten Fällen geneigt, ihnen weitgehend die Führung zu überlassen, und meinte, «daß der Arzt es nicht notwendigerweise besser weiß als der Patient, resp. dessen seelische Beschaffenheit»[12]. Widerstände dürfen nicht leichtsinnig eingerannt werden, sie haben ihre Funktion, die Jung wie folgt beschreibt:

«Solche Widerstände haben ihren guten Sinn und eine tiefe Berechtigung und dürfen daher unter keinen Umständen mit Überredung und sonstigen Gewinnungsmethoden überrannt werden. Auch sollen sie nicht verkleinert, entwertet und lächerlich gemacht, sondern ernst genommen werden als vital wichtige Schutzmechanismen gegen oft schwer zu bewältigende übermächtige Inhalte. Im allgemeinen dürfte die Regel gelten, daß *die Schwäche des bewußten Standpunktes proportional der Stärke des Widerstandes* ist. Wo daher starke Widerstände vorhanden sind, muß zuvor der bewußte Rapport mit dem Patienten sorgfältig beobachtet und sein bewußter Standpunkt gegebenenfalls dermaßen geschützt werden, daß man sich selber angesichts der später eintretenden Wendung nicht der ärgerlichsten Inkonsequenz zeihen müßte. Dies muß darum geschehen, weil man nie zu sicher sein darf, daß die Bewußtseinsschwäche des Patienten dem nachfolgenden Ansturm des Unbewußten auch gewachsen ist. Ja, man hat mit der Stützung des bewußten (nach Freud «verdrängenden») Standpunktes so lange fortzufahren, bis der Patient spontan das «Verdrängte» herankommen lassen kann.»[13] (Hervorhebung durch Jung)

In einem weiteren Sinne gehören zu den schützenden Haltungen nicht nur die Widerstände, sondern auch die abwehrenden Charakterstrukturen der Verlassenheitsgebärden und der Sehnsuchtsgesten (s. S. 151–174). Wenn nachfolgend von der Würdigung der *schützenden Haltungen* die Rede ist, so werden darunter jene im engeren (Widerstand) und weiteren Sinne (Abwehrformen) verstanden.

Alle schützenden Haltungen haben den Zweck, das Leiden zu bannen. Sie sind als kreative Ich-Leistungen im Sinne des Überlebens zu werten und haben die Funktion, den fragilen Zusammenhalt der narzißtischen Persönlichkeit zu gewährleisten. Differenziert betrachtet, bedeutet die Ferne vom Leiden einen großen Abstand von den emotionalen Facetten der narzißtischen Wunde, wie Verlassenheit, Leere, Trauer, Ohnmacht, Angst, Wut, Neid und Haß. Darüber hinausgehend schließt die genannte Ferne auch die Entfernung vom Selbst ein und bedeutet letztlich Selbstentfremdung. Es besteht also eine zweifache Dissoziation: von der narzißtischen Wunde und vom Selbst als ureigenstem Wesen.

Die Wunde zu spüren, sie wieder zu erleben, würde das Aufgeben all dessen bedeuten, was bis anhin überleben half, hieße auch Regression und Abhängigkeit vom Analytiker. Der Analysand müßte sich auf die Tragfähigkeit des Analytikers einlassen und ihm vertrauen. Ein solcher Schritt bedeutet für den narzißtisch verwundeten Menschen, der nicht auf frühere Vertrauenserfahrungen zurückgreifen kann, ein Wagnis, einen Schritt ins Leere. Es ist deshalb nur zu verständlich, daß der Analysand lange Zeit – manchmal Jahre – davor zurückschreckt und sich weiterhin mit den altbewährten Haltungen schützt[14]. Der Rückgriff auf einstige traumatische Ereignisse und die damit verbundenen Emotionen, das Wiederformulieren der damit verknüpften Sehnsüchte ist synonym mit Regression. Bekanntlich bergen Regressionen auch Gefahren, die nicht unterschätzt werden dürfen. Setzt sich in der Regression von Innen nichts Gestaltendes entgegen und ist die Ich-Schwäche derart, daß die Inhalte nicht assimiliert werden können, so ist das Ich durch das Andrängen starker Gefühle und überwältigender Emotionen bedroht, manchmal gar gefährdet[15].

Ein gutes Beispiel für eine gelungene Regression gibt Wilke in seinem Artikel «Die Bedeutung des Widerstandskonzeptes für die Behandlung Depressiver». Dabei wird auch sehr deutlich gemacht, wie lange es dauern kann, bis Leid und Sehnsucht formuliert werden können:

«Eine Frau in monatelanger schwerer, mutistischer Depression formte in diesem Zustand aus grauer Knetmasse ein Paar Hände, zusammengelegt, als wollte man damit Wasser schöpfen. Jahre später konnte sie ihre tiefe Sehnsucht formulieren, Hände zu haben, in die sie ihr Gesicht legen dürfte. Als Kind konnte sie nämlich in ihrer Not und Verzweiflung nur zum Hofhund in die Hundehütte kriechen. Es dauerte noch sehr lange, bis sie eine rituelle Handlung erfand und es wagte, in einigen sehr verzweifelten Situationen mit großer Angst und Scheu ihr Gesicht für wenige Sekunden in meine Hände zu legen.»[16]

Jeglicher Tendenz zu aktivem, effektivem Eingreifen seitens des Analytikers, schnell zur Wunde vorzustoßen, ist mit größtem Mißtrauen zu begegnen.

Lange Zeit kann das Leid (und die Sehnsucht, die damit verbunden ist) nicht gesagt werden; es ist namenlos und verbal nicht formulierbar. Wie die Gänsemagd im gleichnamigen Grimmschen Märchen kann der narzißtisch verwundete Analysand sein Leid nicht mitteilen. Auf die Frage des Königs, was denn ihr Leiden sei, antwortet die Gänsemagd: «Das darf ich Euch nicht sagen und darf auch keinem Menschen kein Leid klagen, denn, so hab ich mich unter freiem Himmel verschworen, weil ich sonst um mein Leben gekommen wäre.» (KHM 89) Dieses unendliche Leid kann nur dem Ofen geklagt werden. Da allerdings hört es der König, und die Verwicklung findet ein gutes Ende. Die Klage an den Ofen ist kein fauler Trick, sondern Ausdruck der Scham und der Unendlichkeit des Leidens. – In meiner Praxis erfuhr ich es wiederholt, daß da, wo der einstige Schmerz beginnt formulierbar zu werden, die Menschen große Scham empfinden und sie es nicht ertragen, gesehen zu werden. Sie möchten sich verhüllen oder aus einer Ecke des Zimmers sprechen, um dem Ausgesetztsein zu entgehen. Selbstverständlich wird das in der Analyse auch respektiert. – Eine Untersuchung der in Paris lebenden Psychoanalytikerin Claudine Vegh trägt den Titel «Ich habe ihnen nicht auf Wiedersehen gesagt» und befaßt sich mit den Schicksalen von Menschen, deren Eltern während der Nazizeit deportiert worden waren und nie mehr zurückkehrten. In den gewährten Interviews über die vierzig Jahre zurückliegenden Ereignisse zeigte es sich, daß die Erzähler in irgend einer Weise Schutz suchten, um dem Zuhörer nicht direkt ausgesetzt zu sein. Sie sprachen leise und mit abgewandtem Gesicht, wünschten Dämmerlicht im Zimmer und äußerten große Scham. Frau Vegh, die übrigens ein ähnliches Schicksal erlebt hatte, schreibt darüber:

«Meist saßen sie nur auf der Hälfte ihrer Sitzgelegenheit, kauerten sich häufig ganz in sich zusammen. Sie rutschten mit dem Stuhl hin und her, je nachdem, wie stark die Anspannung war oder wie heftig sie die Angst und der Schmerz, der sich mit fast allen Erinnerungen verband, heimsuchte. Am Ende der Unterhatung war es bei fast allen so, daß sie mir inzwischen den Rücken zugekehrt hatten. Immer wandten die Befragten den Blick von mir ab zum Fenster.
‹Es ist zu hell hier›, war eine Bemerkung, die häufig gemacht wurde, obwohl schon zu Anfang Vorkehrungen getroffen worden waren, die uns praktisch in einem Halbdunkel sitzen ließen.
Die Unterhaltungen waren in Wirklichkeit lange Monologe der einzelnen Personen mit sich selber. Ich war da, aber sie nahmen mich bereits nach kurzer Zeit kaum noch wahr. Ihre Stimme klang meist wie die eines Roboters, eintönig, unbeteiligt, abgehackt. Das Gesicht war starr, leer, so, als sprächen sie von jemand anderem, den sie gar nicht kannten . . .»[17]

Trotz aller vorbereitender Brückenleistungen zwischen dem Analysanden und seinem Analytiker und einer Reihe von verläßlichen Erfahrungen bleibt die Enthüllung des Schmerzes und der Sehnsucht ein Wagnis, ein Schritt ins Leere. Dabei wird die leiseste Veränderung zum Guten letztlich als bedrohend erlebt, weil die vertrauten, selbstentfremdenden, jedoch Ich-erhaltenden Strukturen zusammenzubrechen drohen, ohne daß das Vertrauen auf neue Möglichkeiten schon entscheidend gewachsen wäre.

Die Leere bedeutet letztlich den unbelebten positiven Mutterarchetypus, die Vakanz guter Muttererfahrung und den Mangel an mütterlichen Haltungen sich selber gegenüber. Das mit «Aschenputtel» verwandte Märchen «Einäuglein, Zweiäuglein und Dreiäuglein» stellt die Konstellation des negativen Mutterarchetypus und den Schritt ins Leere trefflich dar. Zweiäuglein, die Märchenheldin, lebt verachtet und verstoßen unter der Regie einer bösen Mutter. Außerdem wird seine schwierige Lage durch die beiden eitlen Schwestern verschärft. Die eine hat bloß ein Auge auf ihrer Stirn, die andere deren drei. Auf diese Absonderlichkeit bilden sie sich viel ein und lachen die normale, zweiäugige Schwester aus. In den Schwestern kann die grandiose Abwehr, eine Sehnsuchtsgeste, gegen die narzißtische Verwundung, deren Trägerin Zweiäuglein ist, gesehen werden. Zweiäuglein entbehrt jeder Hilfe und jeglicher positiven Mütterlichkeit. Die gute Mutter wird jedoch in dem Moment konstelliert, in dem Zweiäuglein seinen Schmerz nicht mehr erträgt, ihn nicht mehr durch Grandiosität bändigt und zu weinen beginnt. Genau in diesem Augenblick ist die positive Mütterlichkeit konstelliert, tritt sie im Märchen auf in Form einer guten Frau. Den Schmerz ausdrücken, ohne jegliche Sicherung, daß er auch gehört wird, und ohne sich verlassen können auf frühere Erfahrung, bedeutet, ihn ins Leere hineinsagen. Die entsprechende Stelle des Märchens lautet:

«Es trug sich zu, daß Zweiäuglein hinaus ins Feld gehen und die Ziege hüten mußte, aber noch ganz hungrig war, weil ihm seine Schwestern so wenig zu essen gegeben hatten. Da setzte es sich auf einen Rain und fing an zu weinen und so zu weinen, daß zwei Bächlein aus seinen Augen herabflossen. Und wie es in seinem Jammer einmal aufblickte, stand eine Frau neben ihm, die fragte: ‹Zweiäuglein, was weinst du?› Zweiäuglein antwortete: ‹Soll ich nicht weinen? Weil ich zwei Augen habe wie andre Menschen, so können mich meine Schwestern und meine Mutter nicht leiden, stoßen mich aus einer Ecke in die andere, werfen mir alte Kleider hin und geben mir nichts zu essen, als was sie übriglassen. Heute haben sie mir so wenig gegeben, daß ich noch ganz hungrig bin.› Sprach die weise Frau: ‹Zwei-

205

äuglein, trockne dir dein Angesicht, ich will dir etwas sagen, daß du nicht mehr hungern sollst.›» (KHM 130)

Erst im Moment, wo sich die Heldin des Schmerzes bewußt wird und auf die schützenden Haltungen, dargestellt in den grandiosen Schwestern, verzichten kann, ist Hilfe da. Daß Hilfe kommt, weiß der narzißtisch verwundete Analysand nicht, und es dauert deshalb sehr lange, bis der Schmerz geäußert wird. Winnicott umschreibt die schützenden Haltungen mit dem Begriff des «falschen Selbst» und meint dazu, daß der Analytiker sehr lange Zeit über das falsche Selbst mit dem wahren Selbst kommuniziere. Das falsche Selbst vergleicht er mit einer Kinderschwester und vertritt die Auffassung, daß erst dann, wenn die Kinderschwester den Analytiker mit dem kranken Kind allein lasse und dieses fähig ist, die Situation zu ertragen, die Analyse wirklich beginnen könne[18].

Es ist aufschlußreich zu sehen, daß im Märchen die schützenden Haltungen ebenfalls respektiert werden. Die grandiosen Schwestern Zweiäugleins werden nicht in der direkten Auseinandersetzung überwunden, vielmehr werden sie im Maß der zunehmenden Stärke Zweiäugleins depotentialisiert. Traditionellerweise sprechen wir bei solchen Figuren vom Schatten. Ich ziehe es vor, von schützenden, aber *in den Schatten stellenden* Haltungen zu sprechen. Sie verschwinden nicht durch ein moralisierendes Eingreifen, sondern verlieren sich, wenn das Ich eine gewisse Autonomie erreicht hat.

In entsprechenden Märchen mit männlicher Heldenfigur, wie beispielsweise im bereits genannten litauischen Märchen «Die Prinzessin, die in einen Wurm verwandelt war» (S. 106 ff.), werden die klugen, angepaßten Brüder, welche die Persona symbolisieren, nicht angeklagt. Sie erfahren Respekt und werden sogar in das neue Königreich des Dummlingshelden mitgenommen.

Ich habe in diesem Kapitel explizit und implizit zum Ausdruck gebracht, daß ich es für den narzißtisch verwundeten Analysanden in einem heilenden Sinne für wesentlich erachte, daß er zu seiner Wunde hingeführt werde, er die damit verbundenen Gefühle wieder erleben, sie äußern und mit einem anderen Menschen teilen kann.

Reinigende Aussprache als Heilmittel? Katharsis also? Selbstverständlich kann von einem solchen Heilmittel im Sinne eines Rezepts nicht die Rede sein. Die Wege, die ein Mensch in bewußter Absicht und unbewußtem Geführtwerden geht, sind verschlungen, unübersichtlich und oft rätselhaft. Versteift sich der Analytiker darauf, den Analysanden dahin bringen zu wollen, so geht er nicht begleitend mit, sondern verfällt einer Idee, die er zu einem Ideal macht. Ideen und Ideale, selbst wenn sie aus fruchtbaren Erfahrungen gewonnen worden sind, bedeuten jedoch bei jedem neuen Analysanden nichts mehr als Wegweiser. Will der Analytiker mehr als grundsätzlich offen sein für den Schmerz und das Leid seines Analysanden, so kann es leicht geschehen, daß sich ein gewisser sadistischer Zug einschleicht, der ihn geneigt macht, sein Gegenüber in Unterwerfung zu führen und es der unausgesprochenen Forderung aussetzt, Schmerz müsse um jeden Preis geäußert werden. Ein solcher Druck ist nicht von Gutem, denn der narzißtisch versehrte Analysand muß der richtigen Einschätzung seiner Verwundbarkeit treu bleiben können und wissen, daß er in dieser Hinsicht mit seinem Analytiker verbündet ist. Er braucht den Analytiker als Begleiter, Wegweiser bisweilen, aber nicht als einen, der ihn vorauswissend am Ziel erwartet.

## Die therapeutischen Haltungen

### Das Märchenbild

Von größter Bedeutung für die Erlösung und Wiederangliederung des verwunschenen Seelenteils – symbolisiert durch die Raben im Glasberg – ist im Märchen die Gabe des Morgensterns. Dieser Stern gibt der Heldin ein Hühnerknöchelchen, mit dem sie den Glasberg aufschließen kann. Die entsprechende Stelle lautet:

**(. . .) und der Morgenstern stand auf und gab ihm ein Hinkelbeinchen, «wenn du das Beinchen nicht hast, kannst du nicht in den Glasberg kommen, und in dem Glasberg da sind deine Brüder!»**

Der Morgenstern ist wie der Abendstern die Venus, ihr entsprach im alten Griechenland die Liebesgöttin Aphrodite. Im Christentum bedeutet der Morgenstern Jesus-Christus (2. Petr. 1,19) und vereinzelt die heilige Jungfrau Maria als «stella matutina»[1]. Die Gabe des Sterns kann demnach als eine Gabe der Liebe verstanden werden.

Narzißtisch verwundete Menschen kennen wenig liebendes Verständnis für sich selber; sie fühlen sich in der Tiefe ungeliebt und neigen dazu, dieses Grundgefühl durch negative Animusurteile zu vergrößern. Sie sind also in einem besonderen Maße auf die Gabe der Venus angewiesen. Da sie sich selber Liebe nicht geben können, suchen sie sie vor allem im Außen und erwarten sie von anderen Menschen. Es handelt sich dabei letztlich um die Suche nach Mutter, was gleichbedeutend ist mit dem Streben nach Daseinsberechtigung und Entfaltungsmöglichkeit. Auch in der Analyse erwartet der narzißtisch beeinträchtigte Analysand die volle Liebe seines Analytikers. Da dieser dem Analysanden die einst ermangelte Liebe nicht einfach ersetzen kann, stellt sich die Frage, ob es therapeutische

Haltungen gibt, die besser als andere geeignet sind, dem narzißtischen Analysanden die Liebe zu sich selber vermitteln zu helfen. Dieser Frage sei nun nachgegangen.

## Mutterspezifische und vaterspezifische Haltungen

Therapeutische Haltung ist grundsätzlich Bezogenheit, ist unvoreingenommene Wahrnehmung des seelischen Prozesses mit den entsprechenden Einstellungen des Verstehens, Hegens und Haltens. Zu diesen vornehmlich weiblichen und wachstumsfördernden Medien gesellen sich, vor allem in Hinblick auf eine finale Betrachtungsweise des psychischen Prozesses, Ausrichtungen, die väterlich beziehungsweise erzieherisch zu nennen sind.

Die finale Betrachtung stellt die Frage nach dem Wohin und dem Wozu psychischer Abläufe. Kümmert man sich in der mütterlichen Haltung mehr um die Ursachen, so hat man in einer väterlichen Haltung eher das Ziel im Auge (auch hier verstehen wir «väterlich» und «mütterlich» nicht geschlechtsspezifisch, sondern als Eigenschaften, die sowohl der Mann als auch die Frau aufweisen können).

Bei der vaterspezifischen Haltung handelt es sich im besten Sinne um eine bezogene Führung auf ein Ziel hin, handelt es sich, vom Kind aus gesehen und bildlich gesprochen, um die Vaterhand, in die das Kind vertrauensvoll seine Hand legt und so schrittweise in die Welt geleitet und seiner Autonomie zugeführt wird. Die mutterspezifische Haltung orientiert sich an der Mutter-Kind-Beziehung und erscheint eingebunden in die Vorstellung einer Mutter, die ihr Kind auf dem Arm trägt. Grundsätzlich kann gesagt werden, daß in der Praxis beide Haltungen erforderlich sind; die mutterspezifische, die am Mutter-Kind-Modell gewonnen wurde, und die vaterspezifische, die sich vom Vater-Kind-Modell ableiten läßt.

Der in seiner Selbstliebe gestörte Mensch beginnt sein Leben mit einem Defizit an mutterspezifischen Medien. Dieser Mangel führt ihn sehr oft zu einer zu starken Übernahme von vaterspezifischen Haltungen, was der Persönlichkeit einen patriarchalen Überbau verleiht und Ausdruck einer Animusproblematik ist, die bei Mann und Frau gleichermaßen anzutreffen ist (s. S. 195 ff.). Dahinter verschwinden das weibliche Selbst der Frau und die Anima des Mannes.

Die vaterspezifischen Haltungen, die Narzißten angenommen haben, sind in der Regel in dem Sinne negativiert und verzerrt, daß vor allem strenge Soll-Forderungen und ein ausgeprägtes Leistungsstreben im Vordergrund stehen. Gewohnt, Erwartungen aus Pflicht und nicht aus Freude zu erfüllen, zeigt der narzißtisch verwundete Mensch eine ausgeprägte Tendenz, stets herausfinden zu wollen, was er falsch machte, um es in Zukunft besser zu machen. Dabei ist das Falsche jenes «Falsche», das die Eltern einst tadelten und weswegen sie unter Strafandrohung eine veränderte Einstellung forderten. Um dieses Verhalten auf eine Kurzformel zu bringen, kann man sagen, der narzißtisch Gestörte handle nach dem Prinzip des *wenn – dann*. Nach dieser Formel nimmt er auch die Aussagen seines Analytikers auf, das heißt, er münzt z. B. Vorschläge gleich um in ein «wenn ich dieses oder jenes mache, dann rächt sich das», oder: «wenn ich das oder jenes mache, dann werde ich geliebt». In der Analyse zeigt sich dieses Verhalten auch daran, daß der Analytiker verführt wird, vaterspezifische Haltungen einzunehmen oder Berichte, die der Analysand in diesem Sinn und Geist vorgetragen hat, zu bejahen.

So kommentierte ein Analysand seine Rückzugstendenzen einst mit der vaterspezifischen Aussage: «Ich ziehe mich immer zurück und sollte doch endlich lernen, unter die Leute zu gehen!» Dabei ging er von der Feststellung aus, etwas falsch zu machen, und knüpfte daran die Zielvorstellungen, es in Zukunft besser machen zu müssen. Mutterspezifisch würde man eine solche Rückzugstendenz wohl eher mit der Frage angehen, wie es wohl komme, daß man sich immer zurückziehe. So stehen nicht die Soll-Forderungen im Mittelpunkt, sondern Hemmungen und Ängste, die ein empathisches Verstehen notwendig machen. Entlang einer mütterlichen Haltung dem Phänomen gegenüber könnte sich dann allmählich eine verständnisvolle Sicht auf sich selber ergeben, die es dem Analysanden mehr und mehr erlaubt, die Blockaden zu überwinden und die Rückzugstendenz abzubauen.

Mit der «Wenn – dann»-Denkart geht die lebenslängliche Hoffnung einher, es doch wenigstens einmal recht zu machen, um dann bejaht zu werden. Damit verbunden sind außerdem Angst und ein kleingläubiger Geist der Berechnung; wenn wir an die primären Schuldgefühle denken, ist dies einfühlbar. Es geht dem narzißtischen Analysanden in seiner «Wenn–dann»-Haltung nicht in erster Linie darum, die Analyse *für sich* fruchtbar zu machen, sondern unbewußt darum, die Analyse so zu gebrauchen, daß er beim Analytiker in einem guten Licht erscheint. Dazu gehört auch die Aneignung der theoretischen Voraussetzungen des Analytikers und das Streben, sich entsprechend selber zu analysieren. Ganz besonders deutlich wird dieses Verhalten beim Schattenkonzept der Analytischen Psychologie, das narzißtisch verwundete Analysanden oft mit einer gewissen masochistischen Genüßlichkeit auf sich anwenden. Beginnt ein Analysand in dieser Weise seine Schattenanteile aufzuspüren und aufzulisten, so kann das für den Analytiker ein Signal dafür sein, daß sein Analysand unbewußt der Negativität verfallen ist und es sich nicht um eine förderliche Auseinandersetzung mit dem Schatten handeln kann. Schließlich ist dieses Verhalten auch dadurch bedingt, daß der Analysand eine fordernde Elternfigur auf den Analytiker überträgt. Kommt die Rede in der Analyse auf den Schatten, so geht es meistens darum, dem narzißtisch verwundeten Analysanden zu helfen, aus der Beschattung herauszukommen und sich bejahen zu lernen.

Der narzißtische Analysand paßt sich in der Analyse nicht allein den theoretischen Voraussetzungen seines Analytikers an, ganz allgemein versucht er, sich in dessen Denkmuster und Weltsicht einzufügen und macht sich dadurch verfügbar. Eine Analysandin machte sich folgende Gedanken über ihre Analysehaltung:

«Wenn ich es jetzt bedenke, ist meine Analysehaltung so: also ich komme brav und pünktlich zur Stunde und stelle mich Ihnen zur Verfügung. Analysieren Sie, machen Sie mit mir, was Sie wollen. Ich kann nur so funktionieren, ich habe nur das erlebt, daß man sich im Namen Christi ‹gottverdeckel› zur Verfügung zu stellen hat. Ich kann nichts anfangen, ich kann nichts sagen, ich weiß ja nicht, was Sie wollen. Was wollen Sie hören, was soll ich sein?»

Diese Verfügungstendenz kommt einer *Lernhaltung* gleich; auch hier ein patriarchaler Zug! Der Narzißt will lernen und fühlt sich desorientiert, wenn ihm keine Belehrung geboten wird. Ohne eine solche ist er auf sich selber zurückgeworfen, muß einen Standpunkt einnehmen und Mut zur Autonomie zeigen; all das macht Angst und ist ungewohnt, weil einst gar nicht erlaubt. Sind wir da als Analytiker zu wenig aufmerksam, kann sich ein gut funktionierendes Lehrer-Schüler-Verhältnis einschleifen. Das mag zwar beiden schmeicheln, geht aber an der Wahrnehmung der narzißtischen Verwundung des Analysanden vorbei.

Die narzißtische Verwundung ist eine Frühstörung, zu ihrer Vernarbung benötigt sie ein mutterspezifisches, wachstumsförderndes Medium. Für die Therapie bedeutet das, daß es für den Analysanden förderlich ist, ihm vermehrt mit mutterspezifischen, statt mit vaterspezifischen Haltungen zu begegnen. Die Mutter-Kind-Interaktion ist dadurch gekennzeichnet, daß die Mutter auch dann die Bedürfnisse des Kindes erkennt und zu erfüllen trachtet, wenn das Kind sie (noch) nicht verbal äußern kann. Mütterliche Haltung im therapeutischen Rahmen hat deshalb sehr stark mit dem, was ich als das *Lauschen* bezeichnen möchte, zu tun. Lauschen kommt einem Fühlen, Merken und Spüren gleich, das sich nicht allein von der Oberfläche der Dinge bestimmen läßt, sondern vor allem von dem, was «zwischen den Zeilen» sichtbar wird.

Als Modellbeispiel denke ich an das Bauchweh kleiner Kinder. Kindern fehlen die wohlabgegrenzten Worte, um ihr Miß- und Unbehagen ausdrücken zu können. Sie sagen sehr oft einfach, sie hätten Bauchweh, was bekanntlich auch alles andere in seelischer und körperlicher Hinsicht bedeuten kann. Die lauschende Haltung der Mutter ist nun jene Hinwendung zum Kind, die es ihr erlaubt herauszufinden, was fehlt. Sie kann sich dabei nicht allein auf die verbale Äußerung verlassen, sondern muß das Gesamt des Kindes wahrnehmen und sich empathisch einfühlen. Aus dieser mütterlichen Haltung des Lauschens ist denn auch unsere therapeutische Haltung abzuleiten. Diese ist durch *Empathie* gekennzeichnet, die Kohut als die «Fähigkeit» definiert, «mittels stellvertretender Introspektion zu wissen, was das Innenleben des Menschen ist, was wir selbst und andere denken und fühlen».[2]

Die genannte stellvertretende Introspektion verstehe ich auch als ein *Gefühle-Leihen*. Bekanntlich leidet die narzißtisch verwundete Persönlichkeit an einer Gefühlsdefizienz, nicht so sehr im Bereich der Einfühlung in andere Menschen als in bezug auf sich selber. Der Narzißt kann sich selber schlecht fühlen und verfügt über eine nur rudimentäre Selbstwahrnehmung[3]. Stellvertretend und unter Einbezug aller zu einem Zeitpunkt möglichen Informationen, die wir als Analytiker vom Analysanden bekommen, müssen wir unseren Gegenübertragungsgefühlen besondere Aufmerksamkeit schenken. Meist sind die Gefühle, die wir auf diese Weise wahrnehmen, «synton»[4] zu verstehen. Das bedeutet, daß unsere Gefühlsreaktionen nicht nur mit uns zu tun haben, sondern auch Ausdruck sind für die unbewußte Situation im Analysanden. In der syntonen Gegenübertragung nehmen wir noch unbewußte Gefühle im Analysanden auf. Indem wir uns ihrer bewußt werden, erhalten diese Gefühle die Möglichkeit, angesprochen zu werden, um dann vom Analysanden allmählich integriert werden zu können (vgl. Bpl. S. 214 f.).

Praktische Beispiele

Anhand von Beispielen aus der Praxis sollen nun einige typische Situationen mit narzißtisch verwundeten Analysanden besprochen werden. In allen Vignetten aus der Analyse wird es sich zeigen, daß der narzißtische Analysand sich wenig selber einbringt. In einer grandiosen Weise geht er über die Dinge hinweg, depressiv hüllt er sich in Schweigen über das, was ihn wirklich angeht. Seine mangelnde Gefühlsdifferenzierung für das, was ihn selber betrifft, und die Kindheitsamnesie machen ihn besonders auf einen empathischen Therapeuten angewiesen. Nur das bezogene Verständnis seiner Person versetzt ihn allmählich in die Lage, sich selber in einer verstehenden Weise zu begegnen.

Der narzißtisch verwundete Analysand hat, wie bereits erwähnt, einen schlechten Zugang zu seinen Gefühlen. Wenn er sie jedoch einbringt, so *beurteilt er sie meist aus der Warte seiner früheren Bezugspersonen.* Ein junger Mann, der bereits einige Zeit bei mir in Analyse war, bedrängte mich durch seine unbezogenen Fragen, auch nahm er in einer mir unangenehmen Weise wahr, was auf meinem Schreibtisch lag und fügte Bemerkungen hinzu. Ich fühlte mich wie unter einem Zwang zu antworten, fühlte, daß er in mich eindrang und Grenzen überschritt. Da mir ähnliche Fragen bei anderen Analysanden nicht in derselben Weise unangenehm waren, begann ich dem Phänomen mehr Aufmerksamkeit zu schenken, und thematisierte es in der Analyse. Schnell und ohne sich Zeit einzuräumen, sagte er, es sei wohl sein Schatten, ein voyeuristischer Schatten. Das war aber nur ein Kürzel und keine Deutung, die rasche Antwort hatte den Zweck, mich gnädig zu stimmen. Ich hätte das nun annehmen können, das wäre aber eine Deutung per se des Schattens gewesen ohne Einbezug der genetischen Wurzel. Wir erweiterten in der Folge unsere Aufmerksamkeit, wobei es sich zeigte, daß Selbstanklage in seiner Familie sehr geschätzt gewesen war. Fehler mußten, noch ehe deren Bedeutung klar war, sofort gestanden werden. Wie sah die Angelegenheit nun wirklich aus? Ich besann mich auf meine Gegenübertragungsgefühle und fragte ihn, wie er sich angesichts seines Vaters denn jeweils gefühlt habe. Ja, sagte er, der Vater sei sehr eindringend gewesen, er hätte die Kinder ständig beobachtet und sogar beim Rodeln vom Balkon aus mit dem Fernrohr nach ihnen geschaut, um ihnen nachher ihre Unartigkeit vorzuhalten. Er meinte nun, sein voyeuristischer Schatten könne als der Vater in ihm bezeichnet werden. Doch auch in einer solchen Deutung sind die Gefühle noch nicht berücksichtigt. – In der weiteren Auseinandersetzung mit dem Thema ergab es sich dann, daß er sich vor seinem Vater gefürchtet hatte. Es tauchten Gefühle der Ohnmacht und Wut auf, er fühlte sich damals ständig unter Geständniszwang. Diese Gefühle nun liefen meinen Gegenübertragungsgefühlen parallel. Hätte ich diese nicht kritisch wahrgenommen, wäre es wohl kaum möglich gewesen, sich in die Gefühlswelt des Analysanden einzufühlen und die Gefühle auch mit dem Kind in ihm zu verbinden. Die Gefühle der Ohnmacht, der Wut waren ihm zwar als aktuelle Empfindungen gegenüber jeglicher Art von Institution vertraut. Die Verbindung zum einstigen Kind war aber unterbrochen, und ich mußte ihm gewissermaßen meine Gefühle leihen, damit er sie in sich orten konnte. In seinem voyeuristischen Benehmen mir gegenüber hatte er mir Aufschluß über seine Kindheitserfahrung gegeben. Er hatte mir in einer *Umkehrreaktion* gezeigt, wie man mit ihm umgegangen war. Mit der Wahrnehmung dieser Gefühle war ein kleiner Schritt bezüglich der Verarbeitung des Vaterkomplexes geleistet worden.

Es ist bei solchen Kurzdeutungen der Analysanden außerordentlich wichtig, daß der Analytiker dem Analysanden Raum zur Selbsterfahrung einräumt und nicht unbesehen scheinbar richtige Deutungen akzeptiert. Solche Deutungen sind meist aus der Warte früherer Bezugspersonen ausgesprochen. Akzeptieren wir sie, so bleibt die narzißtische Selbstentfremdungsproblematik bestehen und der Analysand hat sich einmal mehr angepaßt.

Das folgende Beispiel zeigt, wie sehr wichtig es ist,. daß dem narzißtisch verwundeten Analysanden *Freiraum zur Reflexion* eingeräumt wird. Wie Jung betont, ist es wesentlich, daß der Therapeut dem «andern Gelegenheit gebe, sein Material möglichst vollständig darzustellen, ohne ihn durch ‹seine› Voraussetzungen zu beengen»[5].Es ist indes nicht einfach, dem Analysanden Freiraum einzuräumen, da er uns verführt, diesen zu übergehen. – So bat mich einmal ein Analysand, ob er die Rechnung später zahlen könne. Wir besprachen die Angelegenheit, denn ich wollte nicht zur «bösen» Analytikerin werden, die nichts gestattet, wie einst seine Mutter, andererseits wollte ich seine, wie mir zunächst schien, etwas nachlässige Einstellung nicht unterstützen. Der Analysand brachte nun vor, er bezahle alle seine Lieferanten später, was er dann sofort so interpretierte: «Ja, der Herrensohn, der Verwöhnte in mir macht das, ich will wahrscheinlich speziell bedient sein.» Das war die Deutung, die er gab, sie lag aufgrund der Kenntnis seiner Biographie eigentlich auf der Hand. Ich war versucht, sie anzunehmen, schien er mich doch auch unter die Lieferanten einzustufen, was mich leicht irritierte. Nun war dem aber gar nicht so. Mit der Aufschiebung von Bezahlungen schaffte er sich nämlich Freiraum. Zahlte er später, so konnte er länger über das Geld verfügen, hatte er (und nicht der Rechnungssteller) die Wahl. – Geld war stark verbunden mit seiner Mutter, die, sehr vermögend, ihren Sohn finanziell außerordentlich kurz hielt, weil er sein Leben nicht nach ihren Vorstellungen gestaltete. Sobald er aber einen Schritt in ihre Richtung tat, überhäufte sie ihn mit Geldgeschenken. Auf diesem Hintergrund war Geld ein Köder, dem mütterlichen Machtbereich zu verfallen. Sein spätes Zahlen war eine unbewußte, kreative Ich-Leistung, sich aus dem mütterlichen Gefängnis herauszuhalten. Die Analyse dieses Phänomens zeigte gerade das Gegenteil seiner kurzgeschlossenen Interpretation. Die Bewußtmachung eröffnete die Möglichkeit, von nun an bessere Wege als den Zahlungsaufschub im Umgang mit Geld zu finden.

In beiden Beispielen antworteten die Analysanden sehr schnell aus einer Lernhaltung heraus. Sie hatten sich keinen Raum zur Selbstexploration zugemessen. Unwillkürlich entgegneten sie, als ständen die einstigen Bezugspersonen vor ihnen.

In dem folgenden Beispiel wird deutlich, daß beim narzißtischen Analysanden mit *zwei Ebenen* zu rechnen ist: die bewußte, angepaßte und die tiefer liegende des einstigen Kindes. Ich erinnere mich in diesem Zusammenhang an eine Analysandin, die in einer Stunde beflissen und munter von einem Zwist mit einer Arbeitskollegin erzählte. Selbständig analysierte sie die Auseinandersetzung in bezug auf Schatten, Komplexe und Projektionen. Auch ich machte da zunächst mit. Ich konnte aber nicht umhin wahrzunehmen, daß die Analysandin in dieser Stunde nicht bekomme, was sie brauchte. Alles war so klar, es war, als ob eine Rechenaufgabe gelöst worden wäre und die Anteile der Analysandin am Zwist subtrahiert worden wären. Aufgrund meines Eindruckes fragte ich, ob sie eigentlich in dieser Stunde bekomme, was sie wolle. Sie stutzte und meinte dann, dies sei eigentlich nicht der Fall. Sie fühle sich weit weg, aber sie wisse nicht weshalb. In der nächsten Stunde wurde der Faden wieder aufgenommen. Inzwischen war es ihr aufgegangen, was sie vermißt hatte. Es wäre für sie wichtig gewesen, die

Emotionen wahrzunehmen – ihre Wut, ihre Ohnmacht, ihre Demütigung. Sie wollte im Grunde von mir wissen, ob man überhaupt solche Gefühle habe, ob sie zu einem gehörten. Abschließend meinte sie, sie sei ja nun wirklich ein Kind, das mit solchen Anliegen in die Stunde käme. Lebensgeschichtlich gesehen war bei ihr, verursacht durch frühen Elterntod, nie jemand bei ihren Gefühlen und Empfindungen gewesen. Sie hatte stets sofort, ohne die Gefühle mit jemandem teilen zu können, etwas mit ihnen «machen» müssen. Da war also neben ihrer bewußten, erwachsenen Haltung, mit der sie den Konflikt richtig analysiert hatte, noch auf tieferer Ebene ein Kind da, das zuerst und vor allem einen anderen Menschen bei seinen Gefühlen haben wollte. Es war deshalb wichtig, diese Gefühle zu teilen, zu betrachten und ihnen Raum einzuräumen. Indem auf die tiefere Ebene eingegangen und das Kind gehört wurde, erfuhr das lebenslängliche Bemühen, angepaßt und erwachsen zu sein, keine weitere Unterstützung. Auf der erwachsenen Ebene funktionierte die Analysandin gut genug, und es war ihr als Ausbildungskandidatin auch leicht möglich, Situationen zu analysieren und psychologische Konzepte auf sich anzuwenden. In der geschilderten Situation hatte sie mich verführt, auf der moralischen, erwachsenen Ebene zu arbeiten. Auf dieser Ebene nimmt man die Emotionen und Gefühle nicht mehr rein phänomenologisch wahr, sondern ist auf den Umgang mit ihnen ausgerichtet.

Zwischen den beiden Stunden hatte die Analysandin einen Traum, der uns zu bestätigen schien, daß es richtig war, auf die tiefere Ebene einzugehen.

*Sie hatte von einem normalen Kind geträumt, das in einem Heim für schwererziehbare Kinder aufwachsen mußte. Die Träumerin beobachtete die Situation, da kam eine weibliche Person hinzu, die meinte, es sei schlimm für das normale Kind, in einer solchen Anstalt aufwachsen zu müssen.*

Dazu bemerkte die Analysandin, daß es für sie außerordentlich wichtig gewesen sei, daß bei der Betrachtung des Zwists endlich einmal jemand bei ihr und ihren Gefühlen gewesen sei und sie weder als schwererziehbar eingestuft noch sie habe gleich erziehen wollen.

In der mutterspezifischen therapeutischen Einstellung richtet der Analytiker sein Augenmerk auf eine tiefere Ebene und versucht, den Bezug zum Kind im Analysanden aufzunehmen. Dieses Kind ist meistens stumm und erfordert eine lauschende Hinwendung. Die obere Ebene ist jene der erwachsenen Persönlichkeit, hier erwartet der Analysand vaterspezifische Haltungen, nämlich: Einsichtnahme, Analyse und Erörterung der Situation im Hinblick auf eine Verbesserung. Es ist sowohl für den Analysanden als auch für den Analytiker oft eine große Versuchung, nur auf dieser Ebene zu kommunizieren, es erfordert deshalb große Empathie, das Kind und die narzißtische Wunde zu erreichen.  ·

Analysanden mit einer narzißtischen Störung sind geneigt, sich gefühlsmäßig zu überfordern. Sie kosten ihre Gefühle zu wenig aus und lassen es nicht zu, daß Lösungen manchmal bereits aus der intensiven Betrachtung der Gefühle erwachsen können. Zu schnell nehmen sie eine Lernhaltung ein und wollen etwas mit ihren Gefühlen «machen»: verschweigen, rationalisieren, moralisieren. Wohl kann sich daraus ein Gespräch mit dem Analytiker ergeben – auf der Ebene der Terminologie, der verbalen Äußerung und der Einsichtnahme –, die Ebene der narzißtischen Wunde gerät dabei jedoch unter den Tisch.

Analysanden, die in ihrer Selbstliebe gestört sind, empfinden es als wohltuend, wenn ihnen in der Analyse Zeit für das einfache *Erzählen* eingeräumt wird. In der Regel haben sie die Erfahrung gemacht, daß ihnen nicht wirklich zugehört wurde. In der Analyse messen sie sich keinen Spielraum zum Erzählen zu, gehen sie doch davon aus, daß Analyse allein der Problembewältigung zu dienen habe. Wird das Erzählen jedoch ermöglicht, so ist der Analytiker nicht einfach Zuhörer, sondern erfüllt eine äußerst wichtige Funktion für den Analysanden. Er nimmt wahr, schaut die Dinge «zusammen», verbindet sie und ist dadurch für den Analysanden Ich-stützend. Wird erzählt, so wirkt das dem fragilen Selbst- und Welterleben des Analysanden entgegen, und er erhält die Chance, allmählich ein in sich Gesammeltsein zu erfahren. – Außerdem ist das Erzählen und dessen Gehörtwerden wichtig für die notwendige Weiterdifferenzierung der meist etwas defizitären Selbstwahrnehmung des narzißtisch beeinträchtigten Analysanden. Hört jemand zu, so fällt ein weiterer Blick auf die Situation, ein Blick, der geeignet ist, der oft resignierten Eigenschau oder der grandios überhöhten Wahrnehmung des Narzißten das richtige Maß zu geben. Erzählen lassen . . . ist es so einfach, wie es tönt? Nein, denn narzißtische Analysanden legen zunächst oft ein etwas künstliches Erzählen an den Tag; dies entspringt der Verfügungshaltung, mit der der Analysand dem Analytiker Material zuschieben will, damit er etwas daraus «mache». Darum geht es aber nicht. Es handelt sich vielmehr darum, eine Erzählweise zu finden, welche die *wahren* Gefühle berücksichtigt. – Es ist wesentlich, daß der Analytiker zwischen diesen beiden Erzählweisen unterscheiden kann. Richtungsweisend ist dabei seine Gegenübertragungsreaktion; hat er Mühe, der uneigentlichen Erzählweise zu folgen, so fällt es ihm nicht schwer, der wirklichen Mitteilung mit Interesse zuzuhören.

Die folgende Vignette aus einer Analysestunde zeigt auf, wie und weshalb sich Analysanden das einfache Berichten selber verunmöglichen. Einst begann eine jüngere Frau in der Stunde sprunghaft und unzusammenhängend zu erzählen. Ich konnte kaum folgen, nahm aber ihre Aufgewühltheit wahr, die sie allerdings mit keinem Wort erwähnte. Wie sie nun weiterfuhr, griff plötzlich die Lernhaltung ein, und sie äußerte vehement, sie versäume ja bloß die Stunde, es seien doch noch viele Probleme zu erörtern. In einem solchen Fall könnte es naheliegen, mit der Frage einzuhaken: Ja, an welche Probleme denken Sie denn? Diese Frage hätte die Analysandin wohl beruhigt, hätte jedoch die Lernhaltung verstärkt. Möglicherweise wäre sie auf das Thema der Träume eingeschwenkt und hätte mir Traumaufzeichnungen ausgehändigt. Auch das ein beruhigender Vorgang. Damit wäre die Klippe umschifft gewesen, die narzißtische Wunde unbemerkt übergangen worden. In diesem Falle fragte ich die Analysandin, ob sie eigentlich oft die Möglichkeit gehabt hätte, das, was sie beschäftigte, ihrer Mutter oder ihrem Vater zu erzählen. Es folgte ein erstauntes Stutzen über meine so banale Frage. Allerdings wurde ich nun nicht mehr mitleidig belächelt wegen des einfachen Inhalts meiner Frage. Im Gegenteil, die Analysandin berichtete nun, gleichsam aus einer tieferen Ebene heraus, daß man ihr nie zugehört habe. Wann immer sie etwas auf dem Herzen gehabt habe und zu sprechen anfing, hätte sich die Mutter an die Sendezeit einer Fernsehsendung erinnert oder sei in die Küche gegangen, um die kochende Suppe vom Feuer zu nehmen.

In der Analyse erwartete sie einen Analytiker, der auch nicht zuhört; ja, es war ihr gar nicht bewußt, wieviel sie jeweils gar nicht mehr mitteilte. Sie machte den Zuhörer höchstens noch mit ihrer Beurteilung eines Problems bekannt, schilderte es jedoch nicht mehr in seiner ganzen Breite. Sie war dann jeweils erstaunt, daß die Zuhörer gar nicht viel dazu sagten; sie erweckte ja auch den Eindruck, sie wisse bereits bestens Bescheid. Die Analysandin war sichtlich berührt von diesen Erinnerungen, verlor ihre anfängliche Gespanntheit und Nervosität und erschien mir in sich ruhender. Auch konnte sie nun besser verstehen, daß das Problem gerade darin bestand, sich nicht selber zuhören zu können und einen anderen Menschen in das, was sie beschäftigt, einzubeziehen. In der Folge ging sie dann dazu über, das Ereignis, von dem sie zu Beginn der Stunde gesprochen hatte, ausführlich mitzuteilen und gab mir Gelegenheit, daran teilzunehmen.

Als die Analysandin am Anfang der Stunde so sprunghaft und unzusammenhängend erzählte, hätte es vielleicht auch nahegelegen, ihr zu sagen, sie solle doch zusammenhängend berichten. Das wäre eine vaterspezifische Haltung gewesen, die ein Ziel anvisiert. Die emotionale Spannung wäre nicht wahrgenommen worden. – In diesem Zusammenhang ergibt sich ein weiteres Problem mit narzißtischen Analysanden. Obwohl sie uns dazu verführen, vaterspezifische Haltungen einzunehmen, geht es nicht an, ihnen vaterspezifisch zu begegnen, wenn es sich um die Ebene der Frühstörung handelt. Auf dieser Ebene ist es günstig, dem Analysanden mit *mutterspezifischen Einstellungen* zu begegnen. Der narzißtisch verwundete Analysand scheint mir ein Anrecht darauf zu haben, diese Haltung zunächst an uns zu erfahren, um allmählich selber mehr Verständnis für sich aufbringen zu können.

Werden wir erst einmal aufmerksam auf das vaterspezifische «wenn...dann», das wir als Analytiker oft annehmen, so begegnet es einem auf Schritt und Tritt, beim Analysanden selber, außerhalb der Analyse und in der Supervision. So wies einst ein angehender Analytiker seinen Analysanden, der wegen heftigem Erröten zu ihm kam, durchaus wohlmeinend darauf hin, sein Symptom stelle eine Chance dar, mit dem Unbewußten in Beziehung zu treten. Der Analysand verzerrte vaterspezifisch und machte daraus ein «wenn–dann»: wenn ich erröte, dann ist ein furchtbares Problem in mir verborgen: wenn ich das gelöst habe, dann erröte ich nicht mehr. – Er begann sich in der Folge skrupulös zu hinterfragen und geriet zunehmend in Spannungen und Ängste hinein. Eine solche Aussage des Analytikers kann, obwohl sie meist in bester Absicht gegeben wird, zur Folge haben, daß der Analysand in eine Lernhaltung gerät, aus deren grüblerischen Enge er kaum mehr herausfinden kann. In einer solchen Situation ist der negative Animus konstelliert, der Soll-Forderungen aufstellt und schnelle Leistung erwartet.

Für den narzißtischen Analysanden ist es von großer Bedeutung, daß man mit ihm zusammen die Dinge möglichst unvoreingenommen erforscht. Es ist wichtig, daß er Freude am Experimentieren und am Abschreiten des Freiraums, in dem er über sich nachdenken kann, bekommt.

Eine weitere Gefahr, an der tieferen Realität des narzißtischen Analysanden vorbeizugehen, besteht in der Tendenz der *Hochstilisierung des Unbewußten und seiner Möglichkeiten*. Bekanntlich kommen jeweils unerhört ins Schwarze treffende Träume vor, geschehen erstaunliche Synchronizitäten, und Dinge werden in Träumen möglich, von denen sich bei Tag nicht träumen ließe. Es ist dabei wichtig, nicht der Verführung zu verfallen, diese Kunststücke des Unbewußten gemeinsam zu bewundern und darüber die Wirklichkeit des Analysanden zu vergessen. Ich denke dabei an eine Analysandin, deren Mutter gleich nach ihrer Geburt gestorben war. Die Mutterlosigkeit war zeitlebens ein unhinterfragtes Faktum gewesen. Die Analysandin ging davon aus, daß, wer seine Mutter nicht kannte, auch keine Probleme damit habe. Diese Haltung war vom Vater und von der Stiefmutter gefördert worden, weil auf dem ganzen Thema ein Tabu lag. Da die Seele kein Vakuum kennt, war zunächst in Träumen, dann auch außerhalb, die Frage nach der Mutter aufgenommen worden. Das Thema wurde zunächst durch einen sehr eindrücklichen Traum aufgenommen.

*In ihm kam die Träumerin an den früheren Wohnort zurück und wurde dort von ihrer Mutter, die sie nur von Photos kannte, leibhaftig empfangen und in die Arme geschlossen.*

Die Analysandin erzählte mir den Traum in einer sehr spröden Art und erweckte den Eindruck, daß ihr der Trauminhalt gar nicht wesentlich sei. Bemerkenswert war für sie die Tatsache, von etwas geträumt zu haben, was nie Wirklichkeit war. Sie erging sich lange über den Einfallsreichtum und die Kunstfertigkeit des Unbewußten. Diese ihre Haltung zum Traum fiel mir erst später auf. Während sehr langer Zeit war das Thema Mutter versiegt und kam nicht mehr auf. Es zeigte sich bei der Analyse der eben beschriebenen Stunde, daß ich ihr nicht die Gelegenheit gegeben hatte, von der Mutter, ihrem brennenden Anliegen, zu sprechen, war ich doch auch befangen gewesen in der Betrachtung des Unbewußten. So hatte ich sie in der Haltung bestärkt, die Frage nach der Mutter sei nicht wichtig. – Nach meinen Beobachtungen geschieht es dem narzißtischen Analysanden häufig, daß er die Bewunderung des Unbewußten vor seine Angelegenheiten stellt. Dies tut er deshalb, weil er auch das Unbewußte wie seine früheren Bezugspersonen, denen er gehorchen und gefallen mußte, auffaßt.

Beim *Umgang mit den Träumen* erweist es sich ebenfalls, daß Narzißten sich zu wenig Raum zumessen. Selten nur nehmen sie sich die Freiheit, den Traum von sich aus, umkreisend, meditierend und spielerisch zu betrachten. Rasch wird eine Deutung hingeworfen. Nicht selten fährt der Narzißt mit terminologischer Brisanz auf und benennt die Traumfiguren mit Schatten, Animus, Selbst. Weiterführende Fragen zeigen, daß die Termini meist aufgeklebt wurden und nicht nach sorgfältiger Auslotung des subjektiven Kontextes gewählt worden waren. Das hat nichts mit Faulheit zu tun, viel eher mit der Schwierigkeit des narzißtisch verwundeten Menschen, sich selber ernst zu nehmen und nach innen zu schauen. Introspektion ist für ihn schwierig. Da ist kein gutes inneres Objekt, wie die Psychoanalyse sagen würde, da gibt es keine guten inneren Figuren, die den Dialog mit sich selber in einer fairen Art ermöglichen. Jung bezeichnet die Auseinandersetzung mit dem Unbewußten einmal als «colloquium cum suo angelo bono»[6]. Solch ein guter Engel, ja ein Schutzengel, steht dem narzißtisch beeinträchtigten Analysanden jedoch nicht zur Seite. Die Selbstbetrachtung hat etwas Maßloses an sich und geschieht nach der Formel «alles oder nichts»[7] und nicht in einer abwägenden, menschlichen Art und Weise. Dieser guten inneren Kraft kann von unserem Märchen her Venus (der Morgenstern) und ihre Gabe zugeordnet werden. Dieses Gute taucht im Märchen spät auf. Das ist auch in der Analyse so, erst nach einer langen und sorgfältigen Übertragungsanalyse und der damit einhergehenden Rekonstruktion der Kindheit macht sich allmählich das Wirken einer guten inneren Kraft bemerkbar. Bis zu diesem Zeitpunkt fällt es dem Analytiker zu, gerechter Anwalt in Sachen des Analysanden zu sein.

Nimmt man als Analytiker die kurzschließenden Traumdeutungen des Analysanden unbesehen an, so kann bei ihm der illusionäre Eindruck erweckt werden, er sei angemessen mit sich umgegangen. Das ist jedoch nicht immer der Fall. Oft geschieht es nämlich, daß der Analysand die Inhalte des Unbewußten in einer grandiosen oder depressiven Weise aufgenommen hat, sich mit ihnen einerseits ungebührlich aufbläst, oder sich von ihnen zu stark herabmindern läßt. Dadurch wird er seinem Wesen in keiner Weise gerecht. In der Schrift «Die Beziehungen zwischen dem Ich und dem Unbewußten»[8] macht Jung auf diese zwei typischen Assimilationsweisen des Unbewußten aufmerksam. Beide Weisen kommen beim narzißtisch verwundeten Analysanden vor, entweder abwechselnd zusammen, oder in nur einer Form und schließlich in periodischem Wechsel. Die beiden Arten entsprechen dem clichéhaften «entweder – oder» der narzißtischen Betrachtungsweise und zeigen die Schwierigkeit auf, Uneindeutig- und Mehrdeutigkeit zu ertragen.

Bleibt dieses Phänomen unerkannt, so kann sich der narzißtische Analysand nie den Raum erobern, in dem er beginnen kann, sich und das, was in ihm vorgeht, arglos und ohne vorgefaßte (meist moralisierende) Meinung zu betrachten, zu erforschen und schließlich anzunehmen. Dieser Raum ist ganz wesentlich auch ein Raum zum spielerischen Umgang mit dem Traum. Ihn einmal so und einmal so betrachten zu können, schließt dem eher auf Enge und schnelle Schlüsse ausgerichteten Ich des Analysanden eine Weite auf, die wohl zuerst gefürchtet, dann aber zunehmend als wohltuend erfahren wird.

Auf diese Weise kann ein Traum zu einem Übergangsobjekt im Sinne Winnicotts[9] werden. Analog zum Spiel des Kindes mit seinem Teddybären beispielsweise kann die Beschäftigung mit dem Traum weltschöpfend werden; Schritte werden ausprobiert, Erleben gestaltet, Beziehungen aufgenommen, gelassen, verwandelt. Und: all das geschieht im Spiel, kreativ, in stetem Wandel und in einer Atmosphäre ohne Argwohn und bar jeder Angst.

Der narzißtisch verwundete Analysand weiß in der Regel nicht, was ihm bekömmlich ist. Da er sich selber schlecht fühlen kann, nimmt er Traumdeutungen an oder gibt sich selber welche, ohne vorher geprüft zu haben, ob die Aussage auch auf ihn paßt und zutrifft. Als Analytiker kann man sich bei narzißtischen Analysanden nicht darauf verlassen, daß das, was wirkt, auch die richtige Deutung ist. Eine Deutung kann beispielsweise auf die Grandiosität wirken in dem Sinne, daß sie sie verstärkt. Der Analysand wird diese Deutung als richtig und wirksam empfinden; es ist aber eine Deutung, die für die narzißtische Wunde und den mangelnden Ich-Standpunkt nicht in einem heilenden Sinne wirksam ist. Der in seiner Selbstliebe gestörte Mensch nimmt also auch Deutungen an, die unzutreffend sind, denn es fehlt der innere Kompaß, der ausschlägt, wenn eine Deutung unangemessen ist.

Ein Bild aus dem «Aschenputtel»-Märchen (KHM 21) paßt in diesen Zusammenhang. Bekanntlich muß Aschenputtel Erbsen und Linsen aus der Asche herauslesen und sie in eßbare und nicht eßbare aussortieren. Diese Aufgabe wird ihm dreimal gestellt. Beim erstenmal muß es die Aufgabe ganz alleine lösen, beim zweiten- und drittenmal erhält es Hilfe von den Tauben, welche die Aufgabe schnell und mühelos erledigen. Erst mit zunehmendem Unterscheidungsvermögen gelingt die Aufgabe endgültig. Tauben sind ein Symbol des Heiligen Geistes und der Liebe. Allein die Liebe zu sich selber und die richtige geistige Einstellung ermöglichen es Aschenputtel, Eßbares und nicht Eßbares zu unterscheiden. Übertragen auf den narzißtischen Analysanden kann man sagen, daß er mit Deutungen wohl erst dann richtig umgehen kann, wenn seine Selbstliebe zugenommen hat und er eine Geisteshaltung sich selber gegenüber einnehmen kann, die mit seinem wahren Wesen verbunden ist.

Die klassische Traumdeutung ist vor allem inhaltsorientiert; wird sie beim narzißtischen Analysanden allein angewendet, überfordert sie ihn. Diese Deutungsart setzt ein stabiles, in sich gefestigtes Ich voraus, das die Fähigkeit hat, Deutungen nicht nur anzunehmen, sondern sie modifizieren, ja, bisweilen auch ablehnen zu können.

Nach meiner Erfahrung empfiehlt es sich, bei narzißtischen Analysanden vom *Traum-Ich* auszugehen und ihr *Erleben* im Traumkontext nachzuvollziehen. Erst in einem zweiten Schritt kann eine Inhaltsanalyse etwas bringen. Einst brachte ein Analysand den folgenden Traum:

*«Ich kann die Matura nicht bestehen, ich habe grauenhaft Angst durchzufallen. Dann bin ich auserwählt, für die Ökumene Vorträge zu halten und habe die Ehre, von sieben Professoren, Kapazitäten auf diesem Gebiet, in das Thema eingeführt zu werden. Das gibt mir das Gefühl, geschätzt zu sein.»*

Der Analysand sagte, der Traum spiegele seine Unreife (Matura, maturus) wieder, und es zeige sich im zweiten Teil, wie er diese Unreife überwinden könne, um dann reif zu werden. Er ging den Traum vaterspezifisch und nach zu integrierenden Inhalten suchend an. – Er hatte die Matura bereits vor Jahren bestanden und danach ein anspruchsvolles Studium hinter sich gebracht. Außerdem erschien er nicht unreif, im Gegenteil, er hatte eine reife, adäquate Art, mit Problemen umzugehen. – In der Stunde fügte er noch weitere Assoziationen hinzu und erging sich in Überlegungen, was er denn tun könne, um endlich reif zu werden. Trotz aller guten Ideen befriedigte dieser Umgang mit dem Traum nicht. Was er bei der Traumbetrachtung ausgelassen hatte, war die Gefühlsebene. Ganz deutlich zeigt der Traum zwei Befindlichkeiten: die Minderwertigkeit und die Grandiosität. Beide Traumteile spiegeln das für den Narzißten typische Schwanken zwischen gehobener und depressiver Stimmung. Die Wahrnehmung dieser Befindlichkeiten war zunächst wichtig. Auch war es wesentlich zu sehen, wo überall er das Opfer solcher Schwankungen wurde.

In der klassischen Traumanalyse kann es leicht geschehen, daß man die Gefühle außer acht läßt und sich zu schnell den Trauminhalten zuwendet, was dann meist übergeht in die Diskussion der Nutzanwendung der Traumbotschaft. Natürlich schließen sich die beiden Umgangsformen mit dem Traum nicht gegenseitig aus. Beide sind letztlich zu berücksichtigen, jene am Mutter-Kind-Modell gewonnene mit-fühlende Betrachtung, und jene dem Vater-Kind-Modell abgeschaute Inhaltsdeutung mit finalem Charakter.

Bei all den genannten Beispielen war die Rede von zwei Ebenen. Dabei ist dem Narzißten die zielgerichtete Betrachtungs- und Handlungsweise auf erwachsener Ebene vertrauter als die tiefere Ebene der Gefühlswahrnehmung, wo es sich darum handelt, in bezug zum Kind im Analysanden zu kommen. Mit anderen Worten: vaterspezifische Haltungen sind ihm Gewohnheit, mutterspezifische hingegen eher ungewohnt.

Um das bisher Gesagte zu verdeutlichen, greife ich auf eine einfache Szene der Babyzeit zurück. Nehmen wir an, die Mutter habe das Badewasser zu heiß gemacht. Legt sie das Baby ins Bad, so schreit es. Es schreit, weil ihm die Körperempfindung Unwohlsein, ein Gefühl des «zu heiß» vermittelt. Die Mutter wird daraus lernen, das nächstemal das Badewasser mit dem Ellbogen zu prüfen, um eine angenehme Wassertemperatur zu erhalten. Inzwischen schreit aber das Baby, und es geht zunächst darum, es zu beruhigen, seine Erregung zu «halten» und durch Trost abklingen zu lassen. Daß das Badewasser zu heiß ist, weiß das Baby nicht, es weiß auch nicht, was es tun könnte, damit dies nicht mehr geschieht.

Der narzißtisch verwundete Analysand arbeitet in der Analyse auf der Ebene des Lernens. In dieser lernwilligen Einstellung verhält er sich wie eine Mutter, die allein an den Schritt denkt, wie das Badewasser das nächstemal besser geprüft werden könnte, und inzwischen nicht eingeht auf das Schreien des Babys im Moment. Hat ihn etwas komplexhaft berührt, Gefühle ausgelöst, Erregung in ihm bewirkt, so ist er geneigt, deren Wahrnehmung auszublenden und verführt uns, auf der Ebene der Einsichtnahme durch Analysieren der Situation fortzufahren, um zu lernen, wie er die Situation ein nächstesmal besser bewältigen könnte. Dieser Schritt gehört nun aber nicht der Ebene an, auf der er unbedingt Hilfe braucht, das kann er meist alleine ganz gut. Wir können ihn da begleiten und bestätigen oder etwa gewisse Einsichten zurechtrücken. Als Analytiker müssen wir unsere Aufmerksamkeit dahin richten, wo der Analysand die Erregung spürt, ihm unsere Teilnahme zeigen, ihn ermuntern zu berichten, wie es ihm geht, wie er sich fühlt. Meist bringt ihn das in eine gewisse Ratlosigkeit, weil er angesichts der angestammten Lernhaltung gar nicht so recht weiß, wie man mit Gefühlen umgeht und wie man sie abklingen läßt. Zu schnell will er eine Lösung finden, damit die Gefühle schlicht nicht mehr sind. Ihm fehlt die Mütterlichkeit des Haltens und Aushaltens gegenüber sich selber. Er weiß nicht, daß es wohl das Beste ist, die Gefühle und Erregungen zu würdigen, sie nachzuempfinden, sie dem Analytiker zu erzählen. Da ihm niemand diese Einstellungen zeigte, muß er sie sich langsam aneignen. Das kann er aber nur, wenn der Analytiker entsprechende Einstellungen und Haltungen einnimmt, Raum schafft für das Erleben der angerührten Erregung, der aufgewühlten Gefühle und daraus entstandenen Spannungen.

*Zusammenfassend* gesehen, halte ich folgende Punkte für die therapeutische Haltung des Analytikers im Hinblick auf die Wandlung der narzißtischen Problematik für günstig:

Es ist wichtig, daß der Analytiker durch die Hinwendung des *Lauschens* dem Analysanden Raum für die Selbstwahrnehmung läßt. Die hochentwickelte Personaseite des Analysanden spricht die Sprache des Analytikers, äußert sich verbal und ist geneigt, sich auf das Leisten, Tun und Machen auszurichten. Indem der Analytiker auf dieser Ebene mit dem Analysanden kommuniziert, spricht er seine erwachsene Seite an. Das ist nicht falsch, doch um eine Verminderung des Leidens an der narzißtischen Problematik zu begünstigen, ist es entscheidend, auch die Bedürfnisse und Gefühle im Auge zu behalten. Auf dieser Ebene gibt es keine verbale Äußerung, sie erfordert deshalb unsere Einfühlung.

Das Ansprechen der tieferen Ebene ist jedoch nicht zu verwechseln mit emotionaler Korrektur. Der Analytiker hilft seinem Analysanden nicht dadurch, daß er ihn tröstet, lobt und auf seine besseren Möglichkeiten aufmerksam macht. Das Lauschen ist ein Instrument der *Empathie* und hat den Zweck, dem Analysanden Raum zu geben, seine Befindlichkeiten wahrzunehmen und seine Personahaltungen geneigt zu machen, tiefere Bedürfnisse aufzugreifen.

Die therapeutische Einstellung gegenüber narzißtisch verwundeten Menschen ist aber auch keine Identifikation mit dem Mutterarchetypus, mit einer allstillenden Mutterfigur. Wir können dem Analysanden nicht geben, was er einst entbehrte. Wir können ihm aber helfen, sich seiner Sehnsüchte bewußt zu werden und sie zu verstehen. Es ist für den narzißtischen Analysanden wohltuend, wenn der Analytiker nicht der Rolle des Lehrers und Erziehers vollkommen verfällt, sondern *mütterliche Einstellungen* annimmt und vorübergehend eine Ammenfunktion erfüllt.

*Zurückhaltung mit Deutungen* wirkt sich eher günstig aus; ungünstig ist es, wenn der Analytiker den Analysanden mit seinen Einfällen und Bildern überrollt. Der narzißtische Analysand empfindet es als entlastend, wenn sich sein Analytiker nicht verführen läßt zu dozieren, sondern ruhig dabeibleibt, die tieferen (noch) nicht verbalisierbaren Bedürnisse wahrzunehmen. Fruchtbar ist die Haltung des Analytikers, aus der heraus er sich bemüht, den abgerissenen Dialog mit dem einstigen und nun meist verstummten Kind wieder aufzunehmen.

Das alles sind in ihrer Art einfache Haltungen; sie sind indes nicht immer einfach auszuführen. Einmal, weil unser eigener Narzißmus uns gerne verführt, etwas Aufwendigeres, Effektvolleres anzubieten. Zum anderen wird man nicht selten von den Analysanden angegriffen; sie finden uns zu banal, zu langweilig und fühlen sich bisweilen frustriert in der Sehnsucht zu bewundern. Diese Angriffe sind einerseits Angst vor Nähe und andererseits Ausdruck des tragischen Unvermögens des narzißtischen Analysanden, sich genügend gut bemuttern zu können, was nichts anderes heißt, als sich in seinem So-Sein anzunehmen.

Es ist auch nichts offensichtlich Gescheites in diesen Haltungen, nichts, womit der Analytiker brillieren könnte. Es ist aber Klugheit in ihnen, eine Klugheit, die weitgehend darauf verzichtet, auf dem Sprung nach Schlüssen zu sein, Gefühle zu schnell zu Problemen und mythologischen Figuren zu stilisieren, den moralischen Zeigefinger zu erheben und in Erstaunen über Synchronizitäten zu verfallen.

## Das Märchenbild

Werfen wir zunächst wieder einen Blick auf das Märchen. Wie erinnerlich, läßt ein Rabe im Moment, wo die Vögel über den Kopf der Heldin hinwegfliegen, einen Ring fallen. Die Heldin erkennt ihn als den Ring, den sie einst dem jüngsten Bruder schenkte. Damit ist die Vergangenheit angesprochen, damit ist aber auch der Bezug zum verwunschenen Seelenanteil aufgenommen. Versehen mit diesem Ring, reist die Heldin an der «Welt Ende» und langt endlich bei der Sonne und dem Mond an. Im Märchentext heißt es:

**Es ging aber immer fort, so weit, so weit bis es an der Welt Ende kam, und es ging zur Sonne, die war aber gar zu heiß und fraß die kleinen Kinder. Darauf kam es zu dem Mond, der war aber gar zu kalt, und auch bös, und wie er's merkte, sprach er: «Ich rieche, rieche Menschenfleisch.» Da machte es sich geschwind fort und kam zu den Sternen, die waren ihm gut und saßen alle jeder auf Stühlerchen, ...**

Möglichst schnell geht die Heldin an diesen Gestirnen vorbei und kommt schließlich zu den wohlgesinnten Sternen. Was hat es mit der Sonne und dem Mond auf sich? Die böse Sonne und der ebenso böse wie kalte Mond verstehe ich als negative archetypische Matrize zu einem schwierigen Lebensbeginn. Dabei symbolisiert die Sonne die männlichen und der Mond die weiblichen Kräfte. Das heranwachsende Kind erlebt diese zunächst an seinen Eltern. Sonne und Mond sind symbolgeschichtlich von zentraler Bedeutung und haben über die Zeitläufe hinweg im Kontext verschiedenster Kulturkreise unendlich viele Bedeutungen erhalten[1]. Die durchgängig bedeutsamsten sind jene Symbolzuordnungen, die der Sonne männliche und dem Mond weibliche Qualitäten zuschreiben[2]. Die Sonne steht für Licht und Klarheit. Im Vergleich zum rhythmischen Erscheinen des sich in seiner Form wandelnden Mondes zeigt sie Verläßlichkeit; täglich geht sie auf und unter, und der Mensch orientiert sich an ihrem Stand. Der Sonne sind denn auch der Kopf und die Ratio zugeordnet, die mit den Eigenschaften wie Objektivität und Abstraktionsvermögen korrelieren. Das Licht des Mondes ist dämmrig, diffus und verleiht Stimmung und Zauber. Auf diesem Hintergrund ist es zu verstehen, daß dem Mond Stimmungen und Gefühle zugewiesen werden und sich das Mondhafte im Herzen symbolisiert.

Die Weise der Sonne ist, psychologisch gesprochen, strukturierend, beobachtend, beherrschend und generell. Die Weisen des Mondes sind situativ, dem Lebendigen nahe und gefühlsorientiert. Diese verschiedenen Qualitäten kommen sehr gut im Lied zum Ausdruck, wo sich Melodie und Worte ergänzen. Unser evangelisches Kirchengesangbuch ist voll von Liedern, die in der Metapher der Sonne die strahlende Herrlichkeit des Herrn preisen. So beginnt das bekannte Lied «Die goldne Sonne» mit folgenden Worten: «Die goldne Sonne / voll Freud und Wonne / bringt unseren Grenzen / mit ihrem Glänzen / ein herzerquickendes, liebliches Licht»[3]. Ganz anders hingegen, gefühlsbetont und mit melodisch sanfteren Mitteln als der Paukenschlag des eben genannten Liedes, klingt Mathias Claudius' bekannte Weise «Der Mond ist aufgegangen»[4]. Es ist folglich naheliegend, in den beiden negativ gezeichneten Himmelskörpern die entsprechend negativ erfahrenen Eltern und Elternbilder zu sehen. Wie im Kapitel zur Familienpathologie (S. 127–139) des narzißtisch beeinträchtigten Menschen beschrieben, ist die typische Familiensituation die, daß die Mutter negativ erfahren wird und daß das Männliche in ihrem Animus ebenfalls negativ in Erscheinung tritt. Außerdem zeigt es sich sehr oft, daß der persönliche Vater emotional abwesend ist, was bedeutet, daß auch an ihm keine positiv männlichen Eigenschaften erlebt werden können.

Die Eltern sind die Götter der Kindheit, an ihnen erlebt das heranwachsende Kind zum erstenmal Mütterliches und Väterliches. Dieses Erleben ergibt sich durch ein interaktionelles Geschehen. Das bedeutet, daß sich das Mutter- und Vaterbild nur zum Teil von den persönlichen Eltern ableiten lassen, zum anderen Teil werden sie vom Kind und seiner charakteristischen Auffassung der Eltern determiniert. Die persönlichen Eltern sind also nur eine Seite der Wahrheit, die andere wird durch das, was das Kind an väterlichen und mütterlichen Möglichkeiten mitbringt, beigebracht[5]. Wie also die Eltern erfahren werden, und was sich durch sie tut, ist letztlich jedem Menschen individuell zugehöriges Geschick, mit dem sich auseinanderzusetzen für die Reifung förderlich ist. Im Falle eines ungünstigen Lebensanfanges, wie dies bei der narzißtischen Persönlichkeit zu beobachten ist, beleben sich die negativen Seiten des Elternarchetyps übermäßig, was das verlassene Kind konstelliert und zu entsprechenden Wiederholungen der gleichen Erfahrung führt[6].

Persönliche Biographie ist nach der Auffassung der Analytischen Psychologie in einem Angeordnetsein eingebunden, verankert im Geschick, und der Lebensgang eines Menschen kann, dem Goethe-Wort entsprechend, als «geprägte Form, die lebend sich entwickelt» verstanden werden. Sonne und Mond sind also Symbole für die hinter den persönlichen Eltern stehenden archetypischen Gegebenheiten.

Im Märchen gelingt es der Heldin, an den beiden bösen Gestirnen vorbeizukommen. Für den narzißtischen Analysanden kann die Suche nach mütterlichen und väterlichen Identifikationsfiguren gefährlich werden, weil dadurch das dringend notwendige Autonom-Werden nie genügend realisiert werden kann. – Sonne und Mond können auch noch in einem weiteren Sinne destruktiv werden. Versucht ein Mensch sich ganz auf mütterliche und väterliche Qualitäten zu verlegen und ist er bestrebt, diese in vollkommener Weise zu leben, rührt er an diesbezüglich negative Seiten: absolute Objektivität (Sonne) ist ebenso destruktiv wie der extreme Nachvollzug von Gefühlen und irrationalen Impulsen (Mond). Schließlich kann die Reise zu Sonne und Mond auf die Verarbeitung der Kindheit unter Einbezug des entsprechenden Erlebens des Analysanden an seinen Eltern hinweisen. Für den narzißtisch gestörten Analysanden, der daran leidet, nicht zu wissen, wer er ist, erweist es sich als günstig, wenn er seiner Kindheitsgeschichte inne wird.

Dadurch wird die «irgend»-Geschichte zu *seiner* Geschichte. Es ist darüber hinaus auch wesentlich, daß er nicht in der Anklage der Eltern steckenbleibt, sondern diese fortan als Menschen mit Vor- und Nachteilen begreifen kann.

Diese kurze Märchenbetrachtung führt uns zu verschiedenen Problemkreisen. Zunächst sei die Frage nach der Stellung des Kindes im Jungschen Werk gestellt. Dann sei auf das Verhältnis des narzißtisch beeinträchtigten Menschen zu seiner Kindheit eingegangen. Schließlich soll von den für den narzißtischen Analysanden typischen Übertragungsformen und der Schattenintegration die Rede sein. Ein kurzer, abschließender Abschnitt hat die Fallgeschichte eines jungen Mannes zum Thema, dem es nicht gegeben war, aus der negativen Konstellation herauszufinden.

## Das Kind im Werk C. G. Jungs

Da in den nachfolgenden Abschnitten besonderes Gewicht auf die Bewußtwerdung und Integration der Kindheit gelegt wird, sei hier kurz auf die Stellung des Kindes im Jungschen Werk eingegangen.

In der psychischen Familie, wie Jung sie entworfen hat, spielen das Kind und seine Geschichte eine vergleichsweise kleine Rolle[7]. Es ist im Gegenteil mehrheitlich die Rede von den Schattenfiguren, von Anima und Animus, vom alten Weisen und von der weisen alten Frau. Sie alle zusammen bilden die humane archetypische Familie, und das Kind findet darin als Archetyp des Kindes vor allem in seiner Bedeutung als vereinigendes Symbol mit zukunftsträchtigem Charakter seinen festen Platz. In seiner Schrift «Zur Psychologie des Kindarchetypus» hat Jung das Auftreten des Kindsymbols als «eine Vorwegnahme künftiger Entwicklungen» beschrieben[8]. Ebenfalls heißt es in diesem Werk an anderer Stelle:

«Daraus entsteht der numinose Charakter des «Kindes». Ein bedeutender, aber unerkannter Inhalt hat immer eine geheime faszinierende Wirkung auf das Bewußtsein. Die neue Gestalt ist eine werdende Ganzheit; sie ist auf dem Wege zur Ganzheit, wenigstens insofern, als sie an «Gänze» das durch

Gegensätze zerrissene Bewußtsein übertrifft und dieses daher an Vollständigkeit überragt. Daher kommt auch allen ‹vereinigenden Symbolen› Erlösungsbedeutung zu.»[9]

Diese Auffassung hat unter anderem zur Tendenz geführt, das reale Kind und die erlebte Kindheitswirklichkeit in der Erwachsenenanalyse unterzubewerten, was der Jungschen Psychologie, teils zu Unrecht, wie noch zu zeigen sein wird, den Ruf einbrachte, die Kindheit spiele in Jungschen Analysen keine Rolle. Diese Tendenz gründet nicht zuletzt in der mündlichen Tradierung, in der manchmal Grundannahmen deutlicher sichtbar werden, als dies in Forschungsbeiträgen primärer und sekundärer Natur der Fall ist.

Die etwas verfälschte Annahme, das Kind sei ohne Bedeutung, macht es notwendig in einem kurzen Überblick die Stellung des Kindes in den Jungschen Schriften darzustellen. Dabei wird es sich zeigen, daß die erwähnte Tendenz nicht an einer völligen Ignorierung des Kindes liegt, sondern in dem ganz spezifischen Ansatz der Analytischen Psychologie begründet ist.

Es sind meiner Ansicht nach vier Punkte, welche der Minderbeachtung der kindlichen Wirklichkeit im Jungschen Werk Vorschub leisten.

Zunächst muß *die finale Ausrichtung* genannt werden. Es ist wohl das unbestrittene Verdienst Jungs, das menschliche Dasein als eine fortlaufende Entwicklung begriffen und die irrige Meinung, einmal erwachsen, sei die Einrichtung im Leben abgeschlossen und die Entwicklung beendet, korrigiert zu haben. Jungs Psychologie gründet in einem Menschenverständnis, das den Menschen als einen auf ein Ziel zugehenden begreift[10], wobei dieser Prozeß archetypisch durch die Lebenszyklen angeordnet ist (s. S. 75). Jeder Lebensabschnitt erfordert neue Einstellungen, erneute Ausrichtung und ein je abermaliges Sich-Orten in veränderten Seinsbezügen[11]. Der Übergang, der Jung am meisten interessierte, war die Lebensmitte – heute «mid-life-crisis» genannt. Ein zentraler Teil seines Forschens und Wirkens befaßte sich mit dieser kritischen Phase der Lebenswende und der damit erforderlichen Ausrichtung auf den Tod hin. Ausrichtung auf das Ende bedeutet Verwesentlichung,

Abstand von der Vernetzung in Prestige und Macht und kann im Sinne der Individuation als eine Herauslösung der Persönlichkeit aus den verschiedenen Uneigentlichkeiten verstanden werden. So gehörten zu Jungs Klientele vor allem ältere Menschen, die ihren Sinn verloren hatten[12]. Es war sein wichtigstes Anliegen, den Menschen wieder in einen Sinnzusammenhang zu stellen und ihn dazu zu führen, die Wirklichkeit der Seele ernst zu nehmen, ihm die Wege zu zeigen, die ihm die verlorene Geortetheit in einem transzendenten Seinsgrund zurückgeben könnten.

Jungs Anliegen muß als tief religiöse Ausrichtung und als eine heute mehr denn je ernst zu nehmende Kompensation für eine «Zeit», die «alle Betonung auf den diesseitigen Menschen verschoben» hat, begriffen werden[13]. Diesen Ansatz drückt Jung in seinem Erinnerungsbuch wie folgt aus: «Die entscheidende Frage für den Menschen ist: Bist du auf Unendliches bezogen oder nicht? Das ist das Kriterium seines Lebens.»[14]

Die finale Ausrichtung der Jungschen Psychologie führte zu einer entsprechenden *Neurosenauffassung.* Der Kern des neurotischen Konflikts wird nicht ausschließlich in der Kindheit gesucht. Das Gewicht wird vor allem auf die Auseinandersetzung mit der psychischen Problematik in der Gegenwart gelegt. Nicht die Vergangenheit, sondern die aktuelle Wirklichkeit ist das ungelöste Problem[15]. In seinem Aufsatz «Was ist Psychotherapie?» bezeichnet Jung die Freudsche Methode als «kathartisch-reduktiv»[16] und meint, daß das Eigentliche, was er zu sagen habe, dort beginne, wo die Behandlung aufhöre und die Entwicklung beginne[17]. Dabei versteht er unter Behandlung die Aufarbeitung der Vergangenheit und unter Entwicklung Individuation[18].

*Die archetypische Ausrichtung:* Abgesehen von der finalen Ausrichtung der Jungschen Psychologie und deren Niederschlag in der Neurosenauffassung trägt der archetypische Ansatz ein weiteres dazu bei, das Kind zu übergehen. Jungs Interesse war vor allem darauf ausgerichtet, die anordnenden Faktoren des menschlichen Daseins – die Archetypen – zu erforschen, empirisch zu belegen und damit der menschlichen Psyche eine weit über das Persönlich-Biographische hinausreichende Würdigung zu geben. Auf diesem Hintergrund ist es zu verstehen, daß beispielsweise die Eltern nicht lediglich als die Begründer des menschlichen Schicksals zu begreifen sind, sondern Träger der archetypischen Faktoren von Väterlichkeit und Mütterlichkeit darstellen, die, im Verbund mit den anordnenden Faktoren im Kind, das dem einzelnen Menschen je eigene Vater- und Mutterbild erzeugen.

Die archetypische Ausrichtung der Analytischen Psychologie ermöglicht eine Weite, die verhindert, daß der einzelne in der Elternanklage steckenbleibt und richtet ihn aus, sein Dasein und seine Gegebenheit als Geschick zu begreifen. Sie will ihm helfen, den Anschluß an die letztlich unergründliche «leere Mitte»[19], wo Gott ist und worauf sein Selbst hinweist, zu finden.

Es bleibt nun noch eine letzte Frage anzugehen: *In welchen Werken beschäftigt sich Jung mit dem Kinde?* Jungs Beschäftigung mit der Kindheit erfährt proportional zur Herausbildung und Festigung seiner eigensten Anliegen eine abnehmende Auseinandersetzung mit dem Kind, was jedoch nicht gleichbedeutend ist mit der Vernachlässigung der persönlichen Biographie und der Kindheitsgeschichte.

Man muß auf Jungs frühe Arbeiten zurückgehen, um seine Ansichten bezüglich der Kindheit kennenzulernen. Die wichtigsten Publikationen finden sich im Umfeld seiner Beschäftigung mit den Komplexen und den Assoziationsstudien[20], welche die Auswirkungen von Identifikationsvorgängen zwischen den Eltern und ihren Kindern deutlich machen und aufzeigen, in welcher Weise das Erleben des Kindes mit jenem seiner Eltern verflochten ist. Zu diesen frühen Arbeiten gehört auch die Analyse der kleinen Anna[21], ein Gegenstück zu Freuds «Kleinem Hans». Ebenso in diesen Zusammenhang gehört die Schrift «Versuch einer Darstellung der psychoanalytischen Theorie»[22], die, neben der Auseinandersetzung mit Freuds Auffassung, interessante Ansätze enthält über die Entwicklung des Kindes. Schließlich müssen noch all jene Aufsätze erwähnt werden, die in Band 17 des Gesamtwerkes enthalten sind und alle, mit Ausnahme des letzten, der Entwicklung der Persönlichkeit gewidmet sind. Die Anwendung und Technik der Amplifikationsmethode auf Kinderträume fand ihren Niederschlag in den Kindertraum-Seminarien, die erst jetzt (im Walter-Verlag) veröffentlicht worden sind. Jungs Auseinandersetzung mit dem Archetyp des Kindes findet sich in der Schrift «Zur Psychologie des Kindarchetypus»[23], einer Arbeit, die Kerényis symbolische Studie «Das göttliche Kind»[24] psychologisch kommentiert.

Diese kurze Übersicht über Jungs diesbezügliche Arbeiten zeigt, daß sich Jung mit dem Kind beschäftigte und es nicht ignorierte, sein zentrales Interesse galt jedoch der Individuation im klassischen Sinne, wodurch das Kind im Erwachsenen und die Analyse der Kindheit konsequenterweise in den Hintergrund gerieten. Von den Individuationsvorgängen sagt Jung allerdings: «Natürlich handelt es sich hier um Vorgänge, die für die Anfangsstadien einer psychologischen Behandlung keine Bedeutung haben.»[25]

Jung hat sich nie von seinen frühen Werken losgesagt, und es darf angenommen werden, daß sie auch eine gewisse Gültigkeit für den älteren Jung bewahrt haben. In diesem Zusammenhang gehört auch eine wichtige Auffassung des Schattens, nach welcher der Schatten das persönliche Unbewußte eines Menschen ausmacht[26]. Von diesem persönlichen Unbewußten sagt Jung, daß «es immer zuerst erledigt, das heißt bewußtgemacht werden» muß, «sonst kann der Eingang zum kollektiven Unbewußten nicht eröffnet werden»[27]. Ebenso sei in diesem Zusammenhang hingewiesen auf jene Stellen im Erinnerungsbuch, die zeigen, wie ernst Jung die Geschichte seiner Patienten genommen hat:

«In vielen psychiatrischen Fällen hat der Patient eine Geschichte, die nicht erzählt wird, und um die in der Regel niemand weiß. Für mich beginnt die eigentliche Therapie erst nach der Erforschung dieser persönlichen Geschichte. Sie ist das Geheimnis des Patienten, an dem er zerbrochen ist. Zugleich enthält sie den Schlüssel zu seiner Behandlung. Der Arzt muß nur wissen, wie er sie erfährt. Er muß die Fragen stellen, die den ganzen Menschen treffen und nicht nur sein Symptom. Die Exploration des bewußten Materials genügt in den meisten Fällen nicht. Unter Umständen kann das Assoziationsexperiment den Zugang öffnen, auch die Traumdeutung kann es, oder der lange und geduldige menschliche Kontakt mit dem Patienten.»[28]

«Klinische Diagnosen sind wichtig, da sie eine gewisse Orientierung geben, aber dem Patienten helfen sie nichts. Der entscheidende Punkt ist die Frage der ‹Geschichte› des Patienten; denn sie deckt den menschlichen Hintergrund und das menschliche Leiden auf, und nur da kann die Therapie des Arztes einsetzen.»[29]

Der narzißtisch verwundete Analysand ist sehr oft fasziniert von der kollektiven und finalen Ausrichtung der Jungschen Psychologie. Da er nicht in sich geortet ist, defizitäres Fühlen aufweist und die Spur zur Kindheit verloren hat, ist ihm die genannte Ausrichtung willkommen, erinnert sie ihn doch nicht an einstige Schmerzen. – Die Grandiosität des narzißtischen Menschen ist ein weiterer Faktor, der die Vorliebe für die Jungsche Psychologie erklären kann. Archetypen, Selbst und Zukunftsausgerichtetheit sind Themen, die stimulieren und die Sehnsucht nach Größe befriedigen können. Gehen wir da als Analytiker willig mit, so führen wir den narzißtisch beeinträchtigten Menschen an seiner Wunde vorbei, und die Therapie erreicht ihn nicht dort, wo er Hilfe braucht.

Kindheit und Übertragung

Es ist für die Therapie des narzißtischen Menschen von außerordentlicher Wichtigkeit, wieder in Beziehung zum einstigen Kind und seiner Geschichte zu treten. Dies einmal deshalb, um überhaupt in der Vergangenheit verankert zu sein und das Bewußtsein einer eigenen, individuellen Geschichte zu haben. *Die Wiederentdeckung der Erinnerung ist meiner Ansicht nach nicht so sehr wegen der Aufdeckung der Kausalität wichtig, sondern vor allem deshalb, weil durch die Verarbeitung der Vergangenheit die verloren gegangenen Gefühle wieder belebt werden.* Der Narzißt, der seine Gefühle eingefroren hat, bedarf seines Fühlens, um sich wieder in sich und der Welt heimisch fühlen zu können. Zusammen mit der Wiedergewinnung des Fühlens geht es darum, die verschiedenen abwehrenden Verlassenheitsgebärden und Sehnsuchtsgesten zu lockern.

Der narzißtisch verwundete Analysand verleitet jedoch seinen Analytiker, an der Kindheit vorbeizusehen. Wird die Kindheit angesprochen, so gibt er einem oft zu verstehen, man habe nach etwas Banalem gefragt. Diese Reaktion ist auf dem Hintergrund der Grandiosität und des Minderwertigkeitsgefühls zu verstehen. Außerdem gründet sie in der als ungegliedert und grau erlebten Erinnerungsmasse, die den Vergangenheitsbezug des narzißtisch versehrten Menschen ausmacht.[30]

Es ist in der Therapie mit in ihrer Selbstliebe gestörten Menschen oft auffallend, in welchem Maße sie von den kollektiven Aspekten der Analytischen Psychologie angezogen sind, dies um den Preis des Individuellen und dessen Gewordenheit. Die fragile, zur Fragmentierung neigende narzißtische Persönlichkeit erlebt sich zwischen kollektiven Mächten: dem kollektiven Unbewußten mit seinen Bildern und Emotionen und dem kollektiven Bewußtsein mit seinen Man-Werten. Dazwischen hat die Wahrnehmung des individuellen So-Seins zeitlebens wenig Würdigung erfahren. Bedrängt von diesen kollektiven Mächten findet der narzißtische Mensch keinen «Wohnbereich», der ruhiges, ungestörtes Sein ermöglicht. Es gibt kein «grünes Plätzchen», auf das er sich zurückziehen kann. Es fehlt, psychoanalytisch gesprochen, das gute innere Objekt, und es ist kein «guter Engel»[31] vorhanden, der sich zum gerechten Anwalt des schwachen Ichs macht. Wie sich die Bedrängnis von hüben und drüben in Träumen zeigt, sei an zwei Beispielen dargestellt. Der erste Traum, geträumt von Frau L., zeigt diese in ihrer inneren Unbehaustheit:

*Ich wohne in einem riesigen, gelben Steinhaus. Darin ist es sehr dunkel, nur ein paar wenige Fenster lassen Licht herein. Aus den Kammern tauchen Menschen auf. Es sind Menschen aller Jahrgänge und aus allen Kulturabschnitten, die je diesen Ort bewohnt haben. Niemand spricht ein Wort. Immer mehr Leute tauchen auf. Sie bringen Äxte, Sägen, Beile mit. Man beginnt, mein Haus abzubrechen. Ein Riesenvolk ist beschäftigt. Ich bin froh, die eigene Haut zu retten. Doch fühlt sich jemand von mir angesehen, oder möchte ich mich zur Wehr setzen, wendet sich der ganze Haufen und kommt auf mich los.*

Die hier einbrechende Schar hat nun gar nichts Persönliches mehr an sich. Es sind Menchen aller kulturellen Schichten, welche die Behausung der Träumerin bedrohen. Unpersönliches und Kollektives in Form früherer Gewesenheiten dringt hier ein. Für den, dessen Haus in dieser oder ähnlicher Weise nicht sicher bestellt ist, empfiehlt es sich, Jungs Ansicht, daß, wer sich mit dem kollektiven Unbewußten einlasse, den Standpunkt auf der Erde kennen müsse[32], zu beherzigen. Anders ausgedrückt, wird man in solchen Fällen der Bearbeitung des persönlichen Materials den Vorzug geben.

Der folgende Traum, von einer anderen Frau geträumt, spricht von der Bedrohung durch Einflüsse des kollektiven Bewußtseins und zeigt dessen Macht über das Individuelle auf:

*Ich sehe das Haus meiner Kindheit. Hinter dem Haus führt, ganz knapp davon entfernt, die Eisenbahnlinie vorbei. Durch den Garten, hart an der Hausmauer vorbei, ist ein öffentlicher Weg angelegt. Auf ihm spazieren viele Passanten, die den Kindern, die da spielen, keinen Platz lassen. Beide, der Weg und die Eisenbahnlinie, führen zu nahe am Haus vorbei.*

Die Träumerin hatte die starke Neigung, allgemeine Meinungen ihrem eigenen, persönlichen Standpunkt vorzuziehen, was sich bis in ihre frühe Kindheit zurückverfolgen ließ.

Solch kollektive Größen lassen keinen Platz frei für das Individuelle, deshalb muß die Suche des Narzißten nach sich selber auch im Hinblick auf die eigene Geschichte angegangen werden. Für das zu beobachtende archetypische Geschehen muß zunächst der Sitz im Leben ausgemacht werden, und der einzelne muß begreifen lernen, in welcher Weise Archetypisches sich an den Bezugspersonen der Kindheit realisierte. Nur auf diese Weise kann die eigene Geschichte wirklich als die eigene aufgefaßt werden, nur so ergibt sich auch eine gefühlsmäßige Verankerung in ihr[33].

Nun sei noch ein Traum aus der Endphase von Frau L.'s Analyse angeführt. Er macht deutlich, in welcher Weise die Problematik, sich zwischen kollektiven Mächten orten zu müssen, überwunden worden ist. Der Traum lautet:

*Ich stehe in einem Zimmer. Alle vier Wände sind mit Bildern behängt. Alle Bilder sind hinter Glas und schön und sorgfältig gerahmt. Ich betrachte sie sehr genau und erkenne auf ihnen Szenen aus meiner Geschichte.*

Frau L., sehr von kollektiven Erscheinungen bedrängt, war sich ihrer eigenen Geschichte zunächst ganz unbewußt. Ein Gutteil

240

der analytischen Arbeit bezog sich auf ihre Biographie und die notwendige Unterscheidung ihrer Person von Eltern und Geschwistern. Das Eingehen auf die oft traurigen Erinnerungen war indes nicht einfach, denn die damit verbundenen Emotionen drohten sie nicht selten zu überfluten. Sorgfältig mußten sie «gefaßt» werden, das heißt: beschrieben, besprochen und eingeordnet werden. Die im Traum erscheinenden Bilder werden von der Träumerin als ihre eigenen erkannt. Sie flößen nun keine Angst mehr ein, sie sind «gerahmt» und haben einen ganz bestimmten Platz in einem «Zimmer» ihres seelischen Haushalts bekommen. Frau L. hatte starke Abwehrhaltungen gegen ihre eigene Kindheit und die narzißtische Wunde entwickelt. Der Zusammenbruch dieser schützenden Abwehrhaltungen brachte sie in die Analyse. Die vielfältigen schützenden Abwehrhaltungen hatten wir mit dem Symbol des «Glases» umschrieben (S. 141 ff.). Am Ende der Analyse tauchte nun das Symbol des Glases in diesem Traum wieder auf. Ohne Abwehr geht es nicht. Der in der Analyse gefundene Umgang mit ihrer Wunde und deren Geschichte schnitt jedoch den Bezug zur Vergangenheit nicht mehr ab. Im Betrachten der Bilder wird sie an die Vergangenheit erinnert. Es gibt also Abwehr und Abwehr. In einem Fall wird nicht mehr gewußt, was abgewehrt wird, im anderen Fall weiß man darum. Das Darum-Wissen befreit und ist als Abschluß einer intensiven Durcharbeitung der Vergangenheit zu werten.

Es stellt sich nun die Frage: Wie kommt man an die Kindheitsgeschichte heran? Zunächst ist die *anamnestische Befragung* zu nennen. Der Analysand erzählt meist recht unbeteiligt von seiner Geschichte. Für den Analytiker sind solche Berichte insofern weiterführend, als sie ihn zum Phantasieren über das Nichterzählte anregen können. Die Fähigkeit zu kreativer Empathie wird belebt, und man versetzt sich als Analytiker in die Lage des einstigen Kindes. Auf diese Weise kann der Analytiker sich das damalige Erleben seines Analysanden ausmalen, was ihm hilft, im Laufe der Analyse die richtigen Fragen zu stellen. Sein Lauschen (s. S. 212) auf Dinge, die nicht erzählt wurden und die nur zwischen den Zeilen aufblitzen, wird dadurch verfeinert.

Selbstredend ist es natürlich mit der anamnestischen Befragung nicht getan. Sie ergibt lediglich die große Linie, die allgemeine Topographie, um es bildhaft auszudrücken.

Der Analysand, der mit uns arbeitet, bezieht uns als Analytiker durch die *Übertragung* in sein Erleben ein. Wir sind als Übertragungsfigur nicht mehr nur Zuschauer und Zuhörer, sondern sind miteingebunden in ein lebendiges, interaktionelles Geschehen. Nicht nur der Analysand erlebt sich in der Stunde und damit an uns, sondern wir als Analytiker haben auch Erlebnisse in der Stunde und am Analysanden. Die Wahrnehmung und Bearbeitung des Übertragungs- und Gegenübertragungsgeschehens erlaubt es nun, die Geschichte der Kindheit zu rekonstruieren. Die *Rekonstruktion* fordert vom Analytiker, sein Augenmerk nicht final[34] auszurichten, sondern die reduktive Sichtweise anzuwenden. Dabei werden die Äußerungen des Analysanden und teilweise auch die Reaktionen des Analytikers (Gegenübertragung) auf die Unterlagerungen durch frühe Erfahrungen des Analysanden hinterfragt. Auf diese Weise wird aktuelles Geschehen als Reflexion des Einstigen aufgefaßt. Die Bearbeitung desselben erlaubt es dem Analysanden, seine Fühllizenz zurückzugewinnen. Außerdem wird ihm seine Gewordenheit klarer, und er entwickelt Verständnis für seine Familie. Schließlich entlastet es ihn, zu wissen, daß er einst wohl nicht anders konnte, als die ganz bestimmten neurotischen Haltungen auszubilden. Wohl verbiegen sie seine Persönlichkeit und prägen sein Selbst- und Welterleben, versteht der Analysand sie jedoch als Überlebensstrategien, kann er sich langsam von ihnen befreien. Bleibt hingegen die Rekonstruktion aus, so können Hinweise auf neurotische Einstellungen demoralisierend wirken[35].

Es seien nun einige *praktische Beispiele* angeführt! Zuerst erinnere ich mich an Frau S. und ihre Kindheitsamnesie. Sie hatte das deutliche Empfinden, keine Geschichte zu haben. Ebenso erschien es ihr, daß alles, was in der Analyse gesagt werde, sich nicht an ihr Erleben angliedere und gleich wieder verloren gehe. Es mangelte ihr das Gefühl für eine ebenmäßige Kontinuität. Dazu gesellten sich nun Klagen, ich würde alles vergessen; die Dinge würden in meiner Gegenwart sofort wieder grau, es falle keine Sonne darauf. Die damit verbundene Übertragung fächerte sich, über meine «Vergeßlichkeit» hinausgehend, noch weiter auf. So war ich vor allem auch eine Frau, die nicht vom Leben bewegt war und sich über allem stehend, über allem erhaben erlebte. Diese Übertragungsfacetten wurden im Detail besprochen, wobei sich interessante Kindheitserfahrungen rekonstruieren ließen: Meine erwähnte Vergeßlichkeit war Ausdruck des Gefühls mangelnder Kontinuität, das Frau S. oft hatte. Diese Erkenntnis führte zurück zu ihrer Mutter, welche die Gefühle des Kindes nicht ernst nahm. Viele Situationen wurden dabei erinnert. Sie alle ordneten sich um eine Mutterfigur an, die bei Schwierigkeiten des Kindes jeweils stereotyp wiederholt hatte: Man muß das Kind und sein Getue ignorieren, man soll es ja nicht ernst nehmen, dann geht alles wieder vorüber.

In der Übertragung war ich zu Frau S.'s Mutter geworden, die sie nie ernst genommen hatte und gegenüber der sie nun zu revoltieren begann: ein günstiges Zeichen. – Der Zug der Erhabenheit über alle Dinge reflektierte verschiedenes. Einmal die Mutter, die sich nicht kümmerte. Ferner aber auch eine Seite von Frau S., die sie, um zu überleben, entwickelt hatte: Über den Dingen stehen, außerhalb stehen war nach Frau S.'s Verständnis ideal; dann wird man nicht mehr mit Gefühlen, die sowieso niemand ernst nimmt, konfrontiert. Um sich mit der Mutter zu arrangieren, hatte Frau S. ihre Gefühle weitgehend eingefroren und konnte auf diese Weise schmerzliche Neuauflagen gewisser Erfahrungen vermeiden. Es wurde in diesem Zusammenhang verständlich, daß sie damals gar keine andere Wahl gehabt hatte, als aufzuhören zu fühlen. Die genetische Hinterfragung des Übertragungsgeschehens brachte Einsicht, Entlastung und Freiraum für ein erneutes Fühlen.

Ein weiteres Beispiel aus der Praxis entnehme ich der Analyse von Herrn C. Dieses Beispiel soll auch deutlich machen, daß Per-se-Deutungen, welche die Vergangenheit nicht einbeziehen und die man im klassisch analytischen Sinne hätte geben können, in gewissen narzißtischen Fällen nicht indiziert sind. Herr C. und ich stellten verschiedentlich fest, daß Aussagen meinerseits über ihn eine «Gräue» in ihm bewirkten, daß sich ein

Glasgefühl einstellte und er nicht mehr recht denken konnte. Es «stellte ihm ab», wie er sagte. Diese Befindlichkeit zeigte sich vor allem dann, wenn von seiner Mutter die Rede war und er mich mit der Mutter gleichsetzte. Die Hinterfragung dieser Übertragungsform zeigte schließlich, daß er, um den Forderungen seiner Mutter nicht entsprechen zu müssen, mit Rückzug und emotionaler Starre zu antworten pflegte. Das war die einzige Haltung, die ihn vor seiner massiv überfordernden Mutter schützte. Diese Rückzugstendenz zeigte sich nicht nur damals gegenüber der Mutter und heute in der Analyse, sondern war weit verbreitet in seinen anderen Beziehungen und war schließlich zur generellen Haltung dem Leben und seinen Anforderungen gegenüber geworden. Er hatte schon längst aufgegeben sich einzulassen und trug ein resigniertes «Was soll's» und ein grandioses «Ich pfeife auf die Welt» zur Schau. Neben vielen anderen Faktoren, bedeutete der genannte ein Hauptkomplex, welcher ihn daran hinderte, in die Welt hinauszutreten und sich in ihr zu verankern. Die genetische Befragung dieses Verhaltens machte ihm dessen Gewordenheit verständlich, legte den Weg frei für bessere Anpassung und schuf Raum für die Wahrnehmung differenzierter Gefühle, welche allmählich aus der «Gräue» hervorgingen.

Man hätte natürlich auch per se deuten und die Betrachtung nach rückwärts auslassen können. Man hätte lege artis von einem unmännlichen, resignierten Schatten sprechen können. Das allerdings hätte die Resignation von Herrn C. gefördert und hätte seine bereits bestehenden Schuldgefühle verstärkt. Der Per-se-Hinweis auf einen solchen Schatten hätte überdies seine Lernhaltung vergrößern können. Das heißt, daß er sich zu einem männlichen Verhalten hätte zwingen müssen. Indes: Zwang in der Therapie ist selten von Gutem. – Selbstverständlich hätte man auch eine auf Amplifikation beruhende Deutung geben und von einem Attis-/Adonis-Schatten sprechen können, wonach das Männliche gegenüber dem verschlingenden Weiblichen noch schwach und fragil ist[36]. Diese letztgenannte Deutung wurde zu einem viel späteren Zeitpunkt seiner Analyse gegeben, wo sie Horizonterweiterung gab und das Wissen um diese beiden Mythologeme viel Einsicht brachte. Bei narziß-

244

tisch verwundeten Menschen halte ich dafür, daß solche mythologische Deutungen so lange schädlich sind, bis der genetische Aspekt nicht erkannt und durchgearbeitet ist. Zu frühe amplifikatorische Deutung führt leicht zu Rationalisierungen, zu interessanten, jedoch vom Analysanden und seiner Wirklichkeit wegführenden Gesprächen. Ganz abgesehen davon, kann das symbolische Spezialwissen des Analytikers den Analysanden verunsichern und Neid bei ihm erwecken[37].

Wurde bisher der Übertragung Aufmerksamkeit geschenkt, so soll nun in den beiden folgenden Beispielen von der *Gegenübertragung* die Rede sein. Sie sollen zeigen, daß die Gegenübertragung des Analytikers oft auch etwas über den Analysanden aussagen kann. Ihre Analyse kann helfen, der verlorengegangenen emotionalen Geschichte der Kindheit auf die Spur zu kommen (vgl. Bpl. S. 214 f.).

Herr T. und ich hatten wiederholt festgestellt, daß ich in Momenten, wo Herr T. mit tonloser Stimme monologisierte, abschweifte, mich langweilte und schläfrig wurde. Beim Einbezug der Vergangenheit und deren Analyse ergab es sich, daß Herr T. den erzieherisch wertvollen Beiträgen seines Vaters bei Tisch nicht mit ungeteilter Aufmerksamkeit folgen konnte. Er erinnerte sich an die damalige Langeweile und die Gleichgültigkeit, die er bei seines Vaters erzieherischen Aktionen empfand. Es geschah ihm das, was ich in der Gegenübertragung spürte. Sie war in diesem Falle «synton»[38] und hatte etwas mit Herrn T. zu tun. In einer Umkehr der Verhältnisse wurde er zum vortragenden Vater und ich zu dem mich langweilenden Kind. Die Wahrnehmung des Geschehens erlaubte es, ein wichtiges Erleben seiner Kindheit zu rekonstruieren. In einer solchen Umkehrreaktion leiht der Analytiker dem Analysanden seine Gefühle, damit dieser sie allmählich wieder integrieren kann. In diesem Fall gehörte das Gefühl der Langeweile entscheidend zu seinem eingefrorenen Gefühlsinventar.

Das zweite Beispiel betrifft einen Ausschnitt aus der Analyse von Frau A. Die Analysandin hatte mich aufgesucht, weil sie ihrem Kind gegenüber oft starke Aggressionen verspürte und es bisweilen auch schlug. Das erschreckte sie, bewirkte starke Schuldgefühle und machte sie auch traurig. Sie war keine Psychopathin, sondern litt an ihren Zornausbrüchen. In ihrem Verhalten in der Stunde und, soweit es sich beurteilen ließ, auch außerhalb, erschien Frau A. aggressionsgehemmt (mit Ausnahme der Situationen, in denen sie ihr Kind schlug). Mir tat Frau A. leid, und ich war mit ihr traurig über ihre so unerklärlichen Aggressionsausbrüche dem Kind gegenüber. Dazu gesellte sich nun eine Gegenübertragungsreaktion, die im Widerspruch zu meinem Mitleid stand. Immer dann, wenn Frau A. von diesen Vorfällen erzählte, spürte ich unvermittelt eine Wut, die ich mir zunächst nicht erklären konnte. Ich verstand sie zuerst als Ausdruck einer moralischen Entrüstung, doch schien mir die Erklärung nicht genügend. Ich begann dann in der Folge die Aggressionshemmung von Frau A. und meine in der Gegenübertragung wahrgenommene Wut zu verbinden. Auf Grund auch noch anderer Informationen über die Analysandin, insbesondere über ihre Kindheit, wurde allmählich deutlich, daß meine Gegenübertragungsreaktion einen syntonen Charakter hatte und auch etwas über Frau A. aussagte. In meiner Reaktion spürte ich nämlich ihre Wut, die sie jedoch im Laufe der Jahre eingefroren hatte. Diese Wut war einmal legitim gewesen und bezog sich auf ihren als lieblos erlebten Vater, der sie jeweils kalt abwies und keinerlei Verständnis für ihre Gefühle und Emotionen zeigte. Gefühle und Emotionen hatte man bei ihm schlicht nicht zu haben. Was sich gehörte, war ein Über-ihnen-Stehen und vernünftiges Betragen. Ich hatte also in meiner Gegenübertragung die Wut über diesen kalten Vater aufgenommen.

Die Besprechung meiner Reaktion, die Beobachtung, daß Frau A. oft auch andere Menschen durch ihre Zurückhaltung wütend machte und weitere sich anschließende Informationen führten zu dem Schluß, daß sie einst und wohl auch noch heute eine enorme Wut auf ihren Vater hatte. Diese Wut durfte nie leben, außer in den Aggressionen ihrem Kind gegenüber. Die Wahrnehmung der Gegenübertragung war in diesem Falle Ausgangspunkt geworden, zu den verschollenen und eingefrorenen Aggressionen der Analysandin vorzudringen und diese erleben zu lassen, was ihr erlaubte, sie allmählich zu integrieren. In dem Maße, wie sie sich ihrer unters Eis gefallenen Wut bewußt wurde, verschwanden auch ihre aggressiven Zornesausbrüche ihrem Kind gegenüber.

Für den narzißtisch gestörten Analysanden ist es wichtig, daß das Kind in ihm aus seiner beschatteten Existenz heraustreten kann; das verleiht Lebendigkeit und Verwurzelung in der eigenen Geschichte. Was Jung in einem Brief vom schizoiden Patienten sagt, gilt mutatis mutandis auch für den narzißtisch beeinträchtigten Analysanden. Jung schrieb im Jahre 1954 an John Perry:

«Natürlich ist die Schwierigkeit, den schizoiden Patienten aus der Umklammerung des Unbewußten zu lösen, sehr viel größer als beim Neurotiker. Oft können sie den Weg nicht finden, *der aus ihrer archetypischen Welt in eine persönliche Kindheitswelt zurückführt*, wo sich ihnen eine Chance zur Befreiung böte. (. . .) Da es immer um das Problem geht, den Schatten anzunehmen, bedarf es demnach der *Einfachheit des Kindes*, sich dieser anscheinend unmöglichen Aufgabe zu unterziehen. (. . .) Sie müssen einfach versuchen, die *archetypische Faszination in kindhafte Einfachheit* umzuwandeln.»[39]

Durch viele kleine Rekonstruktionsschritte kann sich der narzißtisch verwundete Analysand seinem inneren Kind zuwenden. Das führt zu einer Annäherung an die narzißtische Wunde und mündet ein in einen Wandlungs- und Trauerprozeß, vom dem im letzten Kapitel dieser Arbeit die Rede sein soll (S. 286 f.).

Paradiesesübertragungen und Schattenintegration

Glückt die Mutter-Kind-Beziehung, so realisiert sich ein Stück Paradies[40]. Das Kind wird geliebt, liebt selbst und erfährt die Mutter in nahezu idealer Weise auf sich und seine Bedürfnisse bezogen. So gestaltet sich das Urbild des Paradieses in der frühen Kindheit aus. Wir können auch von positiver archetypischer Konstellation sprechen, die einen solchen Lebensanfang unter einen guten Stern stellt. Der ideale Zustand kann indes nicht dauern, die Realität des Lebens ist unvollkommen, Enttäuschungen sind unvermeidlich. Um damit umgehen zu lernen, wird das Kind bei optimaler Frustration langsam und schrittweise von der Mutter und anderen Bezugspersonen aus dem anfänglich paradiesischen Zustand herausgeführt. Dabei wird das Urbild des Paradieses durch die persönliche Erfahrung gebrochen und allmählich integriert. Das Resultat dieser Reifungsschritte ist im günstigsten Falle ein argloses Vertrauen in sich und die Welt. Idealität und Realität als Lebensdimensionen können anerkannt werden, ohne daß das Kind an ihrer Gegensätzlichkeit zerbricht.

Anders ist die Lage bei mißglückter Mutter-Kind-Beziehung, wie sie bei narzißtisch gestörten Menschen anzutreffen ist. Hier ist das Urbild des Paradieses nicht auch nur teilweise gelebte Wirklichkeit geworden. Im Gegenteil, das Kind erlebt emotionale und/oder konkrete Verlassenheit in Form traumatischer Frustrationen. Dadurch wird sein derzeitiges und nachmaliges Selbst- und Welterleben negativ geprägt. Über einem solchen Lebensbeginn waltet ein schlechter Stern, steht, wie in unserem Rabenmärchen, die negative Konstellation von Sonne und Mond.

Erlebte und erlittene Verlassenheit und die damit verbundenen narzißtischen Traumen bedeuten indes nicht, daß die Sehnsucht nach Paradies nicht mehr vorhanden wäre. Das Kind und der spätere Erwachsene bleiben an diesem Bild durch zwei archetypische Intentionen verhaftet, nämlich: durch die archetypische Intention, sich geliebt und einzigartig zu erleben, und durch die Intention, auf einen der Liebe würdigen Menschen zu stoßen, dem man zugehören kann. Diese Paradiesesintentionen werden als Sehnsüchte erlebt und äußern sich in den Sehnsuchtsgesten (s. S. 166–174), der aktiven Suche nach Erfüllung der Sehnsucht. Diese Sehnsüchte können nicht optimal befriedigt werden. Ihr unbewußtes Wirken führen den narzißtisch verwundeten Menschen von Enttäuschung zu Enttäuschung, was die narzißtische Wunde immer wieder neu aufbrechen läßt.

Werden die archetypischen Paradiesesintentionen auf der einen Seite als Emotionen der Sehnsucht erlebt, so stellen sie sich auf der anderen Seite im Bilde dar. Das bekannte Märchen der Grimmschen Sammlung «Einäuglein, Zweiäuglein und Dreiäuglein» (KHM 130) weist die archetypischen Bilder für die

248

Sehnsüchte deutlich auf. Die Sehnsucht nach optimaler Bedürfnisbefriedigung, idealen Menschen und Verhältnissen, wird durch das Tischlein-deck-dich, das alle Wünsche erfüllt, dargestellt. Zweiäuglein, die Märchenheldin, bekommt es durch das Eingreifen einer weisen Frau und der mit ihr verbundenen Ziege geschenkt. Zweiäuglein kann sich satt essen, die Umwelt gibt, was es braucht und sich wünscht. Die Sehnsucht, schön und vollkommen zu sein, so daß andere nur staunen können, drückt sich im Symbol des wunderbaren Baumes aus Gold und Silber aus. Es handelt sich dabei um ein archetypisch überhöhtes Bild der Persönlichkeit, um das Selbst im Prozeß. – Für den narzißtisch verwundeten Menschen bedeutet es eine Erlösung, sich allmählich von diesen wirksamen archetypischen Triebfedern seines Verhaltens, den Emotionen und den entsprechenden Bildern, zu unterscheiden, menschliches Maß und Unvollkommenheit anzuerkennen.

Es ist nun für die Wandlung der narzißtischen Problematik von ausschlaggebender Bedeutung, daß die Sehnsüchte nach Paradies sich in der Übertragung am Analytiker festmachen, damit sich ein Prozeß des Durcharbeitens und der Relativierung einstellen kann. Da die Sehnsüchte auf archetypischen Intentionen beruhen, sind sie, wie alle Erscheinungen des kollektiven Unbewußten, unpersönlich und nicht-menschlich. Damit sie durch das interaktionelle, hiesige Geschehen zwischen Analytiker und Analysand gebrochen und personal werden können, ist es notwendig, daß der Analytiker die Übertragungen annimmt. Übertragungen, in denen sich die genannten Sehnsüchte äußern, können *Paradiesesübertragungen* genannt werden[41]. In ihnen erwartet der narzißtisch gestörte Analysand die Erfüllung seiner Sehnsüchte durch den Analytiker. Dieser soll ihn umfassend bewundern und so ideal sein, daß der Analysand ihn bewundern kann und ihm angehören möchte. Was hier als Paradiesesübertragungen bezeichnet wird, nannte der Psychoanalytiker Heinz Kohut «Spiegelübertragung» und «idealisierende Übertragung»[42]. In ihnen sieht Kohut das «entscheidende diagnostische Merkmal» einer narzißtischen Störung[43]. Nimmt der Analytiker diese Paradiesesübertragungen vorbehaltlos an, so schafft er das notwendige Klima für die Wand-

249

lung der narzißtischen Problematik. Indem dort angeknüpft wird, wo die narzißtische Wunde durch emotionales Verlassen des Kindes entstanden ist und wo es beginnen mußte, seiner Sehnsüchte durch Überlebensstrategien Herr zu werden, wird die Möglichkeit geboten, daß der Analysand die Sehnsüchte verbalisieren, verstehen und allmählich relativieren kann. Durch die Tatsache allerdings, daß der Analytiker das Paradies nicht mehr herstellen kann, macht er für das subjektive Empfinden des Analysanden ständig «Fehler»; er spiegelt nicht genügend, er ist nicht so ideal, wie dies der Analysand auf Grund seiner Sehnsüchte wünschte. Diese «Fehler» konstellieren im Analysanden die narzißtische Wunde mit ihren vielfältigen Gefühlsreaktionen auf Frustration hin, wie unter anderem Wut, Resignation, Leere, Angst und Ohnmacht. Diesen Reaktionen widmet der Analytiker nun sein ganzes Interesse und seine volle Einfühlung. Dem Analysanden ist es in der Regel nicht bewußt, daß es die Paradiesessehnsüchte sind, die diese Reaktionen bedingen. Werden diese nun empathisch verstanden und auf dem Hintergrund der Kindheitsgeschichte begriffen, so ergibt sich, durch viele kleine Durcharbeitungsschritte bedingt, eine Relativierung der Paradiesesansprüche und eine Minderung der Spannung zwischen Idealität und Realität.

Es seien nun *zwei Beispiele* angeführt, die das eben Gesagte verdeutlichen sollen. Das erste Beispiel zeigt die Frustration bei Nichterfüllung der archetypischen Intention, als einmalig angesehen zu werden. (Nach Heinz Kohut handelt es sich dabei um eine Spiegelübertragung.) Ich erinnere mich an Frau S., die sich ihrer Sehnsucht nach Bewunderung und Echo kaum bewußt war. Das Problem äußerte sich zunächst zwischen ihr und ihrem Ehemann, der, sobald er sie nicht als einmalig und fehlerlos betrachtete, Wut und Tränen bei ihr auslöste. Oft hatten wir diese Situationen, die meist über das Wochenende auftraten, besprochen und erhellt. Es dauerte jedoch lange, bis sich die Intention, bewundert zu werden, an mir, ihrer Analytikerin, festmachte, mit anderen Worten, in die Übertragung kam. In einer Sitzung wurde die gemeinsame Arbeit durch einen Telefonanruf kurz unterbrochen. Nun war die gute Stimmung, die vorher geherrscht hatte, gestört. Frau S., die zuvor von ihren beruflichen Erfolgen mit Freude erzählt hatte, fühlte sich nun stumpf und entleert. Wie es sich zeigen sollte, hatte sie mein kurzes Wegtreten in ihren Sehnsüchten verletzt und frustriert. Von der archetypischen Warte aus gesehen, hatte ich einen «Fehler» gemacht; ich hatte ihr nicht meine volle Aufmerksamkeit gezollt.

Das nächste Beispiel zeigt die Frustration der archetypischen Intention nach einem idealen, optimal bedürfnisstillenden Analytiker. (Nach Heinz Kohut handelt es sich dabei um eine idealisierende Übertragung.) Frau D., mit der ich bereits seit einigen Jahren zusammenarbeitete, schickte mir einen Bekannten zu einem Informationsgespräch. In der darauffolgenden Stunde empfand sie das Bedürfnis, mich zu fragen, wie ich den Mann gefunden hätte. Es enttäuschte sie sehr, daß ich nicht darauf einging, und es zeigte sich in der Folge, daß sie gerne mit mir über ihn gesprochen hätte, etwas, was mit ihrer Mutter nie möglich gewesen war. Zeitlebens war Frau D. deshalb auf Vermutungen über andere Menschen angewiesen gewesen. Von daher war es verständlich, daß sie mich zur Gesprächspartnerin über den Mann haben wollte. In diesem Zusammenhang hätte ich für sie die ideale Mutter-Freundin sein sollen, was ich nicht erfüllen konnte. Neben dieser Frustration war noch eine andere dabei: sie hatte Wünsche und Sehnsüchte, mit diesem Mann eine Beziehung eingehen zu können. Sie hatte aber auch negative Phantasien über ihn und sah gewisse negative Seiten. Es zeigte sich dann, daß sie mich mit magischen Kräften ausstattete und von mir erwartet hatte, ich könnte die schlechten Seiten des Mannes in positive verzaubern. Damit hätte ich einen idealen Partner aus ihm gemacht, mit dem sie die seit langem ersehnte, symbiotische und tiefe Beziehung hätte eingehen können. Sie nahm mich also unbewußt als Magierin wahr, welche die Möglichkeit hatte, Unangenehmes in Angenehmes zu verwandeln.

Die gute Mutter hat die Möglichkeit, dies zu tun, indem sie nämlich die Windeln wechselt, wenn nötig, indem sie die Hungerbedürfnisse erfüllt, wenn das Baby schreit. Sie stellt für das Kind die ideale Partnerin dar, die sich auf eine innige Verschränkung mit dem Kind einläßt. Ich war indes weder ein

Archetyp noch war ich die genügend gute Mutter. Ihr Wunsch, daß ich dies alles können würde, entsprach den Bedürfnissen des einstigen Kindes. Ich konnte die Wünsche nicht erfüllen und war deshalb eine Frustration für sie. Indem nun empathisch auf ihre Befindlichkeiten eingegangen wurde, war ein kleiner Schritt getan worden in Richtung Relativierung der Paradieseserwartungen nach einem idealen Menschen. Es war in diesem Zusammenhang auch wesentlich, die Wut und den Ärger über mich auszuhalten und empathisch zu verstehen. Die Relativierung und die Integration der Paradieseserwartungen befähigen den narzißtisch verwundeten Menschen, sich selber, die anderen und Situationen von einem realistischen Standpunkt aus beurteilen zu können, was bezogener und beziehungsfähiger macht.

Gehen wir nun dazu über, die Paradiesesintentionen mit den entsprechenden Sehnsüchten im Hinblick auf die *Schattenintegration* zu betrachten. Wie bereits zu Beginn dieses Buches (S. 66 ff.) aufgezeigt und an manchen Beispielen illustriert, erlebt sich der narzißtisch verwundete Mensch als beschattet. Eine stark ausgebildete Persona, Verlassenheitsgebärden und Sehnsuchtsgesten beschatten das So-Sein des Narzißten in biographischer und aktueller Hinsicht, was das Hervortreten der wahren Persönlichkeit hemmt. Diese Hemmfaktoren verunmöglichen ein argloses Selbstwertgefühl und ein entsprechend sicheres In-sich-Geortetsein. Es handelt sich bei den beschattenden Phänomenen um Kompensationen, schützende Abwehrhaltungen und Überlebensstrategien, die allerdings um den Preis einer echten Autonomie das Selbst als das Wesen der Persönlichkeit in den Schatten stellen.

Bei den auf Paradiesesintentionen beruhenden Sehnsuchtsgesten schimmert die ungebrochene, klischeehafte, archetypische Herkunft stets deutlich durch. Werden die hohen Anforderungen im Durcharbeitungsprozeß gebrochen und relativiert, so ergibt sich daraus eine Annäherung an den Schatten. Erfüllt der Analytiker die Sehnsuchtsstrebungen nicht, so antwortet der Analysand beispielsweise mit Wut. Gelingt es, das Geschehen empathisch und auf dem Hintergrund der Lebensgeschichte zu verstehen, so kann der Analysand seine Sehnsucht nach Absolutheit und Paradies und seine Wutreaktion verstehen. Diese Erfahrung erlaubt es ihm, die Paradiesessehnsucht allmählich zu relativieren und die Realität als unvollkommen und schattenhaft zu akzeptieren.

Es zeigen sich im Zusammenhang mit den Sehnsüchten drei Schattenaspekte:

– Zum einen stellt die klischeehafte, nach Ideal ausgerichtete Sehnsuchtsgeste die Persönlichkeit in den Schatten. Ein Komplex hat die Führung der Persönlichkeit übernommen. So kann beispielsweise die Sehnsucht, bewundert zu werden, das Bild eines Menschen verzerren und beschatten.

– Zum anderen ruft die Nichterfüllung des Wunsches nach beispielsweise einem idealen und zugewandten Partner Wut hervor und verlockt die Persönlichkeit zu einer minderwertigen Schattenreaktion. In diesem Sinne wird ein Schatten geworfen.

– Die Durcharbeitung solcher Sehnsuchtsgesten bricht diese durch das personale Element und führt zur Erfahrung, daß Schatten und Schuldgefühle zur Unvollkommenheit des Lebens gehören, was einen wesentlichen Reifungsschritt bedeutet. Das folgende Beispiel soll die Durcharbeitung einer Sehnsuchtsgeste im Hinblick auf die genannten Schattenaspekte verdeutlichen.

Die heute fünfzigjährige Frau O. spricht in einer Analysestunde von ihrem Neid und ihrer Wut. Oft müsse sie sich diese Schattenäußerungen eingestehen. Sie kommt auf ein Schlüsselerlebnis zu sprechen: an ihm sei ihr in emotionaler Hinsicht vieles klar geworden. Einst habe sie an einer Tagung teilgenommen. Wie sie noch im fast leeren Saal saß, habe sie durch das Fenster am anderen Ende des Raumes einen wunderschönen Sonnenuntergang wahrgenommen. Da sei ein Paar gekommen und habe sich in die Fensternische gesetzt. Die Innigkeit des Mannes habe sie tief beeindruckt. Er habe einen Ausdruck auf dem Gesicht gehabt, als säße er vor einer Göttin. Blitzartig hätten sie Neid und Wut durchzuckt, daran anschließend sei ein Strom von Tränen in ihre Augen geschossen. Sie habe sich daraufhin zurückgezogen und sei sich bewußt geworden, wie sehr sie lebenslänglich einen solchen Partner gesucht habe. Sie habe lange geweint, tiefe Sehnsucht und erlösende Trauer sei in ihr gewesen.

Was sie in diesem Paar sah, war das durch den Sonnenuntergang archetypisch überhöhte Bild zweier Liebender. Die Sehnsucht danach hatte in der Tiefe der Seele von Frau O. zeitlebens auf Erfüllung gewartet und die Erfahrungen, die sie mit anderen Menschen machte, weitgehend bestimmt. Frau O. war in ihrem Leben viele Verbindungen eingegangen, alle hatten sie mehr oder weniger enttäuscht. Unbewußt hatte sie das Bild harmonischer und inniger Verbindung auf dieses Paar projiziert und alles Schattenhafte ausgeklammert. An der Situation, die sie mir ausführlich schilderte, ging ihr das beschattende Wirken der Sehnsuchtsgeste auf, und sie begriff ihre häufigen Wut- und Neidäußerungen. Die damit verbundene Trauer erlöste sie ein Stück weit von der Gebundenheit an das Bild harmonischer Vereinigung und der entsprechenden Emotion und brachte sie der Realität mit ihren Schatten etwas näher.

Die Durcharbeitung der Sehnsuchtsgesten bewirkt auch eine Annäherung an die Kindheitsgeschichte. Diese deckt sich weitgehend mit dem persönlichen Unbewußten, das Jung als wichtigen Aspekt des Schattens bezeichnet hät[44]. In den folgenden zwei Beispielen soll deutlich werden, in welcher Weise Sehnsuchtsgesten im Schatten der Kindheitsgeschichte lebenslänglich wirksam waren.

Frau F.'s Initialtraum ihrer Analyse lautete kurz und bündig: *«Ich kann meiner Analytikerin helfen.»* Dieser Traum war zunächst unverständlich. Später deutete ihn Frau F. als Ausdruck ihrer Grandiosität und ihres Bestrebens, mir hilfreich zu sein. Sie gab damit eine kurzschließende Deutung, um sich vor einer vermeintlichen Kritik meinerseits schützen zu können. Diese Interpretation sowie auch andere Vermutungen legten wir indes einstweilen auf die Seite, wollten aber die Traumaussage im Auge behalten und nach evidenteren Deutungen Ausschau halten. Im Laufe ihrer Analyse wurde ein Thema zentral: der Wunsch anderen zu helfen. Er äußerte sich in einem ausgesprochenen Helfersyndrom. Dieses spielte sich auch an mir in der Analyse ab. Oft nannte sie mir interessante Buchtitel, wies mich auf praktische Neuerungen von Büromaterialien hin und, das war auffallend häufig, schilderte mir spannende Ereignisse und erzählte mir «tolle» Geschichten. Sie tat das in einer ausgesprochen humorvollen Art, unterhielt mich und lockte mein Interesse hervor. Sie «half» mir in dem Sinne, daß ich mich in ihren Stunden nie langweilte und guter Dinge war.

Wir verstanden dieses Verhalten zunächst so, daß sie mir nützlich sein und mich unterhalten wollte. Doch weshalb? Außerhalb der Analyse kümmerte sie sich viel um andere, dabei merkte sie allmählich, daß es ihr oft zuviel wurde. Es blieb indes weiterhin unklar, woher dieses recht zwangshafte Helfersyndrom kam. Deutlich wurde in der Folge, daß sie damit die Sehnsucht verband, angenommen zu werden. Das Helfersyndrom war also eine Sehnsuchtsgeste. Die lebensgeschichtliche Erklärung wurde jedoch erst gefunden, als die Analyse schon weit fortgeschritten war: Frau F.'s Eltern waren kurz nacheinander gestorben, und sie war bereits mit 11 Jahren Vollwaise. Zuerst starb der Vater, dann die Mutter. Das Zurückkehren zu diesen tragischen Ereignissen ließ endlich die auslösende Ursache für das Helfersyndrom sichtbar werden. Im Anschluß an eine Auseinandersetzung Frau F.'s mit einem Kollegen, der ihre Hilfe zurückwies, ging es ihr schlagartig auf, daß sie lebenslänglich die Haltung wiederholt hatte, die sie damals der sterbenden Mutter gegenüber eingenommen hatte. Unendlich hatte sie sich während deren langem Krankenlager angestrengt, besuchte sie täglich im Spital und las ihr jeden Wunsch von den Augen ab, und trotzdem starb die Mutter. In ihrer kindlichen Logik hatte sie angenommen, daß ihr großer Einsatz eine Besserung der Mutter bewirken müßte. Als dies nicht geschah, verknüpfte sie den Tod der Mutter mit eigener Schuld und meinte, ihr Einsatz sei eben nicht genügend gewesen. Diese Ansicht blieb unbewußt bestehen. Das Helfersyndrom entsprang deshalb einer subjektiv empfundenen Schuld und der unbewußten Sehnsucht, durch Helfen den Tod vermeiden zu können.

Das Finden der genetischen Wurzel und der damit verbundenen Emotion brachte Verständnis, eine Trauererfahrung und schuf Raum für die Relativierung der im Helfersyndrom versteckten Sehnsuchtsgeste. Die kindlich grandiose Vorstellung, helfen würde Tod bannen, wurde an das Bewußtsein angeschlossen und so korrigiert. Das erlaubte Frau F., empathischer sich selber gegenüber zu werden. Die Einsicht in diese Seite des Schattens im Sinne des persönlichen Unbewußten gab ihr die Möglichkeit, sich von ihrem Helfersyndrom, das ihr Leben sehr bestimmt hatte, befreien zu können.

Das nächste Beispiel weist auf eine Sehnsuchtsgeste hin, welche in einer Leistungsproblematik verborgen war. Frau N. hatte ihren Vater so früh verloren, daß sie sich nicht an ihn erinnern konnte. Er war in den Kriegswirren verschollen und wurde nicht wieder gefunden. Das war für die Kinder, Frau N., ihre viel ältere Schwester und für die Mutter schwierig. Erst in der Analyse wurde sich Frau N. darüber klar, wie sehr sie sich als Kind geschämt hatte, keinen Vater zu haben. Auch litt sie darunter, daß man nicht einmal ein ordentliches Grab vorzuzeigen hatte. Dieser Tod des Vaters war rätselhaft, und man wußte nicht einmal, in welcher Weise der Vater seinen Tod vielleicht gar selbst verschuldet hatte. Das alles brachte die Mutter und die Kinder in ein Gefühl hinein, man müsse trotz aller «Schande» und trotz aller Mutmaßungen anderer Leute es den Leuten zeigen, daß man doch «jemand» sei. So kam es, daß sich die zwei Kinder, jedes auf seine Art, im Leben besonders anstrengten, weniger aus Ehrgeiz, denn aus dem Gefühl der Scham heraus. Das Familienmuster war, Achtung durch Leistung zu erlangen.

Als diese Zusammenhänge Frau N. bewußt wurden, hatte sie im Umfeld damit auch einen eindrücklichen Traum. Dieser half ebenfalls mit, das Leistungsstreben besser zu verstehen und machte ihr die damit verbundene Sehnsuchtsgeste bewußt:

*Sie träumte, sie müsse in einer Theateraufführung mitmachen. Die Rolle, die sie zu spielen hätte, sei die, Menschen auf die Mörder ihres Vaters aufmerksam zu machen. Sie hatte grauenvolle Angst vor dieser Rolle und schrie um Hilfe. Darob wurde sie wach und stellte zu ihrem maßlosen Erstaunen fest, daß sie zum erstenmal in ihrem Leben nach dem Vater gerufen hatte. Laut hatte sie «Papa, Papa» geschrien.*

Dieser Traum bewegte sie sehr stark. Die Hauptbotschaft, die sie ihm entnahm, war die, daß sie lebenslänglich die Rolle gespielt hatte, den Tod des Vaters gut zu machen. Durch Leistung hatte sie versucht, die «Schande» und die Randständig-

256

keit der Familie wett zu machen. Im Traum wurde sie sich ihrer Angst vor dieser Rolle inne und verband diese Traumaussage mit der lebenslänglichen Überforderung, die sie nur durch ein rigides Übergehen ihrer Ängste und Nöte hatte leisten können. Der Traum brachte ihr auch die Sehnsucht nach dem Vater zurück. Durch diesen Traum und die im Umkreis davon geleistete Aufarbeitung des persönlichen Unbewußten wurde ihr bewußt, daß Leistung hintergründig mit der Sehnsucht nach dem Vater verknüpft war, und daß das fortwährende Leisten ein Ruf nach Vater war. Diese Einsichten brachten eine tiefe Trauererfahrung und schließlich die Erlösung von einer zu einseitigen Leistungshaltung. Auch an diesem Beispiel zeigt sich, daß die Durcharbeitung der Sehnsuchtsgesten mit dem Innewerden des persönlichen Schattens verbunden ist.

Fallbeispiel

Anhand der nachfolgenden Geschichte von Herrn Z. soll aufgezeigt werden, daß es durchaus nicht immer zur Herausbildung der für die narzißtische Problematik typischen Paradiesesübertragungen kommt.
Im Falle von Herrn Z. hat sich kein dialogisches Verhältnis zwischen dem Kind in ihm, seinem Erwachsenen-Ich und mir, seiner Analytikerin, ergeben. Demzufolge konnte sich auch keine Stabilisierung der Ich-Selbst-Achse einstellen. Sein Selbstwertgefühl blieb extremen Schwankungen unterworfen.
Die Problematik von Herrn Z. äußerte sich zunächst in einer schweren narzißtischen Persönlichkeitsstörung im Verbund mit erblicher Belastung und gravierender Milieuschädigung. Im jungen Mannesalter verschärfte sich die Störung und ging in eine Borderline-Symptomatik über mit freiflottierender Angst, Depressionen, Depersonalisationserlebnissen und zeitweiligem Verlust der Impuls-Kontrolle, um nur einige der hervorstehendsten Symptome zu nennen. Ein paar Jahre später stellten sich psychotische Dekompensationen ein und schließlich wurde seine Krankheit als eine Mischpsychose bezeichnet. Es war also im Gesamtverlauf eine zunehmende Ich-Störung (u. a.) zu be-

obachten. Konnte er zu Beginn noch gut funktionieren und die Realität bewältigen, so stellten sich in der Borderline-Symptomatik doch Grenzsymptome (borderline!) zur Schizophrenie ein, und schließlich war er in der Psychose der Realität nicht mehr gewachsen und verlor den Wirklichkeitssinn.

Herr Z. wurde, kurz bevor sich seine Eltern scheiden ließen, geboren. Die elterliche Ehe war von allem Anfang an durch die Unzuverlässigkeit seines Vaters und die psychische Krankheit seiner Mutter belastet gewesen. Kurz nach der Geburt wurde der Knabe für einige Wochen in eine Pflegefamilie gebracht und kam anschließend wieder nach Hause. Die Ehe war inzwischen geschieden worden, und die Mutter mußte sich nun, so gut es ging, allein um Unterhalt, Pflege und Erziehung der Kinder kümmern. Herr Z. beschrieb seine Mutter als gefühlsmäßig unzuverlässig. So schenkte sie ihm eine Katze, nahm sie ihm aber grundlos nach einiger Zeit wieder weg. Sie war der Erziehung der Kinder nicht gewachsen und fühlte sich von den starken Aggressionen ihrer Kinder verfolgt. Bisweilen kam es zu tätlichen Auseinandersetzungen, die dadurch kompliziert wurden, daß der im Hause wohnende Freund der Mutter eingriff und eine unselige Zwischenstellung zwischen der Mutter und den Kindern einnahm. Herr Z. fühlte sich zu Hause sehr ungeborgen.

Im Alter von sieben Jahren wurde er wieder in ein Heim gegeben, wo er eine relativ ruhige Zeit verbringen konnte; innerlich jedoch war er von Heimweh gequält und litt an Einsamkeit. Auch fühlte er sich bereits damals ausgestoßen und ungeliebt. Nach ein paar Jahren wurde dieser Heimaufenthalt beendigt, und Herr Z. kam in ein anderes Heim. Eine erneute Trennung war eingetreten, das machte ihm zu schaffen. Seine schulischen Leistungen gingen zurück, er vereinsamte und begann wieder einzunässen. Schließlich wurde er psychiatrisch begutachtet, für einige Monate der Mutter zurückgegeben und trat anschließend wieder in ein Heim ein; Herr Z. wurde fortan von einem Mitarbeiter des Sozialamtes betreut. Dieser begabte, engagierte und verständnisvolle Sozialarbeiter setzte sich für Herrn Z. ein, brachte ihn in einem gut geführten Lehrlingsheim unter und wachte von nun an über seine Entwicklung. Herr Z. begann eine Lehre und konnte sich da recht gut halten. Die fortschreitende Krankheit der Mutter machte ihm indes arg zu schaffen, und als ihm verboten worden war, die Mutter bei der Einweisung in die Klinik zu begleiten, wandte er sich an mich.

Von da an konnte er mit Billigung und Unterstützung der Behörden wöchentlich zweimal in Therapie kommen, was er mit Unterbrüchen während vier Jahren tat. Dann begannen sich die Probleme zu häufen. Herr Z. wohnte nun allein in einer Wohnung, fühlte sich ungeschützt, dazu kamen häufige und schmerzliche Trennungserfahrungen von Freunden, Ungeborgenheitserlebnisse im Milieu, Schwierigkeiten am Arbeitsplatz, dessen Anforderungen er sich immer weniger gewachsen fühlte. Seine emotionalen Schwankungen verstärkten sich zusehends. Er begann Schulden zu machen, wechselte häufig Wohnung und Arbeitsplatz und wurde schließlich psychiatrisch betreut. Es kam zu Klinikaufenthalten, zuerst zu kurzen, dann folgten Aufenthalte von je einem Jahr mit einem Zwischenraum von einigen Monaten. Verschiedene Psychiater bemühten sich ambulant um ihn. Herr Z. konnte indes keine Beziehung mehr aufnehmen, er wechselte häufig die Psychiater, fühlte sich schlecht behandelt und brauchte sie jeweils nur noch, um sich in die Klinik einweisen zu lassen. Ein Verkehrsunfall setzte diesem tragischen Leben ein plötzliches Ende.

Es kann hier, wenn überhaupt nach den Ursachen gefragt werden soll, von einer ganzen Vernetzung von Ursachen gesprochen werden, die das Leben dieses Menschen erschwerten und auch verunmöglichten: erhebliche erbliche Belastung, Ungeborgenheit und Mangel an Liebe von allem Anfang an, Milieuschädigung und eine erzieherisch überforderte Umwelt, die ihm Heim und Familie nicht ersetzen konnte, sind wohl die beteiligten Faktoren an diesem unglücklichen Leben.

Bei Herrn Z. kam es nur zu einer rudimentären und lockeren Ich-Bildung. Sehnsucht und Verlassenheit, vor allem aber auch Angst, Verzweiflung, Ohnmacht und depressive Verstimmtheiten bestimmten seinen Lebensgang. Es war zu wenig Ich-Struktur da, um in der Therapie Übertragungen einzugehen. Eine sicherlich unbewußt richtige Einschätzung seiner Verwundbarkeit hielt ihn davon ab, wohl um die Gefahr zu vermeiden, die eine mögliche narzißtische Kränkung für ihn hätte bedeuten können. Er hatte andere Formen gefunden, der drohenden Fragmentierung Einhalt zu bieten: Bei Belastungen war sein seelisches Gleichgewicht labil. Eine Form des Umgangs damit waren Motorrad-Diebstähle. Mit den gestohlenen Fahrzeugen fuhr er dann jeweils wie rasend durch die Straßen. Das gab ihm das Gefühl, jemand zu sein. Das Machtgefühl, das er am Steuer empfand, war für ihn spannungslösend, und er fühlte sich danach für eine kurze Zeit ausgeglichen und froh. Eine andere Art des Umgangs war eine übermäßige Beschäftigung mit seinen Kleidern und seinem Aussehen. Er konnte oft sehr lange Zeit vor dem Spiegel verweilen und sah sich so «zusammen». Darüber sagte er einst, als wir es besprachen, sehr richtig: «Ich muß mich fühlen lassen, daß ich echt bin.» Sein Gefühl für sich selber war an einem kleinen Ort, was bewirkte, daß er sich oft wie nicht ganz wirklich empfand. Die eben genannten Beschäftigungen machten auch dies wett.

Es kamen auch kleine Diebstähle vor. Herr Z. entwendete mit Vorliebe kleine Wertgegenstände an seinem Arbeitsplatz. Er legte sie aber immer an einem der folgenden Tage zurück. Diese Gegenstände halfen ihm leben, so paradox das klingen mag. Die damit verbundene Phantasie war, etwas in der Hand zu haben, das Sicherheit gab, aus dessen Erlös er sich ins Ausland absetzen könnte. Diese Wertsachen waren für ihn magische Gegenstände, die ihm vorübergehend das Gefühl der Kraft vermittelten. An ihnen entzündeten sich auch grandiose Phantasien. Die häufigsten Phantasien waren die, ein berühmter Autor oder Opernsänger zu sein. Das hätte ihm Ansehen, Applaus und Würdigung geben können.

Daß diese Versuche, sich zusammenzuhalten, ihn in Schwierigkeiten brachten, braucht nicht eigens betont zu werden. Diese Schwierigkeiten führten dann jeweils zu neuen Belastungen und lösten tiefe Resignation aus, der er durch grandiose Phantasien und der Wiederholung des oben beschriebenen unrechten Tuns für wiederum eine kurze Zeit Einhalt gebieten konnte. Das Schwanken zwischen Sehnsucht, Größenphantasien und depressiven Verlassenheitsgefühlen war quälend für ihn. So sagte er einst, es drehe sich alles in seinem Kopf. Er baue Luftschlösser, fühle sich als König, wenn er von seinem Fenster aus auf die Autos hinabsehe und sie in seiner Phantasie zum Anhalten bringe. Daran schlössen sich in schneller Folge andere Gedanken an, beispielsweise der: er sei eine Mißgeburt und sei nicht normal. Oft habe er den Wunsch, den Kopf gegen die Wand zu schlagen, um endlich Ruhe zu bekommen. auch dieser Wunsch war ein letzter Versuch, der drohenden Fragmentierung durch körperlichen Schmerz Herr zu werden.

In der ganzen Angelegenheit war meine Funktion die, da zu sein und immer wieder von neuem seine verschiedenen Seiten anzunehmen und durchzubesprechen. Dazu kamen manche Kriseninterventionen[45] und konkrete Lebenshilfe zur Meisterung der schwierigen Realität. Ich wurde gebraucht als jemand, der alles weiß, dem man alles mitteilen kann. Dadurch gab ich ihm einen Rahmen und das Gefühl, zusammengesehen zu werden. Hingegen stellten sich die für den narzißtisch verwundeten Menschen typischen Paradiesesübertragungen nicht ein, was die Chance geboten hätte, in einem Durcharbeitungsprozeß die überhöhten und die Realität störenden Phantasien zu relativieren. Ich blieb Zuschauer, und Herr Z. hat – wohl weil er seine Verwundbarkeit richtig einschätzte – mich auch nicht zu einer Übertragungsfigur gemacht. In seiner schizoiden Struktur hielt er auf Abstand, und dieser Abstand war zu respektieren. Das brachte ihm ein, daß ich in all den Jahren, auch als er schon längst nicht mehr bei mir in Therapie war, aus Distanz für ihn da sein konnte. Verschiedentlich hörte ich von ihm, so telefonierte er bei Erfolgen und Mißerfolgen, frug mich bisweilen auch um Rat und schrieb hie und da eine Postkarte.

Herr Z.'s Leben war tragisch und verdient es, auf diesem Hintergrund gewürdigt und verstanden zu werden. Tragisch empfinde ich es, daß die archetypischen Intentionen nach Liebe und Geborgenheit von der Umwelt, die ihm echt zu helfen versuchte, nicht nachgeholt und erfüllt werden konnten. – Auch die Schuldfrage erscheint hier in einem ganz anderen Licht. Denn kann man von einer Schuld der Eltern sprechen, die, beide vorbelastet, dem Kind nicht das geben konnten, was es brauchte? Kann man wirklich von einer Schuld Herrn Z.'s sprechen, dessen Versuche, der Fragmentierung zu entgehen, zu sozial ungünstigen Handlungen führten, ihm aber vorübergehend leben halfen? Kann man seine Helfer als schuldig ansehen, die, was die Fürsorger anbelangt, alles in ihrer Macht Stehende taten, ihm zu helfen? Wenn ich mich selber frage, so muß eingesehen werden, daß mein Dasein auch nicht ausreichte, das ursprüngliche Defizit an Zuwendung wett zu machen. Meine damalige mangelhafte Erfahrung mit der narzißtischen Störung brachte es mit sich, daß ich ihn zu moralisierend und nicht empathisch genug verstanden habe. So habe ich beispielsweise sein dauerndes Zuspätkommen zur Analysestunde, seine ständigen Verschiebungen der Termine zu sehr getadelt. Ich verstand zu wenig, daß diese Unzuverlässigkeiten mit den Schwankungen des narzißtischen Gleichgewichts zusammenhingen. Aus seiner subjektiven Sicht war es zu verstehen, daß er einer unmittelbaren Befriedigung von Bedürfnissen den Vorzug vor der Analysestunde geben mußte, um eine drohende Fragmentierung abwehren zu können.

Ein Mensch, der ein solches Leben führen mußte, verdient unsere Bescheidenheit. Das ist nicht immer einfach, denn die Chronizität erinnert an unsere eigenen chronischen Seiten, die damit angesprochen werden. Ein solcher Fall rührt an *unseren* Narzißmus. Lassen wir diesen und den Druck auf Erfolg los, geben wir unsere Abwehren preis und sind verwundbar. Doch erst, wenn wir diesen Narzißmus lassen können, ist es uns möglich, echte therapeutische Hilfe anzubieten.

Zum Abschluß möchte ich ein Bild von Herrn Z. kommentieren, das er einst spontan in die Stunde brachte (*Abb. 12*). Das Bild zeigt ihn im Zirkus, gewandet als Clown und in der Funktion eines Zauberers. Fühlt man sich in die Darstellung ein, so wird es offenkundig, daß das Gehabe der Figur, gesehen zu werden und Applaus zu bekommen, Sehnsucht ausdrückt. Die grünen und schwarzen Kreise im Vordergrund bedeuten die Köpfe der Zuschauer. Das Wesen des Clown-Zauberers ist jedoch nur dann richtig zu begreifen, wenn das grandiosexhibitionistische Gehabe auf dem Hintergrund des zeigenden Zeigefingers und der Geißel verstanden wird. Der Zeigefinger reflektiert all jene Erfahrungen Herrn Z.'s, wo verächtlich auf ihn gezeigt wurde, wo er sich als Heimkind, Mißgeburt, Kind ohne Vater und Kind einer Mutter, derer er sich schämte, fühlte. Die Geißel, die drohend über dem Kopf der zentralen Figur schwebt, ist als die durch die Größenphantasien verursachte Qual zu begreifen. Hatte Herr Z. Größenphantasien, so waren sie wohl zum Teil erhebend, zu einem anderen Teil waren sie quälend, weil er sehr genau wußte, daß er die darin vorkommenden hohen Ansprüche nie würde erfüllen können. Die durchgestrichenen Verkehrsampeln rechts im Bild deuten auf ein Selbsterleben, nicht dazuzugehören, hin. Herr Z. fühlte sich oft isoliert und nicht im «Verkehr» mit anderen Menschen stehend. Der Clown-Zauberer hängt an Fäden, ist eine Marionette. Die Anordnung der Fäden am Kreuz sind für den Clown-Zauberer nicht erkennbar, ein waagrechter Strich teilt das obere Ende vom unteren des Bildes ab. Das Kreuz, das schwere Schicksal, war Herrn Z. nicht verständlich, er mußte es aber leben.

Dieses Fallbeispiel zeigt sehr deutlich den Unterschied zu den in diesem Buch dargestellten weniger schweren Fällen auf. Letzteren war es möglich, sich auf ein Übertragungsgeschehen einzulassen und durch dessen Durcharbeitung in sich gefestigter und stabiler zu werden. Herr Z. konnte sich nicht darauf einlassen. Ich meine, die diesbezügliche Regression hätte ihm mehr geschadet denn genützt. Sein Abseits-davon-Stehen entsprang wohl der richtigen Einschätzung seiner Verwundbarkeit.

# Umkehr und Wandlung

## Das Märchenbild

Der Faden zum Märchen sei nun wieder aufgegriffen. Im letzten Kapitel beschäftigte uns die negative Konstellation von Sonne und Mond, was als archetypische Matrize zu einem schwierigen Lebensbeginn aufgefaßt worden ist. Das Märchen fährt nun fort in der Reisebeschreibung der Heldin, wobei sich eine Wende zum Positiven hin zeigt. Nachdem sich die Heldin von Sonne und Mond abgewandt hat, trifft sie auf die Sterne, dabei heißt es nun:

**Da machte es sich geschwind fort und kam zu den Sternen, die waren ihm gut und saßen jeder auf Stühlerchen, und der Morgenstern stand auf und gab ihm ein Hinkelbeinchen, «wenn du das Beinchen nicht hast, kannst du nicht in den Glasberg kommen, und in dem Glasberg sind deine Brüder!» Da nahm es das Hinkelbeinchen, wickelte es wohl in ein Tüchelchen und ging so lange fort, bis es an den Glasberg kam, das Thor war aber verschlossen. Und wie es das Beinchen hervorholen wollte, da hatte es das Beinchen unterwegs verloren. Da wußte es sich gar nicht zu helfen, weil es gar keinen Schlüssel fand, nahm ein Messer und schnitt sich das kleine Fingerchen ab, steckte es in das Thor und schloß glücklich auf. Da kam ein Zwerglein entgegen und sagte: Mein Kind, was suchst du hier? «Ich suche meine Brüder, die drei Raben.» Die Herren Raben sind nicht zu Haus, sprach das Zwerglein, willst du aber hierinnen warten, so tritt ein, und das Zwerglein brachte drei Tellerchen getragen und drei Becherchen, und von jedem Tellerchen aß Schwesterchen ein Bißchen und aus jedem Becherchen trank es ein Schlückchen und in das letzte Becherchen ließ es das Ringlein fallen. Auf einmal hörte es in der Luft ein Geschwirr und ein Geweh, da sagte das Zwerglein: Die Herren Raben kommen heim geflogen. Und die Raben fingen jeder an und sprachen: Wer hat von meinem Tellerchen gegessen? Wer hat aus meinem Becherchen getrunken? Wie der dritte Rab aber seinem Becherchen auf den Grund kam, da fand er den Ring, und sah wohl, daß Schwesterchen angekommen war. Da erkannten sie es am Ring, und da waren sie alle wieder erlöst und gingen fröhlich heim.**

Es tut sich hier die Beziehung nach innen auf, und es geschieht Umkehr und Erlösung. Die Heldin orientiert sich nicht länger nach außen, sondern der Blick zum Selbst hin eröffnet sich. Der Kreis der Sterne, wo jeder auf seinem Stühlchen sitzt, kann als Selbstsymbol verstanden werden. Uraltes astrologisches Gut schimmert hier durch. Dabei wird das Wesen des Menschen gemäß der je eigenen Planetenkombination des Geburtshoroskops begriffen[1]. Die Astrologie darf als eine der ältesten Versuche, den Menschen psychologisch zu erfassen, verstanden werden. Der verstorbene Münchner Psychoanalytiker, Fritz Riemann, der sich intensiv mit Astrologie beschäftigte, ist der Auffassung, daß sich im Geburtshoroskop die «primäre Natur»[2] zeige. Anders ausgedrückt erscheint im Horoskop das, was einer von Haus aus mitbringt.

Sein zu dürfen und sich selber leben können, ist dem narzißtisch verwundeten Menschen von allem Anfang an erschwert. Wenn sich nun im Märchen das Selbstsymbol zeigt, so ist das im Vergleich zum Märchenanfang ein gewaltiger Fortschritt: Dort wurde die Eigenstrebung mit einem Fluch belastet, gedrosselt und schließlich verhindert, nun taucht die Möglichkeit auf, sich selber sein zu dürfen. Das Selbstsymbol zeigt sich nach der negativen Konstellation von Sonne und Mond, der die Verarbeitung der Kindheit zugeordnet worden ist. Daß dem so ist, sehe ich in meiner Praxis immer wieder neu bestätigt. Frei werden für sich selber geschieht nach dem Begreifen der Kindheitsgeschichte. Außerhalb des Rabenmärchens zeigt sich diese Abfolge auch anderswo, so zum Beispiel im Märchen «Aschenputtel» (KHM 21) der Grimmschen Version.

Aschenputtels seelisches und geistiges Wachstum steht in einem direkten Bezug zum Grab der Mutter, zum Tod der Mutter als einem weit zurückliegendem Ereignis. Vom Vater erhielt Aschenputtel einen grünen Zweig, der Lebenserneuerung symbolisiert und auf die Große Mutter hinweist. Es pflanzt diesen Zweig auf das Grab seiner Mutter, das es fortan regelmäßig besucht und dort heftig weint und trauert. Im Laufe der Zeit faßt der Zweig Wurzeln und wächst zu einem starken Baum heran, den wir als Lebensbaum begreifen können. Als solcher ist er eng verknüpft mit der Selbstsymbolik und kann als das

Selbst im Prozeß begriffen werden[3]. Aschenputtels Wandlung und sein Bezug zum Selbst stehen somit eng mit der Betrachtung der eigenen Lebensgeschichte in Verbindung.

Wohl sind die Bilder des «Aschenputtel»-Märchens andere als im Rabenmärchen, in beiden jedoch erscheint das Selbstsymbol nach der Bezugnahme zur eigenen Vergangenheit. Was das Märchen als Abfolge darstellt, zeigt sich in der Praxis nicht so sehr als Sequenz denn als Korrespondenz. In dem Maße, wie der Mensch beginnt, sich in seiner eigenen Geschichte zu orten, wird er sich seiner selbst bewußt, kann er sich besser annehmen und tritt als individuelles Wesen mehr und mehr in Erscheinung.

Von all den Sternen ist einer besonders wichtig. Es ist der Morgenstern – die Venus, die auch Abendstern ist. Er weiß um das Geheimnis des Glasbergs und kennt Wege, ihn zu öffnen. Die Heldin bekommt ein Knöchelchen, dieses geht verloren, sie ersetzt es durch den kleinen Finger und kann so den Berg aufschließen. Wir haben in diesem Stern und seiner Gabe ein Symbol der Liebe gesehen (S. 208)[4].

Für den narzistisch verwundeten Menschen stellt die Liebe zu sich selber das größte Problem dar, kann er sich doch in der Tiefe nicht bejahen. Nicht nur einmal, wie im Märchen, wo das Knöchelchen, die Gabe der Liebe, verloren geht, sondern aber- und abermals gerät der in seiner Selbstliebe gestörte Mensch aus dem guten Gefühl für sich selber heraus. Es ist für ihn erlösend, sich bejahen zu können, sich bisweilen liebend und geliebt erfahren zu dürfen. Die Selbstliebe im Sinne einer grundsätzlichen Bejahung des eigenen Wesens ist die Voraussetzung für ein konstantes, gutes und argloses Selbstgefühl. Erst wenn Venus konstelliert ist, erwacht der liebende Umgang mit sich selber. Das heißt, erst dann, wenn die Zuwendung, die der Analysand vom Analytiker erfährt, allmählich aufgenommen wird, kann die Fähigkeit zur Selbstbejahung als eine in jedem Menschen archetypisch angelegte Möglichkeit lebendig und in die Psyche integriert werden. Die Fähigkeit, sich bejahen zu können, ermöglicht schließlich die Unterscheidung von der Negativität, deren Wandlung und Integration in die Gesamtpsyche. Die Raben werden ein für allemal erlöst, im Leben hingegen muß die Einstellung zu den dunklen Aspekten wiederholt und vielzählige Male gefunden werden.

Als das Knöchelchen verloren geht, muß die Heldin aus sich selber die erlösende Möglichkeit erbringen. Der Verlust ist weiter nicht tragisch, sie läßt sich etwas einfallen und ersetzt das Knöchelchen durch den kleinen Finger. Verglichen mit dem Märchenanfang ist ein bemerkenswerter Fortschritt zu verzeichnen. Dort genügte eine geringfügige Unartigkeit für einen lebenslänglichen Fluch. Nun passiert ein Mißgeschick, doch es geht weiter. Die Heldin kann das Problem selber lösen und verliert sich nicht in Katastrophenphantasien. Sie nimmt ihre Intuition («der kleine Finger hat es gesagt») und ihre Spontaneinfälle ernst und kann dadurch zur Vermenschlichung der Brüder beitragen. Allerdings muß ein Opfer erbracht werden. Wer wie der narzißtisch verwundete Mensch perfektionistisch eingestellt und geneigt ist, Kontrolle auszuüben, bevorzugt klare, berechenbare Verhältnisse und fühlt sich nicht wohl im Irrationalen und Rätselhaften, wozu auch das Unbewußte gehört. Das Opfer des kleinen Fingers kann auf eine größere Flexibilität dem Unbewußten und Rätselhaften gegenüber hinweisen. Wem der kleine Finger fehlt, der hat die Dinge weniger gut im Griff. Der Einsatz des kleinen Fingers kann demnach eine Lockerung der Perfektionsansprüche und des Kontrollverhaltens zugunsten größerer Lebendigkeit und Wesenhaftigkeit bedeuten.

Man kann sich an dieser Stelle fragen, ob das ganze Unglück der Selbstentfremdung nicht hätte aufgehalten werden können, wenn die Mutter des Märchens ihren Kindern hie und da den kleinen Finger gegeben hätte oder sich bisweilen um den Finger hätte wickeln lassen. Konsequenz und Rigidität lassen den Kindern wenig solche kleine Freiheiten, diese sind aber notwendig, damit sich das Kind in seinem Autonomiestreben festigen kann und seiner Spontaneität und Lebendigkeit nicht verlustig geht.

Wir haben gesehen, daß sich im Symbol des Raben verschiedene Facetten der Dunkelheit vereinigen: die Introjektion früherer, verbietender Bezugspersonen, negative Animusäußerungen und Depression. Indem die Heldin den Ring in den Becher des jüngsten Bruders fallen läßt, führt sie den bereits bei der ersten Begegnung mit den Raben aufgenommenen Kontakt mit der dunklen Seite weiter und stellt eine Beziehung zu ihrem Leiden her. Die Beziehung zum Leiden ist ein weiterer Faktor, der zur Wandlung des Pechvogelgefühls beiträgt. Wer sich auf sein Leiden beziehen kann, ohne ihm gänzlich zu verfallen, läßt sich auf das menschliche Maß ein und anerkennt die Grenzen des Menschseins im Positiven wie im Negativen. Anerkennung des Leidens heißt im weiteren ein Innewerden der Bedürfnisse. Wer seine Bedürfnisse kennt, sehnt sich nach Erfüllung derselben. Dadurch entsteht die Möglichkeit, dem nachzustreben, was guttut. Narzißtisch verwundete Menschen erfühlen oft antennenhaft die Bedürfnisse und Erwartungen anderer, sind sich aber kaum bewußt, was ihnen nottut. Die Voraussetzung für das Kennen der Bedürfnisse ist jedoch das Annehmen des Leidens. Der einzelne kann so Orientierung am Leiden gewinnen und hat die Möglichkeit, wirklich von innen heraus, dem, was ihm förderlich ist, wenigstens teilweise nachzustreben, um so anfänglichen Mangel im späteren Leben auszugleichen. Daß dies geschehen kann, ist letztlich Gnade, die Gnade nämlich, sich selber bejahen zu können.

Über die oben genannten Facetten hinaus deuten die Raben auf ein dunkles, strafendes Gottesbild hin. Der Rabe, dem Gott Saturn zugeordnet, wird so zum Symbol der saturnisch-lebensverneinenden Züge, die das dogmatische Christentum aufweisen kann. Ein solches Gottesbild muß in Verbindung mit der strafenden Mutter und der Kirche, aus der sie kommt, gesehen werden und sollte zunächst als eine ins Transzendente gehende Weiterentwicklung der durch die Mutter erstmals erfahrenen Negativität gesehen werden. So würde ein negativer Mutterkomplex einen negativen Gotteskomplex bedingen. Gelingt es dem narzißtisch verwundeten Menschen, sich davon zu unterscheiden, so kann es ihm gegeben sein, frei zu werden für echte religiöse Erfahrung als einer Erfahrung des ganz Anderen.

Die Raben werden am Schluß erlöst. Das ist ein Bild für die Überwindung der Spaltung; die verfluchten Seelenanteile schließen sich, bewirkt durch den Kontakt, der mit ihnen hergestellt wurde, wieder an. Sie sind menschlich geworden und bewirken Animiertheit, was dadurch zum Ausdruck kommt, daß die Geschwister «fröhlich» heimgehen. Heimgehen kann verschiedenes bedeuten: zunächst ein Zu-sich-selber-Finden. Der narzißtisch verwundete Mensch, der zu sich selber gefunden hat, fühlt sich weniger mit sich selber entfremdet und kann sich selber vermehrt mit narzißtischer Libido besetzen. Das schützt ihn vor narzißtischen Entleerungen und vor dem Schwanken des Selbstwertgefühls. Zu sich selber finden bedeutet auch, daß das eigene individuelle Wesen stärker in Erscheinung treten kann. Heimgehen kann aber auch noch eine religiöse Bedeutung einschließen, nämlich: aufgehobensein in Gott. Dem entspricht auf der Gefühlsebene das Gottvertrauen. Im Glasberg wurden die Raben von einem Zwerg betreut. Er bleibt am Schluß zurück. Zwerge im Märchen sind oft positiv und menschenfreundlich, man denke an die sieben Zwerge im «Sneewittchen»-Märchen (KHM 53). Sie können aber auch böse und gemein sein, so wie der Zwerg in «Schneeweißchen und Rosenrot» (KHM 161). Zwerge stehen auch für Kreativität. Sie stellen schönste Goldarbeiten her und sind oft Hüter von großen Schätzen. – Der Zwerg im Rabenmärchen scheint mir schillernde Bedeutung zu haben. Er ist der Diener der Raben und bringt ihnen Nahrung. Das würde darauf hinweisen, daß die verfluchten Seelenanteile am Leben erhalten werden. Wenn man aber an die ungeheuer starke Potenz denkt, mit der Menschen in Depression destruktiven Gedanken nachhängen, so kann der Zwerg auch eine negative Bedeutung erhalten und würde dann für die Kraft stehen, die die destruktiven Gedanken immer von neuem nährt. Auf diesem Hintergrund gesehen, kann er als Symbol negativer Kreativität angesehen werden. Bleibt er nun zurück, kann dem die Überwindung der negativen Kreativität, mit der Depressive nimmer müde werden, ihre eigene Schlechtigkeit auszugestalten, zugeordnet werden. – Da die Brüder nun erlöst sind und Animiertheit, Schwung und Fröhlichkeit in die Seele eingezogen sind, besteht nunmehr Hoffnung auf positive Kreativität. – Der in seiner Selbstliebe gestörte Mensch, der immer wieder narzißtischen Entleerungen, das heißt einem Absinken seiner narzißtischen Libido, ausgesetzt ist, hat mit dem Schöpferischen deshalb Mühe, weil er seine

Interessen, Pläne und Unternehmungen nur ungenügend mit Selbstliebe besetzen kann. Dadurch fallen seine Strebungen so oft wieder in sich zusammen und sind von kurzer Dauer, was ihn, meist zu Unrecht, an seinen Gaben zweifeln läßt.

Erst beim Erscheinen der Sterne zeigt sich in diesem Märchen die Wendung zum Positiven an und wird Erlösung eingeleitet. In Verbindung dazu stelle ich dieses abschließende Kapitel unter den Titel «Umkehr und Wandlung». Die eben skizzierte Märchenbetrachtung führt zu verschiedenen Fragekomplexen. Wer wie der narzißtisch versehrte Mensch der Anpassung nachstrebt und seine wahre Persönlichkeit verbirgt, tut sich schwer, den Blick nach innen zu richten. So soll ein erster Abschnitt den Problemen der Introspektion nachgehen. Vertiefte Introspektion führt dazu, mit sich selber mehr und mehr bekannt zu werden. Dabei tritt das Selbst im Sinne des eigenen Wesens allmählich vermehrt in Erscheinung. In diesem Zusammenhang sollen verschiedene Schritte der Selbstwerdung in einem abschließenden Abschnitt besprochen werden.


Probleme der Introspektion

Selbstwahrnehmung, Introspektion, Blick nach innen, so nennen wir unsere Fähigkeit, uns selbst zu beobachten. Das ist indes nicht immer einfach und fällt namentlich dem narzißtisch verwundeten Analysanden schwer, der sich zu früh nach außen drehen und sich den Erwartungen anderer anpassen mußte. In diesem Kapitel sollen besondere Probleme der Introspektion, die sich bei narzißtisch beeinträchtigten Analysanden ergeben, besprochen sein. Dabei zeigen sich grob gesehen drei Schwerpunkte: Persona-, Gefühls- und Deutungsprobleme.

Die narzißtische Persönlichkeit beeindruckt durch eine kräftig ausgebildete Anpassung. *Personahaltungen* und entsprechende Ausrichtungen auf das «Image» erschweren Introspektion und Orientierung an inneren Faktoren. Mittels der Persona befriedigt der narzißtisch verwundete Mensch die Erwartungen anderer und findet dafür Lohn und Anerkennung. Durch die Persona wird überdies eine gute Anpassung an kollektive Werte erreicht, allerdings um den Preis autonomer Strebungen und der Selbstwerdung. In der Schrift «Die Beziehungen zwischen dem Ich und dem Unbewußten»[5] hat Jung seine Gedanken über die Persona ausführlich dargelegt und auf die Gefahren einer Identifikation mit der Persona aufmerksam gemacht. So fallen viele Menschen der Verführung durch Titel, Rang und Namen anheim, legen eine Maske an und entwickeln sich zu einer künstlichen Persönlichkeit. Dadurch wird die wahre Persönlichkeit[6] verdeckt und die Fähigkeit «so sein und so handeln» zu können «wie man fühlt, daß man ist», verkümmert mehr und mehr[7]. Der Gedanke der wahren und der falschen Persönlichkeit findet sich auch bei Winnicott, der vom «wahren» und «falschen Selbst» spricht, eine Unterscheidung, die vor allem in der Narzißmusdiskussion sehr populär geworden ist. Winnicott beobachtete verschiedene Stärkegrade des falschen Selbst und meint, daß dort, wo sich das wahre Selbst nur noch durch das falsche ausdrücken kann, eine sehr früh geortete und entsprechend starke Störung vorliege. Das falsche Selbst kann sich bereits an der frühen Bezugsperson formieren, welche die spontane Geste des Kindes nach Selbstausdruck und Autonomie unterbindet, wenn nicht gar verhindert. Jungs Personakonzept und Winnicotts «falsches Selbst» sind deckungsgleich, mit der Einschränkung allerdings, daß Jung die Persona nicht entwicklungspsychologisch eingebunden hat. Er versteht die Persona deutlich als eine Berufspersona, die sich in der Schulzeit auszuformen beginnt[8]. Wohl können narzißtisch gestörte Menschen eine Berufspersona haben, doch hat das Gehabe, sich am anderen zu orientieren, bereits in der frühesten Kindheit seinen Anfang genommen, beispielsweise durch einen starren Nahrungsplan ausgelöst, wie das Frieda Fordham in ihrem Artikel «The Care of Regressed Patients and the Child Archetype»[9] gezeigt hat. Ein derart frühes Einsetzen der Personastrebungen bewirkt eine weitgehend radikale Selbstentfremdung, die demzufolge nicht so ohne weiteres im späteren Leben zugunsten der wahren Persönlichkeit einsehbar und abzuschütteln ist. Es ist das Verdienst der englischen Schule Jungscher Analytiker, die Konzepte der Analytischen Psychologie entwicklungspsychologisch erweitert zu haben. In diesem Sinne beschäftigte sich

Hudson mit der Persona und stellte fest, daß sie bei narzißtisch verwundeten Menschen in der frühen Kindheit ihren Anfang nimmt. Diese frühe Investition in der Persona geht einher mit innerer Leere, dem Gefühl, nicht lebendig zu sein, mit Wesensentfremdung und einem prekären Identitätsgefühl[10].

Jungs Ausführungen über die Persona erwecken zwei Eindrücke. Zum einen ist die Persona etwas leicht Verständliches und die Unterscheidung von ihr kann ohne größere Schwierigkeiten erfolgen[11]. Dieser Eindruck hat sich nach meinem Dafürhalten in der Tradierung der Jungschen Psychologie verstärkt; so wird verschiedentlich angenommen, die Persona sei so leicht wie ein Mantel auszuziehen. Dem ist gerade bei narzißtisch verwundeten Menschen nicht so. Wie gefährlich das Ablegen der Persona ist, geht aus Jungs Ansicht hervor, mit welcher er die Desidentifikation von der Persona mit einem privaten Weltuntergang, großer Orientierungslosigkeit bis hin zur psychotischen Dekompensation gleichsetzt[12]. Mir scheint, daß Jung zum Zeitpunkt, als er die erwähnte Schrift schrieb, zwei Dinge, die heute unterschieden werden können, unter einem Nenner genannt hat. So spricht er auf der einen Seite von dem, was man heute als narzißtischen Schatten bezeichnen könnte. Ein solcher ist unser Eitelkeits- und Prestigeschatten, der sich in einer Überbewertung kollektiver Werte äußert. In diesem Sinne ist denn auch die Verführung durch Titel, Rang und Namen zu verstehen. Ein solcher Schatten läßt sich relativ leicht einsehen und bewußt machen. Menschen, die ihn aufweisen – und wer täte dies nicht? – sind deshalb nicht notwendigerweise in ihrer Struktur narzißtisch gestört. Die narzißtische Störung hingegen ist vom narzißtischen Schatten zu unterscheiden und umfaßt eine Störung sui generis. Für den in dieser Art narzißtisch verwundeten Menschen ist die Nichtidentifikation mit der Persona im erwähnten Sinne gefährlich und schädlich.

Desidentifikation mit der Persona bedeutet nach Jung ein zugleich damit sich zeigendes Selbst, wobei sich der Schwerpunkt der Persönlichkeit vom Außen mehr und mehr in das Zentrum verlegt. Anders ausgedrückt, erfolgt bei der Zurücknahme der Identifikation mit der Rolle, die einer spielt, ein vermehrtes Hervortreten der wahren Persönlichkeit. Jung baute in diesem

272

Zusammenhang auf die Selbstregulation der Psyche und deren kompensatorischer Tätigkeit[13]. Bei der narzißtischen Persönlichkeit habe ich es verschiedentlich gesehen, daß die Kompensation nicht spontan eintritt, sie ist auch nach Neumann defizitär[14]. Über lange Zeit hinweg geschieht die Bearbeitung der Problematik in der Übertragung und deren Wahrnehmung. Im besten Falle bahnt sich die Kompensation in einer positiven Übertragung auf den Analytiker an, wobei nach und nach die dabei erlebten positiven Kräfte in die Persönlichkeit des Analysanden einfließen können.

Stark ausgebildete Personahaltungen mit ihrem Ursprung in der frühen Kindheit und eine zunächst ausbleibende Kompensation durch ein sich von innen her Gestaltendes machen es dem narzißtisch verwundeten Analysanden schwer, den Blick nach innen zu richten und sich an sich selber zu orientieren.

Ein weiteres Erschwernis der Introspektion stellt die *Gefühlsverunsicherung* bei narzißtisch verwundeten Menschen dar. Das Gefühl für sich selber, sein und handeln zu können, wie man fühlt, daß man ist, stellt bei narzißtischer Störung ein großes Problem dar. Der Betroffene, trotz eines oft reichen Gefühlspotentials, weiß meist weder, was er fühlt, noch, was ihm wirklich guttut. Die Fähigkeit, sich an den eigenen Gefühlen zu orientieren, ist schwach ausgebildet, der Blick auf sich selber dadurch erschwert. Sich am eigenen Gefühl zu orientieren, bedeutet ein Sich-Einlassen auf Unsicherheit und Widersprüchlichkeiten, heißt aber auch absehen von den von außen diktierten Pseudogefühlen. Pseudogefühle sind von der Konvention diktiert, vom Stil der Zeit bestimmt. Die Erlangung eines Gefühls für sich selber und die Fähigkeit, seine Gefühle mit ihren Widersprüchlichkeiten wahrzunehmen, bedeutet in der Entwicklung der narzißtischen Persönlichkeit die «schwer zu erreichende Kostbarkeit». Im Märchen wird das Gefühl für sich selber durch Venus und ihre Gabe symbolisiert. So, wie die Gabe gleich wieder verloren geht, fällt auch der narzißtisch verwundete Mensch immer und immer wieder aus dem Gefühl heraus. Erst wenn es wirklich von innen her erbracht werden kann und das Ich bezogen und bejahend mit sich umgehen kann, wird das Selbstgefühl zu einem integralen

Bestandteil der Psyche des narzißtisch versehrten Analysanden.

In der Analyse ist den vorgetragenen Gefühlen nicht immer zu trauen. Oft werden Pseudogefühle geäußert: fühlen, was man fühlen muß: Freude bei freudigen Anlässen und Trauer bei traurigen. Sobald jedoch die Gefühle davon abweichen, anders, vielfältiger und gar negativ sind, werden sie unterdrückt, weil deren Wahrnehmung die nach außen gerichtete Anpassung des narzißtischen Analysanden gefährden könnte. Argloses Wahrnehmen der Gefühle macht Angst und wird deshalb nach Möglichkeit vermieden.

Die Selbstwahrnehmung und die Orientierung an sich selber fällt bei narzißtischer Verwundung außerdem deshalb schwer, weil vor allem in Krisen der Blick auf *negative, dunkle und destruktive* Inhalte fällt[15]. Die tiefe Überzeugung, schuldig und ohne Recht zu leben zu sein, immer ein Pechvogel bleiben zu müssen, bestimmen das Empfinden und lassen das Selbst im Sinne des eigenen Wesens lediglich als ein beschattetes in Erscheinung treten. In einem früheren Kapitel (S. 141 ff.) wurden anhand der Träume von Frau L. die negativen Inhalte aufgezeigt. Die Abwehr durch Verlassenheitsgebärden und Sehnsuchtsgesten war ihr in einer tiefen Krise und manifest narzißtischer Depression zusammengebrochen. Sie war, um es im Märchenbild zu sagen, des Glases, das sie vor der Dunkelheit (den Raben) schützte, verlustig gegangen und dem schwarzen Substrat ihrer Seele voll ausgesetzt. Sie fühlte sich verfolgt, unbehaust, isoliert, dem Tod anheim gegeben. Außerdem begleiteten sie Gefühle und Gedanken, wonach nie und nimmer etwas Gutes von ihr ausgehen könnte. In einem Traum drückte ihr ein Knochenmann den Brustkorb zusammen, in einem anderen war ihr Gesicht schwer lädiert, und schließlich waren ihre Behausungen von Katastrophen bedroht. Die innere Dunkelheit wurde ihr vor allem in suizidalen Impulsen zur tödlichen Verlockung. Sie war oft nahe daran, der Faszination einer destruktiven und teuflischen archetypischen Intention zu verfallen. Ihre inneren Figuren verdammten sie, und es war ihr nicht möglich, mit ihnen gefahrlos in Kontakt zu treten, waren sie doch gegenüber der schwachen Position des Ich in einer großen Übermacht. Ihr Ich war narzißtisch entleert, was dem Gefühl, nichts und niemand zu sein, entsprach und einherging mit einer schmerzlich empfundenen Kraftlosigkeit.

Es ist klassisch Jungsche Methode[16], sich mit den inneren Figuren auseinanderzusetzen und mit ihnen in ein Gespräch zu kommen. Jung nannte diese Methode *aktive Imagination*. Bei dieser Art der Auseinandersetzung mit dem Unbewußten läßt man den inneren Figuren ihr Eigenleben und ihre Dynamik und akzeptiert damit, daß sie oft einen zum Ich-Bewußtsein widersprüchlichen Standpunkt einnehmen. Das bewußte Ich verzichtet indes nicht auf seinen Standpunkt, versucht aber mit den inneren Figuren in Kontakt zu kommen und führt mit ihnen solange einen Dialog, bis sich die gegensätzlichen Standpunkte einander angleichen und die Chance besteht, den Konflikt zu überwinden. Dort, wo jedoch die inneren Figuren derart negativ sind, kann kein Dialog mit den widerstreitenden Kräften aufgenommen werden; denn da steht keine gute Figur hilfreich zur Seite, da läßt sich kein «guter Engel»[17] finden, der sich zum gerechten Anwalt des Analysanden macht. Schließlich findet das narzißtisch entleerte Ich die Kraft, seinen eigenen Standpunkt zu bewahren, nicht mehr, und es besteht die Gefahr, der Destruktivität zu erliegen.

Jung erwähnt das Beispiel eines jungen Mannes, der es versäumte, sich seiner im folgenden geschilderten Phantasie aktiv zu stellen: «Er sieht, wie seine Braut die Straße hinunter zum Fluß läuft. Es ist Winter, und der Fluß ist zugefroren. Sie läuft aufs Eis hinaus, und er folgt ihr. Sie geht weit hinaus, und dort ist das Eis geborsten, eine dunkle Spalte tut sich auf, und er fürchtet, sie könnte sich hineinstürzen. Tatsächlich versinkt sie in der Eisspalte, und er schaut ihr traurig zu.»[18] – Es läßt sich natürlich heute nicht mehr mit Sicherheit sagen, an welcher Störung dieser Analysand litt. Auf Grund des beschriebenen Materials vermute ich, daß er an einer narzißtischen Störung litt und zwar in einem Stadium, wo die Gefühle noch nicht wieder zugänglich waren und er sich narzißtisch entleert erlebte. In einem solchen Zustand erfährt sich das Ich kraftlos, nichtig und ohne jegliche Orientierung; es kann dann nicht aktiv eingreifen und muß es geschehen lassen, daß Ungünstiges passiert.

Im therapeutischen Prozeß dauert es lange, bis der Analysand es wagt, auf Grund seiner eigenen, wahren Gefühle und nicht aus Pseudogefühlen heraus sich einzubringen. Erst wenn durch Übertragungsarbeit und Beziehungsförderung das Ich so weit gestärkt ist, daß es sich von seinen guten Gedanken begleiten läßt, scheint es mir bei narzißtisch verwundeten Analysanden indiziert zu sein, die «aktive Imagination» als Therapeutikum einzusetzen.

In diesem Zusammenhang möchte ich ein Beispiel aus Frau B.'s Analyse anführen. Sie hatte sich zeitlebens starken Anpassungen unterzogen, deshalb war es ein Ziel der Analyse, ihre Autonomie zu fördern. Zu einer Zeit größter Dunkelheit und Depression riet ihr Mann zu aktiver Imagination und meinte, sie solle versuchen, das negative Ende eines Traumes umzugestalten. Willig tat sie dies. Dabei wurden die inneren Figuren zusehends negativer. Das ging so weit, daß sie sich von einem überlebensgroßen, schwarzen Mann auf die Arme nehmen und sich in einen Sarg versenken ließ. Bis zur nächsten Analysestunde hatte sich ihre Depression verstärkt: Frau B. war in ihrer Imagination dem Dunklen entgegen, sozusagen in die Arme gelaufen. Befangen in der quälenden Frage, wie dieses Dunkle zu integrieren sei, verstrickte sie sich in einer Unzahl von grüblerischen Gedanken. Das Dunkle war übermächtig, das Ich davon affiziert und narzißtisch so weit entleert, daß es nicht mehr eingreifen konnte. Es zeigte sich im Empfinden Frau B.'s eine verkehrte Welt, eine Welt der Dunkelheit mit den entsprechend negativen Gesetzen. Zu integrieren wäre in einer solchen Situation das Gute, das verloren gegangen ist. Spricht man hier vom Schatten, so kann gesagt werden, das Ich sei total in den Schattenbereich geraten, sei *im* Schatten und bedürfe dringend der Welt des Lichts und fördernder Impulse. Doch gerade das wird in einer solchen Situation nicht mehr gewußt. Die Nähe zu negativen, archetypischen Intentionen war durch ihre aktive Imagination verstärkt worden, was nicht ungefährlich war. In der Situation, in der sich Frau B. damals befand, war das Gute noch weitgehend in der Übertragung geortet und zeigte sich jeweils in der beschränkten Zeitspanne einer Analysestunde. Kaum war diese vorbei, verschwanden jeweils die positiven

Kräfte wieder. Vom Märchen her gesehen, ging die Gabe der Venus stets von neuem verloren und mußte von Stunde zu Stunde neu konstelliert werden.

Bekanntlich empfiehlt Jung zur Konzeptualisierung innerer Befindlichkeiten die Herbeiziehung *mythologischen Materials.* Auf dieses Therapeutikum war Jung während seiner Krise nach dem Bruch mit Freud gestoßen. Überschwemmt von Emotionen vielfältiger Art, konnte er diese durch Umsetzung ins Bild bannen. In seinem Erinnerungsbuch schreibt er darüber: «In dem Maße, wie es mir gelang, die Emotionen in Bilder zu übersetzen, d. h. diejenigen Bilder zu finden, die sich in ihnen verbargen, trat innere Beruhigung ein. (...) Mein Experiment verschaffte mir die Erkenntnis, wie hilfreich es vom therapeutischen Standpunkt aus ist, die hinter den Emotionen liegenden Bilder bewußt zu machen.»[19] So kann beispielsweise die gewaltige narzißtische Wut als Medeaschatten bezeichnet werden. Bekanntlich rächte sich Medea fürchterlich an Jason, der sie verlassen hatte. Sie sandte der neuen Gefährtin Jasons ein Kleid, aus dem Flammen hervorbrachen, und tötete ihre beiden Kinder.

Bei narzißtisch verwundeten Menschen hat die Herbeiziehung von mythologischem Material den Effekt, das prekäre Gleichgewicht der Persönlichkeit zu stören und unangenehme Schwankungen hervortreten zu lassen. Dabei gerät das schwache Ich in den Bann negativer und positiver Inflationen, und die Sicht auf sich selber wird verzerrt. Ja, es kann geschehen, daß sich der narzißtisch verwundete Mensch verliert und Mühe hat, zu sich selber zurückzufinden. Zum anderen kann es geschehen, daß das beigebrachte mythologische Material die bereits bestehende Rationalität fördert und somit die Introspektion hindert. Das folgende Beispiel soll die durch mythologische Amplifikation provozierten Schwankungen des Selbstwertgefühls aufzeigen. *Eine Frau träumte einst, sie hole aus ihrem Keller ein winzig kleines Kindchen und trage es behutsam auf ihrem Arm, dabei wird sie von einem Gefühl inniger Seligkeit durchströmt.* Die sehr differenziert und empathisch arbeitende Ausbildungskandidatin, die mit der Frau arbeitete und diese Analyse bei mir supervisieren ließ, sagte ihrer Analysandin durchaus wohlmeinend und wohl aus Freude, auf ein ubiquitäres Motiv gestoßen zu sein, daß das, was sie da trage, das göttliche Kind sei, das sei der Keimling, das «kleiner als klein und größer als groß» im Eckhardtschen Sinne[20]. Es sei von größter Bedeutung, sich einem solchen Inhalt gegenüber angemessen und mit Ehrfurcht zu verhalten. Darauf geriet die Analysandin in große Ängste hinein und fiel in positive und negative Inflationen. Von der depressiven Verarbeitung her fühlte sie sich aufgefordert, herumzurätseln, was wohl in diesem Moment das «richtige» Verhalten sei. Da sie nun nicht wußte, was «richtig» war, verlor sie sich in nicht enden wollenden Grübeleien, wurde zusehends bedrückter und hatte Angst, etwas zu versäumen. Andererseits war sie froh erregt und geriet in eine als angenehm empfundene Stimulation durch positive Inflationen mit den entsprechenden Phantasien. Die abwechselnd depressive und grandiose Verarbeitung der Traumbotschaft bewirkte ein Schwanken ihres Selbstwertgefühls. Die Grenzen nach hüben zur Dunkelheit und jene nach drüben zum Licht waren verwischt. Ihr Ich konnte sich nicht mehr abgrenzen, und sie war von den extremen Gegensätzen vereinnahmt. Dabei verlor sie sich, und ihre arglose und normale Sicht auf sich selber wurde empfindlich gestört.

Bei einem solchen Traum wäre es angezeigt gewesen, nicht zuerst inhaltlich mythologisch zu verdeutlichen, sondern vom Traum-Ich und seinen Gefühlen auszugehen und die im Traum so deutlich gezeigte Seligkeit anzusprechen. Auch wirkte es sich ungünstig aus, aus dem Traum eine Aufforderung nach richtigem Verhalten herauszulesen, verhielt sich doch die Träumerin dem Kind gegenüber durchaus angemessen. Die mythologische Amplifikation war in diesem Fall zu früh gegeben worden, was allerdings nicht ausschließt, daß sie zu einem späteren Zeitpunkt hätte fruchtbar werden können.

Ist jedoch ein Mensch von seinen Gefühlen entfernt, hat er sie wie der narzißtisch verwundete Mensch eingefroren, so kann die mythologische Verdeutlichung außerdem die Rationalität stützen. Auf diese Weise werden Probleme auf der rationalen Ebene behandelt, wodurch sie nie erledigt sind[21]. Bieten wir den in ihrer Selbstliebe gestörten Analysanden mythologische Themen an, so können wir zwar oft ihr Interesse gewinnen, versiegeln aber die Gefühlsebene. Einmal mehr sieht der Analysand von seinem Erleben ab und wird verführt, sich in weit ausholenden, bildungsfördernden Gedankengängen zu ergehen. Tut er das nicht, so kann er seinerseits den Analytiker dazu verführen, was allerdings dann wieder den Neid des Analysanden zu konstellieren vermag.

Mir scheint es deshalb notwendig zu sein, Deutungen zunächst am Erleben in der therapeutischen Sitzung festzumachen und *Evidenzdeutungen* anzustreben. Evidenzdeutungen nenne ich jene Deutungen, die sich aus dem gemeinsamen Erleben zwischen Analysand und Analytiker in der Analysestunde ergeben. *Frau E. träumte einst von einem drei- bis vierjährigen Kind, das sie freundlich anblickt. Es ist im Begriff, aus der Erde zu entstehen, seine Hände sind noch mit der Erde verhaftet, als zöge es sie aus einem Teig heraus.* – Nachdem Frau E. den Traum erzählt hatte, fragte sie mich, wie man «so etwas» deute. Ihre Frage zusammen mit anderen Aussagen zielten auf eine objektive Wahrheit ab, und sie suchte, gemäß ihrer Neigung, sich anzupassen, nach einer objektiven Deutung. Ich hätte nun sagen können, daß dieses Kind ein besonderes sei und zum Motivkreis des göttlichen Kindes gehöre[22]. Auch hätte ich sie aufmerksam machen können auf die verschiedenen Mythologeme, wonach das göttliche Kind eine ungewöhnliche Geburt erfährt, wovon das Entstehen aus der Erde einer der vielen wunderbaren Geburtsvorgänge ist. Wiederholt ungünstige Erfahrungen hatten mich aber gelehrt, mit solchen Amplifikationen zuzuwarten, bis der gefühlsmäßige Bezug gefunden worden ist. Denn es ist für den narzißtisch verwundeten Menschen wesentlich, sich selber als Maßstab dessen zu erfahren, der sein eigenes Material betrachtet und zu verstehen sucht.

Frau E. erzählte in der Folge sehr lebhaft von einem kleinen Urlaub in den Bergen und von früheren eindrücklichen Naturerlebnissen. Im Streß habe sie sich oft an einen Fluß zurückgezogen, lag am Wasser und «versank» in der umgebenden Natur. Oft fiel sie für eine kleine Weile in einen tiefen Schlaf, woraus sie jeweils erneuert erwachte. Wie sie so am Erzählen war, belebte sie sich zusehends und wirkte lebhafter als je zuvor. Mir kam es vor, als hätten diese tiefen Naturerlebnisse mit dem im Traum gezeigten Kind zu tun, was ich ihr auch mitteilte. Dadurch, daß ich dieses Gefühl von außen wahrnahm, wurde es bewußt und konnte von Frau E. in Einklang mit dem Symbol des Kindes gebracht werden. Dabei ging ihr durch die Traumarbeit auf, in welcher Weise als kostbar das Unbewußte ihre Möglichkeit, in die Natur zu gehen, bewertete. Darüber hinaus wurde der Kind-Traum auch eingebettet in die aktuelle Situation, in der sie sich beruflich außerordentlich gestreßt erlebte und sich, wie man schweizerdeutsch sagt, «im Teig» fühlte. In dieser beruflichen Lage war sie auch damit beschäftigt, nach neuen Möglichkeiten Ausschau zu halten, was durch das Kind als Symbol neuer Lebensmöglichkeiten zur Darstellung gelangte.

Die Einbettung des Traumes in ihre affektive Lage, die Wahrnehmung ihrer gegenwärtigen, zukünftigen und vergangenen Strebungen erlaubte es uns, die Deutung des Kindsymbols als *evident* zu erleben. Die Frage von Frau E., wie man den Traum deuten könne, entsprang einer narzißtischen Entleerung ihres Ichs und richtete sich an einen Analytiker, der belehren und beleben sollte. Durch Evidenzdeutungen, wie die oben gegebene, kann das Selbstgefühl wieder gefunden werden, und es entsteht für den Analysanden die Möglichkeit, sich selber wesentlich an der Deutung zu beteiligen. Als unmittelbares Deutungsangebot hätte das mythologische Material Kenntnis interessanter Symbolik gebracht, jedoch keine Belebung des Fühlens.

Die erwähnten kritischen Punkte der Introspektion sollen nun in ein Kapitel überleiten, in dem vom Prozeß der Selbstwerdung die Rede sein wird.


Schritte der Selbstwerdung

Der eingangs dieses Kapitels betrachtete Schlußteil des Rabenmärchens brachte das Erscheinen der Sterne mit jenem des Selbst in Verbindung. In diesem Abschnitt soll nun dem Selbstwerdungsprozeß und den verschiedenen Erscheinungsformen des Selbst nachgegangen sein.

Um dies zu tun, beziehe ich mich auf die Analyse von Frau B.,

von der bereits verschiedentlich die Rede war. Lebensgeschichtlich gesehen, hatte sich Frau B. schon sehr früh in Persona-
Anpassungshaltungen investiert, wobei das spontane, lebendige Kind in ihr zugunsten des Gehorsams und der Anpassung
zurücktreten mußte. Erinnert sei an ihren Initialtraum, in dem
sie von einem neugeborenen Kind träumt. Dieses Kind packt
sie im Traum in verschiedene Schachteln ein und trägt es so mit
sich herum. Später nimmt sie es heraus und sieht, daß es geschrumpft ist, seine Größe entspricht nurmehr der Größe ihrer
Hand. Sie gibt ihm die Brust, ist erstaunt, daß sie soviel Milch
hat, und sieht zu ihrer Freude das Kindchen sehr schnell wachsen.
Dieser Traum verwies zunächst auf die Kindheit, wobei es sich
zeigen sollte, daß auch Frau B. ein Kind gewesen war, das seine
Lebendigkeit in Schachteln packen mußte. Zeitlebens hatte sie
ihren Selbstausdruck drosseln müssen und erfüllte seit jeher die
Erwartungen anderer, was ihr zur Zufriedenheit aller Beteiligten ausgezeichnet gelang. In ihrer Ehe war sie ihrem Mann eine
treue und liebevolle Gefährtin und ihren Kindern eine ausge-
zeichnete Mutter. Beruflich hatte sie sich einen guten Ruf als
Kindergärtnerin erworben, war ihren kleinen Schülern zuge-
wandt und als Kollegin sehr geachtet. Durch ihren großen
Einsatz war alles bestens bestellt, zeitweilig jedoch war Frau B.
depressiv und ging durch Perioden der Dunkelheit hindurch.
Das Kind im Traum war aber auch ein neu geborenes und
verwies auf einen Prozeß in Frau B.'s Psyche, der auf eine
Entwicklung hin ausgerichtet war. Das Kind war ganz wesentlich auch eines, das bereits die Zukunft einschloß und einen
Prozeß einleitete, der Frau B.'s Wesen verstärkt hervortreten
lassen sollte. Im Verlaufe dieses Hergangs änderte sich meine
Funktion, und ich wurde aus einer Übertragungsfigur mehr
und mehr zu einer Begleiterin einer sich selbständig entfalten-
den Entwicklung. Die sich anbahnende Entfaltung glich in
vielen Aspekten der klassischen Ausprägung des Individua-
tionsvorganges, wie er von Jung verschiedentlich beschrieben
worden ist[23]. Es handelt sich dabei um eine spontan sich einstellende Verwesentlichung der Persönlichkeit, in Träumen und
Phantasien begleitet durch Ganzheitssymbole, insbesondere

durch Mandalas[24]. In einem solchen Prozeß kräftigt sich das Gefühl für das eigene Wesen, und es tritt das, was einer schon immer war, vermehrt hervor. Die Investitionen in die Persona treten zugunsten einer größeren Autonomie der Persönlichkeit zurück, und es erfolgt auch eine Abgrenzung gegen das Unbewußte mit seinen kollektiven Erscheinungen.

Diesen Individuationsschritten voraus ging bei Frau B. eine tiefe Depression. Ein äußerer Anlaß hatte die schon lang bestehende, latente Depression in eine manifeste verwandelt und brachte eine Periode tiefen Leidens mit sich. Frau B. erlebte sich von destruktiven Mächten bedroht, sie war auch über längere Zeit hin suizidal. Sie fühlte sich ohne alle Hoffnung, und ihr Zeitgefühl war in dem Sinne gestört, daß sie den Fortlauf der Zeit als unendlich langsam und träge erfuhr. Meine therapeutisch stützenden Interventionen lichteten jeweils die dunklen Wolken für eine kurze Stunde, danach nahm das Dunkel wieder überhand. Masochistischen Selbstanschuldigungen konnte nichts Gutes entgegengesetzt werden. Jedwelches Gute war ins Unbewußte gefallen, sie war der Schwärze ausgeliefert. Symbolisch und im Märchenbild gesprochen, war das Glas zwischen ihr und den Raben gebrochen; da waren keine schützenden Abwehren mehr, mit denen sie sich der Dunkelheit hätte erwehren können. Die Grübelsucht war enorm und von einer ungeheuren negativen Kreativität. So rächte sich nach ihrem Dafürhalten alles und jedes, und es waren deutlich negative Inflationen festzustellen.

Der narzißtisch verwundete Mensch, der gemeinhin für seine positiven Inflationen im Sinne von beispielsweise Grandiositätsphantasien bekannt ist, kennt auch negative Inflationen, in denen er sich schuldig erfährt und sogar die Depression als Strafe für eine begangene Schuld versteht. Frau B.'s gewohnte Welt war versunken, sie war einer Gegenwelt ausgesetzt, worin sie sich selbst verloren ging. In ihrem depressiven Zustand grübelte sie unablässig darüber nach, was sie tun könnte, um ihre vermeintliche Schuld zu sühnen. Sie erlebte sich als eine Wohnstätte, wo Ströme von Wasser hindurchflossen und kein Stein auf dem anderen blieb. Von Unruhe zu Unruhe gejagt, erfuhr sie sich inmitten einer Katastrophe stehend und einer nächsten unmittelbar ausgesetzt. Von Abgrund zu Abgrund fallend, begriff sie ihr Leben nur noch als ein ständig sich zerstörendes. An nichts und niemandem war Halt zu finden, jeder Standpunkt, der etwas Sicherheit versprach, erwies sich als trügerisch und machte einer nächsten Unsicherheit Platz. Frau B. war selbstverständlich deutlich depressiv, das wußte sie mental. Von ihrem emotionalen Standpunkt aus gesehen, hatte sie Schuld auf sich geladen und fühlte sich deshalb schlecht. So war es ihr nicht möglich, ihre verschiedenen Befindlichkeiten als Symptome der Depression aufzufassen, was immerhin eine gewisse Entlastung hätte bringen können. Sie hing nicht enden wollenden Grübeleien nach, in denen sie sich fragte, was sie tun könnte, um Ruhe zu bekommen. Die sich daraus ergebenden inneren Vorschläge zielten jedoch auf Selbstbestrafung ab und führten wieder zum suizidalen Impuls.

Frau B.'s Depression sollte indes auch ihr Ende haben und hellte sich nach einer gewissen Zeit auf. Es schloß sich dabei ein Entwicklungsprozeß der Verwesentlichung an, wovon noch die Rede sein soll.

Auf dem Hintergrund dieser Abfolge konnte man ihre Depression als eine «adaptive» auffassen, leitete sie doch wesentliche Individuationsschritte ein. Mit der Bezeichnung «adaptive Depression» folge ich Steinberg, der das Depressionskonzept Jungs so nannte und es deutlich unterschied von anderen Depressionsformen («depressive disorders»)[25]. Eine in diesem Sinne adaptive Depression entspricht der Nigredo (Schwärze), dem Anfangsstadium des alchemistischen Prozesses, wie er von Jung dargestellt worden ist[26]. Dieser Prozeß führt über verschiedene Stufen zur endlichen Herstellung der «Kostbarkeit». Jung hat die alchemistischen Beschreibungen nicht allein konkret aufgefaßt, sondern verstand sie symbolisch. Das genaue Studium dieser Symbolik führte ihn dazu, die chemischen Verwandlungsvorgänge als Stufen seelischer Wandlung zu begreifen und die von den Alchemisten beschriebenen Vorgänge als Symbole des Individuationsprozesses zu verstehen. Das damit verbundene Depressionskonzept, wonach Depression zum Hervortreten des Selbst führt und Dunkelheit Licht gebiert, darf jedoch nicht dazu verleiten, Depressionen eo ipso als Vor-

283

stufe der Individuation zu sehen. Depression ist eine derart tiefe Leidenserfahrung, daß man sie nicht vorschnell als notwendige Vorstufe des Guten auffassen darf. Verschiedentlich habe ich es in der Praxis gesehen, daß Menschen aus einer Depression lädiert und geschwächt hervorgegangen sind und daß keine Rede von einer adaptiven Depression sein konnte.

Bei Frau B. nun lag, wie man im Nachhinein und aus der sicheren Warte des Rückblicks sagen konnte, eine adaptive Depression vor. Was sich zunächst in der ganzen Absurdität des depressiven Geschehens zeigte, führte in einen seelischen Wandlungsprozeß hinein, wobei sich der Schwerpunkt der Persönlichkeit von außen zur Mitte hin verlagerte. – Im einzelnen betrachtet, ließen sich in dieser Entwicklung verschiedene Leitthemen beobachten. Die Abfolge, in der diese nun nachgezeichnet werden sollen, gibt indessen nur ein bedingt richtiges Bild. Sehr oft kamen die Themen miteinander verflochten oder nebeneinander vor, waren bald klar ersichtlich, bald kaum mehr erkennbar. Bisweilen hatten sie ein großes Gewicht, konnten sich aber unversehens dem Blick wieder entziehen, um an anderer Stelle in einem anderen Gewand wieder aufzutauchen.

Als sich die dunkelste Tiefe der Depression aufzuhellen begann, war es Frau B. möglich, *sich von ihren destruktiven Gedanken zu unterscheiden*. Sie konnte sie benennen und bildnerisch darstellen. Obwohl noch deutlich depressiv in ihrer Befindlichkeit, konnte sie nunmehr ihre negativen und zerstörerischen Gedanken in sich innen aufspüren, sie festhalten, sich von ihnen abgrenzen und sie schließlich beantworten. Im Bild erschien die geballte, destruktive Kraft in Form eines schwarzen, übergroßen Mannes, der sie bedrohte und auch darauf aus war, Dörfer, Menschen, Landschaften durch einen brutalen Griff zu vernichten. Die schwarze Gestalt ließ sich als Symbol negativer Animusurteile auffassen. Die wachsende Fähigkeit, dies zu sehen und sich davon abgrenzen zu können, ging einher mit einer zunehmend integrativen Stärke ihres Ichs. Auch im Märchen muß die Heldin an Ich-Stärke zugenommen haben, wenn sie sich mit einem räuberischen Animus einläßt. Im Grimm-Märchen «Fitchers Vogel» (KHM 46; S. 198 ff.) gelingt es erst der dritten Schwester (beim dritten Versuch), dem Räuber-

bräutigam und seiner Destruktivität erfolgreich gegenüberzu-
treten. Erst wenn es glückt, das Ei sicher zu verwahren, kann
der Räuber überführt werden. Dieses Ei scheint mir auf das
neuerworbene Selbstwertgefühl bei einem erstarkten Ich hinzuweisen. Auch Frau B.'s Selbstwertgefühl hatte zugenommen,
und ihr Ich war soweit gestärkt, daß sie nicht allein dem destruktiven Animus begegnen, sondern auch die Symptome der
Depression besser ertragen konnte. Wie bereits an anderer
Stelle erwähnt (S. 160 f.), kann die Depression bei narzißtisch
verwundeten Menschen als ein abwehrender Schutzmechanismus gegen die schmerzlichen Emotionen der narzißtischen
Wunde verstanden werden. Die in diese Wunde eingebundenen
Emotionen sind Angst, Ohnmacht, Haß, Neid, Trauer und
Wut. Sie sind Ausdruck der Reaktionen auf einstige verständnislose Bezugspersonen. Die narzißtische Depression wurde als
eine Verlassenheitsgebärde verstanden, in der das Tragen an der
narzißtischen Wunde und deren Abwehr zum Ausdruck
kommt. Ist das Ich erstarkt, so kann es sich der Wunde vermehrt zuwenden und sich des Schmerzes der Kindheit wirklich
innewerden. Der Schmerz liegt jenseits der Depression, und es
ist deshalb von größter Bedeutung, daß der Analysand durch
sie hindurch seiner einstigen emotionalen und/oder konkreten
Verlassenheit bewußt wird. Indes: nur ein erstarktes Ich kann
dahin vordringen, kann mit dem Schmerz in Berührung kommen, sich von ihm berühren lassen, ohne überflutet zu werden.
In unserem Rabenmärchen nimmt die Heldin mit dem Ring,
den sie dem jüngsten Bruder zuspielt, Kontakt mit den Raben
auf. Sie kann nunmehr, am Ende ihrer Reise, dem Unglücks-
raben-Gefühl in sich innen begegnen, was zu seiner Vermenschlichung führt.
Zu diesem Zeitpunkt ihrer Analyse konnte sich Frau B. auf das
Leiden beziehen und sich von ihm in einem Trauerprozeß, von
dem noch gesprochen werden soll, wandeln lassen. In dieser
Phase ihrer Entwicklung war es von entscheidender Bedeutung,
daß *die Liebe zu sich selber konstelliert* war, so wie es im
Rabenmärchen keine Wandlung gibt, ohne die Gabe der Venus.
Die Gabe der Venus bedeutet für mich die liebende Geste zu
sich selber. Zunächst erlebte Frau B. diese in der Übertragung

auf mich, ihre Analytikerin, allmählich aber entwickelte sie eine bejahende und verstehende Haltung sich selber gegenüber. Die Konstellation der liebenden Geste ist bei narzißtisch verwundeten Menschen von ganz entscheidender Bedeutung. In Frau B.'s Bildern wurde eine schützende Hand wichtiger und wichtiger. Zunächst erschien sie als weiße Hand neben einer schwarzen. Die zunehmende Liebe zu sich selber ließ eine fruchtbare innere Spannung zwischen den dunkeln und den lichten Kräften in ihrer Seele entstehen. In *Bild 13* hat Frau B. diesem Zustand Ausdruck zu geben versucht.

Parallel zu diesem Entwicklungsschritt traten frühere Bezugspersonen ins Bild, die Frau B. zur Zeit ihrer Kindheit wohlgesinnt und liebend begegneten. Diese Figuren, es waren die Großmutter und die Tante, wurden als innere Bilder in ihrer Vorstellungswelt wieder lebendig. Aus gleichsam vergilbten Photos wurden farbige, entsprechend wurden Gefühle der Geborgenheit und der Freude wieder wach. Ein Erinnerungsfetzen reihte sich zum anderen. Im Umfeld davon traten starke Kindheitserinnerungen an Stunden und Tage hinzu, wo Frau B. in ihrer Verzweiflung und Verlassenheit auf's Feld hinausgelaufen war und in der stillen Natur Schutz suchte und Trost fand. Die Natur war ihr in diesen frühen Jahren eine Vertraute, die Geborgenheit vermittelte und blieb fortan auch im Erwachsenenalter als Mutter Natur ein Ersatz für einst ermangelte Mutterliebe. *Bild 14* zeigt Frau B. als Kind vor einem düsteren Hintergrund, jedoch beschützt von einer guten, bergenden Hand. Auch in weiteren Bildern blieb die Hand Symbol des Schutzes und der Geborgenheit. In diesem Sinne war sie Mutter- und nicht Vaterhand, deren Symbolik mehr im Führen und Zeigen beschlossen liegt.

All diese Erinnerungen erschienen in einen *Trauerprozeß* eingebunden. Wohl traten sie zunächst als lichte Momente aus dem Schleier der Depression heraus, doch es blieb nicht dabei. Zur tiefen Seligkeit, die in diesem Sich-Erinnern verborgen war, trat als dunkle Begleiterin die Trauer über das zu wenig Gehabte hinzu. Es war die Trauer um eine Kindheit im Schatten unempathischer Bezugspersonen. Es war der Schmerz, nie richtig Kind im Schutze liebender Eltern gewesen zu sein. Zum

Schmerz trat auch Wut. Wut gehört wesentlich zum Trauern[27], und es war für Frau B. wichtig, sich dieser archaischen Wut bewußt zu werden. Zeitlebens war sie im Hintergrund gewesen, wurde aber von Frau B. gefürchtet, schätzte sie doch deren Unangepaßtheit in aktuellen Situationen richtig ein. Erst als die Wut nurmehr als legitime Reaktion auf einstige Situationen verständlich wurde, schrumpfte sie auf ein menschliches Maß zusammen. Daraus entstand in der Folge die Fähigkeit, Aggressionen bei sich und anderen zu tolerieren.

Der Trauerprozeß führte Frau B. in das, was ich die *Orientierung am Leiden* nennen möchte. Tiefgefühlter Schmerz geht einher mit Sehnsüchten und Wünschen. Eine verborgene Kammer kann so sich öffnen und viele Begehren entlassen. Natürlich kann nicht im Nachhinein erfüllt werden, was einst unerfüllt blieb. Heute und Gestern gehören verschiedenen Zeiten an. Wer jedoch Schmerz und Trauer wirklich fühlt, wird sich seiner Wünsche inne und kann diese wie Aschenputtel (KHM 21) unter dem Baum, auf dem ein weißes Vögelein sitzt und Wünsche erfüllt, ausphantasieren. Dabei wird es möglich, daß sich der narzißtisch verwundete Analysand gewahr wird, daß er auch leben und geliebt sein möchte. Ein zentrales, bis dahin verborgenes Grundbedürfnis der eigenen Natur wird somit bewußt. Was bewußt ist, auf das kann man aufmerksam werden, das kann man sich bei anderen nun besser holen, und schließlich ist es möglich, entsprechende Haltungen zu sich selber auszubilden.

Es ist ganz wesentlich die *Phantasie*, mit der wir unsere Wünsche ausgestalten und befriedigen können. Narzißtisch verwundete Menschen haben neben ihren Größenphantasien – so paradox dies klingen mag – große Schwierigkeiten, sich ihre Zukunft auszuphantasieren. Sie wünschen sich nichts, weil es sich für sie nicht lohnt, weil sie es nicht wert sind, etwas zu bekommen. Der in London arbeitende Jungianer Plaut spricht in diesem Zusammenhang von der Schwierigkeit des Imaginierens («the difficulty to imagine»)[28] bei Menschen mit negativem Bezug zu sich selber. Die Wahrnehmung des Schmerzes in der Trauer geht, wie gesagt, mit dem Hervortreten des Wünschens einher. Diese Wünsche sind von den Grandiositätsvorstellungen insofern verschieden, als sie realitätsnäher sind. Grandiositätsphantasien sind meist derart von der Wirklichkeit entfernt, daß sich der narzißtisch verwundete Mensch gar nicht daran machen kann, diese in der Wirklichkeit auszugestalten. Es handelt sich dabei um ein Wünschen jenseits aller Realität und bringt den narzißtisch verwundeten Menschen gar nicht in die Gefahr, die Wünsche in die Wirklichkeit überführen zu müssen. Dieses Wunschland ist grenzenlos und weit. Die nunmehr im Schmerz und durch ihn entstandenen Wünsche verlangen zu ihrer Erfüllung wohl Einsatz, aber sie sind im Bereich des Möglichen. Sie drehen sich zum Beispiel um eine neue Wohnung, um mehr Geselligkeit, eine Reise, eine zusätzliche berufliche Ausbildung, neue Kleider und um vieles andere mehr, was sich getrost wünschen läßt. Statt vom Wünschen zu sprechen, kann auch von der *Hoffnung* gesprochen werden. Die Konstellation der liebenden Geste für sich selber bringt auch Hoffnung und macht frei für den Blick nach vorn. Hoffnung aber verpflichtet den narzißtisch verwundeten Menschen, mit sich selber angemessener, verständnisvoller und liebender umzugehen. Ich meine, daß die mit dem Schmerz auftauchenden Wünsche den narzißtisch beeinträchtigten Menschen befähigen, von der Außendrehung abzusehen, ihn auf seine Mitte zentrieren, aus der heraus er endlich das anstreben kann, was ihm guttut. Das ist Orientierung am Leiden. Tun, was einem guttut, ersetzt endlich das «gut ist, was anderen guttut» und macht den narzißtisch verwundeten Menschen in dem guten Sinne egoistischer, als das egozentrische Streben nach Echo allmählich aufgegeben werden kann.

Im Zusammenhang mit den Größenphantasien und den realisierbaren Wünschen des narzißtisch beeinträchtigten Menschen erinnere ich mich an eine Imagination einer jüngeren Frau, die sehr stark von weitausholenden Größenphantasien in Beschlag genommen war. Sie phantasierte sich einst das Land der Königin im Reiche der Imagination aus. All ihre Untergebenen dienten ihr und vergrößerten ihren Ruhm. Eines Tages hatte die «Geschichte» (personifiziert) genug davon und entwich heimlich über die Grenze in Richtung Erde. Dort angekommen, begann die «Geschichte» sich zu leben, fand eine

Partnerin und wurde glücklich. So weit herum reichte das Glück, daß sich am Ende auch die Königin der Imagination auf die Erde begab und dort heimisch wurde.

Auch Frau B. fand ihre Orientierung am und im Leiden. Wünsche wurden laut und Bedürfnisse meldeten sich an. Im Bemühen, diese zu befriedigen und sie zu leben, ließ sie sich von anderen nicht mehr einfach übergehen. Sie brachte sich vermehrt ein, ging ihren Interessen intensiver nach und wurde gesamthaft lebendiger und lebhafter. Zum erstenmal in ihrem Leben fühlte sie sich wirklich und real und war sie selber mit ihren guten und schlechten Eigenschaften. Ihre einst eingefrorenen Gefühle standen wieder zur Verfügung, und die neu gewonnene Fühllizenz wurde ihr nach beendigtem Trauerprozeß zu einer Orientierungshilfe in allen Belangen ihres Lebens. Sie bezog sich wieder auf ihre Gefühle und fürchtete deren Widersprüchlichkeit nicht mehr. Sie hatte auch keine Angst mehr vor möglichen Verletzungen, weshalb eine rigide Personahaltung mehr und mehr überflüssig wurde. Die bei narzißtisch verwundeten Menschen so oft zu beobachtenden Neidgefühle anderen gegenüber und das damit einhergehende ständige Sich-Vergleichen ging auch bei Frau B. zurück. Selten mehr passierte es ihr, daß sie sich mit anderen verglich und dadurch in tiefe Zweifel über sich selber verfiel. Sicherer geworden und geortet in einem recht stabilen Selbstwertgefühl, erfuhr sie sich als eigenständig und von anderen abgegrenzt. Diese neue Sicherheit brachte es mit sich, daß ihr Selbst im Sinne des eigenen Wesens mehr und mehr hervortrat.

Einher mit dem Trauerprozeß mit seinem Schmerz, seiner Sehnsucht und Wut entwickelte sich allmählich eine andere Sicht auf ihre *Eltern*. Wohl waren sie unempathisch und verständnislos gewesen, aber Frau B. begriff nun weshalb. Sie hinterfragte in ganz natürlicher Weise die Geschichte ihrer Eltern und stieß dabei auf deren Frustrationen und Schwierigkeiten. Aus Göttern, die nie welche waren, wurden Menschen, die Anklage wandelte sich in ein tiefes Verstehen. Dadurch, daß sich der Prozeß auf die Generation vor ihr ausweitete, entwickelte sich ein Gefühl für das Geschick. Die eigene Geschichte und jene der Eltern wurden verstanden, Verfehlungen angenommen und in einem weiteren Zusammenhang stehend aufgefaßt. Wer ein Geschick annehmen kann, nimmt damit auch ein transzendentes Geschehen an, anerkennt, daß es außerhalb dem beschränkten Ich-Horizont noch etwas anderes gibt, etwas, was viele Namen hat, etwas, was Frau B. Gott nannte[29].

*Bild 15* zeigt zwei Hände, welche gegen eine rot-blaue Kugel hin geöffnet sind. Damit versuchte Frau B. einem neu erworbenen Lebensgefühl, wonach es etwas außerhalb dem beschränkten Ich gibt, Ausdruck zu geben. In der Analytischen Psychologie wird eine solche Kreisdarstellung Mandala genannt, womit das Selbst, die virtuelle Ganzheit der Persönlichkeit, bezeichnet wird. Diese haben wir nie in der Hand, können sie nicht kontrollieren, weil sie unser vergangenes, gegenwärtiges und zukünftiges Sein umfaßt. Wir können ihr gegenüber offen sein und versuchen, uns so gut wie möglich darauf zu beziehen. Das Leben erschien Frau B. in dieser Phase als ein nochmals geschenktes, dem sie Sorge tragen wollte.

*Bild 16* schließlich zeigt ein *Kind* in einem stilisiert gemalten, geöffneten Blumenkelch[30]. Wiederum sind zwei Hände sichtbar, die sich nach oben öffnen. Hier erscheint nun nicht mehr das einstige Kind, das Frau B. war. Dieses hier war ein anderes Kind und umschrieb das Lebensgefühl der Gotteskindschaft. Nicht mehr erlebt sie Gott als einen sich rächenden Tyrannen, sondern als einen, als dessen Geschöpf sie sich nunmehr erfuhr. Jung und Kerényi haben darauf aufmerksam gemacht, daß sich Gottheiten ubiquitär auch in Kindgestalt nachweisen lassen[31]. Sie nannten diese Kinderscheinungsform «das göttliche Kind» und sahen in ihm eine Form des Selbst. Trotz seiner wunderbaren Geburt ist das göttliche Kind bald darauf Verlassenheit und Verfolgung ausgesetzt – man denke zum Beispiel an das Jesuskind. Kraft seiner übernatürlichen Herkunft überwindet es aber die negativen Bedingungen und erweist sich als göttliches Wesen. Erscheint ein solches Kind in Träumen und Phantasien, so handelt es sich nicht mehr um das reale Kind, das einer einst war. Sein Erscheinen nimmt symbolisch eine tiefe Wandlung der Persönlichkeit vorweg und bedeutet die Geburt des Göttlichen in der Seele des einzelnen. – Für Frau B. wies dieses Kind auf manches hin, was nur andeutungs-

290

weise umschrieben werden kann. So symbolisierte es das allmählich erwachende Gefühl, angenommen zu sein. Paul Tillich formulierte: «the acceptance of being accepted»[32]. Neben ein sich rächendes Gottesbild – dessen Wirken sie vor allem in ihrer Depression erfahren hatte – stellte sich ein sie annehmendes. Dieser Wandel ging einher mit dem Gefühl, sich bisweilen als Kind Gottes erleben zu dürfen: bejaht und angenommen. Diese neue Erfahrung brachte es auch mit sich, daß sie das verlassene Kind von einst mit seinen Schwierigkeiten besser akzeptieren konnte und sein Geschick als von Gotteshand angeordnet erfahren durfte.

Als Symbol verweist das göttliche Kind vor allem auf Zukünftiges[33]. Wer je ein Kind in Obhut hatte, sieht, daß zu seiner Entwicklung eine Haltung nötig ist, die mit den noch so kleinsten Entwicklungsschritten mitgeht, sie begrüßt und wiederholt hervorlockt. Einer solcherart mitgehenden und nicht am Vergangenen haftenden Haltung bedarf auch der Mensch sich selber gegenüber. Auf diese Weise wird ihm Zukünftiges zum Ereignis, auf das er sich vertrauensvoll einlassen kann. In diesem Sinne begann sich auch der Prozeß Frau B.'s nach vorne hin zu orientieren, und der Drang, sich selber zu verwirklichen, konnte nicht mehr übersehen werden.

Verständnis für das Vergangene, Öffnung nach vorn und Lebendigkeit in der Gegenwart kennzeichneten im Prozeß von Frau B. das allmählich sich manifestierende Selbst. Obwohl diese Entwicklung «Deo concedente» (so Gott will), wie Jung sagen würde, geschah, so sind doch einige Punkte besonders hervorzuheben, die diese ermöglichten. Sie sind mutatis mutandis *für den narzißtisch verwundeten Menschen schlechthin wesentlich*:

Der narzißtisch verwundete Mensch bedarf vor allem einer Stärkung seines Ich. Dem ist in der Therapie Raum zu geben. Mir scheint, daß Jung zur Zeit, als er seine Gedanken äußerte, von einem bereits starken und wahlfähigen Ich ausging. Viele Menschen von heute verfügen nicht über ein solches Ich, was, soweit sich das Phänomen erklären läßt, mit dem Schwinden kollektiv gültiger Werte zusammenhängen kann. Gültige Werte sind für den einzelnen verbindlich, geben seinem Leben Halt und Struktur und binden ihn ein in einen sozialen Kontext. Der heutige Mensch muß diese Gegebenheiten weitgehend von innen heraus, aus sich selber erbringen.

Das erfordert Autonomie, Unabhängigkeit und die Fähigkeit, einen eigenen Standpunkt zu vertreten. Dafür wiederum ist eine innere Basis des Vertrauens vonnöten und eine optimale Ich-Entwicklung Voraussetzung. Da das fehlende Aufgehobensein in kollektiv verbindlichen Werten nach der Kompensation durch ein starkes Ich ruft, läßt es sich erklären, daß heute vor allem die narzißtischen Störungen mit den damit einhergehenden Ich-Defekten ins Blickfeld der psychologischen Aufmerksamkeit getreten sind.

Ferner scheint es mir wesentlich zu sein, dem in seiner Selbstliebe gestörten Menschen zu helfen, sich seiner eigenen Geschichte bewußt zu werden. Dadurch kann er wieder in Kontakt mit seinen wahren Gefühlen kommen und erreicht so die Voraussetzung, aus der Beschattung herauszutreten, wesentlich und autonom zu werden und sein Leben wirklich leben zu können.

In der Therapie von narzißtisch beeinträchtigten Menschen spielen die Paradieseserwartungen eine große Rolle und bedürfen zu ihrer Relativierung und schließlichen Integration des empathischen Verständnisses des Therapeuten. Den Paradieseserwartungen gegenüber stehen die negativen Inflationen, die ihn zu sehr verantwortlich und schuldig machen. Es handelt sich dabei um eine gefährliche Kontamination mit dem archetypisch Dunklen und Negativen. Auch davon kann er sich durch einfühlendes Verstehen unterscheiden lernen, was ihm allmählich erlaubt, menschliches Maß anzuerkennen und zu einer Mitte zu finden, aus der heraus er das Leben mit all seinen Unvollkommenheiten anerkennen kann und lernt, sich selber in ihm zu realisieren.

Ferner halte ich es in den meisten Fällen für wichtig, daß es dem narzißtisch verwundeten Menschen ermöglicht wird, zum Schmerz der einstigen Wunde vorzudringen, der häufig von der Depression verdeckt wird. Gerade aus diesem Schmerz erwächst dem wurzellosen narzißtisch versehrten Menschen eine Orientierungshilfe in allen Belangen seines Lebens. Kann er sich an seinem Leiden orientieren, so eröffnet sich auch Schritt für Schritt der Blick nach vorn und Hoffnung kann den in der Tiefe Hoffnungslosen erfüllen. In vielen Fällen kann die Entwicklung in ein neues religiöses Verständnis hineinführen.

Die schwer zu erreichende Kostbarkeit besteht bei der narzißtischen Persönlichkeit in dem neuen Gefühl, leben zu dürfen. Wer durch eine solche Wandlung geht, dem ist es auch vermehrt gegeben, schrittweise aus seiner Selbstentfremdung herauszufinden und wirklich lebend und echt lebendig unterwegs zu sein. Selbstbejahung, Toleranz, Zugang zu den eigenen Gefühlen, Vertrauen und Lebensfreude können als die wohl wesentlichsten Wandlungsschritte einer narzißtischen Problematik bezeichnet werden. Dahinter kann nun auch ein anderes Gottesbild vermutet werden: ein Bild Gottes, das den Menschen bejaht und den zu übermäßiger Gottesfurcht geneigten narzißtischen Menschen Gottvertrauen schenkt.

Was im Märchen als eine einmalige Handlung erscheint, geschieht im Leben mehrmals. Der beschriebene Weg von Frau B. darf nicht zur Annahme verführen, sie habe diese Wandlung ein für allemal erreicht, ihre Selbstwerdung sei ein einmaliges Geschehen. Anders als im Märchen vollzieht sich die Verminderung der Selbstentfremdung immer wieder, geschieht Selbstwerdung je und je. Für den narzißtisch verwundeten Menschen gibt es wiederholt Perioden narzißtischer Entleerung, in denen das Leben schal und öd erscheint. Auch mögen sich stets aufs neue Zustände zeigen, in denen positive und negative Inflationen das Ich auf schwankenden Boden stellen und es zu verschlucken drohen. Dieses Kreuz tragen zu können und dabei den durchschnittlichen Menschen, der man auch und vor allem ist, annehmen zu können, ist bisweilen bewußte Tat des Menschen, bisweilen auch Gnade.


Schlußbemerkung

Dieses Buch ist aus der Praxis entstanden; ich wünsche mir, es möge den Weg dahin zurückfinden und dort fruchtbar werden. Es ging mir darum, ein lebendiges Bild der narzißtischen Selbstentfremdungsproblematik zu schildern und das damit verbundene Selbst- und Welterleben einfühlbar zu machen.

Wem dieses Buch das Erleben des in seiner Selbstliebe verwundeten Menschen erschlossen hat, der wird bei der Lektüre vielleicht auch auf seine eigenen narzißtischen Seiten aufmerksam geworden sein. Wir alle haben solche Seiten. Sie erschweren uns vieles und bereiten uns ein Leiden, über das zu sprechen man sich oft schämt.

Sollte es gelungen sein, auch für den Narzißmus ganz allgemein mehr Toleranz eröffnet zu haben, so ist damit ein weiteres Ziel dieses Buches erreicht.

Der narzißtisch versehrte Mensch, aber auch jeder Mensch mit seinem narzißtischen Schatten, hat Teil an dem einstigen Kind, das noch verbunden ist mit den Urbildern des Paradieses und der Hölle, die sich erlebnismäßig in grandioser und depressiver Befindlichkeit äußern. Es geht letztlich darum, das innere Kind aus dieser Ununterschiedenheit herauszuführen, damit es das «Maß des Abstands» finden und menschliche Unvollkommenheit annehmen kann.

Mir scheint, Rainer Maria Rilke habe in seiner Vierten Duineser Elegie[34] dafür gültigen Ausdruck gefunden:

> Wer zeigt ein Kind, so wie es steht? Wer stellt
> es ins Gestirn und gibt das Maß des Abstands
> ihm in die Hand?

# Anmerkungen

### Einführung

[1] Neben der klassischen Sicht der Individuation setzt sich heute auch jene Auffassung durch, wonach die Individuation den gesamten Lebenslauf umfaßt, vgl. A. Samuels: Jung and the Post-Jungians, S. 101–104, und M. Fordham: Das Kind als Individuum. Vgl. auch S. 75.

[2] Samuels, A.; Shorter, B.; Plaut, F.: A Critical Dictionary of Jungian Analysis, gibt eine gute Einführung in die Grundbegriffe der Analytischen Psychologie. Leider existiert im deutschen Sprachraum kein entsprechendes Buch, der Leser sei verwiesen auf: C. G. Jung: Psychologische Typen, Kap. Definitionen, GW 6, und das Gesamtwerk.

[3] Heute scheint die Tendenz zu bestehen, Animus und Anima sowohl dem Mann wie der Frau zuzuschreiben. Demnach würde sich ein unbewußtes Gegensatzpaar im Unbewußten eines jeden Menschen finden lassen. V. Kast hat dieser veränderten Sichtweise in ihrem Aufsatz: Eine Auseinandersetzung mit dem Animus- und Animabegriff C. G. Jungs, in: Paare, S. 157–177, Ausdruck gegeben. Ich persönlich neige dazu, dieser Sichtweise, insbesondere was die narzißtische Persönlichkeit angeht, zuzustimmen. Vgl. S. 195.

[4] Asper, K.: Der therapeutische Umgang mit Schattenaspekten der narzißtischen Störung. Einzelne Teile dieses Aufsatzes erscheinen in diesem Buch in leicht abgeänderter Form, S. 158 ff.; 179 ff.

[5] Asper, K.: Phänomenologie und Psychologie des Realismus bei Gustave Flaubert.
Dies.: Gustave Flaubert – «Madame Bovary» und ihre Heilung.

[6] Jacoby, M.: Individuation und Narzißmus, S. 239.

[7] Kernberg, O.: Borderline-Störungen und pathologischer Narzißmus.

[8] Neumann, E.: Narzißmus, Automorphismus und Urbeziehung, S. 96.

### Verlassenheit

[1] Rilke, R. M.: Das Stundenbuch, S. 9. Das bekannte Gedicht Hermann Hesses, «Stufen», behandelt dieses Thema ebenfalls.

[2] Kaschnitz, M.-L.: Wohin denn ich, Ges. Werke II.

[3] Luther, M.: zit. nach E. Ott: Die dunkle Nacht der Seele, S. 95.

[4] Tillich, P.: Der Mut zum Sein, S. 126.
[5] – ebd. S. 127.
[6] Tillich, P.: Das neue Sein, S. 76.
Alle Hervorhebungen in den Zitaten stammen, dort wo nichts anderes vermerkt ist, von mir.
[7] Vegh, C.: Ich habe ihnen nicht auf Wiedersehen gesagt. Gespräche mit Kindern von Deportierten.
[8] Sendung Radio DRS, 24. 12. 1983, 14.00 h, gestaltet von U. Krattiger.
[9] Goethe, J. W.: Werke II, S. 42.
[10] Die Frau aus dem See, in: Märchen aus Wales, No. 11, S. 156 ff.
[11] Jung, C. G.: Der philosophische Baum, GW 13, S. 360, § 450.


Verlassenheit in der Mutter-Kind-Beziehung

[1] Ariès, Ph.: Geschichte der Kindheit.
[2] deMause, L. (Hrsg.): Hört ihr die Kinder weinen.
[3] – ebd. S. 8.
[4] – ebd. S. 83/4.
[5] Freud, A.; Burlingham, D.: Heimatlose Kinder, S. XI.
[6] Bowlby, J.: Bericht für die Weltgesundheitsorganisation: «Maternal Care and Mental Health», 1951.
[7] Zit. nach: Schmalohr, E.: Frühe Mutterentbehrung bei Mensch und Tier, S. 14, 6. Leitsatz der «Erklärung der Rechte des Kindes», UNO-Vollversammlung vom 20. 9. 1959.
[8] Spitz, R.: Vom Säugling zum Kleinkind. Naturgeschichte der Mutter-Kind-Beziehung im 1. Lebensjahr, S. 280–289.
[9] – ebd. S. 292.
[10] Meierhofer, M.; Keller, W.: Frustration im frühen Kindesalter, S. 223–232.
Dies.: Verlassenheitssyndrome im frühen Kindesalter.
[11] Bowlby, J.: Bindung. Eine Analyse der Mutter-Kind-Beziehung, S. 172.
[12] – ebd. S. 247.
[13] – ebd. S. 192.
[14] – Trennung. Psychische Schäden als Folge der Trennung von Mutter und Kind, S. 246.
[15] – Das Aufnhemen und Lösen von affektiven Bindungen, in: Das Glück und die Trauer, S. 164–180.
Ders.: Trennung, S. 205–225.
[16] – Mutterliebe und kindliche Entwicklung, S. 69.
[17] – Das Glück und die Trauer, S. 137.
[18] – Trennung, S. 379.
[19] – ebd. S. 199.
[20] – Mutterliebe und kindliche Entwicklung, S. 74.

[21] – Trennung, Kap. II.

[22] – Verlust, Trauer und Depression, S. 455 ff.

[23] – Das Aufnehmen und Lösen von affektiven Bindungen, in: Das Glück und die Trauer, S. 171.

[24] – Das Glück und die Trauer, S. 94.

[25] Winnicott, D. W.: Reifungsprozesse und fördernde Umwelt.
S. 48: «Ziemlich sicher ist, daß die hier zu erörternden Dinge (frühe Kindheit) in einem Großteil der psychoanalytischen Literatur als selbstverständlich genommen werden mußten.»
S. 49: «Auf den ersten Blick scheint es, als beschäftige sich ein Großteil der psychoanalytischen Literatur mit der frühen Kindheit und dem Säuglingsalter, aber in einem gewissen Sinne kann man sagen, Freud habe das Säuglingsalter als Zustand vernachlässigt.»

[26] Jung, C. G.: Die Lebenswende, GW 8, S. 446 § 756.
Ders.: GW 17, Über die Entwicklung der Persönlichkeit. Es finden sich in diesen Aufsätzen eine große Zahl diesbezüglicher Bemerkungen. Z. B. S. 51 § 80, S. 54, § 84 u. a.

[27] Winnicott, D. W.: Reifungsprozesse und fördernde Umwelt, S. 224/5.

[28] – ebd. S. 232.
Segal, H.: Melanie Klein, S. 155/6.

[29] Winnicott, D. W.: ebd. S. 232.

[30] – ebd. S. 63.

[31] – ebd. S. 67.

[32] – ebd. S. 79; 130.

[33] – Von der Kinderheilkunde zur Psychoanalyse, S. 157 ff.

[34] – Reifungsprozesse und fördernde Umwelt, S. 70.

[35] – ebd. S. 126.

[36] – ebd. S. 61.

[37] – ebd. S. 67.

[38] – ebd. S. 74.

[39] – ebd. S. 74.

[40] – ebd. S. 75 ff.

[41] – ebd. S. 182 ff.

[42] Balint, M.: Therapeutische Aspekte der Regression.

[43] – ebd. S. 18.

[44] – ebd. S. 26.

[45] – ebd. S. 33.

[46] – ebd. S. 31.

[47] – ebd. S. 32.

[48] – ebd. S. 33.

[49] – ebd. S. 81.

[50] – ebd. S. 81/2.

[51] – ebd. S. 80.

[52] – ebd. S. 86.

[53] – Angstlust und Regression, S. 73.

[54] – ebd. S. 33.

[55] – ebd. S. 45.

[56] – ebd. S. 42.

[57] Winnicott, D. W.: Von der Kinderheilkunde zur Psychoanalyse, S. 157.

[58] – ebd. S. 160.

[59] Avila, Th. von: Von der Liebe Gottes, Kap. IV und VI.

[60] Kollwitz, K.: Ein Leben in Selbstzeugnissen, S. 280.

[61] – ebd. S. 96.

[62] Artikel: «Aussetzung», in: Enzyklopädie des Märchens, Bd. I, Sp. 1048–1063.

Jung, C. G. u. Kerényi, K.: Das göttliche Kind – das göttliche Mädchen.


Verlassenheit als narzißtische Störung

[1] Jung, C. G.: Zur Psychologie des Kindarchetypus, GW 9/I, S. 184, § 289, schreibt an dieser Stelle über das Kind: «Es stellt den stärksten und unvermeidlichsten Drang des Wesens dar, nämlich den, sich selber zu verwirklichen.»

[2] – ebd. S. 176, § 274.

[3] Battegay, R.: Narzißmus und Objektbeziehungen, S. 65 ff.

[4] Neumann, E.: Narzißmus, Automorphismus und Urbeziehung.

Einen anderen entwicklungspsychologischen Ansatz bietet Michael Fordham. Seine Gesichtspunkte sind vor allem für die englischen Schule Analytischer Psychologie wesentlich geworden. Fordham geht von einem «primären Selbst» aus, das durch «deintegrative» und «integrative» Prozesse die Entwicklung steuert. Siehe Literaturliste.

Einen ausgezeichneten Vergleich zwischen Neumann und Fordham gibt A. Samuels: Jung and the Post-Jungians, S. 155 ff.

[5] Neumann, E.: Das Kind.

[6] – ebd. S. 17.

[7] – ebd. S. 26.

[8] Stevens, A.: Archetype. A Natural History of the Self, S. 40: «The archetypal endowment with which each of us is born presupposes the natural life-cycle of our species – being mothered, exploring the environment, playing in the peer group, adolescence, being initiated, establishing a place in the social hierarchy, courting, marrying, child-rearing, hunting, gathering, fighting, participating in religious rituals, assuming the social responsibilities of advanced maturity, and preparing for death.»

[9] – ebd. S. 143: «Without knowing it Bowlby *has probably done most to change the climate of psychology in such a way as to make Jung's Self concept and the principle of individuation acceptable.* Like Jung, but quite independently, Bowlby conceives the human organism as a system con-

structed in such a way as always to be ready, at successive stages of the life-cycle, to process certain kinds of data, to experience certain psycho-physical states, and produce certain kinds of behaviour.»

[10] – ebd. S. 119.

[11] Portmann, A.: Das Tier als soziales Wesen.

[12] Stevens, A.: Archetype, S. 85.

[13] Neumann, E.: Das Kind, S. 19.

[14] – ebd. S. 12.

[15] – ebd. S. 26: «Die Mutter konstelliert das archetypische Feld und evoziert das archetypische Bild der Mutter in der kindlichen Psyche, wo es evokationsbereit und funktionsfähig ruht. Dieses evozierte archetypische Bild der Psyche setzt dann ein umfangreiches Zusammenspiel psychischer Funktionen beim Kind in Bewegung, welches der Ausgangspunkt wesentlicher psychischer Entwicklungen zwischen dem Ich und dem Unbewußten wird. Diese Entwicklungen laufen ebenso wie die organisch angelegten relativ unabhängig von dem individuellen Verhalten der Mutter, wenn nur die Mutter im Sinne ihrer archetypischen Rolle, also artgemäß mit ihrem Kinde lebt.»

[16] – ebd. S. 90.

[17] – ebd. S. 90.

[18] – ebd. S. 90: «Das psychische Inkrafttreten der Archetypen oder wenigstens einer bestimmten Gruppe unter ihnen, nämlich der «humanen» Archetypen wie Mutter, Vater, Alter Mann, setzt die primäre und entwicklungsmäßige adäquate Evokation des Archetyps, sein erstmaliges Inkraftgetretensein durch eine Erfahrung in der Welt, voraus. Die Evokation der Archetypen und damit die damit verbundene Auslösung artmäßig angelegter psychischer Entwicklungen ist nicht ein innerpsychischer Prozeß, sondern geschieht in einem Innen und Außen umschließenden archetypischen Wirklichkeitsfeld, das immer einen auslösenden «Außenfaktor», einen Weltfaktor, enthält und voraussetzt.»

[19] – ebd. S. 12.

[20] – ebd. S. 16.

[21] – ebd. S. 163.

[22] – ebd. S. 17.

[23] – ebd. S. 18.

[24] – ebd. S. 42.

[25] – ebd. S. 47; 62.

[26] Stevens, A.: Archetype, S. 93.

[27] Neumann, E.: Das Kind, S. 15/16.

[28] – ebd. S. 15.

Jacoby, M.: Sehnsucht nach dem Paradies.

[29] Neumann, E.: Das Kind, S. 81.

[30] – ebd. S. 85/6.

[31] – ebd. S. 81.

[32] – ebd. S. 85.

[33] – ebd. S. 87.

[34] Stevens, A.: Archetype, S. 112/113. Sinngemäße Übersetzung.

[35] – ebd. S. 114.

[36] Pulver, S. E.: Narcissism – Term and Concept.

[37] Guex, G.: Le névrose d'abandon.
Dies.: Le syndrome d'abandon.
Dies.: Das Verlassenheitssyndrom.

[38] – Das Verlassenheitssyndrom, S. 17.

[39] Miller, A.: Das Drama des begabten Kindes.

[40] Fromm-Reichmann, F.: Loneliness. Auf S. 1 heißt es: «The writer who wishes to elaborate on the problem of loneliness is faced with a serious terminological handicap. Loneliness seems to be such a painful, frightening experience that people will do practically everything *to avoid it*. This avoidance seems to include a strange reluctance on the part of psychiatrists to seek scientific clarification on the subject. Thus it comes about that loneliness is one of the least satisfactorily conceptualized psychological phenomena, not even mentioned in most psychiatric textbooks. Very little is known about its genetics and psychodynamics, and various different experiences which are descriptively and dynamically as different from one another as culturally determined loneliness, self-imposed aloneness, compulsory solitude, isolation, and real loneliness are all thrown into the one terminological basket of ‹loneliness›.»

[41] Vgl.: Nagara, H.: Psychoanalytische Grundbegriffe, S. 193/4.

[42] Aus den Abhandlungen über den Fall Schreber, zit. nach Nagara, H.: a. a. O. S. 193.

[43] Freud, S.: Totem und Tabu, zit. nach Nagara, H., a. a. O. S. 194.

[44] – ebd.: Zur Einführung des Narzißmus (1914), S. 41.

[45] – ebd.: Zur Einführung des Narzißmus. In dieser Schrift unterscheidet Freud laut Nagara, a. a. O., zum erstenmal zwischen primärem und sekundärem Narzißmus, S. 195.

[46] Balint, M.: Therapeutische Aspekte der Regression, S. 79.

[47] – ebd. S. 80.

[48] – ebd. S. 81.

[49] Battegay, R.: Narzißmus und Objektbeziehungen, S. 13.

[50] Bowlby, J. gibt im Band «Bindung» eine ausführliche Aufstellung der psychoanalytischen Literatur in Bezug auf die Mutter-Kind-Beziehung, S. 329 ff.

[51] Kohut, H.: Narzißmus, S. 41.

[52] – ebd. S. 18.

[53] – Die Heilung des Selbst, S. 155.

[54] – ebd. S. 299.

[55] – Narzißmus, S. 43: «Das Gleichgewicht des primären Narzißmus wird durch die unvermeidlichen Begrenzungen mütterlicher Fürsorge gestört,

aber das Kind ersetzt die vorherige Vollkommenheit (a) durch den Aufbau eines grandiosen und exhibitionistischen Bildes des Selbst: *das Größen-Selbst*; und (b) indem es die vorherige Vollkommenheit einem bewunderten, allmächtigen (Übergangs-)Selbst-Objekt zuweist: *der idealisierten Elternimago*.» (Hervorhebungen von Kohut.)

[56] – ebd. S. 45.

[57] – Die Heilung des Selbst, S. 22.

[58] Jacoby, M.: Individuation und Narzißmus. Psychologie des Selbst bei C. G. Jung und H. Kohut, insbes. Kap. III.
Zur Diskussion um das Selbst und um seine Abhebung vom psychoanalytischen Selbst-Begriff siehe auch:
Gordon, R.: Narcissism and the Self – Who am I that I Love?
Redfearn, J.: Ego und Self: Terminology.
Schwartz, N.: Narcissism and Character Transformation.


Narzißmus im symbolischen Bild

[1] Ovid, P. N.: Metamorphosen.

[2] Z. B. Jacoby, M.: Individuation und Narzißmus, Kap. I.
Sartorius, B.: Der Mythos von Narziß: Notwendigkeit und Grenzen der Reflexion.
Satinover, J.: Puer Aeternus: The Narcissistic Relation to the Self.
Schwartz, N.: Narcissism and Character Transformation.
Stein, M.: Narcissus.

[3] Battegay, R.: Narzißmus und Objektbeziehungen, siehe unter: Depersonalisation, Depersonalisationsgefühle, Derpersonalisationsphänomen.

[4] Kohut, H.: Die Heilung des Selbst, S. 76/7, 124/5, 140/1.

[5] Sartorius, B.: a. a. O. S. 288.

[6] Rosenfeld, H. F.: Der Heilige Christopherus, seine Verehrung und seine Legende, S. 353.
Man hat versucht, die Hundsköpfigkeit auf den ägyptischen Totengott Anubis zurückzuführen. Dieser hatte einen Schakalskopf, den die Griechen als Hundskopf angesehen haben. Sie brachten den Gott mit ihrem Gott Hermes in Verbindung und nannten ihn Hermanubis.

[7] Die bekanntesten Fassungen sind ein deutsches Gedicht, veröffentlicht in: J. Schönbach: Sanct Christopherus, Ztsch. für deutsches Altertum 1882, Bd. 26, S. 27 ff., und die Fassung in der «Legenda aurea» von J. de Voragine, S. 498 ff.

[8] Voragine, de, J.: Legenda aurea, S. 500.

[9] Die Hundsköpfigkeit könnte als Symbol für das Gefühl, ausgestoßen – ein armer Hund zu sein –, herbeigezogen werden.

[10] Pestalozzi, H.: Schriften aus den Jahren 1805–1825, S. 361.

[11] Erikson, E.: Der junge Mann Luther.

[12] Neumann, E.: Das Kind, S. 67.
[13] Winnicott, D. W.: Reifungsprozesse und fördernde Umwelt, S. 126.
[14] Jacoby, M.: Psychotherapeutische Gesichtspunkte zum Phänomen der Depression, S. 88.
[15] Schwartz, N.: Narcissism and Character Transformation, S. 19.
[16] Schönbach, J.: Sanct Christopherus, S. 32.
[17] – ebd. S. 402.
[18] Litauische Volksmärchen, No. 33, S. 104 ff.
[19] Deutsch, H.: Absence of Grief.
Bowlby, J.: Verlust, Trauer und Depression, S. 73 ff.

Einführung in Symbolik und Kasuistik

[1] Rölleke, H.: Die älteste Märchensammlung der Gebrüder Grimm, S. 227.
[2] Balint, M.: Therapeutische Aspekte der Regression, S. 26: «Die Hauptmerkmale der Ebene der Grundstörung sind, a) daß alle in ihr sich abspielenden Vorgänge zu einer ausschließlichen Zwei-Personen-Beziehung gehören – es gibt dabei keine dritte Person; b) daß diese Zwei-Personen-Beziehung sehr eigenartig und gänzlich verschieden ist von den wohlbekannten menschlichen Beziehungen auf der ödipalen Stufe; c) daß die auf dieser Ebene wirksame Dynamik nicht die Form eines Konfliktes hat, und d) daß die Erwachsenensprache oft unbrauchbar und irreführend ist, wenn sie Vorgänge auf dieser Ebene beschreiben will, da die Worte nicht mehr ihre konventionelle Bedeutung haben.»
[3] Kohut, H.: Narzißmus, S. 34/5.
[4] – ebd. S. 35.
[5] – ebd. S. 35/6.
[6] Battegay, R.: Narzißmus und Objektbeziehungen, S. 43 ff.
[7] Jung, C. G.: Symbole der Wandlung, GW 5, S. 194, 261.
[8] – Psychologie der Übertragung, GW 16, S. 237
[9] Neumann, E.: Ursprungsgeschichte des Bewußtseins, S. 50.
[10] Fordham, F.: The Care of Regressed Patients and the Child Archetype.
[11] – ebd. S. 61.
[12] – ebd. S. 63.
[13] – ebd. S. 65.
[14] – ebd. S. 66. Bei den Zitaten handelt es sich um sinngemäße Übersetzungen.
[15] Jung, C. G.: Zur Phänomenologie des Geistes im Märchen, GW 9/1; Ders.: Der Geist des Mercurius, GW 13.
Franz, M.-L., von: siehe Literaturverzeichnis.
Vgl. dazu die mehr angewandten Märcheninterpretationen von V. Kast (Literaturverzeichnis).
[16] Vgl. dazu: H. Bausinger: Aschenputtel – zum Problem der Märchen-

symbolik, S. 286. Der Autor kritisiert an dieser Stelle den Ansatz der psychologischen Märcheninterpretation und meint, es wäre nichts einzuwenden, wenn die Psychologen von Märchen*anwendung* auf bestimmte psychische Systeme sprechen würden.

Die Familiensituation – genetische Gesichtspunkte

[1] De Vries, J.: Altgermanische Religionsgeschichte, Bd. II, S. 117, § 153.
[2] Golowin, S.: Hausbuch der Schweizer Sagen, S. 105.
[3] Gogh, V., van: Briefe II, S. 437.
[4] Goes, A.: Lichtschatten Du. Gedichte aus fünfzig Jahren, S. 56.
[5] Miller, A.: Depression und Grandiosität als wesensverwandte Formen der narzißtischen Störung.
[6] Jung, E.: Animus und Anima.
[7] Jacobi, J.: Die Psychologie von C. G. Jung, S. 38.
[8] Kohut, H.: Die Heilung des Selbst, S. 171.
[9] Neumann, E.: Das Kind, S. 96.
[10] Kohut, H.: Überlegungen zum Narzißmus und zur narzißtischen Wut, S. 517: «Das tief eingewurzelte Wertsystem des Abendlandes, das sich in der Religion, der Philosophie und den Sozialutopien des westlichen Menschen ausprägte, preist den Altruismus und die Sorge um das Wohl des anderen und setzt Egoismus um das eigene Wohl herab.»
[11] – Die Heilung des Selbst, S. 87, 171.
Wunderli, J.: Sag ja zu dir.
Miller, A.: Das Drama des begabten Kindes.
[12] Métrailler, M.: Die Reise der Seele, S. 25/6.
[13] Fordham, F.: The Care of Regressed Patients and the Child Archetype, S. 62.
[14] Neumann, E.: Das Kind, S. 106/7.
[15] – ebd. S. 113.
[16] Kohut, H.: Die Heilung des Selbst, S. 85/6.
[17] Jung, C. G.: Analytische Psychologie und Erziehung, GW 17, § 222.
[18] Kohut, H.: Die Heilung des Selbst, S. 56, 151, 161, 270.
Winnicott, D. W.: Vom Spiel zur Kreativität, Kap. 9.
Miller, A.: Depression und Grandiosität als wesensverwandte Formen der narzißtischen Störung.
Gordon, R.: Narcissism and the Self – Who am I that I Love?, gibt eine gute Übersicht über die Autoren, die sich speziell mit der Spiegelfunktion der Mutter auseinander gesetzt haben.
[19] Neumann, E.: Das Kind, S. 124, 130.
[20] Harlow, H. F., und Harlow, M. K.: Social Deprivation in Monkeys.
[21] Carvalho, R. R. N.: Paternal Deprivation in Relation to Narcissistic Damage.

Ledermann, R.: Narcissistic Disorder and its Treatment, S. 303.
Hubback, J.: Depressed Patients and the Conjunctio.
Kohut, H.: Die Heilung des Selbst, S. 171: «(. . .) der Vater opfert das Kind bei dem Versuch, sich selbst dem destruktiven Einfluß seiner Frau zu entziehen, und das Kind bleibt unter dem pathogenen Einfluß der Mutter.»
[22] Winnicott, D. W.: Reifunsprozesse und fördernde Umwelt, S. 114.
[23] Vgl. Anm. 21: Hubback, J.
[24] Vgl. Anm. 21: Carvalho, R. R. N.


Emotionale Verlassenheit und ihre Folgen

[1] Neumann, E.: Das Kind, S. 81.
[2] Franz, M.-L., von: zum Begriff der archetypischen Emotion vgl. Introduction to the Interpretation of Fairy Tales, Kap. IX.
[3] Neumann, E.: Das Kind, S. 87, vgl. auch S. 54.
[4] Kohut, H.: Die Heilung des Selbst, S. 99, 124.
[5] Battegay, R.: Narzißmus und Objektbeziehungen, S. 20. Der Autor erwähnt einen Haut-Gesichtstraum und deutet ihn nicht nach klassischem Muster, sondern als Ausdruck der narzißtischen Störung.
[6] Jaffé, A.: Der Mythus vom Sinn, S. 135.
[7] Kohut, H.: Die Heilung des Selbst, S. 77.
[8] Duden, Bd. Etymologie, Art. «Gebärde» und «gebaren», S. 200.
[9] Jung, C. G.: Die Beziehungen zwischen dem Ich und dem Unbewußten, GW 7, Kap. III u. IV.
[10] Winnicott, D. W.: Reifungsprozesse und fördernde Umwelt, Kap. 12.
[11] Ledermann, R.: The Robot Personality in Narcissistic Disorder.
[12] Jung, E.: Animus und Anima, S. 13 ff.: Erscheinungsweisen des Animus.
[13] Kohut, H.: Narzißmus, S. 34.
[14] Ledermann, R.: The Treatment of Narcissistic Disorder, S. 309.
[15] Hellwig, H.: Zur psychoanalytischen Behandlung von schwergestörten Neurosekranken, S. 9.
Schwartz, N.: Narcissism and Character Transformation, S. 39.
[16] Kernberg, O.: Borderline-Störungen und pathologischer Narzißmus, S. 307: «Frühzeitige manifeste Ausbrüche von narzißtischer Wut stellen ein ernst zu nehmendes Risiko für die Behandlung dar. Dies gilt besonders für narzißtische Persönlichkeiten auf Borderline-Niveau mit manifesten antisozialen Zügen oder einer sexuellen Perversion mit starken sadistischen Anteilen, z. B. offener Gewaltanwendung gegenüber ihren Sexualpartnern.»
Weiterführende Literatur zur Borderline-Störung: Rohde-Dachsler, Ch.: Das Borderline-Syndrom, eine Arbeit, die sich hauptsächlich auf Kernberg stützt.

[17] Neumann, E.: Das Kind, S. 84, 134.

[18] Kohut, H.: Überlegungen zum Narzißmus und zur narzißtischen Wut.
Asper, K.: Der therapeutische Umgang mit Schattenaspekten der narzißtischen Störung, S. 17 ff.

[19] Bowlby, J.: Trennung, S. 300.

[20] Miller, A.: Depression und Grandiosität als wesensverwandte Formen
der narzißtischen Störung, S. 138.

[21] – ebd. S. 142.

[22] Hultberg, P.: Erfolg, Rückzug, Panik.

[23] Jacobson, E.: Depression, S. 124: «Der Kern der narzißtischen Störung
besteht daher bei einer Depression immer im Erleben eines Versagens,
wobei es sich nicht notwendigerweise um ein moralisches Versagen handeln muß.»

[24] Guex, G.: Das Verlassenheitssyndrom, S. 45.

[25] Kohut, H.: Die Heilung des Selbst, S. 65, 116, 246.
Battegay, R.: Narzißmus und Objektbeziehungen, S. 65 ff.
Wunderli, J.: Sag ja zu dir, S. 57 ff.

[26] Meyer, C. F.: Sämtliche Werke, S. 763.
Asper, K.: Der See als Symbol des Leidens bei Conrad Ferdinand Meyer.

[27] Kohut, H.: Zu Pseudovitalität siehe: Die Heilung des Selbst, S. 22.

[28] Battegay, R.: Narzißmus und Objektbeziehungen, S. 67.

[29] – ebd. S. 68.

[30] Wunderli, J.: Sag ja zu dir, S. 57.

[31] Battegay, R.: Narzißmus und Objektbeziehungen, S. 67.

[32] Winnicott, D. W.: Reifungsprozesse und fördernde Umwelt, S. 140.

[33] – ebd. S. 189: «Die Mutter, die nicht gut genug ist, kann die Omnipo-
tenz des Säuglings nicht praktisch zur Wirkung bringen, deshalb unterläßt
sie es wiederholt, der *Geste* des Säuglings zu begegnen; statt dessen setzt sie
ihre eigene Geste ein, die durch das Sich-Fügen des Säuglings sinnvoll
gemacht werden soll. Diese Gefügigkeit auf seiten des Säuglings ist das
früheste Stadium des falschen Selbst und gehört zur Unfähigkeit der
Mutter, die Bedürfnisse des Säuglings zu spüren.»

[34] Duden, Bd. Etymologie: «Geste» S. 218.

[35] Rothstein, A.: The Narcissistic Pursuit of Perfection.

[36] Kohut, H.: Narzißmus, S. 19, 46/7.

[37] Jacoby, M.: Die Sehnsucht nach dem Paradies.

[38] Miller, A.: Depression und Grandiosität als wesensverwandte Formen
der narzißtischen Störung.

[39] Rölleke, H.: Der wahre Butt.

[40] Enzyklopädie des Märchens, Bd. I, Sp. 873.

Die Annäherung an das Leiden

[1] Jung, C. G.: Die Psychologie der Übertragung, GW 16, S. 197, § 381.

[2] Kohut, H.: Die Heilung des Selbst, S. 101: «Der Therapeut hilft hier nicht dem Patienten dabei, seine Herrschaft über endopsychische Prozesse zu vergrößern, indem er das Unbewußte bewußt macht (wie im Falle der strukturellen Störungen), sondern versucht, den Zerfall des Selbst zu verhindern, indem er die kohärenzschaffende Tätigkeit der Verstandesfunktionen des Patienten stimuliert und unterstützt.»

[3] Nagara, H.: Psychoanalytische Grundbegriffe, Artikel «Widerstand», S. 501.

[4] Jung, C. G.: Die Psychologie der Übertragung, GW 16, S. 197, § 381.

[5] Wilke, H. J.: Die Bedeutung des Widerstandskonzeptes für die Behandlung Depressiver, S. 289.

[6] Eine gute Übersicht bietet: Rohde-Dachsler, Ch.: Das Borderline-Syndrom, S. 181 ff.

[7] Ledermann, R.: Narcissistic Disorder and its Treatment, S. 305.

[8] Hultberg, P.: Erfolg, Rückzug, Panik.

[9] Searles, H. F.: Positive Feelings in the Relationship between the Schizophrenic and his Mother, S. 569.

[10] Jung, C. G.: Aion, GW 9/II, S. 21 ff.
Jung, E.: Animus und Anima.

[11] In ihrem Aufsatz «Eine Auseinandersetzung mit dem Animus-Animabegriff C. G. Jungs» geht V. Kast davon aus, daß sowohl in der Frau als auch im Mann ein Animus- und ein Animabild anzunehmen sei. In: Paare, S. 157 ff.

[12] Jung, C. G.: Ziele der Psychotherapie, GW 16, S. 42, § 76.

[13] – Die Psychologie der Übertragung, GW 16, S. 197/8, § 381.
In einem Brief aus dem Jahre 1954 schreibt C. G. Jung über den Widerstand: «Lassen Sie dem Unbewußten seinen natürlichen Lauf, dann können Sie sicher sein, daß alles, was der Patient wissen muß, aufsteigt, und ebenso sicher können Sie sein, daß nichts, was man aus Insistenz auf theoretische Erwägungen aus dem Patienten herausholt, von seiner Persönlichkeit integriert wird – wenigstens nicht als positiver Wert, sondern höchstens als bleibender Widerstand. Ist Ihnen nie aufgefallen, daß in meiner Analyse sehr wenig von Widerstand» gesprochen wird, während es in der Freud-Analyse der am häufigsten gebrauchte Begriff ist?» Briefe, II, S. 370/1.

[14] Rohde-Dachsler, Ch.: a. a. O. (Anm. 6), S. 186, schreibt: «Der therapeutische ‹Fortschritt› führt dann in dieses Vakuum hinein, aus dem der Patient mit allen Mitteln umzukehren trachtet, weil er sich bar jeder Möglichkeit fühlt, den mühsam eroberten ‹leeren› Raum zu füllen und sich in ihm einzurichten. Was sich dann äußerlich als Widerstand gegen die Therapie und als negative therapeutische Reaktion manifestiert, ist für den

Borderline-Patienten ein lebensrettender ‹Erhaltungsmechanismus›, auf den der Patien so lange nicht verzichten kann, bis er in der Identifikation mit dem (hoffentlich geduldigen!) Analytiker soviel verläßliche gute Neuerfahrungen gesammelt hat, daß es ihm möglich wird, sein fixiertes Weltbild allmählich entlang diesen Neuerfahrungen vorsichtig und tentativ zu modifizieren.»

[15] Jung, C. G.: Symbole der Wandlung, GW 5, S. 517, § 631: «Eine konsequente Regression bedeutet eine Rückverbindung mit der Welt der natürlichen Instinkte, welche auch in formaler, das heißt idealer Hinsicht Urstoff darstellt. Kann dieser vom Bewußtsein aufgefangen werden, so wird er eine Neubelebung und Neuordnung bewirken. Erweist sich das Bewußtsein dagegen als unfähig, die einbrechenden Inhalte des Unbewußten zu assimilieren, so entsteht eine bedrohliche Lage, indem dann die neuen Inhalte ihre ursprüngliche, chaotische und archaische Gestalt beibehalten und damit die Einheit des Bewußtseins sprengen. Die daraus resultierende geistige Störung heißt darum bezeichnenderweise Schizophrenie, ‹Spaltungsirresein›.»

[16] Wilke, H. J.: a. a. O. (Anm. 5), S. 292/3.

[17] Vegh, C.: Ich habe ihnen nicht auf Wiedersehen gesagt, S. 46/7.

[18] Winnicott, D. W.: Reifungsprozesse und fördernde Umwelt, S. 197.


Die therapeutische Haltungen

[1] Warner, M.: Maria-Geburt, Triumph, Niedergang – Rückkehr eines Mythos?, S. 306-309.

[2] Kohut, H.: Die Heilung des Selbst, S. 294.

[3] Hellwig, H.: Zur psychoanalytischen Behandlung von schwergestörten Neurosekranken, S. 89 f.

[4] Fordham, M.: Counter-Transference.

[5] Jung, C. G.: Grundsätzliches zur praktischen Psychotherapie, GW 16, S. 4, § 3.

[6] – Über die Archetypen des kollektiven Unbewußten, GW 9/I, S. 50, § 85.

[7] Hellwig, H.: a. a. O., S. 40.

[8] Jung, C. G.: Die Beziehungen zwischen dem Ich und dem Unbewußten, GW 7, S. 152, § 221: «Der Prozeß der Assimilation des Unbewußten führt zu merkwürdigen Erscheinungen: die einen bauen damit ein unverkennbares, ja unangenehm gesteigertes Selbstbewußtsein oder Selbstgefühl auf; sie wissen alles, sie sind vollständig auf dem Laufenden in bezug auf ihr Unbewußtes. Sie glauben ganz genau Bescheid zu wissen über alles, was aus dem Unbewußten auftaucht. Auf jeden Fall wachsen sie mit jeder Stunde dem Arzt weiter über den Kopf. Die andern aber werden heruntergestimmt, ja erdrückt von den Inhalten des Unbewußten. Ihr Selbstgefühl

vermindert sich, und sie betrachten mit Resignation all das Außerordentliche, welches vom Unbewußten produziert wird. Die ersteren übernehmen, im Überschwang des Selbstgefühles, eine Verantwortlichkeit für ihr Unbewußtes, die viel zu weit reicht, über jede wirkliche Möglichkeit hinaus, die letzteren lehnen schließlich jede Verantwortlichkeit für sich ab in der erdrückenden Erkenntnis der Machtlosigkeit des Ichs gegenüber dem durch das Unbewußte waltenden Schicksal.»

[9] Winnicott, D. W.: Vom Spiel zur Kreativität, S. 10 ff.
Ders.: Von der Kinderheilkunde zur Psychoanalyse, S. 25 ff. u. 300–319.


Themen der Integration des Unbewußten

[1] Eliade, M.: Die Religionen und das Heilige, Kap. III, IV.
[2] Neumann, E.: Zur Psychologie des Weiblichen, Kap. II.
Jung, C. G.: Mysterium Conjunctionis, GW 14/I, Kap. III.
[3] Gesangbuch der Evangelisch-Reformierten Kirchen der deutschen Schweiz, No. 77, vgl. auch No. 72 und 82.
[4] Ebd. No. 92.
[5] Jung, C. G.: Symbole der Wandlung, zit. nach L. Frey-Rohn: Von Freud zu Jung, S. 213: «Die Deutung auf die Eltern ist aber an sich nur eine façon de parler. In Wirklichkeit findet ja dieses Drama in einer individuellen Psyche statt, in welcher die ‹Eltern› nicht sich selber, sondern nur ihre Imagines sind, nämlich diejenigen Vorstellungen, welche aus dem Zusammentreffen der Elterneigenart mit der individuellen Disposition des Kindes entstanden sind.»
In: «Über die Psychologie des Unbewußten» schreibt Jung: «Wie oben schon angedeutet, können die Archetypen als Effekt oder Niederschlag stattgehabter Ereignisse aufgefaßt werden; aber ebenso erscheinen sie als jene Faktoren, die dergleichen Erlebnisse verursachen.» GW 7, Anm. 3, S. 103.
[6] – ebd. S. 75, § 109: «Die Archetypen sind, wie es scheint, nicht nur Einprägungen immer wiederholter typischer Erfahrungen, sondern zugleich verhalten sie sich empirisch wie *Kräfte* oder *Tendenzen* zur Wiederholung derselben Erfahrungen.» (Hervorhebungen von Jung.)
[7] – Aion, GW 9/I, Kap. I–IV.
[8] – Zur Psychologie des Kinderarchetypus, GW 9/I, S. 178, § 278.
[9] – ebd. S. 182, § 285.
[10] Frey-Rohn, L.: Von Freud zu Jung, S. 122–128.
[11] Jung, C. G.: Seele und Tod, GW 8, S. 464, § 798: «Das Leben ist ein energetischer Ablauf wie irgendeiner. Aber jeder energetische Vorgang ist im Prinzip irreversibel und darum eindeutig auf ein Ziel gerichtet, und das Ziel ist die Ruhelage. Jeder Vorgang ist schließlich nichts anderes als eine anfängliche Störung einer sozusagen ewigen Ruhelage, die sich immer

wieder herzustellen sucht. Das Leben ist sogar das Teleologische par excellence, es ist Zielstrebigkeit selber, und der lebende Körper ist ein System von Zweckmäßigkeiten, welche sich zu erfüllen trachten. Das Ende jeglichen Ablaufes ist sein Ziel.»

[12]  – Erinnerungen, Träume, Gedanken, S. 146.

[13]  – ebd. S. 328.

[14]  – ebd. S. 327.

[15]  Frey-Rohn, L.: Von Freud zu Jung, S. 122.

[16]  Jung, C. G.: Was ist Psychotherapie? GW 16, S. 23, § 33.

[17]  – ebd. S. 44, § 83.

[18]  Frey-Rohn, L.: Von Freud zu Jung, S. 283, 289.

[19]  Jung, C. G.: Briefe, II, an Walter Bernet, 1955, S. 496.

[20]  – Experimentelle Untersuchungen, GW 2.

[21]  – Über Konflikte der kindlichen Seele, GW 17.

[22]  – Versuch einer Darstellung der psychoanalytischen Theorie, GW 4.

[23]  – Zur Psychologie des Kindarchetypus, GW 9/I.

[24]  Jung, C. G./Kerényi, K.: «Das göttliche Kind», in: Einführung in das Wesen der Mythologie.

[25]  Jung, C. G.: Bewußtsein, Unbewußtes und Individuation, GW 9/I, S. 307, § 523.

[26]  – Aion, GW 9/II, Kap. II.

[27]  – Traumsymbole des Individuationsprozesses, GW 12, S. 83, § 81.

[28]  – Erinnerungen, Träume, Gedanken, S. 123/4.

[29]  – ebd. S. 130.

[30]  Hellwig, H.: Zur psychoanalytischen Behandlung schwergestörter Neurosekranken, S. 9.
Schwartz, N.: Narcissism and Character Transformation, S. 39.

[31]  Jung, C. G.: Über die Archetypen des kollektiven Unbewußten, GW 9/I, S. 50, § 85.

[32]  – ebd. S. 33, § 51 und S. 49, § 82.
Vgl. dazu: Fordham, M.: The Importance of Analyzing Childhood for Assimilation of the Shadow. Ders.: The Emergence of Child Analysis.

[33]  Jung, C. G.: Traumsymbole des Individuationsprozesses, GW 12, S. 83, § 81: «Mit einem bloß intellektuellen Wissen ist es dabei nicht getan, sondern wirksam ist nur eine Wiedererinnerung, die zugleich ein *Wiedererleben* ist. Vieles bleibt wegen des raschen Flusses der Jahre und des überwältigenden Einströmens der eben entdeckten Welt unerledigt zurück. Davon hat man sich nicht *befreit*, sondern bloß *entfernt*. Kehrt man also aus späteren Jahren wieder zur Kindheitserinnerung zurück, so findet man dort noch lebendige Stücke der eigenen Persönlichkeit, die sich umklammernd an einen anschließen und einen mit dem Gefühl der früheren Jahre wieder durchströmen.» (Hervorhebungen von Jung.)

[34]  Frey-Rohn, L.: Von Freud zu Jung, S. 259 f.

[35]  Lambert, K.: Some Notes on the Process of Reconstruction.

[36] Neumann, E.: Ursprungsgeschichte des Bewußtseins, S. 53 f.
[37] Hubback, J.: Amplification: Reflections and Queries, S. 37.
[38] Fordham, M.: Counter-Transference, in: Technique in Jungian Analysis, II.
[39] Jung, C. G.: Briefe II, an John Perry, 1954, S. 371.
[40] Jacoby, M.: Sehnsucht nach dem Paradies.
[41] Asper, K.: Beziehung und Deutung bei narzißtischer Selbstentfremdungsproblematik aus der Sicht der Analytischen Psychologie.
[42] Kohut, H.: Narzißmus.
[43] Ebd. S. 41. Weitere Angaben zur Differentialdiagnose gegen Psychosen und Borderline-Zustände siehe ebd. S. 33 ff.
Es macht therapeutisch gesehen großen Sinn, daß Kohut im Zustandekommen und im Wesen der typischen Übertragungsformen das entscheidende Merkmal einer narzißtischen Persönlichkeitsstörung sieht. Wenn man die Traumen und Frustrationen bedenkt, welche die narzißtische Wunde bedingten, so bedeutet es für den Analysanden ein beträchtliches Wagnis, sich in die Übertragung zu begeben. Es ist das Wagnis, wieder verletzt zu werden, wobei der Betroffene nicht weiß, ob die Beziehung zum Therapeuten tragfähig genug ist. Außerdem könnte eine Verletzung schädigend sein und eine «unkontrollierbare Regression» (ebd. S. 29) hervorrufen, dies bei Borderline-Patienten und latenten Psychotikern. Das Nicht-Zustandekommen der Übertragungen ist als ein Schutzmechanismus zu werten und entsprechend zu respektieren. Vgl. dazu: Fallbeispiel, S. 257–263.
[44] Jung, C. G.: Aion, GW 9/II, Kap. II.
[45] Vgl. Kast, V.: Der schöpferische Sprung. Vom therapeutischen Umgang mit Krisen.

Umkehr und Wandlung

[1] Jung, C. G.: Die Beziehungen zwischen dem Ich und dem Unbewußten, GW 7, S. 263, § 404.
[2] Zit. nach: Greene, L.: Kosmos und Seele, S. 292,
Riemann, F.: Lebenshilfe Astrologie – Gedanken und Erfahrungen.
[3] Jung, C. G.: Der philosophische Baum, GW 13, S. 273, § 304.
[4] Warner, M.: Maria-Geburt, Triumph, Niedergang – Rückkehr eines Mythos?, S. 306–309.
[5] Jung, C. G.: Die Beziehungen zwischen dem Ich und dem Unbewußten, GW 7.
[6] – ebd. S. 216, § 313.
[7] – ebd. S. 247, § 373.
[8] – ebd. S. 168, § 240.
[9] Fordham, F.: The Care of Regressed Patients and the Child Archetype.

[10] Hudson, W. C.: Persona and Defence Mechanisms.

[11] Jung, C. G.: Die Beziehungen zwischen dem Ich und dem Unbewußten, GW 7, S. 192, § 269.

[12] – ebd. S. 179, § 254.

[13] – ebd. S. 178, § 252; S. 195, § 274; S. 247, § 173.

[14] Neumann, E.: Das Kind, S. 9.

[15] Kalsched, D.: Narcissism and the Search for Interiority.
Neumann, E.: Das Kind, S. 85.
Newton, K./Redfearn, J. W. T.: Die wirkliche Mutter und die Ich-Selbst-Beziehung.
Schwartz, N.: Narcissism and Character Transformation, S. 28.

[16] Jung, C. G.: Über die Archetypen und das kollektive Unbewußte, GW 9/I, S. 50, § 85.
Hannah, B.: Active Imagination as developed by C. G. Jung.

[17] Jung, C. G.: Über die Archetypen und das kollektive Unbewußte, S. 50, § 85.

[18] – Die Beziehungen zwischen dem Ich und dem Unbewußten, GW 7, S. 234, § 343.

[19] – Erinnerungen, Träume, Gedanken, S. 181.

[20] – Zur Psychologie des Kindarchetypus, GW 9/I, S. 185, § 289.

[21] – Einleitung in die religionsgeschichtliche Problematik der Alchemie, GW 12, S. 45, § 35.

[22] Jung, C. G./Kerényi, K.: Einführung in das Wesen der Mythologie.

[23] Schriften zur Individuation:
Jung, C. G.: Bewußtsein, Unbewußtes und Individuation, GW 9/I.
– Zur Empirie des Individuationsprozesses, GW 9/I.
– Über Mandala-Symbolik, GW 9/I.
– Mandalas, GW 9/I.
– Traumsymbole des Individuationsprozesses, GW 12.
– Der philosophische Baum, GW 13.

[24] – Über die Archetypen des kollektiven Unbewußten, GW 9/I, S. 40, § 59.

[25] Steinberg, W.: Depression: Some Clinical and Theoretical Observations.
Odajnyk, W.: Jung's Contribution to an Understanding of the Meaning of Depression.

[26] Jung, C. G.: Schriften zur Alchemie finden sich in: GW 12, 13, 14.
Franz, M.-L., von: Alchemy.

[27] Bowlby, J.: Das Glück und die Trauer.
Ders.: Verlust, Trauer und Depression.

[28] Plaut, A.: Reflections on not Being Able to Imagine.

[29] Schwartz, N.: Narcissism and Character Transformation. Er spricht von einer Ununterschiedenheit von Ich und Selbst und nennt dies «Ego-Self-Merger», S. 38.

311

[30] Jung, C. G.: Z   Psychologie des Kindarchetypus, GW 9/I, S. 173, § 270.

[31] Jung, C. G./Kerényi, K.: Einführung in das Wesen der Mythologie.

[32] Tillich, P.: The Courage to Be, S. 177. Die englische Formulierung ist in diesem Punkt prägnanter als die deutsche. Vgl. P. Tillich: Der Mut zum Sein, S. 127.

[33] Jung, C. G.: Zur Psychologie des Kindarchetypus, GW 9/I, S. 178, § 278.

[34] Rilke, R. M.: Duineser Elegien, S. 25.

# Literaturverzeichnis

*Ariès, Ph.:* Geschichte der Kindheit, Deutscher Taschenbuchverlag, München 1982[4]

*Asper, K.:* Phänomenologie und Psychologie des Realismus bei Gustave Flaubert, Diplomthesis C. G. Jung Institut, Zürich 1977.

– Gustave Flaubert – «Madame Bovary» und ihre Heilung, Analyt. Psychol. *10*:253–276 (1979).

– Der See als Symbol des Leidens bei Conrad Ferdinand Meyer. Sonderdruck Heimatbuch Meilen, 1981.

– Reflexionen über den Beginn einer analytischen Behandlung, in: Therapeutische Konzepte der Analytischen Psychologie, Bd. 2/III, Bonz-Verlag, Fellbach-Öffingen 1983.

– Der therapeutische Umgang mit Schattenaspekten der narzißtischen Störung, Analyt.Psychol. *17*:1–25 (1986).

– Depression and the Dark Night of the Soul, The Guild of Pastoral Psychology, London 1986.

– Beziehung und Deutung bei narzißtischer Selbstentfremdungsproblematik aus der Sicht der Analytischen Psychologie, in: Beziehung und Deutung im psychotherapeutischen Prozeß, Springer Verlag, Berlin (im Druck, voraussichtlich 1987).

*Avila, Th., von:* Von der Liebe Gottes. Hrsg. von A. Stoll, Insel Taschenbuch, Frankfurt a. M. 1984.

*Baer, M.:* Das Problem der Verlassenheit – in anthropologischer und tiefenpsychologischer Sicht. Lizentiatsarbeit an der Philosophischen Fakultät der Universität Zürich, 1984, (Maschinenschrift-Kopie).

*Balint, M.:* Angstlust und Regression, Rowohlt Verlag, Reinbek bei Hamburg 1972.

– Therapeutische Aspekte der Regression, Rowohlt Verlag, Reinbek bei Hamburg 1973.

*Battegay, R.:* Narzißmus und Objektbeziehungen, Verlag Huber, Bern-Stuttgart-Wien 1979[2].

– Depression, psychophysische und soziale Dimension – Therapie, Verlag Huber, Bern, Stuttgart, Toronto 1985.

*Bausinger, H.:* «Aschenputtel» – zum Problem der Märchensymbolik, in: Märchenforschung und Tiefenpsychologie, hrsg. von W. Laiblin, Wissenschaftliche Buchgesellschaft, Darmstadt 1969.

*Bowlby, J.:* Bericht für die Weltgesundheitsorganisation: Maternal Care

and Mental Health, WHO, Genf; HMSO, London 1951.
- Mutterliebe und kindliche Entwicklung, Reinhart Verlag, Basel 1972.
- Bindung. Eine Analyse der Mutter-Kind-Beziehung, Kindler Verlag, München 1975.
- Trennung. Psychische Schäden als Folge der Trennung von Mutter und Kind, Kindler Verlag, München 1976.
- Das Aufnehmen und Lösen von affektiven Bindungen, in: Das Glück und die Trauer, Klett-Cotta, Stuttgart 1979/80.
- Das Glück und die Trauer, Klett-Cotta, Stuttgart 1979/80.
- Verlust, Trauer und Depression, Fischer Verlag, Frankfurt a. M. 1983.
*Burlingham, D.:* siehe Freud, Anna 1971.
*Carvalho, R. R. N.:* Paternal Deprivation in Relation to Narcissistic Damage, J.Analyt.Psychol. *27*:341–456 (1982).
*deMause, L.* (Hrsg.): Hört ihr die Kinder weinen. Suhrkamp Verlag, Frankfurt a. M. 1982².
*Deutsch, H.:* Absence of Grief. Psychoanalytic Quaterly, *6*:12–22, (1937).
*De Vries, J.:* Altgermanische Religionsgeschichte. 2 Bd., Walter de Gruyter, Berlin u. Leipzig 1935.
*Droste-Hülshoff, A., von:* Sämtliche Werke, 2 Bd., Winkler Verlag, München 1973.
*Duden.* Bd. 7: Etymologie, Bibliographisches Institut, Mannheim 1963.
*Eliade, M.:* Die Religionen und das Heilige, Otto Müller Verlag, Salzburg 1954.
*Enzyklopädie des Märchens.* Bd. I–V. Walter de Gruyter, Berlin-New York 1977–1985 und folgende.
*Erikson, E.:* Der Junge Mann Luther, eine psychoanalytische und historische Studie. Szczesny Verlag, München 1958.
*Fordham, F.:* The Care of Regressed Patients and the Child Archetype, J.Analyt.Psychol. *9*:61–75 (1964).
*Fordham, M.:* The Importance of Analyzing Childhood for Assimilation of the Shadow. J.Analyt.Psychol. *10*:33–49 (1965).
- Counter-Transference, in: Technique in Jungian Analysis, vol. II, Heinemann, London 1974.
- Das Kind als Individuum, Reinhardt Verlag, Basel und München 1974.
- The Self and Autism, Library of Analytical Psychology, vol. 3, Heinemann, London 1976.
- The Emergence of Child Analysis, J.Analyt.Psychol. *25*:311–324 (1980).
- Explorations into the Self, Library of Analytical Psychology, vol. 7, Academic Press, London 1985.
*Franz, M.-L., von:* Introduction to the Interpretation of Fairy Tales, Spring Publications, New York 1970.
- Das Weibliche im Märchen, Bonz Verlag, Stuttgart 1977.
- Alchemy, Inner City Books, Toronto 1980.

- Suche nach dem Selbst – Individuation im Märchen, Kösel Verlag, München 1985.
- Der Schatten und das Böse, Kösel Verlag, München 1985.

*Freud, A./Burlingham, D.:* Heimatlose Kinder, Fischer Verlag, Frankfurt a. M. 1971.

*Freud, S.:* Gesammelte Werke, Studienausgabe Bd. I–X und Ergänzungsband, Fischer Verlag, Frankfurt a. M. 1969 und folgende.
- Mitteilungen über einen autobiographisch beschriebenen Fall von Paranoia (1911), Studienausgabe VII, Fischer Verlag, Frankfurt a. M. 1975.
- Totem und Tabu (1912/3), Studienausgabe IX, Fischer Verlag, Frankfurt a. M. 1975.
- Zur Einführung des Narzißmus (1914), Studienausgabe III, Fischer Verlag, Frankfurt a. M. 1975.

*Frey-Rohn, L.:* Von Freud zu Jung, Rascher Verlag, Zürich 1969.

*Fromm-Reichmann, F.:* Loneliness, in: Psychiatry 22, No. 1, Jan. 1959.

*Gesangbuch* der Evangelisch-Reformierten Kirchen der deutschen Schweiz, Orell Füssli Verlag, Zürich 1952.

*Goes, A.:* Lichtschatten Du. Gedichte aus fünfzig Jahren, Fischer Verlag, Frankfurt a. M. 1978.

*Goethe, J. W., von:* Goethes Werke in zwei Bänden, Das Berglandbuch, Salzburg 1953.

*Gogh, V., van:* Briefe, II Bd., Albert Langen, Georg Müller Verlag, Lizenz-Ausgabe mit Genehmigung des Henschel-Verlages, Berlin 1960.

*Golowin, S.:* Hausbuch der Schweizer Sagen, Büchler Verlag, Wabern 1981.

*Gordon, R.:* Narcissism and the Self – Who Am I That I Love? J.Analyt. Psychol. *25*:247–264 (1980).

*Greene, L.:* Kosmos und Seele, Krüger Verlag, Frankfurt a. M. 1978.

*Grimm, Brüder:* Die älteste Märchensammlung der Gebrüder Grimm, hrsg. von H. Rölleke, Fondation Martin Bodmer, Cologny-Genève 1975.
- Kinder- und Haus-Märchen (KHM), Fassung von 1857, hrsg. von H. Rölleke, 3 Bd., Reclam Verlag, Stuttgart 1980. (Die Grimmschen Märchen werden alle nach dieser Ausgabe im fortlaufenden Text nach den Nummern zitiert.)

*Guex, G.:* La névrose d'abandon, Presses universitaires de France, Paris 1950.
- Le syndrome d'abandon, Presses universitaires de France, Paris 1973.
- Das Verlassenheitssyndrom, Huber Verlag, Bern-Stuttgart-Wien 1983.

*Hannah, B.:* Active Imagination as developed by C. G. Jung, Sigo Press, Santa Monica 1981.

*Harlow, H. F./Harlow, M. K.:* Social Deprivation in Monkeys, Scient.Am. 1962.

*Hellwig, H.:* Zur psychoanalytischen Behandlung von schwergestörten Neurosekranken, Vandenhoeck u. Ruprecht, Göttingen 1979.

*Hubback, J.:* Envy and the Shadow, J.Analyt.Psychol. *17*:152–165 (1972).
– Depressed Patients and the Conjunctio, J.Analyt.Psychol. *28*:313–327 (1983).
– Amplification: Reflections and Queries, J.Analyt.Psychol. *29*:135–138 (1984).

*Hudson, W. C.:* Persona and Defence Mechanisms, J.Analyt.Psychol. *25*:54–90 (1978).

*Hultberg, P.:* Erfolg, Rückzug, Panik: Überstimulierung und depressive Abwehr, Analyt. Psychol. *15*:158–192 (1984).

*Jacobi, J.:* Die Psychologie von C. G. Jung, Walter Verlag, Olten und Freiburg i. Br. 1971.

*Jacobson, E.:* Depression, Suhrkamp Verlag, Frankfurt a. M. 1983.

*Jacoby, M.:* Sehnsucht nach dem Paradies, Bonz Verlag, Fellbach 1980.
– Reflections on Heinz Kohut's Concept of Narcissism. J.Analyt.Psychol. *26*:19–32 (1981).
– Psychotherapeutische Gesichtspunkte zum Phänomen der Depression, in: Die Behandlung in der Analytischen Psychologie, 2/III, Bonz Verlag, Fellbach-Öffingen 1983.
– The Analytic Encounter. Studies in Jungian Psychology by Jungian Analysts, 15. Inner City Books, Toronto 1984 (demnächst deutsch im Walter-Verlag).
– Individuation und Narzißmus, Psychologie des Selbst bei C. G. Jung und H. Kohut, Pfeiffer Verlag, München 1985.

*Jaffé, A.:* Der Mythus vom Sinn im Werk von C. G. Jung, Rascher Verlag, Zürich 1967.

*Jung, C. G.:* Gesammelte Werke (GW), Rascher Verlag, Zürich und Stuttgart; Walter-Verlag, Olten und Freiburg i. Br. 1971 ff.
– Experimentelle Untersuchungen, GW 2.
– Versuch einer Darstellung der psychoanalytischen Theorie (1913, 1955), GW 4.
– Symbole der Wandlung (1912, 1952), GW 5; Grundwerk (Walter) 7 und 8.
– Psychologische Typen (1921, 1950), GW 6.
– Die Beziehungen zwischen dem Ich und dem Unbewußten (1928, 1963), GW 7; Grundwerk 3.
– Über die Psychologie des Unbewußten (1943, 1960), GW 7.
– Die Lebenswende (1931/50), GW 8; Grundwerk 9.
– Seele und Tod (1934, 1947), GW 8; Grundwerk 9.
– Die transzendente Funktion (1958), GW 8; Grundwerk 2.
– Zur Empirie des Individuationsprozesses (1934, 1950), GW 9/I.
– Über die Archetypen des kollektiven Unbewußten (1935, 1954), GW 9/I; Grundwerk 2.
– Über Mandala-Symbolik (1938, 1950), GW 9/I.

- Bewußtsein, Unbewußtes und Individuation (1939), GW 9/I.
- Zur Psychologie des Kindarchetypus (1940, 1951), GW 9/I; Grundwerk 2.
- Zur Phänomenologie des Geistes im Märchen (1946, 1948), GW 9/I; Grundwerk 2.
- Aion (1951), GW 9/II.
- Einleitung in die religionsgeschichtliche Problematik der Alchemie (o. J.), GW 12; Grundwerk 5.
- Traumsymbole des Individuationsprozesses (1936), GW 12; Grundwerk 5.
- Der Geist Mercurius (1943, 1948), GW 13.
- Der philosophische Baum (1945, 1954), GW 13.
- Mysterium Conjunctionis (1955, 1956), GW 14/I.II.
- Ziele der Psychotherapie (1929, 1950), GW 16; Grundwerk 1.
- Die praktische Verwendbarkeit der Traumanalyse (1934, 1947), GW 16; Grundwerk 1.
- Grundsätzliches zur praktischen Psychotherapie (1935), GW 16; Grundwerk 1.
- Was ist Psychotherapie? (1935), GW 16.
- Die Psychologie der Übertragung (1946), GW 16; Grundwerk 3.
- Über die Konflikte der kindlichen Seele (1910, 1969), GW 17.
- Analytische Psychologie und Erziehung (1926, 1969), GW 17.
- Erinnerungen, Träume, Gedanken, hrsg. von A. Jaffé, Rascher Verlag, Zürich 1967, Walter-Verlag 1971.
- Briefe 3 Bd., Walter-Verlag, Olten u. Freiburg i. Br. 1972/3.
- Über Grundlagen der Analytischen Psychologie (Tavistock Lectures) (1935), Rascher Verlag, Zürich und Stuttgart 1969; Walter-Verlag GW 18/I.

*Jung, C. G./Kerényi, K.:* Das göttliche Kind – das göttliche Mädchen, Rhein Verlag, Zürich 1951.
- Einführung in das Wesen der Mythologie, Rascher Verlag, Zürich 1951.

*Jung, E.:* Animus und Anima, Rascher Verlag, Zürich und Stuttgart 1967.

*Kalsched, D.:* Narcissism and the Search for Interiority, in: Quadrant, vol. 13, No. 2, New York: C. G. Jung, Foundation for Analytical Psychology, 1980.

*Kaschnitz, M.-L.:* Wohin denn ich, Ges. Werke II, Insel Verlag, Frankfurt a. M. 1981.

*Kast, V.:* Paare. Beziehungsphantasien oder wie Götter sich in Menschen spiegeln, Kreuz Verlag, Stuttgart 1984.
- Wege aus Angst und Symbiose – Märchen psychologisch gedeutet. Walter Verlag Olten u. Freiburg i. Br. 1982, [8]1986.
- Mann und Frau im Märchen. Walter Verlag, Olten u. Freiburg i. Br. 1983, [6]1986.
- Familienkonflikte im Märchen. Walter Verlag, Olten u. Freiburg i. Br. 1984, [3]1986.

– Wege zur Autonomie – Märchen psychologisch gedeutet. Walter Verlag, Olten u. Freiburg i. Br. ²1985.

– Märchen als Therapie, Olten u. Freiburg i. Br. 1986.

– Der schöpferische Sprung. Vom therapeutischen Umgang mit Krisen, Olten u. Freiburg i. Br. 1987.

*Keller, W.:* siehe Meierhofer, M. 1966.

*Kerényi, K.:* siehe Jung: Das göttliche Kind – das göttliche Mädchen und Einführung in das Wesen der Mythologie.

*Kernberg, O.:* Borderline-Störungen und pathologischer Narzißmus, Suhrkamp Verlag, Frankfurt a. M. 1979³.

*Kohut, H.:* Überlegungen zum Narzißmus und zur narzißtischen Wut, Psyche *27:*513–554 (1973).

– Narzißmus, Suhrkamp Verlag, Frankfurt a. M. 1973.

– Die Heilung des Selbst, Suhrkamp Verlag, Frankfurt a. M. 1979.

– How does Analysis Cure? The University of Chicago Press Ltd., London 1984.

*Kollwitz, K.:* Ein Leben in Selbstzeugnissen, Fourier Verlag, Wiesbaden (o. J.).

*Lambert, K.:* Some Notes on the Process of Reconstruction, J.Analyt. Psychol. *15:*23–41 (1970).

*Ledermann, R.:* The Infantile Roots of Narcissistic Personality Disorder, J.Analyt.Psychol. *24:*106–126 (1979).

– The Robot Personality in Narcissistic Disorder, J.Analyt.Psychol. *26:*329–345 (1981).

– Narcissistic Disorder and its Treatment, J.Analyt.Psychol. *27:*303–321 (1982).

– Pathological Sexuality and Paucity of Symbolisation in Narcissistic Disorder, J.Analyt.Psychol. *31:*23–43 (1986).

*Litauische Volksmärchen,* hrsg. und übersetzt von J. D. Range, Diederichs Verlag, Düsseldorf-Köln 1981.

*Märchen aus Wales,* hrsg. und übersetzt von F. Hetmann, Diederichs Verlag, Düsseldorf-Köln 1982.

*Meierhofer, M./Keller, W.:* Frustration im frühen Kindesalter, Huber Verlag, Bern 1966.

*Meierhofer, M.:* Verlassenheitssyndrome im frühen Kindesalter, in: W. Bitter (Hrsg.): Einsamkeit in medizinischer, psychologischer, theologischer und soziologischer Sicht, Klett-Verlag, Stuttgart 1967.

*Métrailler, M.:* Die Reise der Seele, Benziger Verlag / Ex Libris, Zürich 1982.

*Meyer, C. F.:* Sämtliche Werke, Droemersche Verlagsanstalt Th. Knaur Nachf., München-Zürich (o. J.).

*Miller, A.:* Zur Behandlungstechnik bei sogenannten narzißtischen Neurosen. Psyche *9:*641–669 (1971).

– Depression und Grandiosität als wesensverwandte Formen der narzißtischen Störung, Psyche *33:*132–156 (1979).

- Das Drama des begabten Kindes, Suhrkamp Verlag, Frankfurt a. M. 1979.

*Nagara, H.:* Psychoanalytische Grundbegriffe, Fischer Verlag, Frankfurt a. M. 1974.

*Neumann, E.:* Ursprungsgeschichte des Bewußtseins. Rascher Verlag, Zürich 1949.

- Narzißmus, Automorphismus und Urbeziehung, in: Studien zur Analytischen Psychologie C. G. Jungs, Bd. I, Rascher Verlag, Zürich 1955.
- Die Bedeutung des genetischen Aspekts für die Analytische Psychologie, in: Current Trends in Analytical Psychology, Tavistock Publications, London 1959.
- Das Kind, Rhein-Verlag, Zürich 1963.
- Die Große Mutter. Walter-Verlag, Olten u. Freiburg i. Br. 1974, Sonderausgabe 1985.
- Zur Psychologie des Weiblichen, Kindler Verlag, Taschenbuch Nr. 2051, München (o. J.).

*Newton, K./Redfearn, J.:* Die wirkliche Mutter und die Ich-Selbst-Beziehung, Analyt.Psychol. *9*:1–27 (1978).

*Ott, E.:* Die dunkle Nacht der Seele, Novalis Verlag, Schaffhausen 1982.

*Odajnyk, W.:* Jung's Contribution to an Understanding of the Meaning of Depression, in: Quadrant, vol. 16, No. 1, New York: C. G. Jung Foundation for Analytical Psychology 1983.

*Ovid, P. N.:* Metamorphosen, übersetzt und herausgegeben von H. Breitenbach, Reclam Verlag, Stuttgart 1982.

*Pestalozzi, H.:* Schriften aus den Jahren 1805–1825, 1. Teil, Rotapfel Verlag, Zürich (o. J.).

*Plaut, A.:* Reflections on not Being Able to Imagine, in: Analytical Psychology: A Modern Science, London, Society of Analytical Psychology, Heinemann, London 1979.

*Plaut, F.:* siehe Samuels, A., 1986.

*Portmann, A.:* Das Tier als soziales Wesen, Rhein Verlag, Zürich 1953

*Pulver, S. E.:* Narcissism – Term and Concept, Journal of American Psychoanalytic Association, *56*:179–185, 1970.

*Riemann, F.:* Lebenshilfe Astrologie - Gedanken und Erfahrungen, Pfeiffer Verlag, München 1976.

*Rilke, R. M.:* Duineser Elegien. Sonette an Orpheus, Manesse Verlag, Zürich 1951.

- Das Stundenbuch, Insel Verlag, Wiesbaden 1955.

*Redfearn, J.:* Vgl. Newton, K.

- Ego and Self: Terminology, J.Analyt.Psychol. *28*:96–107.

*Rohde-Dachsler, Ch.:* Das Borderline-Syndrom, Huber Verlag, Bern-Stuttgart-Wien 1983[3].

*Rölleke, H.:* Der wahre Butt, Diederichs Verlag, Düsseldorf-Köln 1978.

*Rosenfeld, H. F.:* Der Heilige Christopherus, seine Verehrung und seine

Legende, Acta Academiae Aboensis, Humaniora X:3, Helsingfors 1937.

*Rothstein, A.:* The Narcissistic Pursuit of Perfection, Internat. University Press, New York 1980.

*Samuels, A.:* Jung and the Post-Jungians, Routledge and Kegan Paul, London, Boston, Melbourne and Henley 1985.

*Samuels, A./Shorter, B./Plaut, F.:* A Critical Dictionary of Jungian Analysis, Routledge and Kegan Paul, London and New York 1986.

*Searles, H. F.:* Positive Feelings in the Relationship between the Schizophrenic and his Mother, Int.J.Psycho-Anal. 39 (1958).

*Sartorius, B.:* Der Mythos von Narziß: Notwendigkeit und Grenzen der Reflexion, Analyt.Psychol. *12*:286–298 (1981).

*Satinover, J.:* Puer Aeternus: The Narcissistic Relation to the Self, in: Quadrant, vol. 13, No. 2, New York, C. G. Jung Foundation for Analytical Psychology 1980.

*Segal, H.:* Melanie Klein – Eine Einführung in ihr Werk, Fischer Verlag, Frankfurt a. M. 1983.

*Shorter, B.:* siehe Samuels, A., 1986.

*Spitz, R.:* Vom Säugling zum Kleinkind. Naturgeschichte der Mutter-Kind-Beziehung im 1. Lebensjahr, Klett-Cotta, Stuttgart 1980[6].

*Stevens, A.:* Archetype. A Natural History of the Self, Routledge and Kegan Paul, London and Henley 1982.

*Schmalohr, E.:* Frühe Mutterentbehrung bei Mensch und Tier, Kindler Verlag, München 1980[3].

*Schönbach, J.:* Sanct Christopherus, Ztsch. für deutsches Altertum, 1882, Bd. 26.

*Schwartz, N.:* Narcissism and Character Transformation, Inner City Books, Toronto 1982.

*Stein, M.:* Narcissus, in: Spring, Spring Publications, New York 1976.

*Steinberg, W.:* Depression: Some Clinical and Theoretical Observations, in: Quadrant, vol. 17, No. 1, New York, C. G. Jung Foundation for Analytical Psychology 1984.

*Tillich, P.:* Das neue Sein. Religiöse Reden, Evangelisches Verlagswerk, Stuttgart 1959.

– Der Mut zum Sein, Steingrüben Verlag, Stuttgart 1962[4].

– The Courage to Be. Yale University Press, New Haven and London 1962[8].

*Vegh, C.:* Ich habe ihnen nicht auf Wiedersehen gesagt. Gespräche mit Kindern von Deportierten, Kiepenheuer und Witsch, Köln 1981.

*Voragine, J., de:* Legenda aurea, übersetzt von R. Benz, Hegner Verlag, Köln und Olten 1969.

*Warner, M.:* Maria-Geburt, Triumph, Niedergang – Rückkehr eines Mythos?, Trikont-dianus Verlag, München 1982.

*Wilke, H. J.:* Die Bedeutung des Widerstandskonzeptes für die Behandlung Depressiver, Analyt.Psychol. 7:286–297 (1976).

*Winnicott, D. W.:* Reifungsprozesse und fördernde Umwelt, Kindler Verlag, München 1974.

- Von der Kinderheilkunde zur Psychoanalyse, Kindler-Verlag, München 1974.
- Vom Spiel zur Kreativität, Klett-Cotta, Stuttgart 1979².

*Wunderli, J.:* Sag ja zu dir. Vom tragischen zum positiven Narzißmus. Walter Verlag, Olten und Freiburg i. Br. ²1983.

# Personen- und Sachregister

In einigen wichtigen Fällen wird auf die Anmerkungen verwiesen. Die entsprechenden Seitenzahlen erscheinen in Klammern.

Abstinenz, (Regel der) 189 f., 192
Abwehr 17, 41, 56, 65 ff., 82, 87,
  92, 141 f., 148 f., 151-166, 157,
  160 f., 168, 185, 196, 202-207,
  241, 252, 262, 274, 282, 285
  → Sehnsuchtsgeste und
  → Verlassenheitsgebärde
  – manische 42, 73
Affekt 43, 127
Affektivität 41 f., 64, 108 f., 112,
  122, 161
Aggression 53, 126, 143, 148,
  193 f., 245 f., 258, 287
Aktive Imagination 275 f.,
Alchemistischer Prozeß 283
Altruismus 128
Ambivalenz 56, 83
Amnesie, emotionale 186
Amplifikation, amplifikatorisch
  244 f., 277 f.,
Analytische Psychologie 15 f.,
  22 f., 56, 58, 64 f., 70, 74 ff., 90,
  92, 104 f., 126, 139, 165 f., 174,
  188, 211, 232, 233-239, 271, 290
Anamnestische Befragung 241 f.,
Angst 29, 33, 35, 37, 40 f., 44, 49,
  53, 65, 69, 71, 73, 80 f., 108, 112,
  126, 129, 139 f., 146, 152, 163,
  171, 185, 189 ff., 193 f., 197, 202,
  210 ff., 221, 228, 241, 250, 257,
  259, 274, 278, 285, 289
  – freiflottierende 71, 257
Angstbindung 87

Anima 16, 21, 68, 113, 127, 178,
  210, 233, (295)
Animus 16, 21, 69, 108, 127, 132 f.,
  183, 195-201, 208, 221 f., 231,
  233, 267, 284 f., (295)
  – negativer (Schutzmechanis-
  mus) 195-201
Animusproblematik 64, 100,
  195 ff., 210
Anklammerung 11, 49, 56
Anpassung 15 f., 33, 40, 53, 69, 90,
  107 f., 118, 126, 128 f., 137,
  153 f., 166, 168 f., 170, 195, 244,
  270, 274, 276
Arbeitsbündnis 186, 189
Archaische Konfiguration 90, 174
Archetypisch 56, 157, 240, 247,
  249, 252, 266
  – Dunkles 292
Archetypische Ausrichtung 235
  – Dimension 56
  – Ebene 25, 62
  – Emotion 25, 58, 146
  – Familie 233
  – Faszination 247
  – Gegebenheit 17, 232
  – Grundformen 123
  – Grundlage 17
  – Herkunft 252
  – Intention 66, 77, 79, 83 f., 92,
  175, 189 f., 248 f., 261, 274, 276
  – Intention nach Paradies 83,
  195

- Konfiguration 57, 62, 75, 80, 139, 144
- Konstellation 247
- Matrize 230, 264
- Prozesse 123
- Strukturen 84
- Warte 57, 251
Archetypischer Bezug 75
- Gehalt 57
Archetypisches 25, 57, 58
- Bild 25, 100, 187, 248 f., 254
- Element 57, 195
- Paar 51, 56-62,
- Thema 32
Archetypus 77, 235, 237 f.
Ariès, Ph. 45
Autoerotismus, autoerotisch 85, 87 f.,
Autonomie 19, 68, 87, 128, 156, 206, 209, 212, 252, 267, 271, 282, 292
Avila, Th., von 58

Baby 51, 133, 226 f., 251
Bagatellisierungstendenz 164
Balint, M. 53-57, 63, 86, 88
Basis des Vertrauens 81
Basis, sichere 49, 147
Battegay, R. 70, 89, 164
Beschattung 67 f., 150, 166, 211, 292
Bewußtsein 16, 50, 70, 188, 196, 198 200, 238, 255, 275
- kollektives 239 f.
Bewußtseinpatriarchat 43
Bewußtseinspsychologie 26
Bewußtwerdung 15, 233
Beziehung 16, 30, 48, 53, 67, 78, 89, 112, 127, 224, 244, 268
- primaere 55
- symbiotische 251
Beziehungen , gestörte 112
Beziehungsfähigkeit 80, 108, 112
- mangelnde 93, 99

Beziehungsmöglichkeiten, archaische 78
- neue 63
Beziehungsphantasien 193 f.
Beziehungsproblematik 95 ff., 100
Bezug zu Gott 66, 103
Bezugsform, archetypisch unterlagert 58
Bindung 48 ff., 50, 91, 152, 162
Bindungsformen, archaische 75
Bindungstheorie 48, 88
Bindungsverhalten 48 ff., 88 f.
Borderline 89, 158, 191, 257 f., (304), (306), (310)
Bowlby, J. 46-50, 63, 76, 86 ff., 160, (298)
Burlingham, D. 45

Carvalho, R. R. N. 138
Charakterzüge, (narzißtische) 69-72
Christentum 128 f., 208, 268
Claudius, M. 231

deMause, L. 45
Depersonalisation 97, 257
Depression 11, 18, 40, 46, 56, 60, 65, 68 ff., 72, 81, 89, 91 f., 118 f., 122 f., 125 f., 141 f., 160 ff., 168, 174 ff., 184, 186, 193 f., 198, 257, 267, 269, 276, 282-286, 291 f.
- adaptive 283 f.
- anaklitische 46
- endogene 31, 70, 164
- latente 160, 197, 282
- narzißtische 65, 68, 160-166, 274, 285
Depressionsneigung 50
Deprivation 33, 49 f., 133, 138
- partielle 49
- totale 49
Deprivationsforschung 44 ff., 48 ff., 75, 160

Desintegrationsangst 71, 97, 148, 152, 185
Deutsch, H. 109
Deutung 53, 96, 142, 184, 188, 194, 197, 214 f., 222, 224 f., 228, 243 f., 254, 279 f.
 – Evidenz- 279 f.
 – mythologische 245
Diagnostisches Merkmal 249
Differentialdiagnostisches Kriterium 70, 164 f.
Dissoziation 108, 166, 202
Dystrophia mentalis 47 f.,

Echo 64, 85, 99, 161, 174, 250, 288
Egoismus, egoistisch 82, 85, 88, 131, 288
Egozentrizität, egozentrisch 61, 85, 93, 96 ff., 288
Einfühlung 63, 69, 89, 127, 158, 160, 213, 227
Eitelkeit 20
Eltern 21, 25, 34 f., 50, 62, 230 ff., 236, 241, 258, 261, 286, 289
Elternarchetyp 232
Elternkomplex 66
Elterntod, früher 63, 217
Emotionale Korrektur 194, 228
Empathie, empathisch 45, 63, 70, 91, 133 f., 139, 166, 170, 176, 189, 197 f., 200, 210, 212 f., 218, 228, 241, 252, 255, 277, 292
Entleerung, (narzißtische) 98, 269, 280, 293
Erikson, E. 103
Eros 16, 77 f., 132
Erzählen 218 ff.
Erziehungsstil 42, 80, 128
Ethologie 48, 75

Familiensituation, typische 127-139, 231
Final 15 ff., 70, 209, 226, 243 f., 238, 242

Flaubert, G. 19
Fordham, F. 121-123, 133, 184, 271
Fordham, M. (298)
Fragmentierung 66 ., 71, 73, 90, 140, 149 f., 152, 185, 239, 260 ff.
Franz, M.-L., von 123
Freiraum 215 f., 221, 243
Freud, A. 45
Freud, S. 19, 46, 50, 78, 85-88, 161, 202, 235 f., 277
Fromm-Reichmann, F. 87
Frühstörung, frühgestört 21, 24, 50-56, 61, 67, 81, 212, 220
Frustration (traumatische) 88, 91 f., 108, 152, 186, 248, 250 ff., 289
Fühldefizienz 64
Fusion 152, 170

Gefühl der Randständigkeit 138
Gefühl der Unwirklichkeit 122, 185
Gefühle leihen 213, 215
Gefühle, negative 12, 108
 – Verzicht auf 155 f.
 – wahre 37, 40, 42, 68 f., 108, 131, 219, 276, 292
Gefühlsdefizienz 69, 213
Gefühlsentfremdung 113
Gefühlsprobleme 270, 273 ff.
Gefühlsverneinung 39 ff.
Gefühlsverunsicherung 37-43, 109, 135, 273
Gegensätze 180, 234, 278
Gegenübertragung 39 ff., 89, 165, 213 f., 219, 242, 245-247
Genese (der narzißtischen Problematik) 74-92, 118, 120,124-139
Genetisch 86, 138 f., 195, 201, 214, 243 ff.
Geschick 25, 32, 57 ff., 63, 113, 139, 233, 236, 289 ff.
Geste 168 f., 171, 271, 285 f., 288

324

Glanz im Auge der Mutter 170
Glanz im Auge des Kindes 170
Gleichgewicht, (narzißtisches) 65,
262, 277
Goes, A. 126
Goethe, J. W., von 37, 232
Gogh, V., van 125
Gott 17, 31 f., 58, 66, 103 f., 167,
175, 236, 290
– verborgener 31
Gottesbild 103 f., 268, 291, 293
Gottesfurcht 293
Gotteskomplex 104, 268
Gottesverhältnis 31
Gottesvorstellung 66
Gottverlassenheit 31
Gottvertrauen 103, 269, 293
Grandios 73, 104, 108, 174 f., 176,
179, 193, 205 f., 213, 219, 223,
245, 255, 260, 294
Grandiosität 64 f., 69 f., 119,
159 ff., 171, 173 ff., 181, 194,
205, 224 f., 239, 254
Grandiositätsphantasie 161, 282,
288
Grandiositätsvorstellungen 278 f.
Größenansprüche 152 f.
Größenbedürfnisse 106
Größenphantasien 64, 73, 99, 161,
174 f., 260, 263, 288
Größenselbst 90 ff., 173 f.
Grundstörung (basic fault) 53
Guex, G. 85 f., 162 f.

Halten (holding) 52, 57
Haß 65, 67, 108, 131, 202, 285
Heilserwartung 188
Helfersyndrom 254 ff.
Hilflosigkeit 165
Hölle 65, 80, 141, 294
Hoffnung 144, 289, 292
Hospitalismus (forschung) 44-48
Hubback, J. 137
Hudson, W. C. 272

Hultberg, P. 161, 193
Humor 89 f.

Ich 11, 15, 33, 57, 64 ff., 71, 74,
79 f., 87 ff., 97 f., 104 ff., 140 f.,
151 f., 159, 173, 181, 185, 188,
193, 197, 200, 203, 206, 224 f.,
271, 273 ff., 284 f., 290 f., 293
– negativiertes 81 f.
– schwaches 17, 239, 277
– starkes 17, 20, 292
Ich-Bildung 259
Ich-Entwicklung 50 ff., 67, 77 ff.,
292
Ich-Grenzen 158
Ich-Kern 81 f.
Ich-Leistung, kreative 202, 216
Ich-Psychologie 90
Ich-Schwäche 53, 81, 203
Ich-Selbst-Achse 65, 78 f., 82, 257
Ich-Selbst-Entwicklung 77
Ich-Stärke 198 ff., 284 f.
Ich-Starre 82, 148
Ich-Struktur 17, 150, 259
Ich-Störung 257 f.
Ideal 207, 253
Idealisierende Übertragung 90 f.,
249, 251
→ Paradiesübertragungen
Idealisierung 67, 171
Idealität 173, 250
Identifikation mit kollektiven
Werten 154 f.
Identität 51, 97, 176, 180, 272
Individuation 15, 20 f., 34, 92, 106,
235, 284, (295)
→ Selbstwerdung
– im klassischen Sinn 15 ff.,
237, (295)
Individuationsprozeß 17 ff., 283
Individuationsschritte 282
Individuationsvorgang 281
Inflation, negative 106, 145, 165 f.,
277 f., 282, 292 f.

325

Inflation, positive 106, 166, 277 f.,
282, 293
Interaktionsmodell 75
Introjektion 140, 267
Introspektion 68, 91, 183, 213,
222, 270-280

Jacoby, M. 20, 92, 96, 174
Jaffé, A. 148
Jung, C. G. 15, 19 ff., 24, 43, 50,
67, 120 f., 123, 134, 150, 185, 195,
201, 215, 223, 233-238, 240, 247,
254, 271 f., 275, 277, 281, 283,
290 f.

Kalisch, S. 35
Kaschnitz, M.-L. 30
Kast, V. (295)
Katastrophe 177, 274, 282
Katastrophenängste 148
Katastrophengefühl 177
Katastrophenphantasie 267
Kausalität 238
Kay, E. 44
Kerényi, K. 237, 290
Kernberg, O. 22, 87, 158
Kernselbst (Kohut) 90 ff.
Kind 21, 25, 32-37, 41, 44-62, 63-
92, 93 ff., 103 ff., 121 f., 124,
127-140, 152, 157 ff., 166 ff., 186,
196, 206, 209, 212, 215 ff., 226,
228, 232, 233-257, 281, 290 f.,
294
  – Archetyp des 233, 237
  – ausgesetztes 60 f.
  – göttliches 237, 277 ff.,
290 f.
Kindheit 34, 38 f., 44 f., 49 f.,
58, 70, 129 ff., 136, 152 ff., 155,
157 f., 169, 187, 189, 198, 223,
232-247, 265, 271 f., 273, 281,
285 f.
Kindheit und Übertragung 238-
247

Kindheitsamnesie 64, 158, 213,
242 f.
Kindheitserfahrung 72, 149, 215,
243
Kindheitserlebnisse 74, 159
Kindheitsgeschichte 42, 45, 112,
191, 232 f., 236, 250, 254
Kindmotiv 60
Kindschaft (Gottes) 104, 290
Klein, M. 51
Körper 52 f., 149, 152
Kohut, H. 19, 86 f., 89-92, 128,
133, 159, 173 f., 185, 213, 249 ff.
Kollwitz, K. 58 ff.
Kompensation, kompensatorisch
82, 85, 98 ff., 106, 168, 184, 188,
235, 252, 273, 292
Kompensatorische Funktion 116
  – Struktur 89, 91
Komplex 216, 236, 244, 253
Konstitutioneller Faktor 23
Kontinuität 52, 70, 78, 242 f.
Kontrolle 64, 71, 170 f., 267
Konzentrationsmangel 71, 162
Kränkbarkeit 20, 186
Kränkung 40 f., 64, 67, 71, 94, 129,
152, 159, 168, 195, 260
Kreativität, kreativ 113, 224, 269
Kriminalität 50, 81

Lebenshälfte, zweite 15
Lebensmitte 30, 59, 234
Ledermann R. 156, 191 f.
Leere 36, 69, 89, 119, 162 ff., 193,
202 ff., 250
Legende des Heiligen Christophe-
rus 93, 101-106
Leistungsproblematik 141, 256
Leitsymptom (e) 21, 89 f.
Lernhaltung 212, 216, 218 f., 221,
227, 244
Libido 69, 87 ff.
  – endogame 120
  – exogame 120

326

- inzestuöse 120
- narzißtische 20, 87, ff., 120, 161, 269
- Objekt- 88, 120
- Verwandschafts- 120
Logos 16, 133
Luther, M. 31, 103

Macht 69, 235
Macht-Phantasien 98
Märchen 23, 38 f., 60 f., 68 f., 93, 123, 166 ff., 293
Märchen:
Aschenputtel 69, 150, 155, 205, 224, 265 f., 287
Das eigensinnige Kind 167 f.
Der Räuberbräutigam 200
Der Teufel mit den drei goldenen Haaren 60 f.
Die drei Raben 23, 177-120, 123-127, 140 f., 175, 182-184, 187, 208 f., 223, 230-233, 264-270, 277, 282, 285
Die Frau aus dem See 38, 42
Die Gänsemagd 203 f.
Die Prinzessin, die in einen Wurm verwandelt war 106-113, 206
Die Rabe 139
Die sieben Raben 117
Einäuglein, Zweiäuglein, Drei-äuglein 205 f., 248
Fitchers Vogel 198 ff., 248 f.
Frau Holle 175 f.
Schneeweißchen und Rosenrot 269
Sneewittchen 60, 136, 269
Vom Fischer und syner Fru 104, 175
Märchendeutung 123
Märchengebrauch 123
Mandala 282, 290
Manic defence 154
Masochistisch 69, 145, 165, 211, 282
- e Grübelsucht 165, 282

Meierhofer, M. 47
Melancholie 161
Melancholieerfahrung 31
Metapsychologie 87 ff.
Métrailler, M. 128
Meyer, C. F. 162
Miller, A. 86, 126, 161, 174
Mißtrauen 73, 103, 144, 188-191
Mutlosigkeit 164 f.
Mutter 11, 24 ff., 34 ff., 40 ff., 44-62, 63 ff., 70, 76 ff., 100, 103, 108, 112, 117 f., 127-137, 142 ff., 159, 162 f., 167 ff., 177, 186, 205, 208, 215 f., 219, 221 f., 226, 231, 243 f., 248, 251 f., 255 f., 258, 263, 265, 268, 281
- als «life support system» 76
- und Kind 56-62, 63 ff.
- die Große 56, 60, 74, 265
- negative 57
- optimal frustrierende 91
- persönliche 25, 76, 139
- positive 77
- traumatisch frustrierende 91
Mutter-Kind-Beziehung 44-63, 66, 72, 74 ff., 103 f., 121 ff., 124, 132 f., 195, 209, 247 f.
Mutter-Kind-Darstellungen 25, 58
Mutter-Kind-Dyade 50, 57, 80
Mutter-Kind-Interaktion 40, 212
Mutter-Kind-Thema 58
Mutter-Kind-Trennungen 30
Mutter-Kind-Verbindung 41, 57
Mutter-Kind-Verhältnis 58, 63 ff.
Mutterarchetypus (auch Arche-typus der Mutter) 58, 60, 77 ff., 200, 205, 228
Mutterbild 25, 77, 157, 164, 190, 231, 236
Mutterentbehrung 46 f.
Mutterentzug 44, 49
Mutterkomplex 66, 100, 104, 268

327

Mutterspezifisch 210
Mutterspezifische Einstellung 218,
220
– Erfahrung 25 f.
– Haltung 12, 35, 111, 127, 161,
209-229
– Medien 44, 66, 209, 212
Mutterverlust 49, 108
Mythologisches Material 61, 277
Mythus des Narzissus 83-101

Näcke, P. 85
Narzißmus 19 f., 63-92, 93 ff., 228,
262, 294
– pathologischer 22
– primärer 55, 74 f., 78, 87 ff.,
160
– reife Form des 92
– Reifungslinien des 19
– sekundärer 88
Narzißmusdiskussion 44, 53, 86 f.,
162, 271
Narzißt, depressiver 56, 174
– grandioser 56
Narzißtische Besetzung 133-137
Narzißtische Problematik 23, 63,
72 ff., 84 ff., 96 ff., 110, 117 ff.,
128, 132, 137 ff., 157, 179, 185,
200, 227, 250, 257, 293
– (kollektive Wurzeln) 128
Narzißtische Störung 11, 19 f., 22,
56, 63-93, 123, 126 f., 138, 194,
196, 218, 249, 262, 272, 275, 292
– des Selbstobjektes 133
– sui generis 20, 272
Narzißtische Wunde 20, 26, 66,
111, 128, 141 ff., 151, 153, 161,
168, 172 f., 174, 197, 202, 218 f.,
224, 241, 247 f., 250, 285
Narzissus (mythologische Gestalt)
65, 85, 95-101
Nebenübertragungen 191
Neid 67, 108, 202, 245, 253 f., 279,
285, 289

Neumann, E. 23, 58, 65, 74 ff., 86,
103, 120, 128, 132 f., 136, 148,
159, 273
Neurose 43, 81, 91, 166, 235
Neurotisch 49, 242
Neurotische Symptome 81
Not-Ich 82

Objekt 56, 89 f.
– gutes, inneres 222, 239
– primäres 55 f.
Objektbeziehung 19, 54, 78
Objektlibido 88, 120
Objektliebe 85, 87
Ödipale Ebene 53
Ödipus-Komplex 50 f.
Ohnmacht 41, 65, 67, 202, 215,
217, 250, 259, 285
Oknophile, der 55 f.
Ovid, P. N. 93-103

Paradies 64 f., 73 f., 79 f., 141, 174,
180, 186, 247 ff., 292
– Urbild des 174, 185, 247 f.,294
Paradiesesintention 174, 248, 252
→ Archetypische Intention
→ Archetypische Intention
nach Paradies
Paradiesesphantasie 167, 178 ff.
Paradiesessehnsucht 23, 92, 250,
253
Paradiesesübertragungen 247-
257 ff., 261
Participation mystique 77
Patriarchal 26, 64, 132, 137 ff.,
195 ff., 212
Patriarchaler Überbau 196 f., 210
Perry, J. 247
Persönlichkeit, wahre 16, 22, 154,
168, 252, 270 f.
Persona 16, 18, 21 f., 64 f., 71 ff.,
107 ff., 118 f., 121 f., 126 ff., 131,
154, 158, 168 f., 185, 206, 227 f.,
252, 270 ff., 281 f., 289

Perversion (sexuelle) 70, 85, 88, 152
Pestalozzi, H. 103
Pflegeverhalten 48
Phantasie 69, 89, 98 f., 109, 113, 166 f., 170 f., 173, 179, 187, 194, 251, 260 f., 275, 278, 281, 287, 290
– nach Nähe 159
– depressive 180
– Extrem- 180 f.
– grandiose 73, 180
Philobat, der 55
Plaut, A. 287
Portmann, A. 76, 84
Prädisposition 86
Prägenitalität 86
Präödipale Ebene 86
Präödipale Stufe 53
Primäre Beziehung 55
Primäre Liebe 55, 88
Primäre Mütterlichkeit 52, 57, 76
Progression 113
Projektion 216
Prospektive Funktion 188
Pseudogefühle 273 f., 276
Pseudovitalität 162
Psychoanalyse, psychoanalytisch 19, 48, 51, 75, 84-92, 120, 160, 188, 222 f., 236, 239
Psychodynamik 20, 93, 106-113
Psychose, psychotisch 53, 81, 91, 98, 133, 257 f., 272
(Psycho)somatische Beschwerden 12, 158, 185 f.

Rachegefühle 158
Rationalität 40, 43, 155, 196, 277 f.
Regression 53, 74, 88, 202 f., 263
Rekonstruktion 223, 242-257
Relativierung 32, 250, 252, 292
Religiöse Problematik 101-106
Riemann, F. 265

Rilke, R. M. 29, 294
Rölleke, H. 175
Rückzug, grandioser 99, 176, 178
Rückzugstendenz 81, 148, 156, 210, 244

Sadistischer Zug 207
Säugling 46, 51 ff., 57 f., 88
Säuglingsalter 13
Sartorius, B. 96, 100
Scham 36, 71, 130, 203, 256
Schatten 15 f., 18, 166, 175, 206, 211, 214, 216, 222, 233, 237, 244, 247, 252 ff., 276
→ Beschattung
→ Selbst, beschattetes
Schatten (in den Schatten stellen) 149 f., 179, 181, 206, 252 f.
– als moralisches Konzept 18
– im 67 f., 276, 286
– moralisch inferior 166
– narzißtischer 20, 100, 272, 294
Schattenanteile 67, 166, 181, 211
Schattenaspekte 67, 96, 253
Schattenbereich 67
Schattendasein 181
Schattenintegration 247-257
Schattenkomponenten 181
Schattenkonzept 165, 211
Schattenseiten 150
Schizoide Struktur 261
Schizoider Patient 247
Schizophrenie 88, 258
Schützende Haltungen 183, 185, 187-207
→ Abwehr, → Widerstand
Schuld 131 ff., 145 ff., 154, 163, 255, 261, 282 f.
Schuldgefühle 129, 142 ff., 177, 244 f., 253
– primäre 128, 142 ff., 157, 176 f., 211
Schutzhaltung 187

Schutzmechanismen 65, 184, 188-207, 285
→ Abwehr, → Widerstand
Schwartz, N. 96, 104, 191
Searles, H. F. 193
Sehnsucht 43, 61, 64, 73, 79, 84, 93 ff., 101 ff., 109, 112, 131, 166 f., 174, 186, 190, 202 f., 228, 248 f., 250-257, 259 f., 262, 287, 289
– nach dem Paradies 174
– nach Mutter 25, 82, 168, 181
– Pole der 171
Sehnsuchtsgeste 166-174, 184, 189, 202, 205, 238, 248, 252-257, 274
→ Abwehr, → Kompensation
Sekundärtriebtheorie 48
Selbst 15 f., 21, 55, 66-69, 77 f., 92, 104 f., 110, 195, 202, 210, 222, 236, 249, 252, 265 f., 272, 280, 283, 290 f.
– (Kohut) 90 f., 133
– (psychoanalytisch) 85 ff., 92
– als anordnender Faktor 75, 104
– als Ganzheit 16 f., 76 f., 79, 290
– als Mittelpunkt (Kohut) 91
– als zentraler Archetyp 16
– im Sinne des eigenen Wesens 18, 65 f., 150, 270, 274, 289
– beschattetes 18, 24, 66-69, 274
– falsches 53, 82, 154, 206, 271
– wahres 53, 82, 154, 206, 271
Selbstbejahung 266, 293
Selbstbild 30, 134, 140, 149
Selbstdarstellung (bei Depression) 165
Selbstentfaltung 83
Selbstentfremdung 11 f., 19, 21, 53, 61, 81, 96, 202, 267, 271, 293
– (narzißtische) 11, 19 ff., 53, 96, 104, 117 ff., 133 ff., 153 f.
– Genese der 124-139
→ Genese

Selbstentfremdungsproblematik (narzißtische) 18, 21 f., 68, 117, 138, 215, 294
Selbstgefühl 170, 266, 273
Selbstgenügsamkeit 49
Selbstkonzepte 92
Selbstliebe 11, 20 f., 63, 85, 103, 120, 128, 139, 155 ff., 159, 168, 184, 209, 218, 224 f., 239, 266, 269 f., 278, 292 f.
Selbstobjekt 133
– idealisiertes 90 ff., 173 f.
Selbstpsychologie (psychoanalytisch) 19, 85
Selbstregulation 273
Selbstrepräsentanz 149
Selbstsymbol 265
Selbstverlust 118, 122, 124 ff., 137, 161
Selbstvertrauen 18, 49 f.
Selbstverwirklichung 15
Selbstwahrnehmung 181, 213, 218, 270, 274
Selbstwerdung 15, 270 f., 280-293
→ Individuation
Selbstwert 11, 85, 128, 181
Selbstwertgefühl 18, 30, 50 ff., 65, 87, 98 f., 108, 128 ff., 147, 152, 162, 176 ff., 187, 198, 200, 252, 257, 269, 277 f., 285, 289
– schwankendes 65, 71, 141, 174-181, 193
Selbstwertproblematik (narzißtische) 63, 66, 68, 85, 96, 109, 113, 125
Selbstwertstörung 84 f.
Sexualität 70
Sexualobjekt 85
Sexualtriebe, autoerotische 87
Sinn 15, 61, 235
Spiegel 99, 134, 149, 152, 260
Spiegelbild 93 f.
Spiegelfunktion 134
Spiegelszene 98

330

Spiegelübertragung 90 f., 249 f.
→ Paradiesesübertragungen
Spiegelung 66, 155, 158, 168,
171 f., 174
Spitz, R. 46 f., 86
Stadium des rapprochements
184-187, 192
Steinberg, W. 283
Stevens, A. 75 ff., 83
Stimulierung 152
Subjekt 50
Subjektstufig 118
Suizid 74, 83
Suizidal 40, 76, 274, 282 f.
Symbol, symbolisch 23, 52, 57, 70,
73, 103, 112, 118, 125 f., 140, 169,
225, 230 f., 232 ff., 241, 249,
266 f., 269, 280 ff., 290 f.
→ Märchen
Symbolik 54, 117 ff., 133, 280, 283,
286
→ Märchen
– des Narzißmus 93-113
→ Märchen
Symbolverständnis 70
Symptom 33 f., 40, 81, 83, 85 f., 121,
142, 184, 221, 237, 257, 283, 285
Symptomatik 90, 96, 122
Synchronizität 221, 229
Syndrome, psychiatrische 81
Synton 213, 245 f.

Therapeutisch 18 f., 21, 39, 160,
175, 191 f., 217, 282
Therapeutische Haltung 26, 208-
229
Therapieabbruch 189
Tillich, P. 31 f., 291
Trauer 43, 49, 67, 109 ff., 131, 146,
202, 253 f., 255, 257, 285 ff.
Traum 59 f., 136 f., 143-151,
156 ff., 176 ff., 180, 187, 190 ff.,
217, 219, 221-226, 239 f., 254-257,
274, 276 ff., 279 f., 281, 290

– Initial 143, 156, 254 f., 281
Traum-Ich 176, 225, 278
Trauma, traumatisch 35, 68, 91,
132, 189, 193, 202, 248
Traumdeutung, klassische 225 f.
Trennung 11, 33, 47-50, 80, 113,
259

Über-Ich-Anforderung 42
Überlebensstrategie 64 ff., 104,
111, 118, 156, 242, 250, 252
Überstimulierung 193 f.
Übertragung 89, 142, 185 ff., 189,
191, 193 f., 242-257, 259, 273,
276, 285
– und Kindheit 238-247
– negative 192 ff., 197
– positive 192, 194
Übertragungsanalyse 223
Übertragungsfigur 186, 242, 261,
281
Übertragungsformen 23, 90 f., 233
Übertragungsgeschehen 187,
242 f., 263
Übertragungsobjekt 224
Übertragungstraum 190
Umkehrreaktion 215, 245
Unbewußte, das 39, 42, 60, 66 f.,
82 ., 140, 148 f., 184 f., 188, 202,
221 ff., 267, 271, 275, 280 ff.
– (Integration des Unbewußten) 23, 230-257
– das kollektive 17, 237, 239 f.,
249
– das persönliche 237, 254, 256 f.
Unempathische Bezugsperson 286
Unempathische Mutter 127, 134,
137 f.
Urbeziehung 74-84, 103

Vater 25, 34, 37, 76, 79, 127, 132-
139, 142 ff., 163, 171, 209, 214,
219, 221, 231, 245 f., 256 f., 258,
265

331

Vaterarchetyp 79
Vaterbild 25, 231, 236
Vaterkomplex 215
Vaterspezifisch 220
Vaterspezifische Aussage 210
Vaterspezifische Haltung 12, 111, 209-229
Vegh, C. 34, 204
Verarbeitung, depressive 176 f., 278
 – grandiose 177 f., 278
Verlassen, sich selber 37, 41 f.
Verlassenheit 11 f., 21 f., 29-37, 41 ff., 44-62, 65 ff., 69, 86 f., 91 f., 96, 160 f., 172 f., 202, 248, 259, 286, 290
 – als Kinderschicksal 32-37
 – als narzißtische Störung 63-92
 – emotionale 35 ff., 63, 67, 72, 84, 86 f., 91, 121, 137, 140-151, 155, 166, 248, 285
 – konkrete 72, 248 285
 – traumatische 35
Verlassenheitserfahrung 31
Verlassenheitsgebärde 151-166, 168, 174, 184, 196, 202, 238, 252, 274
 → Abwehr
Verlassenheitsgefühle 173, 260
Verlassenheitssituationen 29-32
Verlassenheitssyndrom 86
 – akutes 47
 – chronisches 47

Verlust 11, 34, 50, 63, 80, 91, 112, 161 f.
Verlustängste 49
Versagung, optimale 133
Vertrauen 78, 81, 137, 160, 198, 205, 248, 292 f.
Verwöhnung 63, 80
Verwundbarkeit, Einschätzung der 71, 188, 201, 207, 259, 263
 – Gefühl über 186

Weisheit 92
Widerstand 183-207
 → schützende Haltungen
Widerstandsanalyse 188
Widerstandsbegriff 188
Widerstandskonzept C. G. Jungs 201 f.
Wilke, H.-J. 188, 203
Winnicott, D. W. 50-53, 57 f., 63, 76, 80, 82, 86, 103, 154, 168, 206, 224, 271
Wolf, K. 46
Wunderli, J. 164
Wut 18, 41, 65, 67, 69, 71, 81, 92, 108, 135, 148, 158 ff., 168, 173, 186, 193, 202, 214 f., 217, 247, 250, 252 f., 285, 287, 289
 – dysfunktionale 160
 – narzißtische 71, 158-160, 186, 277

Zuwendung, emotionale 21

# Register der Therapiefälle

A. 193 ff., 245 f.
B. 153 f., 155 f., 165, 276, 280-293
C. 153 f., 243 f.
D. 135 ff., 169, 251 f.
E. 279 f.
F. 254 f.
J. 41
L. 141-151, 152, 154, 160-176,
190 f., 239 ff., 274
M. 40 f.

N. 256 f.
O. 253 f.
R. 109
S. 162 ff., 170 f., 177 f., 179 ff.,
185 ff., 242 f., 250 f.
T. 245
U. 72 ff.
W. 178 f.
Z. 98 f., 152, 257-263

# Verena Kast

im Walter Verlag

## Psychologie

Die Grundemotion
»Interesse« mit ihrer
ganzen Tragweite für
unsere Psyche steht im
Zentrum dieses Buches.
Wie entsteht Interesse,
wie erlischt es, wann
kommt der Gegenpol, die
Langeweile, ins Spiel?
Gerade letztere ist, so
Kasts These, eine unserer
produktivsten Emotionen,
denn sie hilft uns, unsere
wirklichen Interessen
aufzuspüren und somit
Zugang zu finden zu
unserer Lebendigkeit.

**Verena Kast**
**Vom Interesse und dem Sinn der Langeweile**
200 Seiten. Gebunden mit Schutzumschlag
ISBN 3-530-42111-1
**Walter**

# Verena Kast im dtv

Verena Kast verbindet auf einfühlsame und auch für Laien verständliche Weise die Psychoanalyse C. G. Jungs mit konkreten Anregungen für ein ganzheitliches, erfülltes Leben.

**Der schöpferische Sprung**
Vom therapeutischen
Umgang mit Krisen
dtv 35009

**Wir sind immer unterwegs**
Gedanken zur Individuation
dtv 35158

**Imagination als Raum der Freiheit**
Dialog zwischen Ich und
Unbewußtem
dtv 35088

**Die beste Freundin**
Was Frauen aneinander
haben
dtv 35091

**Die Dynamik der Symbole**
Grundlagen der Jungschen
Psychotherapie
dtv 35106

**Freude, Inspiration, Hoffnung**
dtv 35116

**Neid und Eifersucht**
Die Herausforderung durch
unangenehme Gefühle
dtv 35152

## Märcheninterpretationen

**Vom gelingenden Leben**
Märcheninterpretationen
dtv 35157

**Mann und Frau im Märchen**
Eine psychologische
Deutung
dtv 35001

**Wege zur Autonomie**
dtv 35014

**Wege aus Angst und Symbiose**
Märchen psychologisch
gedeutet
dtv 35020

**Märchen als Therapie**
dtv 35021

**Familienkonflikte im Märchen**
Eine psychologische
Deutung
dtv 35034

**Glückskinder**
Wie man das Schicksal
überlisten kann
dtv 35154

# Peter Schellenbaum im dtv

»Wer sich verändern will, muß sich bewegen!«
*Peter Schellenbaum*

**Die Wunde der Ungeliebten**
Blockierung und Verlebendigung der Liebe
dtv 35015
Der Autor erläutert, wie es uns gelingen kann, unsere Liebesfähigkeit lebendig werden zu lassen.

**Abschied von der Selbstzerstörung**
Befreiung der Lebensenergie
dtv 35016
Peter Schellenbaum zeigt, wie der einzelne dem Teufelskreis von blockierten Gefühlen und selbstzerstörerischem Verhalten entkommen kann.

**Das Nein in der Liebe**
Abgrenzung und Hingabe in der erotischen Beziehung
dtv 35023
In der Liebe ist der Wunsch nach Abgrenzung notwendig für die Selbstverwirklichung.

**Tanz der Freundschaft**
dtv 35067
Eine ungewöhnliche Annäherung an das Wesen der Freundschaft.

**Nimm deine Couch und geh!**
Heilung mit Spontanritualen
dtv 35081
Peter Schellenbaum stellt seine Therapiemethode der Psychoenergetik vor.

**Aggression zwischen Liebenden**
Ergriffenheit und Abwehr in der erotischen Beziehung
dtv 35109
Peter Schellenbaum zeigt, daß Aggression einen wichtigen Impuls für Erotik und Lebendigkeit in jeder Beziehung darstellt.

**Träum dich wach**
Lebensimpulse aus der Traumwelt
dtv 35156

# Arno Gruen im dtv

»Arno Gruen ist der erste Psychoanalytiker, der von
Nietzsche geschätzt worden wäre.«
*Henry Miller*

### Der Verrat am Selbst
Die Angst vor Autonomie bei Mann und Frau
dtv 35000

Heute aktueller denn je: der Begriff der Autonomie, der
nicht Stärke und Überlegenheit meint, sondern die volle
Übereinstimmung des Menschen mit seinen eigenen Gefühlen und Bedürfnissen. Ein Buch, das eine Grunddimension
menschlichen Daseins erfaßt.

### Der Wahnsinn der Normalität
Realismus als Krankheit: eine grundlegende Theorie
zur menschlichen Destruktivität
dtv 35002

Arno Gruen legt die Wurzeln der Destruktivität frei, die
sich nicht selten hinter vermeintlicher Menschenfreund-
lichkeit oder »vernünftigem« Handeln verbergen. Er führt
vor Augen, daß dort, wo Innen- und Außenwelt auseinan-
derfallen, Verantwortung und Menschlichkeit ausbleiben.

### Der Verlust des Mitgefühls
Über die Politik der Gleichgültigkeit
dtv 35140

Solange Schmerz und Leid zu empfinden als Schwäche gilt,
ist unser Menschsein verarmt und unvollständig. Das Buch
entwickelt Wege, wie wir uns der Politik der Gleichgültigkeit bewußt werden und einen Ausweg aus der Sackgasse zu
immer mehr Gewalt und weniger Mitgefühl finden können.

# Erich Fromm im dtv

»Vielleicht zählt er für künftige Interpreten dereinst zu den Wortführern jener Kraft, die durch ihre mutigen Ideen dazu beitragen können, daß wir toleranter und hilfsbereiter, bedürfnisloser und friedfertiger werden.«
*Ivo Frenzel*

**Arbeiter und Angestellte am Vorabend des Dritten Reiches**
dtv 4409

**Die Seele des Menschen**
dtv 35005

**Das Christusdogma und andere Essays**
Die wichtigsten religionskritischen Schriften
dtv 35007

**Psychoanalyse und Ethik**
Bausteine zu einer humanistischen Charakterologie
dtv 35011

**Über den Ungehorsam**
dtv 35012

**Die Furcht vor der Freiheit**
dtv 35024

**Über die Liebe zum Leben**
Rundfunksendungen von Erich Fromm
dtv 35036

**Es geht um den Menschen**
Tatsachen und Fiktionen in der Politik
dtv 35057

**Liebe, Sexualität und Matriarchat**
Beiträge zur Geschlechterfrage
dtv 35071

**Sigmund Freud**
Seine Persönlichkeit und seine Wirkung
dtv 35096

**Die Kunst des Liebens**
dtv 36102

**Haben oder Sein**
Die seelischen Grundlagen einer neuen Gesellschaft
dtv 36103

**Erich Fromm Gesamtausgabe in zwölf Bänden**
Herausgegeben von Rainer Funk
dtv 59043

dtv

# C.G. Jung – Taschenbuchausgabe

Herausgegeben von Lorenz Jung auf der Grundlage
der Ausgabe 'Gesammelte Werke' dtv 59016
Auch einzeln erhältlich

**Die Beziehungen zwischen
dem Ich und dem Unbe-
wußten**
dtv 35120
Ein Überblick über die
Grundlagen der Analyti-
schen Psychologie

**Antwort auf Hiob**
dtv 35121
In diesem Spätwerk wirft
Jung Grundfragen der
religiösen Befindlichkeit des
Menschen auf.

**Typologie**
dtv 35122
Die vier "Funktionen" der
Jungschen Typenlehre –
Denken, Fühlen, Empfinden
und Intuition – werden hier
dem extravertierten und dem
introvertierten Typus zugeordnet.

**Traum und Traumdeutung**
dtv 35123

**Synchronizität, Akausalität
und Okkultismus**
dtv 35124
Jungs Beschäftigung mit dem
Okkulten, auf der Suche nach
den Tiefendimensionen des
Unbewußten

**Archetypen**
dtv 35125

**Wirklichkeit der Seele**
dtv 35126
Eine Aufsatzsammlung zu
Themenbereichen, die von
der Analytischen Psychologie beeinflußt werden

**Psychologie und Religion**
dtv 35127
C.G. Jung beschreibt Religion als eine der ursprüng-
lichsten Äußerungen der
Seele gegenüber dem Göttlichen.

**Psychologie der
Übertragung**
dtv 35128
Die Übertragung, einer der
Zentralbegriffe der Analytischen Psychologie, wird hier
umfassend erklärt.

**Seelenprobleme der
Gegenwart**
dtv 35129
In dieser Aufsatzsammlung
stellt Jung die Grundfragen
der modernen praktischen
Psychologie dar.

**Wandlungen und Symbole
der Libido**
dtv 35130
Das zentrale Werk, mit dem
sich C.G. Jung von Sigmund
Freud löste

# Liebe – Ehe – Partnerschaft

Alexandra Berger,
Andrea Ketterer
**Warum nur davon
träumen?**
Was Frauen über Sex
wissen wollen
dtv 20017

Barry Dym,
Michael L. Glenn
**Liebe, Lust und
Langeweile**
Die Zyklen intimer Paar-
beziehungen
dtv 35132

Erich Fromm
**Die Kunst des Liebens**
dtv 36102
**Liebe, Sexualität und
Matriarchat**
Beiträge zur Geschlechter-
frage
dtv 35071

Karl Grammer
**Signale der Liebe**
Die biologischen Gesetze
der Partnerschaft
dtv 33026

Hugh Mackay
**Warum hörst du mir
nie zu?**
Zehn Regeln für eine
bessere Kommunikation
dtv 36546

Anne Wilson Schaef
**Die Flucht vor der Nähe**
Warum Liebe, die süchtig
macht, keine Liebe ist
dtv 35054

Peter Schellenbaum
**Die Wunde der
Ungeliebten**
Blockierung und
Verlebendigung der Liebe
dtv 35015
**Das Nein in der Liebe**
Abgrenzung und Hingabe
in der erotischen
Beziehung
dtv 35023
**Aggression zwischen
Liebenden**
Ergriffenheit und Abwehr
in der erotischen
Beziehung
dtv 35109

Laurie Schloff,
Marcia Yudkin
**Er sagt, sie sagt**
Die Kunst, miteinander
zu reden
dtv 8429

Judith S. Wallerstein,
Sandra Blakeslee
**Gute Ehen**
Wie und warum die Liebe
bleibt
dtv 36119

366 XIX. Psychodiagnostik / 9. Schultests

A Lückentest

B Testbeispiele

**dtv-Atlas Psychologie**
von Hellmuth Benesch
2 Bände
208 Farbseiten
von H. u. K. von Saalfeld
Originalausgabe
dtv 3224 / 3225

# Das Nachschlagewerk der Psychologie!

Werner D. Fröhlich
## Wörterbuch Psychologie
dtv 32514

Die heutige Psychologie mit ihren eigenständigen, naturwissenschaftlich geprägten Methoden entwickelte von ihren Anfängen bis heute eine differenzierte Fachsprache. Gegenwärtig orientiert sich die Psychologie sowohl in der Grundlagenforschung als auch in ihren anderen vielfältigen Anwendungsfeldern fachübergreifend. Aus diesem Grund finden sich in den rund 3500 Stichwörtern des Nachschlagewerks die wichtigsten Begriffe der »klassischen« Psychologie sowie die Grundbegriffe aus biologisch-medizinischen und sozialwissenschaftlichen Nachbargebieten.

Das ›Wörterbuch Psychologie‹ ist 1968 erstmals erschienen. 1997 wurden die klinisch relevanten Stichwörter an das weltweit angewendete Klassifikationssystem DSM-IV angepaßt. In der 23. Auflage 2000 wurde das Nachschlagewerk grundlegend überarbeitet und durch neue Begriffe erweitert. Das Vorwort gibt eine Einführung in geschichtliche Entwicklung, Gegenstandsbereiche und Studienaufbau der Psychologie, der Anhang bietet ein Verzeichnis englischsprachiger Stichwörter mit Verweisen auf die entsprechenden deutschen Begriffe. Mit ausführlicher Bibliographie.